大旗出版
BANNER PUBLISHING

大旗出版
BANNER PUBLISHING

大旗出版
BANNER PUBLISHING

大旗出版
BANNER PUBLISHING

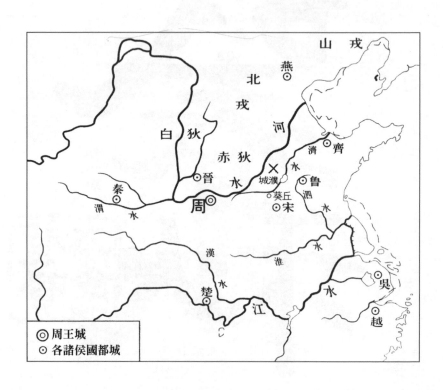

山戎

北戎

燕⊙

白狄

赤狄水

河

濟 齊⊙

晉⊙

城濮 ╳ 水 魯⊙ 泗

周◎ 葵丘 宋⊙

秦⊙
渭水

漢 水 淮 水

楚⊙

江 水 吳⊙

越⊙

◎周王城
⊙各諸侯國都城

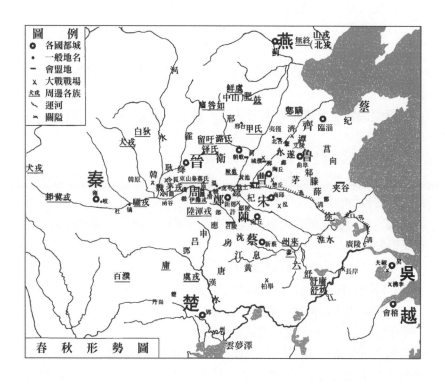

圖　　例

- ◎ 各國都城
- ● 一般地名
- — 會盟地
- ✕ 大戰戰場
- 犬戎 周邊各族
- ＼ 運河
- ＼ 關隘

春　秋　形　勢　圖

序

春秋，是一個盛產聖賢的時代。

正是因為有了這些聖賢，才有了幾千年來的中華文化。

什麼是聖賢？

先說說聖。繁體字的聖寫法為「聖」，《說文解字》：「聖，通也，從耳。」

再說說賢。繁體字的賢寫法為「賢」。《說文解字》：「賢，多才也。」

不管古人怎麼說，我們自己來看看。

聖：耳為聽，口為說，王者，老大也。所以，聖人就是見多識廣、善於教誨的人。

賢：臣，就是輔佐，貝，就是多金。善於幫助君主管理國家，自己又很發財的人。

基本上，聖人呢，就是知識淵博，卻沒有政治地位的人；聖人在活著的時候往往不得志，因此只好著書來寄託自己的鬱悶。基本上，聖人是弱勢群體，類似當今常說的農民工一類。所以，別小看農民工，一千年以後說不定他們之中誰是聖人呢。

因此，如果你還沒有升官發財，那麼寫本書，就離聖不遠了。要知道，老子也就寫了五千字，那就是聖人了。而知道了孔子的身世之後，農民工的兒子也會對自己有信心。

賢人呢，就是有才幹的當官的人。所以，活著的時候，賢比聖人要滋潤得多。

賢的社會地位是不錯的，為什麼呢？因為賢通常都很能幹，而且懂得變通。賢屬於上流社會，類似如今常說的金領。他們有錢，受尊

重，但是是給人家打工的。誰聽說過哪個國君是賢人？

基本上，如果你升官發財了，那麼，多做點好事，那你就是賢人了。

不過在簡化字之後，聖賢的定義有些變化了。

聖：上又下土，就是非常土、很過時的意思。

賢：上面是二又，下面是貝，就是非常非常發財的意思，是不是當官的倒無所謂了。

基本上，這樣的解釋也是準確的。所以現在說到聖人，基本上就是指書呆子；說到賢人，譬如社會賢達，那就是指有錢人了。

中國字很神奇，真的很神奇。

春秋為什麼出聖賢？因為這是一個社會劇變的時代，官場開始變得複雜殘酷，因此如何能夠既做好官，又能保護自己，就很重要。所以，賢人就出現了。而社會劇變引發一些人的思考和分析，那時候沒有文字獄，所以思想很開放，於是就有了聖人。

我們常想，為什麼同樣一個時代，產生的聖人具有不同的思想？為什麼一個特定時期的聖人的思想，竟然能夠在思想上統治此後的幾千年歷史？為什麼越是落後的國家，就越是出聖人？聖人的思想究竟是落伍的還是超前的？諸如此類的問題多多。

這樣的問題，誰敢回答？誰能回答？

筆者才疏學淺，自問不能回答；筆者膽小如鼠，自問也不敢回答。

不過，筆者願意把聖人們的生活狀況，他們在怎樣的時代背景、怎樣的國家背景、文化背景和家庭背景下產生了他們的思想，他們如何在自己的思想指引下實施了怎樣的作為，把這些交代給讀者，讓讀者自己來回答以上的問題。

對於一種思想來說，人們要看的是他說了什麼。但是對於這個人來說，說什麼並不重要，重要的是做了什麼。而我們要介紹的是人，不是思想。所以，他們說什麼並不重要，我們要告訴大家他們做了什麼。

序

也許，這很重要。也許，這能夠讓大家更真實地理解他們的思想。

而對於他們的思想本身，筆者沒有時間、也沒有必要去介紹給大家，因為我們就一直生活在他們的思想中，幾千年來都是如此，已經融入我們的血液中，實在沒有必要去費筆墨。如果有人需要精深的見解，其實也很簡單，我們幾千年來有數不清的人在解釋他們的思想，其成果足以從地球到火星，又何必筆者去畫蛇添足。

再說，筆者也不敢以某某學專家自居。

爭論？

爭論就不必了。用鄧公的話說：不爭論。

因為這本書就是筆者的看法。對於古人的事蹟，確切的就是確切的，爭論也改變不了事實；不確切的就是不確切的，爭論也不能使之確切。筆者只是表達筆者的看法，你反對，可以表達你的看法。

既然聖人的思想產生於百家爭鳴，那麼，對於聖人的思想，又為什麼不可以百家爭鳴呢？如果聖人在天上或者地下有知，我想，即便筆者的寫法有什麼些微偏差，聖人們也會一笑而過的。

聖人，必有聖人的氣度。

而這，就是筆者敢於不揣冒昧，書寫聖人事蹟的原因。

在寫完這一部之後，筆者對聖賢這樣總結：

什麼是賢人？賢人就是在保全性命和家族的前提下，還能幫助國家苟延殘喘的人。所以，賢人創造辦法。

什麼是聖人？聖人就是連自己的前途都看不到在哪裡，卻能為世界的未來殫精竭慮的人。所以，聖人產生思想。

有權力的人用權力說話，沒權力的人才用思想說話。這是思想的光榮，也是思想的悲哀。

目錄

第二〇一章　反戰精英 …………………………………… 014

第二〇二章　古墓麗影 …………………………………… 024

第二〇三章　強盜理論 …………………………………… 034

第二〇四章　和聖落墓 …………………………………… 044

第二〇五章　情聖出馬 …………………………………… 054

第二〇六章　叔向遇險記 ………………………………… 063

第二〇七章　子產升官記 ………………………………… 074

第二〇八章　夾縫中生存 ………………………………… 083

第二〇九章　子產面臨的抉擇 …………………………… 093

第二一〇章　延陵季子 …………………………………… 103

第二一一章　占星算卦 …………………………………… 115

第二一二章　子產執政 …………………………………… 124

第二一三章　權術運用 …………………………………… 134

第二一四章　言論自由 …………………………………… 143

第二一五章　政治家的陰謀 ……………………………… 152

第二一六章　叔向的痛苦 ………………………………… 161

第二一七章　史上最牛釘子戶 …………………………… 170

第二一八章　大火拼 ……………………………………… 180

第二一九章　山東人在湖北 ……………………………… 189

第二二〇章　鳥飛狗死 …………………………………… 198

第二二一章　喪家犬惡鬥地頭蛇 …………………………… 209

第二二二章　太子晉 ………………………………………… 220

第二二三章　老子是誰？ …………………………………… 228

第二二四章　史上最牛音樂發燒友 ………………………… 238

第二二五章　知音 …………………………………………… 248

第二二六章　中央要亂了 …………………………………… 259

第二二七章　世間本無鬼 …………………………………… 268

第二二八章　正直是正直者的耗子藥 ……………………… 278

第二二九章　流氓律師 ……………………………………… 287

第二三〇章　激流勇退 ……………………………………… 296

第二三一章　無射是個鐘 …………………………………… 305

第二三二章　中央戰爭 ……………………………………… 313

第二三三章　二桃殺三士 …………………………………… 323

第二三四章　解讀和諧 ……………………………………… 332

第二三五章　栽贓、分贓、分贓不均 ……………………… 342

第二三六章　破解史前文明 ………………………………… 352

第二三七章　說人壞話孔子挨罵 …………………………… 364

第二三八章　神醫扁鵲 ……………………………………… 376

第二三九章　王良和伯樂 …………………………………… 388

第二四〇章　中國首富 ……………………………………… 399

第二〇一章

反戰精英

「大哥，你當國君吧。」

「那怎麼行？老三，爹指定了你啊，還是你當。」

「我不當，大哥，你當。」

「非讓我當，我閃。」

「你閃，我也閃。」

商朝（約前 1111 年）末年，孤竹國（今河北境內）國君的大兒子伯夷和三兒子叔齊雙雙放棄君位，出門當犀利哥去了。

老大老三走了，便宜了老二。

兄弟兩個一打聽，說是西邊的周國（今陝西境內）是個尊老愛幼的國家，於是前往投奔周國。來到周國的時候，恰好周文王去世，周武王率領著周軍出發討伐商紂王。

伯夷和叔齊不顧一切，攔住了周武王的戰車。

「父親死了你不埋葬，還要出兵打仗，你不孝啊。以屬國而攻打商王，你這是不仁哪。」伯夷叔齊兩兄弟同聲斥責周武王。

周武王一看，這哥倆哪個單位的？竟然敢指責我？

周武王不高興，身邊的衛士就要動手殺人了。

「算了算了，不就倆犀利哥嗎？趕走他們就行了。」姜太公懶得節外生枝，於是哥倆被趕到一棵大槐樹下涼快去了。

反戰精英

兩位犀利哥從此四處奔走，宣揚和平，反對戰爭。

伯夷叔齊，中國歷史上有記載的最早的反戰人士。

等到周武王征服了商朝，就到了周朝。

兩位犀利哥恥於做周朝人，發誓不吃周朝的糧食。用《史記》的

話說：義不食周粟。於是，躲到了首陽山上，採薇而食。薇是什麼？野豌豆。雖然說是純天然綠色食品，不含農藥不含避孕藥不含色素不含防腐劑，可是營養是不夠的。

兩個犀利哥吃野豌豆吃得一臉豌豆色，可是矢志不渝。但是，沒過幾天，就這野豌豆也沒得吃了。野豌豆採完了？不是。是有人告訴他們：「這野豌豆啊，也是周朝的了。」

怎麼辦？兄弟兩個沒得吃了，什麼也沒得吃了，因為什麼都是周朝的了。

在餓死之前，兄弟兩個編了一首山歌，歌中唱道：「登彼西山兮，採其薇矣。以暴易暴兮，不知其非矣。神農虞夏，忽焉沒兮。吾適安歸矣。籲嗟徂兮，命之衰矣。」

簡單翻譯：登上西山採豌豆，以暴易暴不講理。古來先聖都沒了，我們活著沒意義。

最終，這兩位中國歷史上最著名的反戰人士就這樣餓死在了首陽山。

不食周粟，以暴易暴，伯夷叔齊兄弟倆用他們的生命貢獻了兩個成語。

首陽山在哪裡？爭議不斷。甘肅、陝西、河北、山東、山西和河南都有首陽山，都說兄弟倆餓死在自己這裡。

如今要是山上餓死兩個人，都恨不得偷偷扔到鄰省去。為什麼伯夷和叔齊餓死了，大家都要爭呢？因為伯夷叔齊兄弟不是普通的犀利哥，他們是聖人。

孔子對伯夷兄弟推崇備至，《論語》中讚頌伯夷叔齊「古之賢人也」，「不念舊惡，怨是用希」，「求仁而得仁，又何怨」，並評價伯夷叔齊「不降其志，不辱其身」。

韓非子也說：「聖人德若堯舜，行若伯夷。」不過，韓非子認為這哥倆也是兩個最沒用的人，因為他們不能用威脅來驅使，也不能用利益來引誘，所以他們不可能為君主賣命。

唐宋八大家之首韓愈寫過一篇《伯夷頌》，讚頌伯夷、叔齊。

歷史上，讚譽伯夷叔齊的文章數不勝數，不再羅列。

孟子後來將伯夷叔齊命名為「聖之清者」，簡稱「清聖」，不是「情聖」。從那之後，伯夷就成了儒家的四大聖人之一。

不過，對於伯夷叔齊的感人事蹟，司馬遷似乎不以為然。

雖然司馬遷將伯夷叔齊排在了《史記》列傳的第一位，可是話裡話外都是諷刺。不僅諷刺這兄弟兩個，順道還諷刺了孔子；不僅諷刺了孔子，順道也諷刺了現實。

在記述了伯夷叔齊的那首山歌之後，司馬遷隨即寫道：「由此觀之，怨耶非耶？」意思就是孔夫子你不是說他們求仁得仁，所以死得無怨無悔嗎？可是他們的山歌裡我們聽出來怨氣了哦。

在《伯夷叔齊列傳》的最後，司馬遷寫道：「伯夷叔齊雖賢，得夫子而名益彰。閭巷之人，欲砥行立名者，非附青雲之士，惡能施於後世哉？」

簡單理解：伯夷兄弟雖然很賢，可如果不是孔夫子極力吹捧他們，哪有這麼大名氣？一般小老百姓，就算你也很賢，沒人吹捧你，有個球用？

司馬遷在《伯夷叔齊列傳》中還發表了一段不著名的感言，必須要拿來說說。為什麼必須要拿來說說？因為這段話太不著名了。

先看原文：

或曰：天道無親，常與善人。若伯夷、叔齊，可謂善人者，非耶？積仁潔行如此而餓死！且七十子之徒，仲尼獨薦顏回為好學。然回也屢空，糟糠不厭，而卒早夭。天之報施善人，其何如哉？盜蹠日殺不辜，肝人之肉，暴戾恣睢，聚黨數千人橫行天下，竟以壽終。是尊何德哉？此其尤大彰明較著者也。若至近世，操行不軌，專犯忌諱，而終身逸樂，富厚累世不絕。或擇地而蹈之，時然後出言，行不由徑，非公正不發憤，而遇禍災者，不可勝數也。餘甚惑焉！儻所謂天道，

是邪非邪？

簡單解釋：有人說：「天道很公平，常常照顧善人。」如果伯夷叔齊是善人的話，怎麼就給餓死了？上面那句話不就是放屁？孔子七十多個得意弟子，顏回是最受賞識的，可是貧困潦倒，早早夭折。天道照顧善人，就是這麼照顧的？盜蹠殺人越貨，無惡不作，竟然能夠善終。這他奶奶的是什麼道理？這些，都是著名的人物了。到了現在，壞人惡人有錢有勢，長命百歲；好人善人遭災受苦，生不如死，不可勝數。我就奇了怪了，這個狗屁天道，到底是有道還是無道？

看得出來，司馬遷的怨氣還挺重。

所以我們說，司馬遷也是個憤青。

那麼，那個叫盜蹠的反面典型是什麼來路？

下面，要說的就是這個人。

說起來，這人也是聖人——盜聖。

聖人之家

周平王五十一年（前720年），也就是魯隱公三年，《史記》記載：魯國，二月，日蝕。

日蝕，在古時被認為是一種不吉利的事情，是天狗吃太陽。於是整個魯國都很緊張，祭天祭地，折騰了好長一段時間。

到了十一月十八日的中午，魯國司空展無駭家裡出事了。司空是什麼官？國務委員兼建設部部長吧。

展部長家出什麼事了？根據展家自己的記載，那是「火光入室，文鳥鼓舞」。基本上，火光也就無所謂了，反正也沒釀成火災。文鳥是什麼？一種大鳥。

說時遲，那時快，就在這個當口，展無駭的老婆生了，第一胎啊。生下來一看，當娘的當時就哭了，因為是個男孩子，激動啊。

哭完了，開始笑，高興啊。可是笑了一陣，笑不出來了，因為孩

子沒有哭。孩子生下來不哭,難道是個死胎?

其實,孩子很好,從娘肚子裡出來,感覺外面的世界很精彩,沒什麼不好,所以想想:我憑什麼要哭?沒理由啊。所以,孩子沒哭。

「撐屁股。」接生婆下令,展無駭用力一撐孩子屁股,「哇」,孩子大哭起來,於是大家都笑了。

孩子叫什麼?因為出生的時候有鳥飛來並且被捉住了,因此取名叫獲,獲的意思就是獵得禽獸,字就叫禽。還有一層原因,那就是日蝕這年生的孩子,常常被懷疑是天狗下凡,取名叫禽,就說明我家孩子不是天狗,今年的日蝕賴不著我們家。

不管怎樣,孩子就叫禽了。

看到這裡,提前請展姓和柳姓讀者起立,展禽就是你們的祖先。

別看出生的年份不好,名字也不響亮,可是,展禽就是春秋的第一個聖人。

說起展禽,很多人不知道。沒關係,說起柳下惠,該知道了吧?展禽就是柳下惠。不過在活著的時候,他叫展禽。

展禽是個什麼聖人?孟子說了:「柳下惠,聖之和者也」,後世稱為「和聖」。

「和聖」什麼意思?就是和諧的聖人,時下正流行呢。

展禽六歲那一年,也就是魯隱公九年,《史記》再次記載:魯國,三月,大雨,雹,電。按《左傳》的說法,那就是冰雨外加冰雹,而且連續三天以上。好在那年頭沒電線杆子,否則也都壓垮了。

就在這樣倒楣的天氣裡,展禽的娘又生了。又是個兒子,生下來九斤九兩,還沒落地就開始暴哭、抓人,連接生婆都被他抓傷了。因為這孩子太暴力,取名叫展雄。

展雄,春秋的第二個聖人。

展雄是個什麼聖人?就是上面說的那位盜蹠,盜聖。不過那時候,他叫展雄。

之所以展雄又叫盜蹠，是因為黃帝時期的大盜叫蹠，所以展雄死後，被稱為盜蹠。

強盜也有聖人？莊子說了：盜亦有道。既然如此，當然盜亦有聖了。

為什麼展家一家就出了兩個聖人？沒辦法，有遺傳。

所以，出生的日子不好不要怕，那很可能就是個聖人。

如果有汶川地震那陣子出生的，千萬記好了，說不定就是個聖人。

展雄出生的時候，娘哭了，而且再也沒笑過。不是不肯笑，是笑不出來，因為就在展雄呱呱落地的時候，爹死了。

展雄真是夠倒楣，自己的生日跟父親的忌日是同一天，別人都能慶祝一下生日，可是自己的生日只能寄託哀思了。

更倒楣的是，全家人都認定展雄是個災星，他剋死了自己的父親。

從另一個角度說，展雄夠狠，從生下來那一刻就夠狠。

爹死了，展禽家中失去了頂樑柱，立馬衰落了。

難道，作為國家高級公務員，展無駭不能為兒女留下點什麼嗎？

那年頭，能留下來的真不多。何況，展無駭是個正直的人，就算建設部部長是個肥缺，他也沒有趁機為自己撈點什麼。

沒辦法，展禽的老娘只能一把屎一把尿拉扯兩個孩子。

趁著兩個孩子長大的閒置時間，來看看展家的身世。

周武王滅了商朝之後，沒多久，武王就鞠躬盡瘁了，國家暫時交給弟弟周公旦管理。而周公，就是周朝制度的設計者，也是孔子最崇拜的「至聖」。

周公的長子伯禽被封在魯國，魯國就在今天的山東南部、安徽北部一帶，都城在今天的山東曲阜。

伯禽用了三年的時間來改變當地的習俗，將周禮全面照搬過去。所以，整個周朝，魯國是周禮執行得最好的諸侯國。伯禽的治國方略是「親親上恩」，意思就是讓親人掌權，把好處給對自己有恩的人。用

現在的話說，就是任人唯親。

所以，在這個國家是很講出身的。如果你不是公族，對不起，你很難出頭的。

伯禽的五代孫是魯孝公，魯孝公的一個兒子叫做公子展，公子展的孫子以展為姓，就是展無駭。這就是展氏得姓的來源，周公的後代，本姓姬。

按照周朝的規矩，國君的兒子叫公子，享受卿的待遇；公子的兒子叫公孫，享受大夫的待遇；之後待遇遞減，到第五代的時候，就是「五世親盡」，不好意思，你從此就是個士的待遇了。

展無駭能夠做到司空，已經是卿的待遇，一來是自己的能力和努力的結果，二來還是公族身份。在魯國，如果不是出身公族，要做到卿是比登天還要難。

即便是做到了卿，展無駭鞠躬盡瘁之後，兒子並沒有資格成為大夫，原因很簡單，展禽已經是公孫的孫子了，保留幾塊自留地就算不錯了。

兄弟情深

展家的日子不算太好過，但是，也沒有難過到哪裡去，畢竟有上面三代人的積累。

兩個孩子，展禽和展雄的性格完全不一樣。展禽老實巴交，從來不說假話，不說假話到什麼程度呢？基本上，別人說真話之前還會考慮一下後果，他不考慮，張口就來，永遠說真話不說假話。

說真話的壞處是什麼？

展禽是個很勤奮的人，非常有學問。按理說，這麼有學問，而且家庭出身也不錯，混個一官半職的應該沒問題。可是就因為從來不說假話，不會拍馬屁也不會送禮，眼看著成人了、娶媳婦了，可是還在家裡待業。好在，家裡有幾畝薄田，還過得去。

「孩子，你就委屈委屈自己，也試著說幾句假話吧。」老娘急啊，

這孩子這麼憨厚，今後可怎麼辦？

「娘，我學不會。」展禽說。他老實，所以他實話實說，而不是說「我一定要學會」。

娘沒辦法了，從小到大展禽沒學會說假話，這輩子估計是看不到他說假話的日子了。

展禽還算好，雖然升官發財沒什麼希望，可是衣食無憂。

展雄就不一樣了。

說起來，展雄聰明機警、能言善辯、高大英俊，對於說假話也不是那麼抗拒，這樣的小夥子應該是很有前途的。可是，在魯國這樣的國家，他是沒有前途的。

作為公族，展雄受到的教育是不錯的。公族是享受義務教育的，那時候叫做六藝，包括「禮、樂、射、御、書、數」等六種技藝。其中，禮就是禮節和禮儀，相當於今天的德育；樂就是音樂，當然不是今天的音樂這麼簡單，那時候的音樂有更多內涵；射就是射箭的技術，相當於現在的體育課；御就是駕馭戰車的技術，相當於考駕照；書就是讀書認字，語文課；數就是算數，現在的數學課。

當公族多好啊，德智體美全面發展。事實上，展雄就是德智體美全面發展的。問題是，就算你德智體美全面發展了，你屬於那種很疏遠的公族了，你還是沒戲。

展雄就是這樣，儘管他文武雙全並且在魯國都找不到對手，他還是沒有辦法弄到一官半職。

按著宗法，父親的產業全部歸嫡長子，其餘的兄弟只能淨身出門。而實際的情況是，嫡長子會把自己的一部分土地給兄弟們去種，到時候收租。也就是說，兄弟們實際上成了嫡長子的佃農。

展禽二十六歲那年，展雄二十歲了。這一年，展雄該成親了，也該自立門戶了。也就是說，從此以後，不能賴在哥哥家裡。

「兄弟，該成親了。等秋收之後，就給你娶個媳婦吧。成親之後，該搬出去了。家裡的那些地，你拿走一半吧，也不用給我租子了，咱

們兄弟平分吧。」展禽把展雄給叫來，要分一半家產給他。

展禽是個好人，他認為弟弟是個人才，遲早出人頭地的，不能虧待了他。

「哥哥，你的好意兄弟心領了。可是，家裡這點地本來就不多，我再分走一半，你的日子就更緊了。地，我不要；老婆，我也不娶了。」展雄見哥哥對他好，不想連累哥哥。

「兄弟，地雖然不多，也夠我們吃了，還是聽哥哥的。」

「哥哥，你不要勸我。從小到大，家裡沒人喜歡我，都說我是災星，我要是再分了哥哥的財產，還不被罵死？」展雄說。話雖然不好聽，可是都是實話。

「兄弟，生死由命啊，爹死怎麼能賴到你身上呢？你不要管別人怎麼說，哥哥能做主。」展禽也知道弟弟這麼多年受了不少委屈，更想要幫他。

「哥哥，不瞞你說，這家裡，我是不想待下去了。魯國，我也不想待下去了，我已經準備好了去齊國，看看有沒有機會。」

「去齊國？」展禽吃了一驚，沒想到弟弟想要出國，可是轉念想想，既然在魯國也沒有什麼機會，去齊國倒未嘗不是好想法，憑弟弟的本事，說不定還有出人頭地的機會。「那，什麼時候去？」

「秋收之後。」

「那好，我送你。」

秋天過去了，冬天來臨了。

展禽精心為弟弟準備好了盤纏和衣物，駕上自己家裡那輛車，親自送弟弟北上齊國。魯國人有很多北上齊國尋求發展的，就叫做「北漂」。

展雄去齊國，家裡沒人挽留，也沒人關心。

從曲阜北上，一路來到了泰山腳下。

「哥哥，到此為止了，你回去吧，嫂子還等你回家呢。」展雄跳下了車，讓哥哥回去。

泰山是魯國和齊國的界山，泰山本身是三不管地帶。過了泰山，就是齊國了。

　　展禽也跳下車來，取了乾糧，找個僻靜的地方跟弟弟吃了，又交代了一番在家千般好出門一時難的道理。

　　「哥哥，別說這些了，在外面混，我比你強。我聽說這泰山一帶有強盜，你還是趕緊回去吧。」展雄說話也很直，催著哥哥快些回去。

　　兄弟分手，展禽看著弟弟走遠了，這才掉轉車頭，向南回曲阜。這個時候，已經是下午了。

古墓麗影

寒風、黃土、枯樹。

舊車、瘦馬、歸人。

天色越來越黑，天氣也越來越冷。從泰山回曲阜，展禽趕著車一路狂奔，想在城門關閉之前回到曲阜城。

可是，冬天，天黑得早，城門也關得早。

等到展禽匆匆忙忙趕到曲阜城的時候，城門已經關上。

來自西伯利亞的寒風一陣一陣吹著，展禽感到重重的寒意。看看城外四周，竟然沒有一處人家可以投宿，也沒有古廟舊房之類可以避寒，甚至莊稼地裡也光禿禿一片。

展禽慶倖的是，自己的衣服穿得夠厚，而且車是有篷的家用車，也就是現在所說的房車，而不是戰車。可是，雖說自己這是房車，也是四面漏風，就這樣在野地裡待一個晚上，凍不死也凍個半死。怎麼辦？展禽突然想起來了，城南有一片墓地，應該可以避風。

去墓地？不怕遇見鬼？展禽根本就不相信有鬼。

坐懷不亂

墓地。

墓地沒有墳頭，那個年代沒有墳頭，有墓無墳。

展禽把車停在一個小山包的後面避風，把馬解下來，拴在一棵樹上。然後自己鑽進了車裡，儘量把四周的縫掩上，把衣服裹好，坐在車裡等待天亮。雖然還是冷，卻已經好了許多。

曠野之中，北風發出淒厲的聲音，在夜晚分外令人絕望。

突然，展禽從淒厲的風聲中似乎聽到了哭泣的聲音。

「鬼？」展禽自問。雖然他不相信有鬼，可是鬼故事還是聽了不

少。如果這真是哭泣聲，是鬼嗎？除了鬼，誰會這個時候在這個地方哭泣？「不會，根本就沒有鬼。」

展禽很坦然，他相信那根本就不是哭泣的聲音。

可是，當風聲減弱的時候，哭聲就更加清晰了，一個女子的哭聲。

「女鬼？」展禽又自問。如果世界上沒有鬼，又怎麼會有女鬼？可是，如果不是女鬼，是什麼人在哭泣？「那我就看看女鬼是什麼樣子。」

展禽拉開車的布簾，從車上跳了下來。

順著哭泣的聲音，展禽借著月光走了過去。

突然，展禽眼前一亮。

每個人都有眼前一亮的時候，就如每個人都有眼前一黑的時候。

展禽的眼前，是一個美麗的背影。不遠處一個避風的所在，一個女子靠著一棵樹在哭泣。一陣北風吹來，裹起女子的衣衫，襯出好身材。

「姑娘，你為什麼一個人在這裡？」展禽走近了問。

女子轉過身來，展禽的眼前又是一亮。只見這個女子年方二八，面如桃花。哆裡哆嗦，更顯嬌媚；眉峰緊蹙，我看猶憐。

美女，絕對的美女，正應了那句話：後面看迷倒千軍萬馬，正面瞧驚呆百萬雄師。

這哪裡是鬼？這分明就是古墓麗影。

「啊，鬼。」姑娘用一聲驚叫來回應他，她幾乎嚇昏過去。

「我不是鬼，我是人。」

「人？壞人？」姑娘還是很害怕，黑燈瞎火的野外遇上一個男人，好男人都可能變成壞男人，何況自己還是古墓麗影。

「我不是壞人，我是展禽，姓展的展，禽獸不如的禽。姑娘，你為什麼在這裡哭泣？」

「我，我串親戚回來，誰知道城門關了。我，我黑燈瞎火躲在墓地，凍得半死，我不該哭嗎？」姑娘凍得哆嗦，連說出話來都哆嗦。

「該，活該的。」展禽想想，覺得姑娘說得對。

「你救救我吧，我要凍死了。」姑娘說，嘴唇凍得發紫了。

「那，跟我來吧。」展禽決定幫助這個姑娘。

姑娘凍得渾身發抖，走路都有些困難。展禽急忙扶著她，一路回到了自己的車前。

「姑娘，上我車裡避避風吧。」展禽扶著姑娘的手，將她攙上了自己的車，他感覺到姑娘的手幾乎已經凍僵了，不停地抖動。姑娘坐在座位上，還在不停地抖著，幾乎坐不住。

展禽略略猶豫了一下，他明白，以這個姑娘現在的狀況，就算坐在車裡，等到明天天亮的時候，也成古墓僵屍了；而自己如果把車讓出去，也有可能凍死。要想大家都不凍死，唯一的辦法：互相取暖。

想明白了這一點，展禽自己也上了車，他把姑娘抱了起來，自己坐下，然後把姑娘放在自己的腿上，緊緊地把姑娘抱在自己的懷裡。

展禽感覺不到姑娘的體溫，只感覺到一陣陣寒氣從姑娘的後背襲來。傳說中鬼是沒有體溫的，幸虧展禽不信鬼，否則一定把姑娘當成鬼了。展禽緊緊地摟住她的腰，不敢放開。姑娘顯然有些享受，她能夠感受到一股暖氣從展禽的胸膛透過來，直抵自己的心臟。她把自己的手放在展禽的手上，算是對展禽的回報，因為這樣，展禽的手就會暖和一些。

過了一陣，展禽的胸前終於有了暖意，他知道，姑娘暖過來了。他的手也有了暖意，因為姑娘的手就在自己的手背上。

「我，我的胸還是冷。」姑娘說。她的胸確實還是冷。

展禽把自己的手從姑娘的腰挪到了姑娘的胸前，他立即感到不同，這裡軟綿綿的，十分寫意。

坐在展禽的懷裡，姑娘睡著了，睡得很香，因為白天太累了。

展禽卻怎麼也睡不著。換了誰，懷裡抱著個美女，都會睡不著。

姑娘的體溫，姑娘軟綿綿的身體，姑娘的體香，以及姑娘均勻的呼吸，凡此種種，都讓展禽有些呼吸緊促，蠢蠢欲動。

聖人，也是人。

姑娘的臉龐白裡透紅，就在自己的嘴邊，最起碼，親一口？展禽

咽了咽口水，忍住了。

自己的手就在姑娘的胸膛，揉一揉，摸一摸？展禽忍住了，咽了咽口水。

一個人不近女色很難，近了女色又不動邪念更難，動了邪念而克制住自己不去行動就又是難中之難了。

展禽做到了。

展禽閉上了眼睛，強迫自己不去想身邊的事情，而是想像弟弟到了齊國之後會怎樣。想到弟弟，展禽的心情有些沉重起來，不知道弟弟孤身一人在異國他鄉混得怎樣，能不能站得住腳，會不會跟人打架？

長夜漫漫，無心睡眠。

天終於亮了，風似乎也小了一些。

開城門的聲音傳來，迷迷糊糊的展禽睜開了眼睛。

「姑娘，天亮了，回家吧。」展禽把自己的手從姑娘的胸前移開，搖搖姑娘的肩膀。

「啊。」姑娘從睡夢中醒來，發現自己竟然坐在一個男人的懷裡，吃了一驚，急忙跳下車來。

寒風立即讓姑娘清醒過來，她猛然想起昨晚的事情來，摸摸自己的衣服，並沒有被解開，再摸摸自己的褲腰帶，也還是原來那樣，她確信展禽救了自己的命並且沒有趁機吃自己的豆腐。

「你，你救了我的命？」姑娘問展禽。

「算是吧。」展禽說，他是個誠實人，不會說謙虛的話。

「我，我怎麼報答你？」姑娘又問。她很感動。

「不用報答，我也沒有損失什麼。」展禽說。還是那麼誠實。

「我，救命之恩，小女子無以為報，唯有以身相許。」姑娘很感動，她想不出什麼更好的報答方式。

「不必了，我已經有了老婆。」

「那，當小妾也行。」

「我養不起，真養不起。」

「那，情人也行，我就在這裡獻身給你。」

「不行，這裡很冷。」

「那，你找地方，我跟你走。」

「不行，我急著回家呢，你不急嗎？你快走吧。」

「那我跟你一塊走。」

「不行，你先走吧，你娘一定在為妳擔心呢。我的腿坐麻了，要緩一緩才行。」

姑娘猶豫了一下，終於還是走了。

展禽兩腿酥麻，站不起來，坐著捶打了一陣，這才勉強下了車，然後套上馬，趕車回家了。

這一段，就是中國歷史上著名的「坐懷不亂」的故事，成語「坐懷不亂」也出於這裡。

官場難混

後來有句俗話：好事不出門，壞事傳千里。可是，春秋那時候還沒有這句俗話。

展禽坐懷不亂的事蹟迅速傳遍了整個曲阜城，有說好的有說不好的，說好的是稱讚展禽的品德，說不好的是懷疑展禽是不是性無能。

不管怎樣，展禽意外地獲得了廣泛的好評。終於，連國君魯桓公都聽說了。

「這麼誠實的人，可以用啊。」魯桓公表示。

於是，展禽在第二年被錄用為公務員，至於什麼職位，按照展家的家史記載，是「仕魯參末議」，屬於比較低級的公務員。

展禽當上公務員不久，魯桓公帶著老婆文姜前往齊國訪問，結果被齊襄公所殺。（見第一部第23章）

幹了一年之後，展禽工作認真負責，一絲不苟，於是被提拔為士師，級別為上大夫。士師是幹什麼的？相當於最高法院副院長，主持士這一級的訴訟。正院長是誰？司寇，那就是卿了。

魯國是個講周禮的國家，但同時是個人情國家，親親上恩，刑罰上總是很照顧關係和面子，而大家都習以為常。可是，展禽是個誠實人，該怎樣就怎樣，沒什麼面子可講。但凡審判，都是依法而行，托門路找關係這一類事情，在他面前都不好使。因此，幹了一年，得罪了不少人。

終於，一個案子審下來，讓展禽下課了。什麼案子？

按照當時魯國的刑法，盜竊罪的刑法是這樣的：偷一錢到二十錢之間的，處罰金一百；偷二十一錢到一百錢的，處罰金二百；偷一百零一錢到二百錢的，罰為白徒，什麼叫白徒？就是官奴，也就是有期徒刑，勞動改造；偷二百零一錢到一千錢，不好意思，就要剃光頭，服更長時間的有期徒刑，而且，地位比白徒還要低下，官方用語叫做「完為倡」。

一個叫佐丁的人偷了一斗米，價值三錢，被抓獲之後送到了展禽這裡。

按照法律，偷三錢應該是罰金一百，立即釋放。所以，佐丁自認倒楣，倒也不是太害怕。

「我宣判，佐丁，完為倡。」展禽判決，要把佐丁剃成光頭，做官奴。

「什、什麼？」佐丁一聽，當時傻眼，展禽公報私仇？可是自己跟展禽沒有私仇啊。而且，沒聽說魯國正在從重從快啊，展禽怎麼能把自己判這麼重？「我不服！」

「不服？不服你上訴啊。」展禽給了他機會。

佐丁雖說就是個士，可是還有些有能量的親戚，於是找親戚托門路跟展禽說情，展禽一概不理。

「你無緣無故重判我，我找國君去說理去。」佐丁就覺得自己太冤，於是托親戚找魯莊公申訴。

魯莊公聽說這回事之後，也覺得展禽有些過分，於是，找來展禽問這件案子。

「叔啊，判重了吧？人家就偷了三錢啊。」魯莊公說。論輩分，展

禽是他叔。

「主公，錢，是只偷了三錢。」展禽頓了頓，開始解釋，「可是，事，不是那麼個事。」

「這，什麼意思？」魯莊公聽得有些糊塗。

「吏初捕丁來，冠鈌冠，臣案其上功牒，署能治禮，儒服。」展禽開始解釋，說是佐丁剛剛被抓來的時候，戴著鈌冠，這種帽子不是人人能戴的，這種帽子屬於政府頒發的一種證書性質，代表身份地位的。展禽拿下他的帽子來看，帽子上還寫著證書的類型，那就是「治禮、儒服」，也就是說這人可以作相禮，相當於禮學教授或者律師。「主公，此人不僅懂法，而且有法律身份，平時用法律教訓別人，而自己卻知法犯法。這樣的罪，按照刑律，是應該兩個白徒，二罪並罰，所以要完為倡。」

「哎，對啊。」魯莊公覺得有理。

展禽就這麼判了佐丁。

可是，佐丁也不是白給的，在魯國，佐丁這樣身份的人有一個圈子，而且這個圈子的活動能力很強。對於佐丁的被判，整個圈子的反應都很激烈，原因很簡單，如果這個判例成立，大家今後但凡犯罪就都是知法犯法，罪加兩等了。

怎麼辦？不是東風壓倒西風，就是西風壓倒東風。

他們開始展開活動，四處遊說，說展禽的壞話。

而展禽是個老實人，從來不說假話的那種，也從來不去拉關係表忠心的那種。於是，結果可想而知。

在越來越多的人紛紛來說展禽壞話之後，魯莊公終於決定炒掉展禽。

就這樣，展禽做了一年的士師之後，回家種地去了。

只幹了兩年公務員，展禽下課了。

展禽並沒有沮喪，相反，他還挺高興，為什麼？因為老婆要生了。

被炒之後三個月，展禽的大兒子出生了。

「誰說人家性無能？」到這個時候，大家又想起展禽坐懷不亂的事

蹟來。

展禽安心種地，另一方面在家裡研究學問。

就這樣過了五年，到展禽三十四歲的時候，魯莊公決定再次任命他為士師。

有了上一回的教訓，這次展禽該學的靈活一點了吧？

沒有，展禽還是那樣，凡事沒有情面可講。

上任三個月，展禽就又得罪了一大片人。勉勉強強幹了兩年，展禽再次接到了辭退通知書。

不過，這一回的辭退原因很大程度是因為他弟弟展雄。

展雄現在在哪裡？他怎麼會連累到自己的哥哥？

合夥生意

展雄從魯國來到齊國的時候，齊國國君是齊襄公，齊襄公不像他的父親齊僖公那樣喜歡招賢納士，所以這時候的北漂族的日子並不好過。

展雄是個爽快人，性格豪爽，好結交朋友，因此在齊國很快結交了不少朋友，隨後托熟人找門路，想要在齊國謀個位置。可是，不容易啊。

轉眼間，過了兩年，眼看著在齊國沒有什麼前途，怎麼辦？這時候，聽說哥哥在魯國已經當上了士師。換了別人，這時候就可以回魯國投奔哥哥，靠著哥哥的面子，弄個一官半職的。可是展雄想都沒想，一來哥哥決不會給自己開這個後門，二來，哥哥這樣的性格，幹不長。

所以，展雄下定了決心，就算死在齊國，也決不回魯國。

「兄弟，咱們合夥做點生意怎麼樣？」一個在人才市場認識的北漂哥們來找展雄合夥做生意了，誰啊？管仲。

「哎唷，仲哥。」展雄有點吃驚，整個人才市場，最聰明的就是管仲了，管仲主動邀請自己來做生意，那絕對是瞧得起自己。「我也想做生意啊，可是我要本錢沒本錢，要生意頭腦沒生意頭腦，沒資格跟你

合夥啊。」

「兄弟，話不能這麼說，要是沒有兩刷子，誰敢來臨淄混啊？每個人都有每個人的長處，關鍵是發揮長處啊。你看你，性格豪爽武藝高強，好人見了你怕三分，壞人見了你不敢惹，這就是本錢啊。這麼著，我跟鮑叔牙已經談好了，他出本錢，我出頭腦，你呢，出力氣就行，賺了錢，咱們三人平分。你看怎樣？」

「那好啊。」不用出本錢，也不用出主意，展雄當然高興。

按照分工，鮑叔牙出本錢，管仲負責商業資訊和貨源組織，從齊國運鹽前往魯國鄭國宋國等國家，再從這些國家組織貨源運到齊國。展雄負責運輸和保衛工作，聯繫車隊，保證貨物的安全。

轉眼間到了第二年，第一批鹽組織好了，目的地是宋國。

一切就緒，管仲和展雄率領車隊出發了。

出發之前，從魯國傳來消息，說是展禽下課了。

「唉，我就知道是這個結果。」展雄歎一口氣。

一路順利，這一天來到了泰山腳下，過了泰山，就是魯國，穿過魯國，就到了宋國。展雄的心情略略有點激動，這將是他第一次回到祖國。不過，看來是沒有時間去看望哥哥了。

「站住。」就在展雄思緒萬千的時候，一聲斷喝讓他從思緒中走了出來，定睛一看，只見路兩旁跳出十多條大漢來，攔在車隊的面前，領頭的高喝：「此路是我開，此樹是我栽，若要從此過，留下買路財。」

強盜，遇上了強盜。

「兄弟，現在靠你了。」管仲對展雄說。遇上強盜，管仲照例是要向後縮的。

「看我的。」展雄說。這當然是他的事情，錢不是那麼容易掙的。

展雄的戰車來到了最前面，然後轉過身來對大家說：「跟強盜沒什麼好說的，我們現在只有一條路，就是衝過去。我在前面開路，大家緊緊跟上。」

說完，展雄的戰車在前，其餘車輛跟上，衝了過去。

強盜們自然不會放他們過去，揮舞著刀棍攔在路上，展雄使開大

戟，當場刺翻兩個強盜，強盜們吃了一驚，急忙退後，展雄的戰車衝了過去，其餘車輛一擁而過。

只有一輛車被攔在了後面，誰的車？管仲的。

管仲一向喜歡縮在最後，可是這一次，縮在最後卻成了強盜們的目標。管仲被強盜們圍在中間，眼看抵擋不住。

「唉，想不到我管仲治國大才，竟然死在一幫小賊的手裡。」管仲歎了一口氣，準備被殺。

就在這個時候，只聽見一聲暴喝，展雄殺了回來。

由於道路狹窄，戰車不便掉頭，因此，展雄是跳下戰車奔跑過來的。

展雄一到，強盜們知道遇上了勁敵，紛紛撇開管仲，來圍攻展雄。

「仲哥，你快走，我來斷後。」展雄大聲喊道。

其實不用展雄喊，管仲的御者早就趕著車逃出了包圍圈。看看逃得夠遠，管仲才放下心來，對展雄喊：「兄弟，我們在前面等你。」

「不要等我，你們快走，越遠越好，我去追你們就行了。」展雄一邊打鬥，一邊大聲喊叫。

管仲原本還想等等，可是當他看到山上又下來幾十個強盜的時候，他立即作了決定；快跑。

很快，一百多個強盜將展雄圍在了中間。

第二○三章
強盜理論

眼看管仲等人走得遠了，而自己身邊層層匝匝圍了百十號人，再打下去，就算自己有萬夫不當之勇，也抵擋不住了。於是，展雄暴喝一聲，把手中的大戟插在了地上的一盤牛糞上。牛糞如同天女散花一般四濺開來，大家紛紛躲閃。

「夥計們，我已經保護我的大哥安全過去了，死而無憾了，來吧，派個膽子大的上來殺我吧，皺一皺眉頭，我就不是帕帕羅迪。」展雄大聲說道。

強盜們一時間都愣住了，一來是展雄勇猛，二來沒有想到展雄會主動放下兵器，三來，不知道為什麼非要膽子大的上去，展雄臨死要拉個墊背的？四來，展雄周圍一圈牛糞，髒兮兮的讓人不想靠近；五來，沒想明白展雄最後說的那個帕帕羅迪是什麼意思。

其實，帕帕羅迪什麼意思都不是，就是展雄說出來讓大家去猜的。展雄知道，如果自己說完話，大家一擁而上的話，十個展雄也被砍死了；而如果大家都在猶豫，自己就有機會了。

而現在，大家都有些不知所措。

「各位，你們當強盜，無非就是想搶財搶物搶女人，如今財物都跑掉了，殺了我有個鳥用？既然殺了我也沒用，不如大家省省力氣。啊，不好意思，告辭了。」展雄一看機會來了，說完話，就要開溜。

「撲通。」一個老強盜跪在了展雄面前的牛糞上，拉住了展雄的衣襟，把他嚇了一跳。

什麼意思？展雄沒弄明白，這是強盜殺人之前的規定動作？

「撲通撲通。」一百多號強盜都跪在了地上。

這一次，輪到展雄發愣了，跑也不好，不跑也不好，怎麼辦？正想不明白，老強盜說話了。

「大王，我們終於找到你了。」老強盜說得聲淚俱下，十分激動。

盜聖出世

現在，展雄成了泰山的山大王，手下有百十來號人馬。

老強盜姓高，原本是齊國的公族，一年前因為在齊國犯了罪，無可奈何在這裡落草為寇。原本這泰山腳下就有些草寇，多半是附近各國的野人，也有幾個士，這些人三個一夥兩個一群的不成氣候，把強盜的事業做得像小偷一樣窩囊。老高畢竟是齊國的士，有些見識，知道團結才有力量，於是將這些人聚攏在一起，算是個鬆散聯合體。有人提議老高擔任頭領，可是老高一來年歲大了，二來組織能力欠缺，因此一向不肯。如今遇上展雄，就知道這個人才是最理想的強盜頭子。

「大王，你就當我們的大王吧，我們都聽你的。」老高說。

「大王八？」展雄沒聽明白。

「大王，我們雖然是強盜，可是沒有人領導，隨時被剿滅，從今以後，我們就拜您為大王，都聽您的，領導我們從貧窮走向小康。為了一百多個兄弟的將來，我老高就求求你了。」老高說得聲情並茂，真誠無比。

現在，展雄聽明白了，這是要讓自己當強盜頭子。

「這，我不幹。」展雄拒絕。

「大王，你再聽我說。」老高頓了頓，接著說，「你看你，武藝高強，我們十多個人不是你的對手；你勇猛善戰，這麼多人圍著你都不怕；你夠意思講義氣，救了整個商隊，救了管跑跑，自己陷於絕境；你還很有智謀，臨危不懼，編了個什麼帕帕羅迪讓我們發呆。還有，一看你就是個不得意的士，對現實充滿仇恨，對前途只剩下絕望。恕我直言，你這樣的人，決不是久居人下之人，可是名門正道又沒有你的機會，所以，你天生就該是個強盜頭子，山大王的料。」老高一席話，說得展雄怦然心動。

溜鬚拍馬，奴顏婢膝，這些自己都不會；像哥哥一樣老老實實在家種地，研究學問，自己又不甘心。所以，當個強盜頭子看上去還真是個不錯的選擇。

「好吧。」展雄答應了。

展雄畢竟是受過九年義務教育的人，再加上在齊國期間跟管仲們混，境界又大有提高，在能力上確實高出大家一頭。

當上了山大王之後，展雄重點進行了組織建設和制度建設，老高被任命為泰山卿，主要負責出謀劃策，餘下按照齊國兵制編隊管理；制定了嚴格的賞罰制度，公平執法，賞罰及時。

很快，展雄的人馬稱雄泰山一帶，其餘的散落草寇紛紛來投，又剿滅了剩餘的小股強盜，最終一統泰山。到了這個時候，展雄在山上修建大寨，鑄造兵器，置備旗幟鑼鼓，訓練軍隊。儼然之間，成為一方諸侯。

據《莊子》：盜蹠從卒九千人，橫行天下，侵暴諸侯。穴室樞戶，驅人牛馬，取人婦女。貪得忘親，不顧父母兄弟，不祭先祖。所過之邑，大國守城，小國入保，萬民苦之。

什麼意思？就是展雄的事業越做越大，到後來手下員工達到九千人，橫行天下，和諸侯分庭抗禮。所到之處，沒有國家敢於對抗，只能堅守不出。展雄的手下兄弟們常常主動上門，搶牛搶馬搶女人。他們不祭祀祖先，忘記了父母兄弟，六親不認，大利滅親。

為什麼展雄的事業能夠做得這麼大？因為他是盜聖。

為什麼他是盜聖？因為他有理論。

下面，來看看展雄的強盜理論。

有一天，一位手下問展雄：「盜亦有道乎？」

「我說夥計，什麼事情要做好，都是有道的啊。哪，就說咱們這個行當吧。在開搶之前，就能夠判斷出房子裡有沒有財物，這就是聖明；能夠不顧危險，第一個衝進房子，這就是勇敢；搶完了東西，最後一個撤出來，這就是義氣；能夠知道該不該出擊，這就是智慧；搶到了財物能夠公平分配，這就是仁愛。聖勇義智仁，要成為一個合格的大盜，必須具備這些素質。」展雄一一道來，頭頭是道。

盜聖，不愧是盜聖。

《莊子》這樣總結：蹠不得聖人之道？不行。

意思就是：展雄是聖人嗎？必須的。

孔丘來了

展雄的事業做大了，大到魯國都感受到他的威脅。於是，有人向魯莊公投訴，說是展禽對弟弟管教不嚴，以至於展雄成為強盜，不僅擾亂了我們的邊境，而且破壞了我們魯國的國際形象。因此，展禽不應該再擔任魯國的士師了。

「嗯，說得也是。」魯莊公覺得有道理，於是第二次炒掉了展禽。

展禽沒有解釋，也毫無怨言，回家種地去了。

這一天，有人來訪了，誰啊？展禽的朋友孔丘，也就是孔仲尼，後世稱之為孔聖人。

大家都是聖人，所以凡人那些囉里巴唆的客套話就免了。

「子不孝，父之過；弟不教，兄之惰。如今先生你是當世的賢士，然而兄弟卻被叫做盜蹠，成為天下的禍害。說實話，我真替先生感到羞愧。如今，我願意替你前去勸說他改邪歸正，再做良民。那時候，先生豈不是也就能官復原職了？」孔丘一番好心，前來幫忙。

「老弟啊，我這個兄弟從小就是叛逆性格，而且思維敏捷，性格暴躁，我哪裡管得了他？我也說不過他啊。就算你能言善辯，我看未必能說得過他。而且，就他那性子，一不高興就能殺人，我看你啊，別去逗這能了。」展禽對孔丘的建議沒什麼興趣，因為他最瞭解自己的弟弟。

「那，不試試怎麼知道不行呢？我一定要去。」孔丘堅持。

展禽沒有再攔他。展禽就這性格，道理說一遍，聽不聽你自己決定。

幾天之後，孔丘上路前往泰山了，學生顏回駕車，另一個學生子貢做車右，晃晃悠悠來到了泰山腳下。前面，就是強盜的大寨。

「此路是我開，此樹是我栽……」突然，路邊跳出一夥強盜來，大聲喝道。

「我說夥計，這套就免了吧，我們老師是特地來拜會你們大王的。」子貢打斷了強盜們的話。

強盜也是講道理的，人家既然是客人，當然也就不能無禮。一夥強盜們帶路，不多時，來到了大寨門口。

孔丘下了車，對守門的保安說：「在下魯國人孔丘，聽說展雄將軍剛毅正直，特來求見，拜託轉達。」

「你等著。」一個保安進去通報了。

這個時候，展雄起床不久，正在準備吃早餐，早餐吃什麼？烤人肝。

「報大王，魯國人孔丘求見。」進來稟告的保安低聲說。

「什麼？孔丘？」展雄一下子瞪圓了眼睛，用《莊子》的話說，那就是「目如明星，髮上指冠」。他暴怒：「不就是魯國著名的大忽悠孔丘嗎？我不見他，讓他滾。」

怒髮衝冠，這個成語來源就是這裡，展雄最先展示的。

保安嚇了一跳，急忙要走，展雄又把他叫住了。

「你替我告訴他，就這麼說：你裝腔作勢，裝模作樣，拉大旗作虎皮，把自己的垃圾主張都說成是文王、武王的思想；你頭上戴著樹杈一樣的帽子，腰上圍著死牛的皮帶，滿口胡言亂語，一肚子烏七八糟；你不種地卻吃得不錯，不織布卻穿得講究；你整天搖唇鼓舌，搬弄是非，忽悠天下的諸侯，讓讀書人都變成偽君子；你拼命鼓吹盡孝尊長，實際上想要靠這個得到封賞發不義之財。你罪大惡極，不要讓我看見，否則，我挖你心肝出來做早餐。」展雄一口氣說這麼多，算是解氣，揮揮手讓保安出去，也不管他能記住多少。

保安哪裡記得住這麼多，從展雄的大帳到山寨的大門，把展雄這番話也忘得差不多了，怎麼辦？反正不就是罵人嗎？罵跑這個夥計不就行了？

「我說夥計，我們大王讓你滾蛋，還讓我給你帶話，說你個大蠢驢吃人飯不說人話……」此處省略三百五十四字，字字都是山東髒話。

保安一通臭罵，罵得孔丘師徒三人臉上紅一陣白一陣，活這麼大

歲數，還沒被人這麼羞辱過。

孔丘努力讓自己鎮定下來，若不是兩個弟子在眼前，丟不起這個人，當時就走了。可是如今，還必須想辦法。

「不好意思，剛才忘了說，我是展禽先生的朋友，展禽知道不？你們大王的哥哥。我這次來，是展禽托我來的。麻煩再去通報一下，多謝多謝。」孔丘賠著小心，還要擠出笑容來，請保安再次通報。

保安有點驚訝，他實在沒想到這個人是展禽的朋友，早知道，剛才那頓罵就省了。為什麼？因為展雄在山寨宣佈過，但凡打劫，如果對方提起跟哥哥展禽沾親帶故，都不許搶。

「那，先生等等。」保安一路小跑，去通報了。

不多久，保安出來，客客氣氣地說：「夥計，大王請您進去。」

孔丘很有風度地笑了笑，現在很有面子了。看來，展雄很敬重他的哥哥，對自己估計也會待若上賓了。

聖人對聖人

孔子終於見到了展雄，展雄怎麼樣？

展雄坐在席上，古人的坐是跪坐，兩個小腿彎曲向後，兩隻腳不能對著客人，與如今泰國人的坐法相似。可是，展雄是一屁股坐在席上，兩隻腳伸到前面，臭腳丫子正對著客人，非常的沒有禮貌。桌子上是一把寶劍，展雄的手就按在寶劍上。

孔丘心裡有點打鼓，禁不住有些後悔。可是事到如今，硬著頭皮也要上了。

只見孔丘來到近前，躬身行禮。之後，還不敢坐下，倒退回去，再回來，又行了一遍禮。

「夥計，沒完了？趕快坐下，有屁就放。我告訴你，如果你說的順我的意，算你厲害；如果不順我的意，讓你站著進來，躺著出去。」展雄沒給孔丘什麼好臉色，一邊說話，一邊拍著桌子上的寶劍。

孔丘硬著頭皮坐在展雄的對面，一股腳臭撲鼻而來，也只好忍

住。當下定了定神，開始說話了：「在下我聽說，天下有三種人最牛：生得魁梧高大，長得英俊瀟灑，人見人愛，鬼見鬼愛，這種人是上等的德行；上知天文，下知地理，學識淵博，能言善辯，這種人是中等的德行；慓悍勇敢，能夠領兵帶將，這種人是下一等的德行。只要一個人擁有這三種中的一種美行，稱王稱霸不足道哉。

看看將軍您，您高大魁梧，身高八尺二寸，面容英俊，兩眼熠熠生輝，嘴唇鮮紅猶如朱砂，牙齒整齊好似編貝，聲音洪亮賽過黃鐘，學識淵博，作戰勇猛，您簡直不是人啊，您就是聖人哪，這三種德性您一個人都包圓了。可是，可惜了了，你卻被人們稱為盜蹠。」

展雄沒有表情地聽著，用手摳摳腳趾縫，搓出一點泥來。

「我孔丘暗暗為將軍不值啊，我認為將軍不應該有此惡名。將軍如果有意聽從我的勸告，我願意南邊出使吳國越國，北邊出使齊國魯國，東邊出使宋國衛國，西邊出使晉國秦國，勸說各個國家有錢出錢有人出人有地出地，為將軍建造數百里的大城，擁有數十萬戶的人口，尊將軍為諸侯。那時候，天下和平了，放棄武力了，老百姓安居樂業了，老有所養小有所教了，祖先得到供奉了。這您就是聖人啊，天下人都盼望著那一天早日到來呢。」

孔丘一口氣把話說完，喘了一口氣，再去看展雄的反應。

「忽悠，接著忽悠。」展雄一臉的冷笑，突然，一拍桌子，大聲說道：「老丘，你給我聽著。但凡是能夠被你這樣的人利誘，被你的大道理說服的，那些不過是愚昧淺陋的順民屁民。我展雄高大魁梧英俊瀟灑，人見人愛，這是我的父母給我的。你孔丘不來拍這個馬屁，我難道還不知道嗎？我聽說，喜好當面拍馬的人，也就喜歡背地裡詆毀別人。你用建造什麼大城、擁有多少百姓這些屁話來忽悠我，無非就是要利誘我，當我什麼人？順民屁民啊？城池再大，能比天下更大嗎？堯舜擁有天下，子孫卻沒有立錐之地；夏啟商湯做了天子，可是後代卻遭滅絕，這不是因為他們貪求占有天下的緣故嗎？」

說到這裡，展雄把剛才搓出來的泥狠狠地扔在了地上。

「我還聽說，古時候獸多人少，人只能在樹上築巢而居躲避野獸，

所以那時候叫有巢氏之民。古時候人們不知道穿衣服，夏天存積柴草，冬天燒火取暖，也就是湊合活著。到了神農時代，人們只知道娘，不知道爹，跟麋鹿生活在一起，自己耕種自己吃，自己織布自己穿，沒有傷害別人的心思，生活自由自在，這就是道德鼎盛的時代。可是到了黃帝就不再具有這樣的德行，跟蚩尤在涿鹿的郊野上爭戰，流血百里。堯舜稱帝，設置百官，商湯放逐了他的君主，武王殺死了紂王。從此以後，世上總是以強凌弱，依仗人多勢眾欺負別人。商湯、武王以來，就都是屬於篡逆叛亂的人了。

　　如今你研修文王、武王的治國方略，控制天下的輿論。你們穿著寬衣博帶的儒式服裝，矯揉造作虛情假意，用以迷惑天下的諸侯，一心想用這樣的辦法追求高官厚祿。要說大盜，再沒有比你大的了。天下為什麼不叫你作盜丘，反而叫我盜蹠呢？

　　你忽悠子路死心塌地地跟隨你，讓子路收起勇士的心性，做你的門徒，天下人都說你孔丘能夠制止暴力禁絕不軌。可是後來，子路想要殺掉篡逆的衛君卻不能成功，自己反而被剁成了肉醬，這就是你那套說教的失敗。你不是自稱聖人嗎？卻兩次被逐出魯國，在衛國被人鏟削掉所有足跡，在齊國被逼得走投無路，在陳國蔡國之間遭受圍困，不能容身於天下。而你所教育的子路卻又遭受如此的禍患，做師長的沒有辦法在社會上立足，做學生的也就沒有辦法在社會上為人，你的那套主張難道還有可貴之處嗎？」

　　說到這裡，展雄一拍桌子，「啪」一聲，嚇得孔丘一個哆嗦。展雄沒有管他，自顧自端起一杯酒來，喝了一口，繼續說。

　　「世上所尊崇的聖人，莫過於黃帝，黃帝就是好人嗎？唐堯不慈愛，虞舜不孝順，大禹半身不遂，商湯放逐了他的君主，武王出兵征討商紂，文王曾經被囚禁在羑里。這以上的六個人，都是世人所尊崇的，但是仔細評論起來，都是因為追求功利迷惑了真性而強迫自己違反了自然的稟賦，所謂的聖人們，都是可恥的。

　　世人所稱道的賢士又怎麼樣呢？伯夷、叔齊餓死在首陽山，屍體都未能埋葬。鮑焦清高，非議世事，竟抱著樹木而死去。申徒狄多次

進諫不被採納，背著石塊投河而死，屍體被魚鱉吃掉。介子推算是最忠誠的了，最終也抱著樹木焚燒而死。尾生跟一女子在橋下約會，女子沒有如期赴約，河水湧來尾生卻不離去，竟抱著橋柱子而淹死。這以上的六個人，跟肢解了的狗、沉入河中的豬以及拿著瓢到處乞討的乞丐相比沒有什麼不同，都是重視名節輕生赴死，不顧念身體和壽命的人。所謂賢人，都是混球。」

展雄把眼光從孔丘的身上移開，去看顏回和子貢，看看這兩個著名賢人是什麼樣子。展雄發現，他們似乎比孔丘要從容一些。

「那麼，你們所景仰的忠臣又怎麼樣呢？忠臣沒有超過王子比干和伍子胥的了。伍子胥被拋屍江中，比干被剖心而死，這兩個人，世人都稱作忠臣，然而最終被天下人譏笑。所以，忠臣都是可悲的。

你老丘要來說服我，如果你講些離奇古怪的事，那可能還能忽悠一陣；可是你跟我說人世間這點事，怎麼忽悠得了我？現在我來告訴你人之常情吧，眼睛呢想要看到色彩，耳朵呢想要聽到聲音，嘴巴呢想要品嘗滋味，欲望呢想要得到滿足。人生在世高壽為一百歲，中壽為八十歲，低壽為六十歲，除掉疾病、死喪、憂患的歲月，其中開口歡笑的時光，一月之中不過四五天罷了。天與地是無窮盡的，人的生死卻是有時限的，拿有限的生命託付給無窮盡的天地之間，就像白駒過隙一樣迅速。凡是不能讓自己生活得愉快，頤養天年的人，都不是真正懂得道理的人。

所以，老丘你所說的，都是我想扔到垃圾堆裡的，你還說什麼呢？閉上你的鳥嘴，趕快從這裡滾蛋。你的那套理論，不過都是迷失心性，鑽營奔逐，投機取巧、坑蒙拐騙的東西，全都是背離人性的，瞎忽悠什麼？」

展雄洋洋灑灑說了半個時辰，根本不給孔丘插話的機會，話說完，趕人。

孔丘聽得目瞪口呆，無言以對。現在展雄趕人，哪裡還敢再說什麼？

孔丘站起身來，拜謝之後，告辭出來。兩個弟子跟在身後，也不

敢說話。

師徒三人急急忙忙出了大寨，孔丘若有所失，自顧自上馬車，結果三次抓把手都沒有抓到，上了車，眼光迷離，低垂著頭靠在車軾上，腦子裡則是一片空白。

一聲鞭響，顏回趕車南行。一路上，師徒三人一言不發。

看看天色將晚，師徒三人總算趕在關城門之前回到了曲阜。就在城門口，碰上了展禽。

「哎喲，看你們行色匆匆，剛出遠門回來？難道，去見展雄了？」展禽問。

「是啊。」孔丘回答，有氣無力。

「看這樣子，展雄沒給你好臉色啊。」

「唉，真應該聽你的啊。我，我真是沒病給自己扎針，急急忙忙跑去撩撥虎頭、編理虎鬚，差一點就被老虎給吃了啊。唉。」孔丘歎了一口氣，他還在害怕。

「還好，回來得夠早。再晚一點，該考驗你坐懷不亂了。」展禽笑了笑，開了個玩笑，算是安慰他。

這段故事裡，展雄將孔丘罵得狗血淋頭，精彩紛呈，痛快淋漓，充分展現了盜聖的絕世風采。不過，千萬不要把這個故事當真，因為展雄死的時候，孔子還沒出生呢。這段故事，見於《莊子‧盜跖》，借展雄之口批駁孔子的儒家學說。只因為故事過於精彩，因此照錄。

這段故事，貢獻了兩個成語：立錐之地，以強凌弱。

故事中提到的鮑焦，是周朝初期的隱士，傳說他因不滿時政，廉潔自守，遁入山林，抱樹而死。申徒狄是上古時期的人，那時務光拒絕稱王，投水而死；申徒狄是他同僚，也投水而死。至於尾生，是有史以來第一個有記載殉情的癡心漢。尾生的故事是這樣的：跟一個女子約好了在橋下偷情，誰知女子沒來，大水來了，尾生不肯離去，結果被大水淹死。

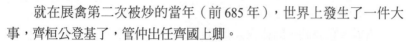

第二〇四章
和聖落墓

就在展禽第二次被炒的當年（前685年），世界上發生了一件大事，齊桓公登基了，管仲出任齊國上卿。

隨後的四年，齊國和魯國之間發生多次戰爭，最終，雙方結盟。（見第一部）

與齊國人在柯結盟之後，魯莊公回到魯國，立即重新任用展禽為士師。為什麼這樣？因為魯莊公知道管仲在魯國的時候，跟展禽是朋友。希望通過展禽和管仲的關係，加強魯國和齊國之間的聯繫。

那麼，管仲真的是展禽的朋友嗎？

管仲論道

齊國，臨淄。

管仲跟展家兄弟都有交往，這一天，與齊桓公談論起展家兄弟來。

「仲父，我聽說展禽這人品德高尚，從來不說假話，你在魯國的時候跟他有過交往，你覺得這人怎麼樣？可以交往嗎？」齊桓公早就聽說過展禽坐懷不亂的故事，覺得此人有些不可思議，要聽聽管仲的看法。

「當然可以，跟他交往很輕鬆。」管仲說。他和展禽有交往，但是交情並不深。

「那麼，可以成為朋友嗎？」

「不可以。」

「為什麼？他不是從來不會騙朋友嗎？」

「是啊，但是他也不會為朋友去騙別人啊。朋友，是用來幫忙的。展禽對所有人都一樣，交這個朋友幹什麼呢？」

齊桓公想了想，覺得有道理，接著問：「那麼，他這樣的人可以用來治理國家嗎？」

「不可以，因為他不懂得變通。」

齊桓公又想了想，還是覺得有道理，於是又問：「那麼，展禽可以成為國家的楷模嗎？」

「不可以。」

「人人都誠實不說假話不好嗎？」

「問題是不能人人都誠實不說假話。如果我們號召人們學習展禽，那麼，相信我們的人就會吃虧，不相信我們的人就會占便宜。於是，我們就會辜負相信我們的人，從而讓他們也不再相信我們。」

「那麼這樣說，天下永遠做不到誠信了？」

「不然。要做到誠信，不是靠號召大家學習誰能夠做到的。首先，要有制度，告訴人們什麼是不能做的；其次，倉廩實則知禮節，要讓大家都溫飽，於是就有了榮辱，人們就不會為了小利而損毀名譽；第三，君主要做出表率，什麼表率？要帶頭節儉，不要奢侈，這樣的風氣形成之後，老百姓就不會去追求無止境的享受。有了這三條，老百姓怎麼會不誠信呢？」

齊桓公想了想，覺得管仲說得有道理，畢竟治國不同於做人，畢竟不能要求人人都坐懷不亂。

「治理國家，絕不是要壓制大家的欲望，大家的欲望被壓制了，這個國家就沒有前途了。展禽是個好人，但是不能讓人們去學習他，如果人人都跟展禽一樣，國家就要滅亡。就像坐懷不亂這樣的事情，聽上去很好，但是不能讓大家去學。普通人，要用普通人的標準去要求他。譬如坐懷不亂這樣的事情，換了主公您，亂不亂？」管仲說著說著，話頭引到了齊桓公身上。

「這個，我看，可以亂。」齊桓公考慮了一下，才慢慢地說。之後反問：「那仲父，換了你，你亂不亂？」

「當亂不亂，必受其亂。」管仲沒有猶豫，這樣回答。

說完展禽，齊桓公又提起展雄來。

「仲父，我聽說展雄從前跟你合夥做生意啊，現在當了強盜，這人怎麼樣？」齊桓公對管仲的事情知道得還挺多，多半都是鮑叔牙告訴

他的。

「展雄這人，比他哥哥強。」

「什麼？」齊桓公有點不相信自己的耳朵，一個著名的惡人，管仲竟然說他比展禽還強。

「當年叔牙、展雄和我合夥做生意，為了保護我們，展雄成了強盜。後來那筆生意賺了錢，該給他的那一份給他送去，結果他說他當強盜發了財，他的那份就給我了。主公，現在都說我當初做生意比鮑叔牙分得多，好像是我欺負叔牙，其實不是，是展雄那份給我了。你說，這個人，是不是個好朋友？」管仲一激動，說出一個秘密來。

「倒是。不過，我們現在發展農商，南來北往不知道多少人要路過泰山，如果被他們占據著泰山，攔路搶劫，誰還敢來？仲父，你看這事怎麼辦？」

「這事情好辦。想想看，強盜這個活，看上去風光，實際上很危險，大凡有活路的，誰願意去做強盜？還不都是逼上泰山的？如今只要我們招安他們，分給土地，原本是士的，還做士；原本是奴隸的，除掉奴籍。這樣，大家都有活路，誰還當強盜？這樣，一來咱們人口增加，二來除掉一患，不是很好？」管仲早就想好了辦法，不過，那年頭，還沒有招安這一說。

「主意是個好主意，可是有兩個問題啊。首先，招安盜匪，魯國人一定會說我們的做法不合乎周禮啊，我們怎麼能跟盜匪談到一塊呢？到時候鬧得友邦驚詫，是不是不太好？其次，展雄這個人很蠻橫殘暴，能言善辯，誰能夠去說服他呢？」齊桓公有些猶豫。

「主公，齊國人做事，何必管他魯國人怎麼看呢！我們做了這麼多事，他們哪一件不驚詫的？去招安盜匪，不用別人，我親自去。」

管仲與盜聖的交易

齊軍戰車三百乘，直抵泰山腳下，安營紮寨之後，管仲一乘車前往展雄的大寨。

046

泰山強盜早已經看見山下浩浩蕩蕩來了無數的齊軍，急忙通報展雄。展雄正要派人去觀敵料陣，有人來報齊國上卿管仲親自來見。

「哈哈哈哈，原來是二哥來了，迎進來。」聽說是管仲來了，展雄高興起來。

不多時，管仲來到了展雄的大帳，老朋友相見，分外的興奮，兩人拍肩打背，歔歙良久。最後，兩人落座，展雄命令手下嘍囉張羅酒菜，宴請管仲。

自古以來，朋友見面，都是吃喝二字。

「二哥，現在你是大國上卿了，我是泰山強盜，找我有什麼指教啊？」展雄問管仲，給管仲夾了一塊肉。

「夥計，做卿做強盜，其實都一樣。眼一閉，一睜，一天過去了；眼一閉，不睜，一輩子過去了。大國征伐，無非也是搶地搶錢搶女人；強盜出動，也是一樣。想想當初，咱們三個人合夥做生意，無非也是為了掙錢，也是為了女人，說起來，跟強盜也沒有什麼區別，哈哈哈哈……」管仲說完，哈哈大笑起來。

「哈哈哈哈……」展雄也大笑起來。

原本，展雄對管仲還有些戒備之心，如今看管仲說話還像從前一樣直率爽朗，徹底放下心來。

「二哥，話雖這樣說，當強盜還是高風險的職業啊。」

「夥計，幹什麼不是高風險？當國君不是高風險嗎？」

「話不能這麼說，畢竟天下不是強盜的天下，隨時會受到攻擊啊。對了，我問問你，你帶著齊國大軍來做什麼？剿滅我們？」

「不瞞夥計你說，先禮後兵。來，吃塊肉。」管仲並沒有拐彎抹角，順手給展雄也夾了一塊肉。

「怎麼個先禮後兵法？」展雄的臉色變得有些難看起來。

「夥計，強盜有大小之分。大強盜吞併小強盜，你如今有人馬過萬，怎麼來的？就是吞併了各路小強盜。可是，在泰山上你是大強盜，在天下來看你就是小強盜了，所以，你們就要被吞併。我們齊國是這一帶最大的強盜，所以，我們要吞併你們。」

管仲的話說到這裡，對展雄笑一笑。原本，展雄就應該很憤慨，可是他很奇怪自己憤慨不起來，因為管仲說得太對了，做了這麼多年強盜，得出的結論就是：落後就要挨打，挨打活該；弱小就要被吞併，被吞併不是壞事。

　　「那，你們怎麼吞併我們？」展雄問。

　　「當年，咱們在泰山遇上強盜的時候，我就暗中發誓，今後要是我成了齊國上卿，一定不能讓經商的兄弟們再遇上強盜了。如今，齊國免除了關稅，天下商人頻繁出入齊國，因此齊國需要整肅邊境，保護商人的安全。夥計，不好意思，你們首當其衝。」

　　「那，剿滅我們？」展雄有些緊張起來，他從來沒有這麼緊張過。

　　「不，泰山上的強盜，但凡願意去齊國的，原先是士的，恢復士的身份；原先是野人或者奴隸的，都可以做齊國平民，分給土地，安居樂業。怎樣？」

　　展雄一時沒有說話，說實話，這是個不錯的條件。展雄自己心裡非常清楚，強盜這個職業，吃的就是青春飯，一旦過了壯年，也就意味著窮困潦倒了。所以，能夠有一塊地去種，安居樂業，再攢點錢娶個女人，對於絕大多數強盜來說，真是個不錯的歸宿。

　　可是，對於展雄來說，當年被上百名強盜圍攻，也並沒有投降，如今，雖然齊國大軍在山下，就要投降嗎？

　　展雄是什麼人？盜聖。

　　盜聖是絕對不會投降的。

　　「二哥，我知道你是好意。可是，我是不會被招安的。我知道大強盜吞併小強盜，小強盜就該被大強盜吞併。不過，除了投降，小強盜也可以選擇戰死。這樣，我的手下，願意投降的就投降，不願意投降的，我會率領他們和你們戰鬥到最後一個人。」展雄說得很輕鬆，甚至還笑了笑。說完，他喝了一口酒。

　　管仲也笑了，他也喝了一口酒。

　　「夥計，大強盜也並不一定就要消滅小強盜。有的時候，留下小強盜反而對大強盜有好處啊。這樣吧，就按你的說法，想做良民的，讓

他們做良民；想跟你留在泰山的，沒問題，泰山腳下也有土地，你們自己種自己吃。齊國每年再補貼你們一部分，讓你們吃喝不愁還有零用。不過有一點，從今以後，不能再打家劫舍，不許攔路搶劫。」管仲說得也很輕鬆，開出了一個展雄無法拒絕的條件。

「二哥，這樣的條件我們自然沒有理由拒絕。不過，無利不起早，大強盜小強盜都一樣，你們既然不消滅我們，自然是有用到我們的地方，說吧。」展雄把笑容收了起來，他知道，天上掉下來的餡餅不是那麼容易吃的。

「盜聖，怪不得人稱盜聖。這樣，平時我們也用不著你們，但是難保有時候我們不方便出面的，你們就要替我們出面了。譬如有時候騷擾一下魯國，搶劫一下陳國等等，這樣的事情齊國不方便做，就要給你們去做了。」管仲的算盤很清楚，雖然各國對齊國表面上十分恭敬，但是總有懈怠的時候，那時候就讓強盜們去提醒你們。

「哈哈哈哈，成交。」

碰杯的聲音。

誠信比愛國更重要

泰山強盜原本有上萬人，八千多人願意招安，因此去了齊國做良民，只有兩千多人不願意被招安，留下來跟著展雄在泰山腳下墾荒種地。這樣一來，齊國人口增加的同時，實際上把泰山也納入了自己的勢力範圍。

齊國人不費吹灰之力搞定了泰山強盜，魯莊公非常惱火，尤其對管仲不滿。

「管跑跑啊管跑跑，就是一個商人啊，為了利益什麼都做得出來，太無恥了。」魯莊公暗地裡大罵管仲，罵著罵著突然想起來了，展禽跟管仲是朋友啊，管仲既然這麼無恥，為什麼要給他面子？

於是，展禽再次被炒。

可憐展禽，三次當公務員，三次被炒。

不過展禽還和前兩次一樣，什麼也沒問，什麼也沒說，收拾收拾回家種地去了。

八年之後（前 672 年）三月，魯莊公再次任命展禽為士師，不過這次時間更短，僅僅一個月時間，展禽再次被免，因為時間太短，試用期都沒過，因此在歷史上，這次任免沒有被計算在內。

這一年，展禽四十九歲。

展禽沒有當回事，依然回家種地。可是鄰居們都為他憤憤不平，因為他們最瞭解展禽。

「展大爺，憑您的人品和才能，還有您的名聲，到哪個國家不能當個大夫啊，何必非要窩在魯國？不說別的，就憑你們兄弟跟管仲的交情，去齊國也行啊。」鄰居實在看不過，來勸他。

「直道而事人，焉往而不三黜？枉道而事人，何必去父母之邦？」（《論語·微子》）展禽笑了，他說：我在魯國之所以屢次被炒，無非是因為堅持了做人的原則。如果一直堅持這樣的原則，到哪裡能不被炒呢？如果放棄做人的原則，在魯國也同樣可以得到高官厚祿啊，又何必去國外呢？

展禽明白得很，他其實看透了一切。

鄰居沒有再勸他了，因為他知道，對於展禽來說，做人的原則比做官重要。

從那以後，展禽安心種地，展雄則在泰山當他的強盜。

五年之後，展禽開設了一所私立學校，開講詩書禮樂。因為展禽學問高深，因此許多人前來求學。從此之後，展禽就成了一個教育家。

說起來，展禽算是民辦教師的祖師爺了。

到展禽七十三歲的時候，魯國已經是魯僖公在位，魯僖公決定再次起用展禽，不過當時的正卿臧文仲阻止了魯僖公。

就為了臧文仲阻止魯僖公起用展禽，後來孔子還批判臧文仲：「臧文仲其竊位者與？知柳下惠之賢而不與立也！」（《論語·衛靈公》）

展禽七十五歲的時候（前 646 年），齊桓公聽了易牙的話，說是魯國的國寶岑鼎不錯，應該搶過來。於是，齊國攻打魯國，魯國只好求

和，齊國人提出一個條件：把岑鼎給我們。

魯僖公有點犯難：給吧，不捨得；不給吧，又打不過。

「主公，其實沒什麼，弄個山寨的給他們不就行了？」臧文仲出了個主意。

到這時候，也只好這樣了，魯僖公從鄭國找了幾個專造假文物的工匠，弄了個山寨的給送去了。

齊桓公那也是古玩專家了，一看就知道是山寨產品，可是魯國人一口咬定就是真的。齊桓公於是說：「這樣，你們把這鼎拿去給展禽鑒定下，他要說是真的，那就算是山寨的，我也認了。」

齊桓公信展禽，就算展禽騙他，他也認，因為他相信展禽決不會騙他。

就這樣，魯國人把鼎又給搬回去了。

魯僖公親自帶著鼎，去找展禽鑒定。

「主公，這鼎是山寨的。」展禽見過真鼎，大致一看，就知道眼前這鼎是山寨的。

「展大爺，不瞞您說，這鼎真是山寨的。不過，真鼎是咱們祖上傳下來的，鎮國之寶啊，總不能讓齊國鬼子給搶了吧？如今齊國人就相信你的話，那什麼，每個人都應該愛國不是？為了國家，為了魯國人民，麻煩您就給出個偽證。那什麼，祖國人民不會忘記你的。」魯僖公說了實話，又說了些愛國主義之類的大道理，以為展禽一定會聽自己的。

「主公，你知道，我這人一輩子不說假話。」

「那，為了國家，就說一回吧。」

「主公，你有你的國家，我把誠信當成我的國家，如今你要我破壞我的國家去保全你的國家，不好意思，我做不到。」展禽斷然拒絕。

「可是，你那是小國，我這是大國。」

「可是，國雖小，是我的；國雖大，那是你的。」

「展大爺，你看你，你……」

沒辦法，魯僖公勸不動展禽，只好把真鼎拿去給了齊國。

誠信，展禽把誠信看得比自己的生命還要重要。

和聖之墓

展禽七十八歲那年，有一隻海鳥飛到了魯國的東門，一口氣待了三天。魯國人一看，這麼大個鳥在這裡待了三天不走，該不是什麼妖怪吧？

「嗯，考證了一下，這個鳥叫做爰居，神鳥啊。大家閒著也是閒著，趕快去祭祀牠吧。」臧文仲不知道從哪裡考證來的，總之號召大家去祭祀。

「什麼，祭祀鳥？真是鳥你個老母啊。」展禽聽說，氣得忍不住罵了起來，要知道他是從來不罵人的：「奶奶的，臧文仲就這樣管理國政啊？祭祀，是國家的重要制度，現在無緣無故地增加祭典，這不是破壞制度嗎？再者說了，什麼樣的人才能祭祀？凡是以完善的法規治理人民的就祭祀他；凡是為國事操勞，至死不懈的就祭祀他；凡是有安定國家的功勞的就祭祀他；凡是抵禦重大災禍的就祭祀他。不屬這幾類的，不能列入祭祀的範圍。

此外再加上祭祀土地、五穀和山川的神，因為都是對人民有功德的；以及祭祀前代的聖哲、有美德的人，因為都是人民所崇信的；祭祀天上的日、月、星辰，因為都是人民所瞻仰的；祭祀大地的金、木、水、火、土，因為都是人民所賴以生存繁衍的；祭祀九州的名山大川，因為都是人民財用的來源。不屬於這些範圍的就不能列入祭祀的典章內。

現在海鳥飛來魯國，自己弄不清楚什麼原因就祭祀牠，還把這定為國家的祭典，這實在不能說是仁德和明智的舉動。仁德的人講究功績的評價，明智的人講究事理的考察。海鳥對人民沒有功績卻祭祀牠，不合乎仁德；不知海鳥什麼原因飛來又不向別人詢問，不是明智的做法。

現在海上可能要發生什麼災變了吧？因為那廣闊海域裡的鳥獸常常會預先知道並躲避災變的。」

這一年，海上常有大風，冬天則反常的暖和。

「這的確是我錯了，展禽說得對。」臧文仲認錯了，他是個勇於認錯的人。

展禽八十五歲的時候，魯僖公把柳下（今山東新泰市宮裡鎮）封給展禽為食邑。

　　魯文公六年十二月三日，展禽死在了柳下，享年一百歲。

　　因為生前平易近人，與周圍鄰舍之間相處十分融洽，因此展禽死後諡為「惠」，後人稱為柳下惠。

　　柳下惠死後葬在柳下（今泗莊鄉高廟村東），其墓歷來受到人們的保護。

　　戰國末年，秦國大將王賁討伐齊國，路經柳下惠墓地，王賁下令：「有去柳下惠墓地採樵者，死無赦。」

　　想想看，殺人不眨眼的秦國人也要敬重柳下惠，這就是品德的力量。

　　之後，歷朝歷代都對柳下惠墓善加保護。清光緒年間，泰安知縣毛蜀雲曾三次整修其墓，在四周立有界石，以防汶水沖蝕，在墓南、西、北各築土堤，東南壘石壩三十丈加以保護，並植楊柳千株，使柳下「碧玉千樹，青絲萬條」的古風重現。

　　可惜的是，柳下惠的墓最終還是沒有能夠躲過那場「史無前例」。

　　1966 年，柳下惠墓被毀。

第二〇五章
情聖出馬

> 降志辱身矣，言中倫、行中慮，其斯而已矣。
>
> ——《論語》

> 不羞汙君，不辭小官，進不隱賢，必以其道。遺佚而不怨，阨窮而不憫，與鄉人處，由由然不忍去也。故聞柳下惠之風者，鄙夫寬，薄夫敦。
>
> ——《孟子》

> 聖人，百世之師也，伯夷、柳下惠是也。
> 伯夷，聖之清者也；伊尹，聖之任者也；柳下惠，聖之和者也；孔子，聖之時者也。
>
> ——《孟子》

孟子把柳下惠和伯夷、伊尹、孔子並稱四位大聖人，因此柳下惠又被稱為和聖。不過柳下惠並不被後代統治者所待見，大概是因為柳下惠比較不尿國君，並且不肯為國家利益犧牲自己的做人原則。

情聖

和聖展禽，盜聖展雄。
一個太嚴肅，一個太恐怖，而世界需要愛情的滋潤。
那麼，誰是情聖？
情聖，需要以下幾個條件。
首先，風流倜儻，人見人愛；
其次，追求愛情，矢志不渝；

再次，面對情敵，不怕困難；

再次，戰勝困難，終成正果；

再次，愛情堅定，還要結晶。

要同時符合這個條件，只有一個人，這個人就是巫臣。

巫臣，情聖，絕對的情聖。

從巫臣見到夏姬的第一眼起，巫臣就決定了自己這輩子就跟這個女人在一起了。當時的情況，巫臣面對的競爭者是楚莊王和司馬子重，哪個都比自己有權有勢。但是，在追求愛情的力量下，巫臣沒有知難而退，他先後兩番忽悠，忽悠得楚莊王和子重紛紛退出競爭。

眼看就要抱得美人歸，誰知這個時候殺出一個不要命的連尹襄老，憑空截走了美人。

巫臣很失望，很沮喪，但是，他沒有放棄。此後，巫臣利用晉楚大戰的機會，暗中放箭殺死了連尹襄老，之後又設法騙過了連尹襄老的兒子黑要和楚莊王，把夏姬送回了鄭國，然後再利用出使的機會，帶著夏姬逃奔了晉國。

為了愛情，巫臣整整用了九年時間，拋棄了國家，拋棄了家族，殺死了朋友。

巫臣帶著夏姬到了晉國之後，有情人終成眷屬，夏姬也迎來了第二春。後來，年近五十高齡的夏姬與巫臣有了愛情的結晶，他們生了一個女兒。

「我們是從楚國來到晉國的，為了紀念我們的愛情，我們的女兒就叫楚楚吧。」巫臣建議，於是，他們的女兒就叫楚楚了。

楚楚繼承了父親和母親的優點，像父親一樣聰明，像母親一樣漂亮，因此被父母愛若掌上明珠。很快，楚楚長大了，到了要出嫁的年齡。

登門求婚者踏破了門檻，其中不乏六卿的子弟，可是，巫臣一個也看不上。

「老公，你這個看不上，那個不中意，你到底想什麼呢？」夏姬看得有點急了，不知道老公打什麼算盤。

「老婆，你想想，咱們花了多大的代價才成了一家啊？你年近五十，我也五十多歲，才生下這麼個寶貝女兒，容易嗎？怎麼能輕易就給嫁出去呢？」巫臣說。現在他已經年近七十。

「老公，你老糊塗了吧？咱們還能守著女兒一輩子啊？」夏姬瞪了巫臣一眼，別看她也已經年過六十，可是看上去也是四十上下。

「當然不是守著女兒啊，我是說要找個好的，找最好的。」

「最好的？最好的是誰？」

「嘿嘿，我告訴你，我看中了一個人，此人是個年輕才俊，全晉國最有才華的就是他。此人出身公族，現在還是國君的老師。整個晉國，只有這個人配得上咱家楚楚。」

「說這麼多，誰啊？」夏姬一聽，來了興趣，就這樣的條件，還真是不好找。

「誰，叔向，羊舌肸。」

「叔向？」夏姬樂了，然後苦笑一下，「我看，恐怕不行。」

「不行？你認為叔向這孩子不行？」巫臣吃了一驚，走遍了大半個世界，他還沒見過比叔向優秀的呢。

夏姬撇了撇嘴，意思是你急什麼。

「叔向當然沒問題，經常聽你說起，我還能不相信你的眼力？我不是說叔向不行，我是擔心他老娘。」

「擔心他老娘什麼？」巫臣沒聽懂。

「看來，女人的事女人才知道。這樣吧，我給你燙壺酒，你喝著，我給你講講叔向家的事情。」夏姬來了精神，平時老公見多識廣，總是對自己講這講那，好不容易有機會給老公上上課，夏姬當然興奮。

看見老婆高興，巫臣也樂得一邊喝酒，一邊聽老婆講故事，儘管他不相信老婆比自己知道得還多。

夏姬親自把酒端了上來，又上了兩個小菜，一邊用柔情的眼光看著老公喝酒，一邊開始講述叔向家的故事。

叔向

請所有楊姓讀者保持恭敬，因為叔向就是楊姓的始祖，令楊姓驕傲的始祖。

當初，晉武公有一個兒子叫做伯僑，伯僑的孫子突被封於羊舌（在今山西洪洞縣），以邑為姓稱為羊舌突，羊舌突的兒子羊舌職在晉悼公時任中軍尉佐，羊舌職的一個兒子名叫羊舌肸，字叔向，一字叔譽。

叔向從小就很好學，等到長大，已經是名滿晉國的學者了。

有一天，晉悼公與司馬侯女叔齊一起登上高臺眺望，晉悼公很高興地說：「真快樂啊！」

「居高臨下觀景的快樂是快樂了，可是，德義的快樂卻還說不上。」女叔齊回答。

「那，什麼叫做德義？」

「天天在國君的旁邊，監督國君的所作所為，肯定他們的善行，儆戒他們的惡行，可以稱得上德義了。」

「那，怎麼才能做到這樣呢？」

「叔向這人通古知今，他能做到。」女叔齊推薦了叔向。

於是晉悼公就召見叔向，叫他輔導太子彪，級別為中大夫。

叔向雖然不是家中長子，卻能夠步入仕途，就是因為女叔齊的推薦。

晉悼公薨了之後，太子彪繼位，就是晉平公，太傅士渥濁告老，二十出頭的叔向就做了太傅。

由於此前曾經出使各國，叔向的名聲不僅在晉國，在各國都是備受讚譽的。

叔向的父親羊舌職就很正直能幹，不過在家裡，他要聽老婆的。羊舌職的老婆是誰？回憶一下春秋時期最有學問最能幹的老婆都來自哪裡？答對了，齊國。羊舌職的老婆是齊國人，姓姜，敘事方便，就叫姜娘。

　　姜娘長相一般，類似齊國的大餅卷大蔥這樣的水準，也就是平均水準。不過，姜娘學問很高，而且有男人的氣魄。所以嫁到羊舌家之後，很快成了羊舌家的主心骨，羊舌職對她佩服得五體投地，家裡家外什麼事情都要聽老婆的意見。

　　姜娘一口氣給羊舌家生了三個兒子，叔向就是老三。之後，羊舌職偷偷摸摸娶了個小老婆回來，這小老婆長得雪蓮花一般明豔照人。

　　小老婆是壯著膽子娶回來了，可是娶回來之後敢不敢用還要大老婆點頭。

　　「三天不打，上房揭瓦，你膽肥了？這個狐狸精你也敢娶？我這人心慈手軟，我也不能把人家趕出家門給餓死，住在我們家裡可以，廚房打個下手算了。我可告訴你，你要是跟這個狐狸精偷偷摸摸鬼混，別怪我剁了她的腳。」姜娘把老公一通臭罵，直接把小老婆打發去廚房幫忙了。

　　羊舌職怕老婆怕慣了，沒辦法，只能按著老婆的要求去辦。自己每天在外面人模狗樣好像很有地位，可是回到家裡總是愁眉苦臉。想想看，嘴邊的肉吃不上，誰能高興起來？

　　很快，事情就傳遍了大街小巷，同僚們就背地裡拿羊舌職開玩笑。漸漸地，羊舌家的人也都知道了。

　　羊舌職的兒子們都覺得母親做得過分，又看見父親過得很壓抑，於是商量好了一同去勸母親。

　　三個兒子吞吞吐吐，把來的目的跟母親說了一遍，然後等待母親發怒。

　　「唉——」出乎大家的意料，母親並沒有發怒，而是歎了一口氣，然後搖搖頭，這才說話：「孩子們哪，有些道理你們不知道啊。深山大澤，往往出產龍蛇。那個女人長得這麼漂亮健美，一定會生出龍蛇一樣優秀的兒子來，那樣將給這個家族帶來災難的。你們羊舌家在晉國是個日漸衰落的家族，而這個國家有這麼多有勢力的大家族，一旦有人從中挑撥，你們的處境就會更加兇險。我這麼做都是為了你們，其實我有了你們，吃喝無憂，我還要求什麼啊？如今既然你們不能理解

我，那好吧，我就按照你們的意願去做吧。」

姜娘說到做到，當天命人按照自己的標準佈置好了一個房間，讓羊舌職的小老婆住了進去。當天晚上，羊舌職總算是得償所願。

羊舌職的小老婆為羊舌職生了一個兒子，名叫羊舌虎，果然是英俊瀟灑，風流倜儻，玉樹臨風。羊舌職非常喜歡這個小兒子，叔向兄弟幾個也都很喜歡這個小弟弟。

「叔向的母親不喜歡美女，所以，她一定不會同意叔向娶我家楚楚的。」夏姬總算說完了叔向的事情，最後得出這個結論來。

「哈哈哈哈，老婆你多慮了。叔向的母親不喜歡叔虎的母親，那是妒忌啊。如果他兒子娶個美女回去，她有什麼好妒忌的？她只會為他兒子高興才對啊。古往今來，聽說過誰不希望自己兒媳婦漂亮的？就像老婆你，把你娶回家，我老娘在墳墓裡都會笑醒的。」巫臣說著，笑了起來，老婆所說的事情他都知道，不過他還是假裝很有興致地聽完了，最後，還不忘拍了拍老婆的馬屁。

「老東西，這麼老了，還這麼會說話。」夏姬嗲嗲地說，眼含著說不盡的風情。

「誰說我老了？我要讓你看看什麼叫雄風猶在。」巫臣受不了老婆的眼神，再加上剛喝了酒，他騰地站了起來，一把將夏姬抱了起來。

「嗯，你把我弄痛了。」夏姬摟著巫臣的脖子，說得十分幽怨。

「我還要讓你痛不欲生呢。」

「你真壞。」

巫臣邁開大步，抱著老婆進屋去了。

……

真不愧是情聖。

好夢難圓

「叔向，來，我有件事情要找你。」巫臣找到了叔向，要向他提親。換了別人，多半會找個中間人來說這事情，巫臣不用，他是個直

率人。

「啊，巫叔，找我什麼事？」叔向一向是個很有禮貌的人，雖然如今做了太傅，還是很有禮貌，特別是對巫臣，誰不知道巫臣家的女兒楚楚動人哪？

「我家楚楚到了該出嫁的年齡了，你也知道，很多人上門求親的，可是，我都不滿意。如今呢，我看好了一個人，要請你幫我一個忙。」

「看好誰了？我，我儘量吧。」叔向早就想去求親，可是信心不足，因為自己家在晉國雖然也算大家族，但是前十都進不了，缺乏競爭力。如今巫臣要自己幫忙，肯定是看中了誰，讓自己去當媒婆。想到這裡，叔向就覺得很悲哀，不太願意去。

巫臣一看這小子，什麼都明白了。剛提到楚楚的時候，這小子兩眼放光芒，可是提到要他幫忙的時候，兩眼就黯淡無光了。由此可見，這小子對楚楚也是垂涎欲滴的。

什麼叫情聖？這就叫情聖。

「別儘量了，實話告訴你，我看好的這個人，就是你。」巫臣直截了當說了出來。

叔向就感覺血向上衝，瞬間有點站立不穩。他是見過楚楚的，當然那是幾年前，楚楚還沒有長成熟，但是那時候就看得出來楚楚是個美人胚子了。在夢裡，也沒少夢見把楚楚娶回家，如今送上門來，夢想成真，當然要暈眩一回了。

「那，我，我，行，那什麼——」叔向說話有點顛三倒四了，咽了口唾沫，定了定神，總算清醒過來了，口舌才便利了一些：「承蒙看得上我，我萬死不辭啊。」

「別萬死不辭了，你不得回家先問問你娘？」巫臣一看，這小子當不了情聖，要自己也像他這樣，怎麼能把夏姬弄到手？

「哦，對啊，我要回家問問我娘先。不過，不會有問題的。那什麼，岳父，我明天給你回話。」叔向一激動，直接叫岳父了。

巫臣笑了，他喜歡這小子。

世上的事情，往往容易高興得太早。

巫臣高興得太早了，叔向也高興得太早了。

叔向興高采烈回到了家，父親早已經去世，現在家裡還是母親說話算數。回到家裡，叔向把事情向母親作了彙報，滿心歡喜地等母親也跟自己一樣高興起來。

「不行。」姜娘說，毫不猶豫。

「什麼？」叔向懷疑自己聽錯了。

「不行。」姜娘又說，非常堅決。

「為什麼？」叔向脫口而出。

「我已經讓人去齊國給你求親了，你舅舅的女兒。」姜娘要把自己娘家人嫁給自己的兒子。

「娘，不好吧，我舅舅家裡女兒一大堆，兒子沒一個，我怕將來生不出兒子來啊。」叔向一聽，急忙找個理由反對。

「狗屁，我還不知道你的算盤？你就是貪圖楚楚的漂亮了。」姜娘說得一針見血，直接點到了要害。「你知道嗎，楚楚的娘那是天下第一騷貨，因為他害死了三個老公，一個兒子，一個國君，還亡了一個國家，還亡了巫臣的家族。這些教訓，你都不汲取嗎？我聽說，甚美必有甚惡，最美好的東西一定有最糟糕的一面。夏姬還有一個哥哥，哥哥早死，所以上天就把所有的寵愛都加給了她，就是要同這種美麗來滋生禍害的。從前有仍氏生了一個女兒，漂亮得要命，就是玄妻。後來她嫁給了樂正後夔，生了伯封，伯封性格貪婪，兇暴異常，因此人們都叫他大豬。後來，有窮后羿滅了他，後夔因此沒有了後代。再說夏商和西周，不都是因為美女而亡國？當初太子申生之死，不也是因為美女？絕色的美女足以改變人的性情。如果不是特別有德的人，娶到美女就會招致禍患。」

姜娘的一番大道理，說得叔向目瞪口呆。姜娘的話中有兩句原文為「夫有尤物，足以移人」。尤物這個詞，就是叔向的老娘發明的，意思就是絕色美女，而且是很風騷的絕色美女。

叔向雖然學識淵博，可是還真沒想過美女的危害這麼大。如今被

老娘一說，真有點害怕。

「那，那怎麼辦？我都答應人家了。」叔向有點為難，實際上還是心有不甘。

「答應什麼？自己想辦法去。」姜娘看出來了，兒子還有點貪圖美色。

沒辦法，叔向去找巫臣，準備退了這門親事。

叔向吞吞吐吐，欲言又止，巫臣立即知道怎麼回事了。

「別說了，是不是你娘不同意？」巫臣問。

叔向點點頭。

「那我問你，天下這麼多美女，亡國的不就那幾個嗎？絕大多數是好的啊。啊，楚楚她娘前半輩子過得不好，因為沒人真的愛她，後來跟了我，我們過得不幸福嗎？」巫臣問。

「您說得對。」叔向小聲說。

「那我再問你，別管你娘怎麼看，你自己願不願意娶楚楚？」巫臣追問。

「我願意，我真的願意。可是，我家是我娘說了算。」叔向抬頭看著巫臣，眼光中有內疚，也有期待。

「女婿，你這麼說，那就沒問題了。告訴你，你岳父我別的不行，這種事情一定能解決。」巫臣說，看上去很有把握。

「那，你要說服我娘？」叔向弱弱地問，他還真不相信巫臣能說服自己的老娘。

「你不要管了，回家等好消息吧，楚楚這輩子非你不嫁了。」巫臣說，說完，拍屁股走了。

叔向不知道巫臣能有什麼辦法，回到家裡，他把回絕了巫臣的事情告訴了老娘，但是沒有告訴她巫臣承諾想辦法的事情。

巫臣真的有辦法嗎？

別人沒有辦法，巫臣也會有辦法。

因為，他是情聖。

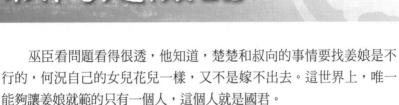

巫臣看問題看得很透，他知道，楚楚和叔向的事情要找姜娘是不行的，何況自己的女兒花兒一樣，又不是嫁不出去。這世界上，唯一能夠讓姜娘就範的只有一個人，這個人就是國君。

所以，巫臣去找晉平公了。

「主公，有件事情要請主公給個辦法。」巫臣也不遮遮掩掩，開門見山。

「請坐請坐，有什麼事？」晉平公還是一個十三四歲的小孩，對巫臣很尊重。

「是這麼回事，我家楚楚今年十五歲了，長得還行，也就是晉國第一天下第二的水準吧。現在呢，國際國內有很多人來求婚，我想這麼大的事情，我不能自己隨便拿主意啊，所以想請主公給個建議，是嫁給誰好？」

晉平公一聽，原來是楚楚的事情。關於楚楚，晉平公也知道一些，不過他還是小孩，還沒想到要攥到自己這裡來。

「那，我覺得，我師傅還沒成親，嫁給我師傅不是很好？我師傅這人吧，人好，有才華，家裡還有錢，反正吧，什麼都好。」晉平公對叔向佩服得五體投地，所以立即想起叔向來，還一個勁地誇，生怕巫臣不願意。

巫臣一看，心說小屁孩子這麼快就上道了，真不經逗。

「主公，不瞞您說，我也是這個意思。可是，我聽說叔向的老娘特別討厭漂亮女孩子，大兒子伯華就給娶了個醜女，而且家裡丫環們一個賽一個醜。我擔心啊，擔心他老娘不同意。」巫臣沒說自己已經跟叔向提過親這件事，更沒說已經被叔向的老娘給拒絕了。

「那，那怎麼辦？」

「其實也好辦，主公就下一道旨到叔向家，就說主公已經包辦了這

門親事了。同時呢，把賀禮也送上。這個面子，叔向的老娘一定是要給的。」巫臣把主意給出出來了。

「那好，立即就辦。」晉平公對師傅的親事挺熱心。

又見狼子野心

拒絕了巫臣家的這門親事，姜娘還是覺得不踏實，畢竟兒子太優秀，不知道多少美女對自己的兒子虎視眈眈呢。所謂夜長夢多，最好的辦法就是儘快給他成親。

姜娘決定再派人去齊國娘家，要求把娘家最醜的侄女嫁過來。

可是，人還沒有派出去，晉平公的人就來了。而且大張旗鼓，熱鬧非凡，左鄰右舍都來看熱鬧。

「我兒子要升官了？」姜娘皺了皺眉頭，這年頭，升官也不一定就是好事。

禮品送來了一大堆，擺滿了整個院子。

「這怎麼回事？」叔向也被弄得稀里糊塗，搞不清怎麼回事。

「太傅，是這麼回事，主公知道您為了國家而操勞，到現在還沒成親，特地給你包辦了一門親事，這不，賀禮都送到了。」領頭的官員解釋。

「什麼？」叔向又傻眼了，自己現在滿腦子都是楚楚，巫臣那邊也答應了一定有辦法，可是如今國君給包辦了一個，那楚楚怎麼辦啊？拒絕，恐怕不行；不拒絕，又確實心有不甘。

「那，是誰家的姑娘？」叔向問，心情非常忐忑。

「誰家的？還用問？」姜娘從後面走了上來，她知道這樣的事情只有一個人幹得出來，那就是巫臣。「孩子，準備迎娶楚楚吧，這都是你老丈人設計的，唉，命啊，這就是命啊。」

姜娘認命了，說完，她轉身走了。

叔向笑了。

這就是命。

事實證明，這就是命。

晉平公二年（前 556 年），叔向和巫臣的女兒巫楚楚成親。到晉平公五年，兒子出生了，取名羊舌食我，字伯石，因為叔向食邑在楊（今山西洪洞縣），因此羊舌食我又叫楊食我。

所有楊姓的讀者可以起立了，楊食我就是楊姓的得姓始祖。也就是說，叔向就是楊姓的祖先。

楚楚分娩生下了楊食我，在旁邊幫忙的叔向的嫂子（大哥伯華的老婆）一看生了個帶小雞雞的，非常高興，急忙去給婆婆報喜。

「娘，娘，弟妹生了，是個兒子。」嫂子一邊跑，一邊喊。

姜娘也很想知道生的是孫子還是孫女，聽到喊聲說生了個孫子，嘴角微微一笑，隨後又皺了皺眉。

跟著大兒媳，姜娘來到了產房外，正要進去，就聽見孫子在裡面大聲哭了起來。

姜娘再次皺起了眉頭，她沒有進屋，轉身離開了。

「娘，怎麼不進去看看啊？」大兒媳在後面問。

「是豺狼之聲也，狼子野心，非是，莫喪羊舌氏矣。」姜娘頭也不回，只甩了兩句話給大兒媳。

姜娘的話什麼意思？哭的聲音跟野狼似的，羊舌家一定毀在這小子身上了。

大兒媳呆呆地站住了，她覺得婆婆有點太不近人情了。這個時候，她想起老公告訴他的那個故事來了。什麼故事？

姜娘一共生了四個孩子，都是兒子。老大伯華（羊舌赤），老二早夭，老三叔向，老四叔魚（羊舌鮒）。羊舌鮒剛生下來，姜娘抱起來看了兩眼，扔到了一邊。

「這孩子我不養了，誰愛養誰養。」姜娘一句話出來，把老公羊舌職嚇了一跳，這可是親生的孩子啊，怎麼就不養了？

「老婆，你這話什麼意思？」羊舌職弱弱地問。

「什麼意思，看看你播的什麼種？眼睛圓咕隆冬跟老虎一樣，嘴巴

翹老高像豬一樣，肩膀高得過分跟老鷹似的，肚子這麼老大跟牛沒啥區別。溝壑還有填滿的時候，這個小豬頭的欲望永遠不會有滿足。咱們走著看，這小子一定會死在貪污受賄上。」姜娘把自己的小兒子痛罵了一頓，那架勢，如果不是自己親生的，當場摔死了。

姜娘的原話是：「是虎目而豕啄，鳶肩而牛腹，溪壑可盈，是不可饜也，必以賄死。」(《國語》)

欲壑難填這個成語，來自這裡。

齊國女人，真有學問。

沒辦法，羊舌職找了個奶娘來養這小兒子。

雙規

羊舌家族的人雖然嘴上不說，暗地裡都覺得姜娘有點神經兮兮，要不就是更年期症候群。但是很快，姜娘的話就得到了印證。

羊舌虎是個青蔥少年，在外喜歡結交些少年朋友，而欒盈是晉國少年才俊們的頭，大凡自命不凡的少年們都喜歡跟著欒盈混，羊舌虎自然就成了欒盈的死黨。其實，不僅羊舌虎，伯華和叔向也都跟欒盈關係很好。

晉平公六年，范匄父子陷害欒盈，大肆捕殺欒盈的黨羽，羊舌虎作為欒盈死黨，被捕後立即被殺。(事見第四部第149章)

「從現在開始，你不能離家半步，必須在規定的時間到規定的地點交代問題。」范匄派人來對叔向傳達禁令，相當於今天的雙規。

叔向被雙規了，同時被雙規的還有叔向的哥哥伯華和另一位大夫籍偃。

「唉——」叔向歎了一口氣，不管老娘的理論是不是成立，至少，羊舌虎的下場被老娘言中了。

「欒盈的老媽醜得一塌糊塗，他還不是一樣倒楣？」可是再想想，好像老娘的理論又沒什麼道理。

叔向的人緣不錯，因此就算被「雙規」了，還是有朋友來探望，

一個朋友對他說：「你看你，現在被雙規了，算不算是不明智啊？」

「嗨，比起被殺的流亡的，我還算過得去吧。《詩》說得好啊：『優哉遊哉，聊以卒歲。』看來啊，能夠平平安安活到自然死，那就是最明智的了。」叔向頗有些感慨，自己小心謹慎做人，誰知還是免不了受牽連。

晉平公很擔心師傅，但是懾於范家的勢力，也不敢公開為叔向開脫。於是，晉平公派了自己的近臣，同時也是范家的盟友樂王鮒去看望叔向，意思很明顯，要讓樂王鮒幫著叔向在范匄面前說說話。

就這樣，樂王鮒來到了叔向家中。

「哎喲，羊舌太傅受苦了，我知道你是冤枉的，你寬心吧，我去主公面前幫你求情。」樂王鮒在叔向面前說得很好聽。

叔向假裝沒聽見，根本不理他。

樂王鮒十分尷尬，嘿嘿了幾聲，轉身走了。

叔向連屁股都沒有動一下，就當這人根本就沒有來過。

「太傅，人家說了要幫你，你怎麼不理人家啊？」叔向的家臣急了，來問叔向。

「他救我？要救我，只能是祁奚。」叔向回答。

「你糊塗啊，樂王鮒是國君面前的紅人，國君聽他的啊，他要救你，你不理人家；祁奚都老得退休了，根本救不了你，你反而把希望寄託在他身上，太不明智了吧？」家臣更急了。

「哼，樂王鮒不過是個寵臣，見風使舵的那種，主人說什麼他就說什麼，他能幹得了什麼？再說，要害我的是范匄，樂王鮒是范匄的走狗，別說他根本不會為我求情，就算真的在國君面前說我的好話，有個屁用？」在樂王鮒的問題上，叔向看得很清楚。

「那，既然這樣，趕緊派人去找祁奚大夫，請他出面啊。」

「不必，祁大夫內舉不避親，外舉不避仇，怎麼會對我棄之不顧呢？不用找他，他會去的。」

「萬一他不去呢？還是去找他穩妥點吧？」

「不，誰也不許去。」叔向不僅不派人去找，還嚴令任何人都不

准去。

家臣不說話了，他懷疑叔向這回死定了。

叔向為什麼不去求祁奚幫忙，他高傲到這種程度了？或者說他自信到這種程度了？都不是。叔向知道，范匄現在就是在找各種藉口消滅公族，如果這個時候自己貿貿然派人去找祁奚，恰好就給了范匄「叔向和祁奚暗中勾結」的證據。那樣不僅救不了自己，而且連累祁奚。叔向同樣知道，作為晉國碩果僅存的兩家公族，祁奚一定會想辦法救自己的。

事情都在叔向的預料之中。

樂王鮒在叔向這裡吃了閉門羹，十分惱火，一路上就在想怎樣說叔向的壞話。

「怎樣？叔向怎樣說？」晉平公急忙問。

「嘿嘿，他還在為他弟弟羊舌虎打抱不平呢，我看，真沒冤枉他。」樂王鮒說。

晉平公無言，現在沒法指望樂王鮒去范匄那裡為叔向求情了。

「師傅啊，我救不了你了。」晉平公心裡說。

就在樂王鮒向晉平公彙報的時候，一乘驛車已經來到了中軍元帥府，一個老人下了車，拄著拐杖，進了中軍元帥府。

「哎喲，祁老先生，您怎麼來了？」范匄親自迎了出來，來人不是別人，是晉國最德高望重的祁奚。

「元帥，我是聽說叔向被雙規了，這才從食邑乘驛車趕來了。」祁奚說，一臉的疲憊。

「老先生有什麼指教？」

「《詩》說：『惠我無疆，子孫保之。』先王賜給我們無窮的恩惠，子子孫孫享用不盡。《書》說：『聖有謨勳，明證定保。』聖明的人有謀略有訓誨，子孫才能得以安寧和保護。參與國家大事很少犯錯誤，教育別人又不知疲倦的，晉國也就是叔向能夠做到了。這樣的人是國家的

棟樑，就算子孫犯罪都應該赦免的，為什麼要牽連他呢？如果連他都不寬恕，就是在禍害這個國家，置國家利益於不顧。從前鯀被處死，他的兒子禹得到重用；伊尹放逐過太甲，後來又輔佐他，太甲始終對他沒有怨言；管叔蔡叔被廢，他們的兄弟周公還能繼續輔佐天子。如今羊舌虎有罪，為什麼要牽連叔向呢？如果你推行善政，誰會不聽從你？為什麼要亂殺人呢？當年三郤害死了伯宗，全國人民怨恨他們。叔向的聲望比伯宗還高，為什麼不放過他呢？」祁奚也沒客氣，就站在門口，說了一通。

對於叔向的事情，范匄原本就很心虛，特別是祁奚最後的幾句話，讓他不得不重新考量自己的計畫。

「老先生，您說得太對了。走，我這就跟你找主公，咱們給叔向求情去。」范匄決定順坡下驢，他不愧是個老油條，叔向是他抓的，他直接放人就行。如今假惺惺去晉平公面前求情，等於是把抓叔向的責任推到了晉平公的身上。

祁奚當然知道是怎麼回事，不過只要能放了叔向，管他怎麼推卸責任呢。

兩人到了晉平公那裡，范匄把剛才祁奚的話變成了自己的話，為叔向求情。

「范元帥都這麼說了，那肯定沒錯啊，趕快取消雙規吧。」晉平公樂得順水推舟，心說這老傢伙真狡猾，把自己洗得乾乾淨淨。

這邊派人去給叔向解除雙規，同時也把伯華和籍偃的監視居住取消了；那一邊，祁奚不等叔向來謝，直接坐著車回自己的食邑去了。

站隊問題

叔向被解除了雙規，他舒了一口氣，卻笑不出來。

「我們該去感謝祁老一下吧？」楚楚建議。

「不要去，他匆忙趕回，意思就是不要見我。」叔向說，他知道危險其實並沒有解除。如果這時候魯莽去見祁奚，很可能被人當把柄來

抓，到時候不僅自己倒楣，還可能連累祁奚。

在歷史上，歷來認為叔向和祁奚之間這段故事反映了兩人的君子之交。其實不然，這是政治鬥爭的技巧。歷史上同樣的故事很多，當我們把這些故事當作古人的高尚品德而傳頌時，就掩蓋了其中真實的原因。

合格的政治家不僅要會耍陰謀，更要懂得識破陰謀。

雖然平安著陸，叔向也後怕了很長時間。

當初羊舌虎跟著欒盈混，叔向覺得還不錯，畢竟欒家是晉國第一大家族，而且跟范家還是親戚，即便不能呼風喚雨，平平安安沒有問題。可是誰知世事難料，欒家竟然說垮就垮，羊舌虎慘遭殺害，整個羊舌家族都受到牽連。

這說明什麼？

這說明寧可殺錯人，不能站錯隊。可是，站隊就那麼簡單嗎？羊舌虎站隊的時候，誰敢說他站錯了呢？

「寧可殺人，不要站隊。」這是叔向得出來的教訓，他想起士會來，士會那個年代的權力鬥爭比現在還要激烈，可是士會能夠屹立不倒，憑什麼？就憑不結黨不站隊。那時候的趙盾那麼強橫，士會同樣和他保持距離，堅決不做他的同黨。

「只要我保持自尊自立，堅持做人的原則，不貪不要，廉潔公正，誰又能抓住我的把柄呢？不做出頭鳥，不投靠任何人，誰又會把我視為敵人呢？」叔向決定了，自己要向士會學習。

叔向找時間回顧了晉國歷史，他發現一個非常令人沮喪的事實。從狐家到先家，再到胥家、郤家和欒家，遭到覆滅的家族竟然全部都是公族，到現在，還有頭有臉的公族就只剩下了祁家和羊舌家兩家。韓家雖然也是公族出身，但是在韓厥那一輩已經淪為士，重新崛起之後已經不能算是正兒八經的公族了。這一切昭示著什麼？

難道公族最終要全部完蛋？難道這就是天命？叔向的後背一陣寒意。

急流勇退，或許是最好的選擇了。可是，急流勇退意味著什麼？意味著家族的衰落，意味著封邑要麼主動上繳要麼被動奪走，而自己的兒孫將只能做個士。

「不行，為了家族，我要挺住。」叔向放不下家族的前途。

叔向看來，晉國就像一個大魚塘，六卿就是六條大魚。而其他的魚都是他們的捕食物件，而大魚之間也會發生爭鬥。要在大魚的夾縫中生存，絕不是一件容易的事情。

「能挺多久挺多久吧。」叔向這樣告訴自己，如果真有天命，自己又怎麼能對抗天命呢？

欺負鄭國人

欒家覆沒，對於晉國來說也是個傷身體的事情，再加上晉國近些年來忙於權力鬥爭，諸侯們早已經不把晉國當盤菜了，此時晉國內亂，諸侯國們暗中跟逃亡的欒盈眉來眼去，這讓范匄有些吃不好睡不好。

「看來，必須要給諸侯們一點顏色看看，讓他們別把土地爺不當神仙。」范匄想了個主意，準備拿鄭國做法，殺雞給猴看。

於是，范匄派人前往鄭國，要求鄭國立即派人前來晉國朝見。

「都三年不來晉國朝見了，你們還想不想在地球上混啊？」晉國特使扔了這麼一句話給鄭國，算是威脅。

鄭國人害怕了，於是立即派遣少正子產前來朝見。

范匄有些惱火，這鄭國人太不給面子，三年不朝見，朝見還只派個下卿，真是不想在地球上混了？

「咱們先會會他。」范匄召集六卿，順便也叫上了叔向，要先會會子產。

為什麼要叫上叔向？因為范匄知道子產極有學問，怕自己肚子裡那點料對付不了。

中軍元帥府。

晉國六卿，外加叔向。

鄭國方面，只有子產一個人來到。

假惺惺敘禮寒暄之後，分賓主落座。

「子產，你們是三年不朝見，一見管三年，好大的面子啊。好不容易請你們來一次，還只來個下卿？什麼意思？翅膀硬了，不把晉國放在眼裡了？不把我老范當回事啊？啊！」范匄一拍桌子，上來就擺出一副威脅恐嚇的架勢。

范匄話音落地，在座的晉國人都有震撼，老范很少這麼震怒啊。叔向為子產捏了一把汗，不知道他怎樣回答。

鄭國人臉不變色心不跳，等到范匄把話說完，子產並不驚慌，清了清嗓子，開始說話。

「在晉國先君悼公九年的時候，我國國君（鄭簡公）即位。即位八個月，我國的執政子駟跟從我國國君來朝見貴國，結果范元帥您對我國國君不加禮遇，讓我國國君非常恐懼。由於這一趟，我國第二年六月就向楚國朝見，晉國因此有了戲地這一役。」一開頭，子產先翻了翻舊賬，批評了范匄。（事見第四部第 139 章）

范匄翻了翻白眼，沒說話。

「楚國人那時候還很強大，但對我們很有禮貌。我們想要跟從范元帥，可是又怕你們說我們不尊敬講禮儀的國家，因此只好跟著楚國。三年之後，我國國君去朝見楚國，順便看看他們的虛實，結果你們又在蕭魚攻打我們。我們認為我們靠近晉國，譬如晉國是草木，我們不過是散發出來的氣味，哪裡敢有不一致？近年來楚國逐漸衰弱，我國國君拿出了土地上的全部出產，加上宗廟的禮器來接受盟約，率領下臣們隨著執事到晉國，參加年終的會見。後來，公孫夏跟從我國國君到晉國朝見。隔了兩年，晉國討伐齊國，我們該盟誓盟誓，該出兵出兵。這麼說吧，就算在沒有朝見的時候，也沒有一年不聘問，沒有一次打仗不追隨出兵的。」說到這裡，子產頓了頓，看看大家。晉國六卿互相看看，好像真是這麼回事。

范匄面無表情，還是沒說話。

「可是，由於大國的政令反覆無常，弄得我國疲憊不堪，內憂外患隨時發生，從來不敢放鬆警惕。儘管這樣，我們還是沒有忘記對於大國的義務。如果大國能夠給我們帶來安定，我們一定主動來朝見，怎麼用得著你們來要求呢？但是如果不體諒我們的憂患，而只是忽悠我們，那我們實在是折騰不起。現在大國生氣了，我們真的很害怕。我們哪裡敢背叛貴國呢？如今范元帥要追究我們，沒辦法，我們也只好聽從范元帥的處罰了。」

子產說完，現場鴉雀無聲。

子產的話軟中帶硬，大意就是不是我們不想來朝見，而是你們折騰得我們沒精力來朝見。我們該做的都做了，你們反省反省自己吧。

范匄的臉色十分難看，但是，對子產的話，他無力反駁。

再看子產，泰然自若。

「子產，你太放肆了。來人，關起來。」終於，中行吳跳了出來。

子產笑了笑，準備站起身來。

子產，危在旦夕。

第二〇七章

子產升官記

「慢著。」范匄擺了擺手，示意子產和中行吳都坐下來。

范匄要幹什麼？

「叔向，說說你的看法。」范匄沒有問別人，他問叔向。

「子產說得有道理，要想讓小國服從我們，首先要我們自己修德。抓了子產，只不過逼迫鄭國投靠楚國而已，對我們沒有任何好處。」叔向連想都沒想，說了出來。一來事實就是這樣，二來他很佩服子產，從內心裡希望幫助他。

「嗯，說得有道理。好吧，從前的事情我們一筆帶過了。今後，我們晉國要修德政，鄭國也不能對我們有二心。就這樣了，明天子產去見我國國君，算是今年的聘問。」范匄竟然認同了叔向的看法，大家都有點意外，因為范匄絕不是那種大度的人。

「多謝元帥。」子產高聲說——這個面子要給范匄的。說完，子產掃視四周，恰好碰上叔向的眼神，兩人對視一笑。

范匄的算盤其實打得很清楚，他之所以放過子產，不是因為他慷慨大度善於反思，而是迫於國際形勢：楚國是敵人，齊國暗中也在搞鬼，再加上流亡的欒盈，如果這個時候再逼得鄭國背叛自己，一旦這四股力量聯合，晉國真要吃不了兜著走了。

而子產也正是看到了這一點，才敢於不卑不亢，據理力爭。

子產，敢於斥責權傾晉國的范匄，能夠得到叔向的讚賞，他究竟是個什麼人物？

子產

孟子說：窮則獨善其身，達則兼善天下。

展禽品德高尚，不過也只能獨善其身。從另一個角度說，展禽的

年代，還可以獨善其身。可是，當世界越來越混亂，人們越來越貪婪之後，獨善其身就成為一種奢望。這個時候，即便你能夠看到歷史的未來，你也無力改變，所能做的不過是竭力延緩滅亡的到來。

並非只有小國才有這樣的困惑，大國同樣。

有些人，他們無法改變歷史的進程，但是至少他們努力了，不是他們沒有這樣的智慧，而是他們缺乏足以改變歷史的力量。

展禽去世三十年，這一年是魯成公元年（前590年），鄭國的公子發生了一個兒子，公子發是誰？就是子國，鄭穆公的兒子。子國的兒子取名公孫僑，字子產。

子產從小的性格很有主見，看問題的角度與眾不同。

當時的鄭國，正是穆族獨掌大權，子國為卿，和幾個兄弟一起管理鄭國。（見第四部第140章）

到子產二十四歲那年，鄭國正卿子駟派子國和子耳攻打蔡國，蔡國當然不是對手，結果，鄭軍活捉了蔡國的司馬公子燮，得勝回國。

國家打了勝仗，搶了不少東西回來，鄭國人民歡欣鼓舞，載歌載舞。自古以來都是這樣，哪個國家也不會嫌財產多。

所有人都高興，只有子產一個人很憂愁。

「僑，大家都高興，怎麼你愁眉苦臉？」子國召開了慶功宴，親朋好友請了一大幫，大家都在溜鬚拍馬，高高興興，就看見兒子不高興，所以子國當時問他。

「爹，小國夾在大國之間，應當儘量避免使用武力啊，我們動用武力並且獲得勝利，這不是好事啊。如今我們擊敗了蔡國，楚國一定會來討伐我們，楚國來了，我們能不投降嗎？投降了楚國，晉國人肯定會來啊，到時候我們又只能投降；然後楚國人再來，然後晉國人再來，然後……」

「打住打住，你小兔崽子懂個屁。國家大事，自然有國家領導人來考慮，你不要在這裡胡說八道，當心定你個妖言惑眾。」子國大怒，立即制止了子產。

子產不說話了。

而子國心裡明白，兒子的話是對的。

果然，當年冬天，楚國人就打上門來，鄭國只好投降。第二年，晉國入侵，鄭國再次投降；緊接著，楚國人又來，鄭國又投降。

占小便宜吃大虧，就是說的鄭國攻打蔡國這回事。

兩年之後，鄭國發生了西宮事變（見第四部第 140 章），尉止等五大家族發動政變，在西宮劫殺了正在開會的子駟、子國和子耳。

政變的消息傳出，子駟的兒子子西（公孫夏）立即率領隨從殺到了西宮，這時候叛亂分子們已經逃入北宮。子西先收殮了父親的屍首，隨後回到家中分發皮甲，準備率領家族力量攻打北宮。可是，晚了。為什麼說晚了？

原來，在聽說子駟被殺之後，子駟家裡一片恐慌，不知道叛亂分子會不會殺過來。而子西急匆匆出去，家裡就亂成了一鍋粥，誰也不知道子西這趟出去是不是也會被殺。怎麼辦？

「跑吧，逃命要緊。」有人一聲高呼，大家紛紛響應。

於是，子駟家裡逃得個七七八八，不僅逃命，還紛紛順手牽羊，把家裡能搬的東西也都搬了個七七八八。

子西傻眼了。

再來看看子產是怎樣應對的。

子產聽說西宮政變，父親被殺，大吃一驚。不過，他並沒有慌亂。

「關閉大門，把貴重物品藏好，保護好倉庫，全體人員準備堅守，防備進攻。」子產下令，首先做了防守的準備。

防守準備做好之後，子產整頓戰車，一共十七乘戰車，然後開了家門，率領戰車殺奔西宮，在那裡收殮了父親的屍體，直接進攻北宮。

這個時候，子蟜率領國人前來助戰，兩下合兵，迅速擊潰叛亂分子，攻占北宮，平定了叛亂。

叛亂平定了，但是，事情還沒有結束。

西宮事變的緣起固然主要因為子駟等人欺人太甚引發尉止等五個家族的報復，但是同時也是權力鬥爭的結果。當時的鄭國六卿都是鄭

穆公的後代，六卿之間就是叔侄兩代人，看上去親密無間。子駟、子孔和子國是兄弟，子駟為正卿，為國家執政，而子孔對子駟一向內心不服，因此這次政變，子孔暗中為叛亂分子提供了情報。

現在子駟子國被殺，子孔成了輩分最高的人，正卿毫無疑問由他來擔任。不過，子孔還不滿足，他把所有大夫都請到了朝廷，起草了一份盟書，盟書上除了規定大家各守其職之外，額外要求大家都要無條件聽從子孔的命令，效忠子孔。這哪裡是盟書，這是效忠誓言。

沒有人簽這份盟書，大家本來就有些懷疑子孔是叛亂分子的臥底，如今再搞這一套，這簡直已經不是個普通的臥底了，這簡直就像要篡位了。

群情有些激憤，要不是看在子孔輩分高的分上，大家早就一擁而上把他給砍了。

子孔也不是省油的燈，他已經在調集家兵，準備來個關門打狗，把自己的侄子們和一幫大夫們都給殺了。

雙方誰也不肯讓步，形勢十分危急，一觸即發。

在這個時候，子產挺身而出了。

子產找到子孔，勸說他把那份盟書燒掉。

「那怎麼行？我這是為了國家的安定啊，大家一反對，我就燒了，以後還怎麼管理國家？」子孔講起大道理來。自古以來，大凡為了私欲的，都會講大道理來給人聽。

「眾怒難犯，專欲難成，合二難以安國，危之道也。」子產繼續勸說子孔。他說：眾怒難犯，專制的欲望難以達到，這兩項事情放在一起，大家都很憤怒，而你專制的欲望又沒有邊際，國家就很危險了。你燒掉盟書，大家平靜了，也沒有人來跟你爭權，不是很好嗎？何必要搞得這麼緊張呢？

子孔想了半天，也覺得得罪人太多不是個辦法，既然這樣，順坡下驢吧。

於是，子孔焚毀了盟書。大家也給子孔一個面子，承認他的執政地位。

兩件事，反映出子產的臨危不亂來。

成為國家領導人

轉眼間又是九年過去，這時候子產已經是三十九歲，還是一個普通的大夫。其間子孔很欣賞他，幾次要任命他為卿，都被他謝絕了。

子產知道，鄭國的權力場還要洗牌。當時鄭國的權力場上分為兩派，子孔為首，加上子然的兒子子革和子孔的兒子子良是一派，除此之外，以子展、子西為首的其餘八個兄弟的後人為另一派。而子產比較低調，儘量不參與到鬥爭之中。

「寧可殺錯人，不能站錯隊。要怕站錯隊，儘量別站隊。」子產暗地裡這樣叮囑自己，從自己開始懂事到現在，鄭國的權力鬥爭就沒有停止過，兄弟之間、叔侄之間，一個個都是六親不認，為了權力和利益，鬥得你死我活。

終於，又一次洗牌開始了。

鄭簡公十二年（前554年），子孔趁著晉國攻打齊國的機會，暗中勾結楚國，想要利用楚軍的力量一舉剷除這一幫侄子們。誰知道陰謀被子展子西發覺，結果楚軍偷襲鄭國沒有成功，反而被西伯利亞寒流凍死過半的軍隊，倉皇回國。子展子西趁機率領鄭國軍民進攻子孔，結果殺死子孔，子革和子良則逃到了楚國。（見第四部第154章）

鄭國權力重新佈局。

子展擔任正卿，其後是子西，子產被任命為少正，級別為下卿，正式進入卿系列。另外的三個卿分別是子張（公孫黑肱）、遊皈（子明）和良霄（伯友）。六個卿全部是鄭穆公的後人，子展、子西、子產和子張是堂兄弟，遊皈和良霄是他們的堂侄，游皈是子游的孫子，良霄是子良的孫子。

基本上，子展非常強勢，再加上子西、子產和子張都很賢能，鄭國政局非常穩定。

政治局第一次常委會召開了。

六卿討論了國內國際形勢，談到國際形勢的時候，自然要說到晉國。

「各位兄弟，大侄子們。晉國人越來越難伺候，一個比一個腐敗，今後怎麼處理跟晉國的關係，大家談談看法。」子展提出一個很尖銳的問題。

「我看，咱們也跟齊國一樣，陽奉陰違。」遊皈提出建議。

「不好，我覺得咱們應該體現出真誠來，主動跟他們的卿溝通。」子張性格比較溫和，傾向於忍氣吞聲。

「我覺得，乾脆投靠楚國人算了。」良霄最討厭晉國人，巴不得跟他們斷絕關係。

「子西，你怎麼看？」子展問子西。

「我想聽聽子產的。」子西這樣回答。

於是，子展和子西都看著子產。

「晉國這個國家，國君已經被架空，各大家族把持政權，但是都是為了家族利益，所以，這個國家已經是外強中乾。這個國家掌握在一幫腐敗分子手中，他們只想占你便宜，所以，跟他們走得太近不是件好事。但是回過頭來，公然與他們作對也不聰明，我們沒有必要做他們的對立面。所以，對晉國，要保持距離。對於牽涉到我們自己的利益，要據理力爭，不要怕得罪他們，他們就是一幫無賴，我們越是忍讓，他們就越是瞧不起我們。我們強硬，他們反而尊重我們。」子產娓娓道來，子展子西聽得頻頻點頭。

「兄弟，以後跟晉國打交道的事情就交給你。」子展很高興，他沒有想到子產這個看上去很溫和很低調的人，竟然也是個很強硬的人。

兩個典型

所以，當晉國人來指責鄭國，並且要求鄭國國君前往晉國朝見的時候，子展並沒有貿然請鄭簡公前往，而是派子產去了。結果，子產一番措辭強硬的應答讓范匄低頭服軟。

子產的任務完成得非常出色。

「兄弟，真行。」子展非常高興，他現在知道誰可以接自己的班了。

子產回到鄭國之後沒有多久，子張去世了。

子張是子印的兒子，子產的堂兄。

在去世之前，子張立了兒子印段（伯石）為繼承人，裁減家臣，降低祭祀的規格。然後留下足夠祭祀用的土地，多餘的土地全部退還給國家。

「吾聞之，生於亂世，貴而能貧，民無求焉，可以後亡。敬共事君，與二三子。生在儆戒，不在富也。」這就是子張給印段的臨終遺言，簡單翻譯：生於亂世，就算地位尊貴也要安於清貧，這樣就沒人打你的主意，就能活得長點。要尊重國君，尊重上級和同僚。生存下去的關鍵在於保持儆戒，而不在於有多少財富。

子張真是一個清醒的人，所以《左傳》裡的君子給他的評價是：自戒。

子張九月份去世，十二月份的時候，又死了一個。誰？遊皈。

如果說子張是自戒的榜樣，那麼游皈就是不自戒的典型了。

三年前游皈的父親公孫蠆去世，因為他在晉國攻打秦國的戰役中表現出色，因此晉平公請求周王室允許使用卿以上才能用的大路車來為他送葬。三年之後，遊皈要去晉國向晉平公表示感謝。

還沒有走出國境，就遇上了正在迎親的一隊人，遊皈湊上去一看，發現新娘長得如花似玉一般。

「給我搶了。」遊皈一聲令下，仗著人多勢眾，把新娘給搶了，然後直接送回了自己的封地。

這下好了，游皈連晉國也不去了，先回家跟美女洞房去了。

遊皈沒想到的是，這美女的未婚夫也不是善類，而是鄭國數一數二的武林高手。結果也就爽了兩天，武林高手領著幾個兄弟趁著夜色潛入遊皈家中，咔嚓咔嚓，男的殺了，女的搶走，連夜逃出了鄭國。

遊皈就這麼死了，死的時候，還光著屁股呢。

下卿，相當於現在的副總理。副總理在床上被人砍了，而且是光著屁股被人砍了，立即引發轟動。換了現在，就是國家級大案。

「奶奶的，破案？我還想再砍他兩刀呢。一個國家的卿，是為人民做主的，他倒好，不為人民做主，為人民做愛去了，他這麼胡作非為，死有餘辜。」子展拍桌子大罵遊皈，不僅不破案，還廢了遊皈的兒子遊良，而立了遊皈的弟弟遊吉。

隨後，子展派人找到殺了遊皈的人，請他回到家鄉，同時警告遊家的人不許報復。

子展，鄭國人民的好總理。

對付晉國人

鄭國的政局日漸穩定，幾位卿也都很盡心盡力，百姓的生活都有了改善。可是，晉國所要求的貢賦越來越重，這讓鄭國人感覺到不堪忍受。

「子產，晉國人貪得無厭，向我們索要的貢賦年年都在增加，再這樣下去，過不了幾年鄭國就破產了。你看，有什麼辦法讓他們減少我們的貢賦？」這一天，子展找來子產商討這件事情。

「你不說我也正想來找你說說這件事情呢。」子產說。他思索一下，接著說：「其實現在是一個好機會，想想看，晉國剛剛平定欒盈的內亂，齊國公開攻打晉國，其餘國家也都對晉國三心二意。這個時候，如果我國國君前往晉國朝見，晉國人一定會感動，我們趁機提出貢賦的問題，成功的可能性就很大。」

「你說得有道理，不過，主公親自向晉國人提這個要求不大妥當，最好你來提。但是，如果主公去，按著規矩，就應該是子西陪同，而子西沒有你這麼強硬。這樣，你寫一封信，讓子西帶去給晉國人。」子展想得周到，連細節都想到了。

「不過，如果要更保險一些，最好再向晉國人提個要求。那麼，晉國人為了面子，也要答應我們的一項要求。」子產又提出一個想法來。

　　「兄弟，想到一塊了。當年陳國人跟著楚國侵略我國，所到之處，砍光我們的樹木，還填上我們的水井，可惡至極，我早就想收拾他們。這一次，我們順便提出請晉國出兵幫助我們打陳國。」子展的想法比子產還要具體。

　　「晉國人不會出兵的。」

　　「那他們就一定要減少我們的貢賦了。」

　　「子展兄高明啊。」

　　「沒辦法，讓晉國人逼的。」

第二〇八章
夾縫中生存

　　南山有台，北山有萊。樂只君子，邦家之基。樂只君子，萬壽無期。

　　南山有桑，北山有楊。樂只君子，邦家之光。樂只君子，萬壽無疆。

　　南山有杞，北山有李。樂只君子，民之父母。樂只君子，德音不已。

　　南山有栲，北山有杻。樂只君子，遐不眉壽。樂只君子，德音是茂。

　　南山有枸，北山有楰。樂只君子，遐不黃耇。樂只君子，保艾爾後。

——《詩經·小雅·南山有台》

　　明明在下，赫赫在上。天難忱斯，不易維王。天位殷適，使不挾四方。

　　摯仲氏任，自彼殷商。來嫁于周，曰嬪於京。乃及王季，維德之行。

　　大任有身，生此文王。維此文王，小心翼翼。昭事上帝，聿懷多福。厥德不回，以受方國。

　　天監在下，有命既集。文王初載，天作之合。在洽之陽，在渭之涘。

　　文王嘉止，大邦有子。大邦有子，俔天之妹。文定厥祥，親迎於渭。造舟為梁，不顯其光。

　　有命自天，命此文王。于周于京，纘女維莘。長子維行，篤生武王。保右命爾，燮伐大商。

　　殷商之旅，其會如林。矢於牧野，維予侯興。上帝臨女，無貳爾

心。

牧野洋洋，檀車煌煌。駟騵彭彭，維師尚父。時維鷹揚，涼彼武王。肆伐大商，會朝清明。

——《詩經·大雅·大明》

以上兩首詩是下面子產所引用的詩，從中可以找到三個成語的出處：萬壽無疆，小心翼翼，天作之合。

范匄中計

晉平公十年（前548年），鄭簡公在子西的陪同下前往晉國朝見。

鄭國人在這個時候前來，晉國人都非常高興，中軍元帥范匄設宴招待。

例行的套近乎和拍馬屁是免不了的，這一次多了一條，就是鄭簡公堅決支持晉國人民為保持國家統一和國土完整所作出的努力，指責齊國粗暴干涉別國內政的卑劣行徑。

大家說得高興，酒過三巡，子西突然想起什麼，拿出一封信來。

「范元帥，這裡有子產給你的一封信，您看看。」子西說著，把信遞了過去。

對於子產，范匄印象深刻，暗地裡也非常欣賞，聽說有信，急忙拿過來看。

信是這麼寫的：閣下是晉國的執政，可是周圍國家沒有感受到您的美德，感受到的是貢賦的逐年增加，這讓我困惑不解。我聽說君子治理國家，並不憂慮錢財的多少，而是憂慮沒有一個好名聲。晉國橫徵暴斂，諸侯當然心存叛逆。如果您也想把什麼好處都占了，晉國也會四分五裂。諸侯背叛，晉國內亂，對您的家庭似乎也不會有什麼好處吧？德行是一個國家也是一個家族存在的基礎，你怎麼不致力於建設這個基礎呢？有了德行，心情就會快樂，國家和家族就會長存。《詩》寫得好：「樂只君子，邦家之基；上帝臨女，無貳爾心。」快樂的君子是國

家的基礎，不要幹壞事，因為上帝隨時在監視你。你想讓大家說「范元帥給了我們快樂的生活」，還是想讓大家說「姓范的靠壓榨我們過上了幸福生活」（毋寧使人謂子「子實生我」，而謂子浚我以生乎？），你自己看著辦吧。大象之所以被殺，就是因為它的象牙很值錢。財富聚集得越多，就離毀滅越近。

范匄的臉色隨著信的內容而變化，一陣紅一陣青，十分難看。看到最後一句，臉上的表情突然變得輕鬆起來。

「信寫得太好了，我們這就減少各國的貢賦。」范匄說，竟然一臉的釋然。

為什麼會這樣？為什麼頭號腐敗分子竟然肯放大家一馬？因為子產的信太一針見血，特別是最後一句，讓范匄頗為感慨，晉國最富有的家族一個接一個被滅，拼命斂財有什麼意思呢？

子西暗中佩服子產，如此不給面子的一封信，也只有子產敢寫，也只有子產能夠寫得如此震撼。

子產的一封信，基本搞定范匄。但是，僅僅這樣是不夠的，范匄這種人翻臉不認帳的事情做得多了。

所以，下一步還要繼續。

鄭簡公突然跪了起來，並且突然向范匄磕了一個頭，這把范匄嚇了一大跳。再怎麼說鄭簡公也是一國國君，沒有任何理由要向范匄磕頭的。

范匄連忙也跪了起來，也向鄭簡公磕了一個頭，然後問：「這，這什麼意思？我不敢接受啊。」

鄭簡公沒有回答，因為子西替他回答了。

「元帥，當年陳國跟著楚國侵犯我國，結果所到之處砍光了我們的樹木，填了我們的水井，見過流氓，沒見過這麼流氓的。鄭國人民早就想教訓他們，可是他們有楚國撐腰，我們希望晉國能出兵討伐陳國，為我們討回公道。所以，我們主公要給您磕頭。」子西三言兩語，把事情交代清楚了。

討伐陳國？范匄現在一聽打仗就腦袋疼，特別是打陳國很可能就要跟楚國人決戰，哪有這個底氣？

「這個，我看，算了吧。那狗咬人一口，人還能去咬狗一口嗎？要不這樣吧，我們減少你們的貢賦，你們就用省下來的那部分去種樹和挖井，行不行？」范匄想了半天，出了這麼個主意。

鄭簡公和子西聽得偷偷樂，心說這老腐敗外強中乾，除了索賄受賄，別的就沒什麼本事了。

不管怎樣，在減少貢賦的問題上，范匄是不好意思再改口了。

閃電戰

當年，鄭國給晉國的貢賦就減少了一些。

「陳國怎麼辦？放過他們？」子展又找來子產商量，他覺得子產的眼光非常獨到。

「幹他。」子產毫不猶豫地回答。

「那就幹他。」子展也說得毫不猶豫，他也是這個看法。

第二年六月，子展和子產以參加晉國組織的軍事演習的幌子調集了七百乘戰車。然後親自領兵，傍晚出發，直撲陳國，一夜行軍，天濛濛亮時來到陳國都城城外。

「攻城。」子展一聲令下，鄭國軍隊如狼似虎攻上了城頭，這個時候，陳國人還在睡覺。

閃電戰，標準的閃電戰。

鄭國大軍迅速占領了整個陳國都城，陳哀公的後宮被包圍。

「什什什麼？鄭國人來了。」陳哀公從睡夢中醒來，才知道鄭國人已經到了家門口，歎了一口氣：「看來，這大床是保不住了。」

可是，出乎陳哀公意料的是，鄭國人並沒有攻進來。

「主公，子展和子產親自守住了前後兩個大門，不讓鄭軍進來。」有人來報。

陳哀公一聽，心中暗喜，看來鄭國人還是很講風度的，這下大床

是保住了。不過，人家給臉，咱不能給臉不要臉。

於是，陳哀公派人向子展進獻宗廟中的祭器，然後召集百官上朝，自己身穿喪服，男女站成兩排，躬身低頭，等待子展受降。

等這邊準備好了，子展拿著一根繩子就進來了，看見這幫人一個個灰頭土臉體若篩糠，又可笑又可氣，心說要不是你們這幫吃飽了撐的填了我們的井，至於有今天嗎？不過子展還算客氣，面對陳哀公，兩次叩頭之後，向他獻酒。

陳國投降了。

隨後，子產進來，開始點數：「一雙，兩雙，三雙……」

子產清點俘虜，聽得陳國人想哭，因為子產好像清點雞蛋或者草鞋一樣在清點他們。

隨後，鄭國人在陳國的祖廟祭祀了土地神，由司徒代表鄭國把百姓還給了陳國，由司馬代表鄭國把兵符還給了陳國，司空代表鄭國把土地還給了陳國。

「撤軍。」子展一聲令下，鄭軍撤退。

空手而歸？鄭國人會空手而歸嗎？把陳國的國庫搬空了。

鄭國人的速度太快了，以至於陳國人連向楚國求救的機會都沒有。

舌戰士弱

子展和子產從陳國回來，鄭國駐晉國辦事處來了消息，說是范匄有感於子產那封信，主動要求退居二線了，眼下，晉國由趙武出任中軍元帥。

一封信，讓腐敗分子退休，牛。

「趙武？他是什麼施政綱領？」子展急忙問。

「總的來說是三點：第一，減少各諸侯國的貢賦，這是最令人高興的；第二，加強禮儀建設，和諸侯之間融洽相處；第三，要避免戰爭，爭取和平，積極開展與楚國之間的對話。」來人的彙報言簡意賅。

俗話說：新官上任三把火。趙武這三把火註定會在諸侯中引發巨

大反響，而且一定是正面的反響。

「子產，你怎麼看？」子展問。

「當然是好事，看來我們的日子能好過一點了。」子產說，不過他的表情似乎並不輕鬆。「不過，我有點擔心。」

「擔心什麼？」

「趙武上任，必然要找一個國家來立威。而他宣導和平，我們卻恰好攻打了陳國，我擔心趙武會拿我們來立威，同時討好楚國人。」子產皺皺眉頭。

子展笑了笑，他也想到了這個問題。

「兄弟，我已經想到了辦法。」子展說。

「什麼辦法？」

「我們不能被動地等晉國人來譴責我們處罰我們。這樣，你辛苦一趟，去趟晉國獻戰利品。一來晉國人貪財，二來我們主動進獻，他們也不好意思說我們什麼。」

「好主意。」子產大聲說了出來，對子展，他一向是很佩服的。

趙武的想法被鄭國人猜到了，聽說鄭國入侵陳國，趙武就打算譴責鄭國並且命令鄭國立即把搶奪陳國的財物送還，然後再派人向楚國通報，這樣，楚國人一定很高興，而和平就會加快來到。

趙武把自己的想法告訴了韓起，韓起也覺得很好。兩人正在一起措辭的時候，鄭國人來了，說是新近懲罰了陳國，獲得了戰利品，特地向晉國進獻。

「本來還要找他們呢，自己送上門來，先把使者扣下來怎樣？」趙武眼前一亮，覺得這是個好時機。

「元帥，不能這樣啊。您剛說了要加強禮儀建設，現在要扣人家的來使，這不合周禮啊。」韓起連忙阻止了。

「那怎麼辦？」

「我看我們可以先羞辱他們一下，這樣，咱們不要接待他們，讓士弱去。」韓起出了個主意，讓中大夫士弱去接待鄭國的卿，故意不給

面子。

趙武找來士弱，大致交代了晉國對鄭國入侵陳國的態度，然後讓他去接見子產。

其實，除了要羞辱鄭國人之外，趙武和韓起從內心裡都有點害怕子產，想想范匄這老油條都被子產罵得呆若木雞了，自己這小樣估計更不是對手了。

事實證明，他們的擔心是有道理的。

士弱在國賓館這樣的地方接見了子產，他心裡也有點打鼓。

「你們為什麼要攻打陳國？」士弱儘量地繃著臉，以斥責的口吻質問子產。

「你這蠢貨，問這問題都不過腦子的。」子產心中暗罵，當然嘴上不是這樣說，他盯著士弱的臉，慢慢說來：「從前陳胡公做周朝的陶正，武王為了嘉獎他，把女兒嫁給他。所以，陳國是我們周朝的外甥，至今還依靠著周朝。最近這些年來，陳國國君多半都是我們鄭國幫著立的。可是如今陳國人的良心都被狗吃了，忘記了周朝對他們的大恩大德，無視我們鄭國對他們的恩惠，恩將仇報，賊咬一口，跟著楚國人攻打我們。這還不算，所到之處，他們填井砍樹，喪盡天良，連楚國人都看不過去。對於這種生小孩沒屁眼的事，是可忍孰不可忍？當年我們請求貴國為我們主持公道，可是貴國拒絕了。所以，我們只好靠自己為自己討回公道，出兵教訓了他們，而他們甘心認罪，主動接受懲罰。因此，我們才能向貴國來進獻戰利品。」

士弱一聽，人家子產從周朝開國開始說起，句句在理啊，陳國人咎由自取啊。可是，趙元帥交代過的事情，也不能沒開一槍就投降啊。

「那，那什麼，那你們以大欺小也不對啊，是不是？」士弱想了半天，說了這麼一句話。

「當年武王說過了，只要有罪的諸侯，就要懲罰，沒說過不能討伐小國啊。再者說了，從前諸侯土地最大四百里，現在大國土地都有四千里了，要不是侵略小國，怎麼能這麼大？」子產說話真不客氣，一

句話問得士弱目瞪口呆。

士弱很傻眼，不知道該說什麼，猛地，他看見子產還穿著軍服，這好像不對。

「就算你說得有道理，可是你穿著軍服來進獻戰利品，這不合規矩吧？」

子產一聽這句話，知道士弱徹底歇菜了。

「我們鄭國的先輩可都是周朝的卿，到了城濮之戰的時候，晉文公命令我們的文公穿上軍服，陪同周王接受晉國獻俘。如今我們也穿著軍服向貴國進獻戰利品，這是不忘晉文公的命令啊，你有什麼意見嗎？」子產反過來問。

士弱發現，自己的問題總是被子產拿去借題發揮，然後再反過來給自己出難題。再這麼下去，自己非被問傻了不可。

「那，什麼，嘿嘿，您先休息，我回去彙報下，回見回見。」士弱灰溜溜，逃跑一般離開了，去向趙武彙報。

士弱把雙方的對話過程跟趙武說了一遍，聽得趙武也無話可說。

「算了算了，人家說得有道理。那什麼，送了些什麼好東西來？」趙武沒脾氣了，決定接受戰利品，承認鄭國的行為是正義的自衛反擊戰。

對於這件事情，孔子這樣讚揚子產：「志有之：『言以足志，文以足信。』不言，誰知其志。言之無文，行而不遠。」

翻譯過來是這樣的：言語用來表達思想，文采用來修飾語言。如果不會講話，誰瞭解他的志向呢？如果說話沒有文采，又有多少人願意聽呢？

對付秦國人

陳國人向楚國人報告了被鄭國侵略的事情，不過讓他們鬱悶的是，楚國人根本沒有興趣幫助他們。

「當年填人家的井幹什麼？活該。」基本上，楚國人就這麼給了答

覆，當然話說得委婉一些。

不過，夏天的時候，楚國人和秦國人聯軍攻打吳國，因為吳國已經有了防備，兩國軍隊順便偷襲了鄭國，活捉了鄭國的皇頡和印堇父。（事見第四部第155章「上下其手」）

楚國人把皇頡帶回了楚國，印堇父則送給了秦國。就這樣，兩人被分別帶到了楚國和秦國。

印堇父是子印的孫子，而印家在鄭國實力雄厚，於是印家出錢，要求國家出面，把印堇父從秦國贖回來。印家提出這樣的要求，當然不能拒絕。於是，子展把這件事情交給了擔任令正的游吉來處理。

「大侄子，你準備怎麼辦？」子產問游吉。

「印家準備了玉璧兩雙，錦緞二十匹，準備用這些去贖人。」游吉說。這已經是相當重的贖金了。

「不行，這樣去贖不回來。」子產說。

「還不夠？」

「不是不夠，是太多。」

「叔啊，開玩笑的吧，還有贖金嫌多的？」游吉笑了出來。

「我告訴你，印堇父是楚國人獻給秦國人的，秦國人卻拿他來掙錢，這是有損國家尊嚴的，秦國人不會這麼幹。如果在贖金上略微表示一下，然後對秦國人說『感謝貴國的幫忙，要不是貴國，楚國人現在還在我們的城下呢』，這樣，秦國就可能會放人了。」

「叔啊，這年頭哪個國家還講什麼尊嚴啊？」

「不信，你就試試看。」

游吉終於還是不相信子產的話，帶著大筆贖金去了秦國，他以為贖金加上卿的身份就可以把事情辦好，卻不知道秦國人比中原人耿直。

「什麼？你回去吧，我們不缺這點東西，為了你這點東西就把兄弟國家送給我們的人賣了，我們成什麼人了？」秦國人一點面子也不給，把游吉給趕回來了。

被趕回鄭國之後，游吉才知道子產確實是太高明了。

於是，游吉收拾了一點鄭國特產，特正宗的用來串親戚的那種特

產，看上去就很親切。然後再次上路前往秦國。

這一次，游吉就按照子產教的話來和秦國人說，這一回，秦國人高興了，就像招待一個親戚一樣招待游吉，然後像送親戚一樣把印菫父交給了游吉，痛喝三天好酒，歡歡喜喜送鄭國客人上路，還送了好些秦國特產。

「子產，牛啊。」全鄭國人都這麼說。

所以，國際事務中，錢並不是最重要的。最重要的，是你一定要知道對方需要什麼。對於秦國人來說，對於被中原主流所拋棄的秦國人來說，他們要的是尊嚴，或者說，是面子。

歷史一再地證明，那些迫切尋求主流世界承認的國家，往往寧願花錢買面子。

第二〇九章
子產面臨的抉擇

由於成功對陳國實施了閃電戰，鄭簡公決定對有關立功人員進行獎勵。

為此，鄭簡公專門宴請了子展和子產，在宴席上賞賜子展先路車和三命朝服，賞賜子產次路車和二命朝服。同時宣佈，賞賜子展八座封邑，子產六座。

對於賞賜，子展坦然接受。不過，子產並沒有全部接受。

「主公，車和衣服我都收下，不過，封邑我不要。」子產拒絕了最實惠的賞賜。

「為什麼？」鄭簡公有些驚訝，賞賜名正言順，為什麼要拒絕？

「自上而下應該以二的數目遞減，我排名第四而已。再說了，這主要是子展的功勞啊，我不能要。」

「不對啊，就是以二的數目遞減啊，子展上卿，你是下卿，不正好是六座城邑嗎？」

「反正我不要。」子產還是拒絕。

「子產，你還是要吧，你不要，我怎麼好意思要？」子展也來勸子產。

最終，子產還是沒有接受六座城邑，只接受了三座。

對付楚國人

印堇父贖回來的時候已經是冬天了，剛剛到家，炕還沒坐熱呢，楚國人又來了。

「什麼？難道楚國人還不肯放過我？」印堇父哭了，他不知道自己怎麼得罪楚國人得罪得這麼深。

不過印堇父很快知道，楚國人這次來討伐，跟他沒有任何關係。

那麼，為什麼楚國人又打來了呢？

說起來，其實很簡單。

原來，這麼多年來鄭國一直在欺負許國，許國國君許靈公氣不過，跑到楚國坐地泡，請求楚國為他們做主，教訓鄭國，楚國不答應，那就不走了。

結果呢，許靈公真就沒走，病死在了楚國。

「楚國要是不幫我們打鄭國，我做鬼也要纏著你們。」臨終，許靈公發誓。

「太感人了。」楚康王被感動了，就覺得好像自己辜負了許國人民對自己的殷殷期待。

就這樣，楚國人殺過來了。

「兵來將擋，水來土掩。楚國人也不過是外強中乾，跟他們幹。」子展並不懼怕楚國人，打交道這麼多年，也知道楚國人現在跟晉國人一樣只會欺軟怕硬。

鄭國人都不害怕楚國人，因此也都準備好了要迎擊楚國人。

「慢著。」子產來勸阻子展了。

「兄弟，你有什麼想法？」子展有些驚訝，因為他知道子產是個很強硬的人，難道他要投降？

「我知道晉國和楚國已經開始進行和平談判了，世界和平是大趨勢。這個時候楚國來進攻我們，很顯然是一時衝動的結果，他們不會堅持多久的。既然這樣，不如我們讓他們滿意而歸，這樣反而能促進世界和平的早日到來。」子產站在世界和平的高度來看問題。

「好。」子展非常高興。

於是，鄭軍沒有迎擊楚軍，而是全部退守滎陽。

楚軍一路沒有遇到抵抗，因此直接攻到了滎陽，首先拿下已經空無一人的週邊小城南里，將城牆拆毀；隨後來到滎陽城門師之梁，鄭軍急忙放下城門。楚軍在城門外抓住了九名沒有來得及逃走的鄭國人，之後並不攻城，只是在城門下喊了幾句類似「伸張正義、和平萬歲」之類的屁話，然後全體楚軍拍拍屁股，灰塵大作，等到塵埃落地，楚國

人已經回家陪老婆去了。

賽詩會

世界和平就像月經，該來的時候一定會來。

轉年到了鄭簡公二十年（前 546 年），世界和平終於來到，晉國楚國率領各自的扈從國在宋國舉行和平大會，正式宣佈世界和平了，戰爭結束了。

世界真的和平了。（事見第四部第 156 章）

代表晉國出席世界和平大會的是中軍元帥趙武、下軍佐智盈和上大夫叔向。宋國的和平大會結束後，趙武、智盈和叔向順道訪問了鄭國。

鄭簡公在滎陽郊區設國宴招待了趙武一行，除了鄭簡公本人外，出席國宴的還有鄭國最有權力的七個人，他們全都是鄭穆公的後人。按照職位高低的順序，他們是子展（子罕之子）、良霄（子良之孫）、子西（子駟之子）、子產（子國之子）、游吉（子游之孫）、印段（子印之孫）、子石（子豐之子）。也就是說，鄭國的六卿加上子石都來了。

「譁，陣容鼎盛啊。既然都來了，是不是大家都朗誦一首詩以感謝國君的厚愛，同時也讓我見識見識各位的想法？」趙武很高興，同時他也知道鄭國的卿們普遍很能幹，想看看他們究竟有多大的學識。

「恭敬不如從命，我先開始了。」子展第一個吟詩，這個時候是不能退縮猶豫的。

《詩經·召南·草蟲》
喓喓草蟲，趯趯阜螽。未見君子，憂心忡忡。亦既見止，亦既覯止，我心則降。

陟彼南山，言采其蕨。未見君子，憂心惙惙。亦既見止，亦既覯止，我心則說。

陟彼南山，言采其薇。未見君子，我心傷悲。亦既見止，亦既覯

止，我心則夷。

這首詩描述一個姑娘苦等心上人，看見心上人來了，心裡很高興。子展在這裡比喻看見趙武非常高興。

憂心忡忡，這個成語來自這裡。

「好，真是國家的棟樑啊，我比不上你。」趙武很高興，他對子展一向是很佩服的。

第二個出場的是良霄。

《詩經·國風·鄘風·鶉之奔奔》

鶉之奔奔，鵲之彊彊。人之無良，我以為兄！

鵲之彊彊，鶉之奔奔。人之無良，我以為君！

這首詩描寫衛宣公搶兒媳，也有說寫婚外情。用在這裡，顯然很不合適。

「嘿嘿。」趙武笑得有些尷尬，但從良霄的詩來看，這小子倒好像不歡迎自己，不過表情又不像，也許這小子念書沒念好。「色情啊，男女偷情的話該關著門說啊，我們這可是在野外，這不是我這個使者應該聽到的。」

第三個出場的是子西。

《詩經·小雅·黍苗》

肅肅謝功，召伯營之。烈烈征師，召伯成之。

這只是第四段，子西只念了這一段。這首詩把趙武比喻為召公，小小拍了個馬屁。

「過獎過獎，子西太客氣了。」趙武笑了，誰聽了這樣的詩都會高興的。

第四個出場的是子產。

《詩經·小雅·隰桑》

隰桑有阿，其葉有難，既見君子，其樂如何。

隰桑有阿，其葉有沃，既見君子，雲何不樂。

隰桑有阿，其葉有幽，既見君子，德音孔膠。

心乎愛矣，遐不謂矣，中心藏之，何日忘之。

這首詩寫一個人渴望見到君子，一說是姑娘渴望見到情人。子產把趙武比作君子，見到他非常高興。

「哈哈，子產真是過獎啊，我只敢接受最後一段。」趙武更加高興，他一直很喜歡子產。

第五個出場的是游吉。

《詩經·國風·鄭風·野有蔓草》

野有蔓草，零露漙兮。有美一人，清揚婉兮。

邂逅相遇，適我願兮。野有蔓草，零露瀼瀼。

有美一人，婉如清揚。邂逅相遇，與子偕臧。

這首詩寫一個姑娘與一個青年在野地裡一見鍾情，於是以身相許。比喻趙武與鄭國之間的關係非常親近。

「托你的福啊。」趙武覺得很有意思，眼前這幫君子們，其實也都很喜歡情詩。

第六個出場的是印段。

《詩經·唐風·蟋蟀》

蟋蟀在堂，歲聿其莫。今我不樂，日月其除。無已大康，職思其居。好樂無荒，良士瞿瞿。

蟋蟀在堂，歲聿其逝。今我不樂，日月其邁。無已大康，職思其外。好樂無荒，良士蹶蹶。

蟋蟀在堂，役車其休。今我不樂，日月其慆。無已大康，職思其憂。好樂無荒，良士休休。

這首詩勸人勤奮，不要耽於享樂。

「好，好。你一定能夠保全自己的家族，我看好你。」趙武誇獎了印段。

最後一個出場的是子石。

《詩經·小雅·桑扈》

交交桑扈，有鶯其羽，君子樂胥，受天之祜。

交交桑扈，有鶯其領，君子樂胥，萬邦之屏。

之屏之翰，百辟為憲，不戢不難，受福不那。

兄魼其紧，旨酒思柔，匪交匪敖，萬福來求。

這首詩，勉勵君子要知道禮儀，才能得到老天的垂愛。

「嗯，好一句『匪交匪敖，萬福來求』。借你吉言啊。」趙武也很高興。

宴會盡歡而散，賓主各自回去安歇。

「叔向，我覺得良霄遲早有殺身之禍。詩能反映一個人的想法，他的詩充滿了怨恨和不滿，當然不是對我的，那就應該是對國君的。有了這些怨恨和不滿，他即便能夠免於一死，恐怕也會流亡國外。」回到住處，趙武對叔向說，在叔向的指點下，他對詩的理解有了很大的進步。

「元帥說得對啊，他很傲慢，我估計等不到五年了。」叔向想想，附和趙武。

「其他幾家都應該能延續下去，子展家族應該最長久吧，他地位高但是很謙虛。印段家族也應該不錯，他很歡樂但是有節制，對自己的百姓應該很好。」趙武得到了叔向的附和，非常高興，繼續發揮。

兩人正在說話，子展派人來了。趙武一問，原來是子展希望明天單獨宴請趙武，子西單獨宴請智盈，子產單獨宴請叔向。

賢人會

叔向很高興能夠單獨拜會子產，鄭國卿的學養普遍比晉國的卿要高一個檔次，子展子西游吉印段都很有素質，叔向最喜歡的還是子產。

第二天，子產親自來接叔向，兩人此前只有過一面之緣，但是那次的對視一笑給兩人都留下了很深刻的印象。再次相見，兩人已經如同老朋友一樣。

叔向跟著子產去了子產的家，兩人一路上相談甚歡。到了家裡，兩人入座，隨後端酒上菜，要邊喝邊聊。

菜，上得差不多了。這個時候，只見一個人跟著上菜的人走了進來。

看見這個人，叔向皺了皺眉頭。這個人看服飾，應該是一個士。可是這人長得十分寒酸，叔向見過醜的，沒見過這麼醜的。

這個醜人對著叔向笑了笑，然後開口說話了：「既見君子，孔燕愷悌。宜兄宜弟，令德壽豈。」

叔向一愣，這是《詩經·小雅·蓼蕭》，在這裡說來，比喻晉國和鄭國的兄弟關係。

什麼人，這麼有學問？

叔向猛然間明白了，他站了起來，快步走過去，一把拉住這人的手，問道：「你是然明吧？」

然明點點頭。

「從前，晉國賈地的大夫長得很醜，卻娶了一個漂亮老婆。老婆三年不說不笑。後來，賈大夫駕著車帶老婆去打獵，一箭射死了一隻野雞，老婆這才笑了。賈大夫對老婆說：你從前不說不笑，就是以為我沒什麼本事吧？如今你其貌不揚，要不是你剛才說話，我真不敢相信你就是然明啊。」叔向非常高興，說完，拉著然明的手入席。

叔向原話中的最後幾句是：今子少不揚，子若無言，吾幾失子矣。

其貌不揚，這個成語最初出於這裡。

「叔。」然明對子產笑笑，打個招呼。

「坐吧，好好跟羊舌太傅學學。」子產也笑了。

然明是誰？為什麼叔向和子產對他都很客氣？

然明是子然的孫子，所以也就是子產的侄輩。當初子孔被殺，子然的兒子子革逃亡到了楚國，子革的全家卻沒有逃走，然明就是子革的兒子。子展子西們放過了這個侄子，不過剝奪了他們家族的地位，然明成了士。

然明人長得醜，但是非常聰明，因此子產很喜歡他，大家也都願意跟他往來。晉國欒盈被殺之後，晉平公任命自己的寵臣程鄭為下軍佐，程鄭知道自己家族的底子太薄，因此非常擔心自己會被剷除。一次鄭國公孫揮去晉國，程鄭偷偷問他有沒有什麼自己給自己降級的辦法。從晉國回來之後，公孫揮把這事情告訴了大家，然明就斷言程鄭

活不了多久，因為程鄭既貪戀的卿的位置，又害怕被清洗，他會一直處於恐懼中，怎麼能活得長呢？

果然，不到一年，程鄭就死了。（事見第四部第 151 章）。

通過這件事，子產認識到了然明的才能，於是向他請教治國的方略，然明說：「視民如子。見到不仁德的人就堅決鏟除，就像老鷹捕捉麻雀一樣。」

這一次，然明聽說叔向來了，很想見他，可是身份相差太遠，於是，然明就想了這麼個辦法，果然叔向一下子認出了他。

叔向、子產，再加上然明，三人酒逢知己，當天盡醉而歸。

子產的思考

世界和平到來，戰爭暫時遠離了各國。

到鄭簡公二十二年（前 544 年），子展去世了，子展的兒子子皮（罕虎）繼承了上卿的職位。不過子皮擔任上卿就遇上了難題，這一年鄭國歉收，發生了糧荒。子皮按照父親的遺囑，給鄭國人民發放糧食，每戶一鐘，因此，鄭國人民都很感激子皮。

跟子展前後腳去世的是子西，子西的兒子駟帶繼承了父親的位置。

隨著子展的去世，鄭國有兩個問題凸顯出來了。

目前的鄭國政壇其實上是「七穆」在執掌，也就是六卿加上子石，原本在子展和子西相繼去世之後，子石是滿懷希望遞補為卿的，誰知卿的位置被世襲了，子石難免心懷不滿。但是，比子石還心懷不滿的是子西的弟弟子晳（公孫黑），他一直認為自己的能力應該成為卿。

這又是蘿蔔和坑的矛盾了，坑少蘿蔔多。

另一個問題是良霄，良霄一直認為自己的爺爺子良是所有人的救命恩人，因此自己應該排名第一，為此他一直心懷不滿並且表現得很無禮。

這也是蘿蔔和坑的矛盾，坑小蘿蔔大。

不管是子石、子晳還是良霄，儘管他們心存不滿，但是在子展在

世的時候，也都不敢太過分，畢竟子展的能力和魄力擺在那裡。等到子展去世，這幾位就沒有了忌諱，紛紛開始展開活動。

最糟糕的是，子晳和良霄之間互相瞧不起，這使得駟家和良家的關係非常緊張。

子產支持誰？誰也不支持。他的原則還是不結黨，不站隊。

子產認真地分析過鄭國當前的形勢。

鄭國七穆的力量遠遠超過了鄭簡公，並且七穆世襲六卿，這對於國君才是最要命的，這意味著權力屬於七穆，就像晉國的權力屬於六卿以及魯國的權力屬於三桓。毫無疑問，鄭國與鄰國一樣也正處於裂變之中。對於子產來說，他不希望看到這樣的裂變產生，因為這對國家是有害的。但是，他改變不了現實，所以，他也只能參加這個裂變的過程，成為裂變的力量之一。

但是，子產知道，自己的家族將不會是聚變的力量，在聚變的過程中隨時有可能成為被吞併被消滅的對象。

為什麼這樣？首先子產內心很抗拒瓜分鄭國這個事實，其次，子產家族算不上七穆中的主流。

在鄭穆公的所有兒子們當中，當初子孔、子然和士子孔走得很近，但是，關係最緊密的是子罕、子駟和子豐。為什麼這樣？因為這三位是同母兄弟，三人之間有天然的親近感。

在子孔被殺之後，子罕、子駟和子豐的後代們團結得更緊密了，因為在與子孔的鬥爭中他們感受到了什麼叫做團結就是力量。現在，子罕的孫子子皮、子駟的孫子駟帶都是卿，子豐的兒子子石僅次於卿。這一股力量，是鄭國當前最大的力量。

而其餘的四個卿之間，他們的凝聚力就要小得多。

所以，儘管子產在鄭國的卿裡排名第三，僅次於子皮和良霄，他還是非常小心。

要保住自己很簡單，退休回家就行；要保住家族也不是太困難，退回一部分封邑，然後退休回家就行，畢竟大家都是親戚，只要你不擋人家的財路，面子都是會給的。這一點上，子產比叔向的處境要好

得多。

　　但是，子產面對著與叔向所不同的處境，那就是晉國的興衰與叔向的家族命運沒有關係，或者說叔向根本也沒有資格去改變自己的國家。可是子產不一樣，只要努力，他有機會去改變國家。另一方面，鄭國的興衰直接關係到子產的家族命運。子產明白，如果任由七穆之間的矛盾發展下去，如果這個國家不作些改變，那麼世界和平是靠不住的，晉國和楚國隨時會滅掉鄭國，那時候，子產的家族也就完蛋了。

　　家族的命運與國家的命運息息相關的時候，子產明白，自己是不可能獨善己身的。要保住家族，就要保住國家。

　　後世有人認為子產比叔向更賢，其實不然，大家都是形勢使然。叔向如果要做晉國的子產，恐怕連自己都保不住了。

　　儘管想得明白，子產還是有些猶疑，在家與國之間拿不定主意。

　　直到有一天，一個人的到來終於讓子產下定了決心。這個人是誰？季札，吳國王子。

　　季札為什麼到鄭國來了？他又怎麼能夠讓子產下定決心？

第二一○章
延陵季子

請所有吳姓讀者保持恭敬，因為下面的故事是你們的偉大得姓始祖季札的故事。

吳王餘祭四年（前544年），季札提出要去中原走一圈，一來算是代表吳國去聘問一番，二來學習一下周禮，也看看中原國家的山川人物。

「兄弟，想去就去吧。」吳王餘祭當然支持。

於是，收拾收拾，季札上路了。

周禮大觀園

季札北上，第一個目標自然是魯國。不過，要到魯國，中間首先要路過一個國家，那就是徐國（今江蘇徐州境內）。

徐國國君早就聽說過季札，如今季札經過，徐國國君免不了要熱情招待。徐國屬於東夷，對周禮一竅不通，於是向季札請教了一通，態度十分恭敬。

季札覺得徐國國君這人雖然沒什麼學問，但是人還很真誠。

「哎，公子，我聽說吳國的劍比中原國家的都好，能不能讓我欣賞一下公子的劍？」徐國國君突然提出這樣一個請求。

「沒問題。」季札不假思索，解下了自己的劍，遞給了徐國國君。

吳國的鑄劍技術在當時屬於世界領先，而且是遙遙領先，後世所說的名劍，多半出於吳國。而季札的劍是吳國劍中的精品，比尋常的吳國劍更好。

徐國國君持劍在手，看那劍寒光閃閃，劍刃鋒利，當時看得愛不釋手。

「好劍，好劍。」徐國國君大聲叫著好，一邊用手輕輕地撫摸著

劍面。

季札微笑、不語。

「哎，我要是有這樣一把劍，此生心願足矣。」徐國國君看了季札一眼，欲言又止。

「一定會有的。」季札說。

徐國國君看著季札，等他繼續說「這把劍就送給您了」，可是，季札沒有說。

徐國國君把劍還給了季札，看得出來，他有些失望。

「多謝款待，等我回來，再來看您。」臨行前，季札對徐國國君這樣說。

季札難道捨不得這把劍嗎？

不則一日，季札來到了魯國。對魯國，季札太熟悉了，他在這裡學習過周禮，以至於現在說話都帶著一點魯國口音。

季札首先見到的是叔孫豹，兩人談起了周禮，之後兩人都有些驚訝。叔孫豹是魯國最有學問的人，對周禮的瞭解程度讓季札佩服；而季札對周禮的精髓同樣瞭解，這讓叔孫豹對他側目相看，一個蠻夷國家的人有這樣的學問，簡直不可思議。

兩人互相欣賞，迅速成為朋友。

「公子，我聽說當局者迷，旁觀者清，不瞞公子說，我總覺得我這個家有點奇怪，你幫我分析分析。」叔孫豹說，他覺得季札看問題特別的準。

「那，說來聽聽。」

叔孫豹於是把自己當年怎樣流亡齊國，怎樣一夜情生下了私生子牛，又怎樣因為老婆改嫁而長期拒絕兩個兒子回來等等都說了一遍。

「牛？牛是你兒子？」季札有點吃驚，他剛剛見過牛，就覺得這人賊眉鼠眼，心術不正，心說叔孫豹怎麼找這麼個豬頭來當管家，現在才知道這竟然是叔孫豹的私生子，這私生子也生得太沒有水準了。

「是。」叔孫豹回答。

「那我實話實說了。」

「你說吧。」

「我說你恐怕不會善終了。」季札直接說了結論。叔孫豹略略有點吃驚，並沒有生氣。「你這人心地善良，但是卻不知道怎麼用人。我聽說：君子最要緊的是會用人。你看你，身為魯國世襲的卿，在用人上卻很輕率，恐怕要自作自受了。」

季札的話說得很清楚，就是在說牛。

叔孫豹點點頭，他也知道牛不適合於當管家，也知道牛權力過大而且心眼不是太好，可是，那畢竟是自己的兒子，而且是長子，自己不忍心虧欠他。

「唉。」叔孫豹又歎了一口氣，終於還是沒有說話。

按照季札的請求，這一趟希望能夠觀賞到完整的「周樂」，叔孫豹在請示魯襄公之後，決定為他安排。在魯國歷史上，這是第一次也是唯一一次為外國客人展示全套周樂。

這一天，陽光明媚。

魯國國家樂團和國家歌舞團併團演出，演奏演唱全套周樂給來自吳國的客人。

作陪，叔孫豹。

報幕員走上前臺：第一個節目，配樂歌曲《周南》、《召南》。

音樂響起，華麗而輕鬆。一段過門之後，歌聲響起。

「關關雎鳩，在河之洲。窈窕淑女，君子好逑。」（《周南‧關雎》）這是所有歌曲中的第一段。

《周南》和《召南》是《詩經》中「國風」最前面的兩個部分，描繪的是周朝故地周和召地人民的幸福生活，當然，主要是愛情故事。

《周南》共有十一首，《召南》十四首。《周南》第一首為《關雎》，《召南》第一首為《鵲巢》。

季札閉上眼睛，隨著音樂和歌聲，腦海裡浮現出祖先們在周原追逐嬉戲，男歡女愛，尊老愛幼，過著低碳綠色的幸福生活。

「美哉，始基之矣，猶未也，然勤而不怨矣。」聽完最後一首，季札滿足地睜開了雙眼，發出長長的感慨。這句話什麼意思？哇噻，太

美了，這就是周朝創業時期啊，雖然前面的路還遠，但是大家很勤奮而且很愉快啊。

基本上，這些歌曲相當於《蘭花花》、《南泥灣》、《山丹丹花開紅豔豔》等等，苦中求樂，追求愛情，充滿了革命樂觀主義精神。

叔孫豹看了季札一眼，不免有些驚訝，季札對音樂和《詩經》竟然這麼有感覺。

第一部分結束之後，開始第二部分。

第二部分包括《詩經》「國風」中的《邶風》、《鄘風》和《衛風》，邶和鄘原本都是國家，周初被併進了衛國，因此，這三部分實際上都是描寫衛國的。其中，《邶風》十九篇、《鄘風》十篇、《衛風》十篇，合計三十九篇。

衛國的詩多半淒婉憂傷，令人感懷。歌中唱道：「死生契闊，與子成說；執子之手，與子偕老。」（《邶風‧擊鼓》）「投我以木桃，報之以瓊瑤；匪報也，永以為好也。」（《衛風‧木瓜》）

歌舞完的時候，季札長出了一口氣，然後說：「美哉，淵乎！憂而不困者也。吾聞衛康叔、武公之德如是，是其《衛風》乎？」什麼意思？哇噻，太深沉了。歌中雖然有憂傷哀愁，但是並不困惑墮落。我聽說衛國的康叔和武公具有這樣的品德，剛才唱的應該是衛風吧？

叔孫豹驚呆了，這個南蠻子簡直就是音樂天才啊。

到這裡，穿插一段《世說新語》裡的故事，說是東漢大學問家鄭玄特別博學，連家裡的奴婢都滿腹經綸。有一次讓一個女傭人幹活，結果幹得不好，鄭玄很生氣，批評了她，可是她竟然為自己辯解，鄭玄大怒，讓人把她拖到院子裡的一攤泥水中罰站。不一會，又來了一個女傭人，一看這位站在泥裡，心說「讓你平時那麼屌，活該」，嘴上就冒出來一句：「胡為乎泥中？」意思是「你站泥裡幹什麼呢？」這位罰站的頭都沒抬，回了一句：「薄言往愬，逢彼之怒。」意思是我好好解釋沒用，他正發著火呢。

別小看這兩個女傭人的對話，這可埋伏著《詩經》呢。「胡為乎泥中」來自《詩經‧邶風‧式微》，「薄言往愬，逢彼之怒」則出自《詩

經·邶風·柏舟》。

接下來是《王風》，這部分一共十首，來自雒邑一帶。歌中唱道「知我者謂我心憂，不知我者謂我何求」、「一日不見，如三秋分」，纏綿淒婉。季札聽得如癡如醉，最後長舒一口氣：「美哉！思而不懼，其周之東乎？」什麼意思？真好聽啊，有憂慮但是不畏懼，這是周朝東遷時候的歌曲吧？

「公子，你說得真對啊。」叔孫豹實在忍不住了，大聲讚揚出來。

隨後是《鄭風》，《詩經》中共有二十一首。歌中唱道：「青青子衿，悠悠我心。縱我不往，子寧不嗣音？」（《鄭風·子衿》）

歌聲唱罷，季札搖了搖頭：「美哉！其細已甚，民弗堪也，是其先亡乎！」啥意思？很動聽，但是都是男歡女愛，連執政者也是這樣，這一定是鄭風，這個國家會很快滅亡的。

隨後，《齊風》上來。共十一首，描述齊國的風土人情。

「美哉！泱泱乎！大風也哉！表東海者，其大公乎！國未可量也。」聽完之後，季札立即說了出來，因為他有一種大海的感覺，而吳國同樣是一個海洋國家。這句話什麼意思？好聽啊，聲音宏大，這是大國的音樂啊！我有一種大海的感覺，所以這大概是姜太公的齊國吧？這個國家前途不可限量。

之後是《豳風》，《豳風》一共七首。

《豳風》唱完之後，季札讚歎：「美哉！蕩乎！樂而不淫，其周公之東乎？」啥意思？真美啊，浩蕩博大呵！歡樂而不過度，大概是周公東征的音樂吧！

之後是《秦風》，一共十首。

歌中唱道：「蒹葭蒼蒼，白露為霜，所謂伊人，在水一方。」（《秦風·蒹葭》）

季札仔細聽完，說道：「此之謂夏聲。夫能夏則大，大之至也，其周之舊乎？」啥意思？這就叫做西方的夏聲。夏就是大，大到極點了，恐怕是周朝的舊樂吧！

叔孫豹想想，秦國就是周朝的舊地啊，季札說得對啊。

接下來是《魏風》，共有七首。

歌中唱道：「碩鼠碩鼠，無食我黍。三歲貫汝，莫我肯顧。逝將去汝，適彼樂土。」（《魏風‧碩鼠》）

季札聽完，說道：「美哉！渢渢乎！大而婉，險而易行，以德輔此，則明主也。」啥意思？正好啊！抑揚頓挫，洪亮而又婉轉，艱難而又流暢，再用德行加以輔助，就是賢明的君主了。

接下來是《唐風》，一共十二首。

一曲唱罷，季札感慨：「思深哉！其有陶唐氏之遺民乎？不然，何憂之遠也？非令德之後，誰能若是？」什麼意思？思慮很深啊！應該是陶唐氏的遺民吧？否則，為什麼那麼憂深思遠呢？不是美德者的後代，誰能像這樣？

接下來是《陳風》，共十首。

一曲唱罷，季札歎息道：「國無主，其能久乎？」啥意思？國家沒人管，遲早要完蛋。

之後是《檜風》和《曹風》，季札再也沒有評價。

「算了，過了，直接《小雅》吧。」叔孫豹見季札沒興趣，自己也覺得沒什麼興趣，直接叫住了。

下面開始《小雅》，《小雅》又分七個部分，共七十四首。

歌中唱道：「呦呦鹿鳴，食野之蘋；我有嘉賓，鼓瑟吹笙。」「他山之石，可以攻玉。」「戰戰兢兢，如臨深淵，如履薄冰。」

聽了《小雅》，季札又來了精神，讚歎：「美哉！思而不貳，怨而不言，其周德之衰乎？猶有先王之遺民焉。」啥意思？美啊！憂愁而沒有背叛的心，怨恨卻不表現在語言中，恐怕是周朝德行衰微的樂章吧！還有先王的遺民啊。

《小雅》結束，自然就是《大雅》。《大雅》分三個部分，共三十一篇。

《大雅》讓季札聽得肅然起敬，歎道：「廣哉！熙熙乎！曲而有直體，其文王之德乎？」什麼意思？廣博啊，和美呵！抑揚頓挫而本體

剛健勁直，大概是文王的德行吧！

歌曲的最後部分是《頌》，共分五個部分，四十首。

《頌》是《詩經》中的最後一部分，氣勢恢宏，大義凜然。

「至矣哉！直而不倨，曲而不屈，邇而不逼，遠而不攜，遷而不淫，複而不厭，哀而不愁，樂而不荒，用而不匱，廣而不宣，施而不費，取而不貪，處而不底，行而不流，五聲和，八風平，節有度，守有序，盛德之所同也。」季札聽完，給出了最高的評價：哇噻，至高無上了。正直而不倨傲，婉柔而不屈撓，親近而不相逼，疏遠而不離心，活潑而不邪亂，反覆而不厭倦，哀傷而不憂愁，歡樂而不過度，常用而不匱乏，寬廣而不顯露，施捨而不浪費，收取而不貪婪，靜止而不停滯，行進而不流蕩。五聲和諧，八風協調。節奏有一定的規律，樂器都按次序，這都是盛德之人所共同具有的。

「是啊是啊。」叔孫豹也沉浸在其中，對季札的評價深表贊同。

歌罷，開始表演舞蹈。

首先表演的舞蹈是《象箭》和《南籥》，季札認真看完，評價：「美啊，但還有所遺憾。」

接下來是《大武》，季札看得饒有興趣，評價：「美啊！周朝興盛的時候，大概就像這種情況吧！」

再接下來是《韶濩》，季札評價：「像聖人那樣的弘大，尚且還有所慚愧，可見當聖人不容易啊！」

再接下來是《大夏》，季札評價：「美啊！勤勞而不自以為有德，如果不是禹，還有誰能做到呢？」

再接下來是《韶箭》舞，季札站了起來，表情莊重地說：「功德到達頂點了，偉大啊！像上天的沒有不覆蓋，像大地的沒有不承載。盛德到達頂點，就不能再比這更有所增加了，聆聽觀看就到這裡了。如果還有別的音樂，我不敢再請求欣賞了。」

於是，舞蹈在這裡停止了。

隨後，季札親切地接見了演職人員，勉勵他們要繼續努力，弘揚周朝的文化。演職員工們紛紛激動地表示，從來沒有人這樣認真地欣

賞他們的表演，也從來沒有人能夠這麼到位地作出這樣的評價。

「我們最大的心願不是多掙多少錢，而是把我們的歌舞表演給真正懂得歌舞的人，這樣才是體現了我們的價值。」演員們紛紛表示，並且流下了熱淚。

叔孫豹也很感動，他對季札表示：「其實，很多歌舞我也是第一次才看到，要不是你來，這輩子可能都不會看了。」

俗話說：好事不出門，壞事傳千里。

不過，有的時候好事也能傳得很快。

季札在魯國觀賞歌舞的消息迅速傳遍了大江南北，全世界都在驚呼：「原來最懂周禮的竟然是一個叫季札的蠻子。」

會三賢

離開了魯國，季札北上，來到了齊國。

齊國此時恰好是慶豐被滅，子尾子雅執掌國政，這兩位都是貪得無厭的主，現在瓜分了慶封的家產，富可敵國，生活十分奢侈。

基本上，季札來到了齊國之後，子尾子雅沒什麼太大興趣接待他，走走過場應付了事。在齊國，只有一個人是真誠歡迎季札的，那就是晏嬰。

「公子，不好意思，國家剛剛結束內亂，所以有點怠慢了。」晏嬰設宴宴請季札，還忘不了幫齊國圓個場。

「在齊國能認識你就滿足了，其他人都無所謂。不過，你剛才說內亂完了，這一點我不敢同意啊。」季札倒並不在意在齊國受到的冷遇，他很喜歡晏嬰，兩人有一見如故的感覺。

「公子的意思？」

「齊國現在是子雅子尾當權，兩家驕橫奢侈，不把別人放在眼裡，實際上跟崔家和慶家沒有什麼區別。可是，我看陳家和鮑家似乎都在收買人心，齊國終究免不了另一場內亂。說實話，我有些為你擔心。」

「公子，你所說的就是我所擔心的，我應該怎麼辦？」晏嬰一下子

緊張起來，急忙請教。

「我建議你把封邑退掉，把官辭掉，這樣就可以倖免於難。」季札出了這麼個主意，現在這就叫「裸退」。

「好主意。」晏嬰叫好，其實，他早就有這樣的想法，只是一直沒有下定決心。

季札走後，晏嬰通過陳常向齊景公申請裸退，齊景公還有些挽留的意思，找子雅子尾一商量，這兩位異口同聲：「好啊好啊，他退回來了，我們哥倆分了吧。」

齊景公沒脾氣了。

離開了齊國，季札來到了鄭國。

鄭國人對季札非常尊重，子皮為首，熱情接待。只有一個人沒有把季札當回事，那就是良霄。宴請季札的頭一天，良霄喝得爛醉，以至於第二天的宴請都無精打采。

季札和子產一見如故，季札贈送子產一匹白絹大帶，子產則送給季札一件麻布衣服。

這一天，子產單獨宴請季札。

「子產，我看子皮倒是個不錯的人，只是良霄有些奢侈狂妄，似乎大家對他都不滿，包括子皮也是在忍他。我估計，他的結局不是流亡就是被殺，到時候，就該你來管理國家了。你可一定要依照禮法來管理啊，否則鄭國還要亂。」酒過三巡，季札談出自己對鄭國的看法。

「公子，早就聽說你看問題入木三分，今天的點撥，讓我茅塞頓開。公子的指點，我謹記在心了。」子產對季札更加佩服，兩人盡醉而歸。

季札的話，子產確信自己有機會改變這個國家。於是，他開始醞釀怎樣去實施自己的想法。

離開了鄭國，季札又來到了衛國。

衛國對季札的接待比任何國家都要熱情，衛國的卿們也都很尊重季札，紛紛向他請教。

在衛國，季札過得非常愉快，與蘧瑗、史狗、史鰌、公子荊、公叔發、公子朝談得都很投機。

「衛國有很多賢能的君子，不會有什麼禍患。」季札下了結論。

難道是誰對他好，他就說誰好？

當然不是，衛國隨後的歷史證明了季札的判斷。

離開了衛國，季札來到此行的最後一站：晉國。

晉國人也早就聽說了季札在魯國的傳奇故事，因此趙武親自接待，禮數非常恭敬。不僅趙武，韓起和魏舒也都恭恭敬敬地請教，而另外三個卿不以為然，覺得沒有必要對這個南蠻子這麼客氣。

季札早就聽說過叔向的大名，此次兩人相見，也是惺惺相惜。

季札離開晉國之前，叔向特地去拜會了季札。

「公子，想請教你怎樣看晉國的局勢。」叔向真心請教。

「晉國公室衰落，政出多門。越是這個時候就越要低調謙虛，否則一定先滅亡。趙武、韓起和魏舒都很謙虛，我估計，晉國今後恐怕要歸於這三家了。」季札看得清楚，分析得也清楚。

「那，我應該怎麼辦？」叔向有些緊張。

「你盡你的本分就行了，不過你為人耿直，要避免捲入權力鬥爭，這樣就能遠離災難。」季札又給出了答案。

「多謝指點。」叔向很感激，他知道季札的話都是金玉良言。

在齊國，季札指點晏嬰；在鄭國，季札指點子產；在晉國，季札指點叔向。對於季札來說，這三個人都是他喜歡的人，可是他的指點並不一樣，為什麼？因為季札知道這三個人的處境不一樣，面對的問題不一樣，所以需要不同的應對方略。

季札是真正的高人，看問題一針見血，提建議直達要害。

心許之劍

離開了晉國，季札感覺一路上很輕鬆。通過在各個國家的觀察，

他更加確信自己拒絕當吳王是正確的決定。

不過，他還有一件事情要做。

穿過徐國，就要回到吳國。

在徐國，季札知道一個消息：徐國國君已經死了。

「啊！」季札大吃了一驚。

「他葬在哪裡？」季札問。

於是有人告訴他徐國國君的墓地。

季札來到了徐國國君的墓地，墓地上有一棵樹，季札解下了自己身上的那把寶劍，掛在了樹上，然後轉身走了。

「公子，你這是幹什麼？」隨從們有些驚訝，畢竟這把劍是一把寶劍。

「我送給徐國國君的，一個人要講信用的。」

「可是，公子從來沒有答應過他啊！」

「不，我在心裡早已經答應了他，只是因為這一路上要用到，所以決定回來的時候給他。我不能因為他死了，就違背我的諾言。」

隨從們無言。

延陵季子

二十九年之後（前515年），季札再次出訪中原諸國。此時叔向和子產都已經去世，不過，季札當初的預言都已經被證明是準確的。

出使期間，公子光和伍子胥合謀刺殺吳王僚，季札回到吳國後，徹底退出吳國政壇。

因為季札封於延陵，史稱延陵季子。後又封州來，稱延州來季子。延陵的具體位置有爭議，大致為今江蘇常州和丹陽交界所在。

季札去世後葬在江蘇江陰申港西南，後人在墓旁建季子祠，墓前立碑，傳說碑銘「嗚呼有吳延陵君子之墓」十個古篆是孔子所書，史稱十字碑，後毀於抗日戰爭。

史上對季札的評價非常高，他對權力和財富的超然態度對於後世

的影響非常大，他對於周禮周樂的修為令孔子敬佩並且極大地激勵了孔子。

後世的評論認為季札是一位傑出的政治家、思想家、外交家和文藝評論家。

季札能夠看透人性、看透權力、看透世事，他能夠走遍中原，所到之處一針見血，所到之處備受尊重，與子產、晏嬰、叔向等時代智者賢者結交並且互相欣賞，其智慧、見識和人品已經不需後人評價。

後來吳國滅亡，夫差的太子吳鴻被流放到江西，其後代以吳為姓。不過，吳姓的大部分是季札的後人，因此吳姓公認的得姓始祖就是季札，史稱延陵季子。

吳亡後，吳王宗室乘船出海抵達日本，有說法日本皇室就是吳姓的後代。漢、魏至隋唐時，日本皇室都曾鄭重表明是吳太伯的後裔。我國的史書《魏略》、《晉書》、《梁書》、《北史》、《路史》也都有類似記載。

季札的五十世孫吳權于西元 939 年在越南稱王，建立了越南歷史上最早的獨立王朝——吳朝，吳姓現為越南第六大姓。

東漢時有吳風進入朝鮮，吳姓為朝鮮最常見的 20 大姓之一。王子夫概逃亡楚國，其子孫在吳者因此叫「夫餘氏」，夫餘氏族人後來輾轉遷徙到朝鮮半島。當朝鮮半島三國鼎立之時，夫餘氏家族獨占百濟一方，成為朝鮮歷史上的三族。唐初有夫餘黨，成為百濟國王。

公子季札在中原國家走了一趟，就像一個赤腳醫生對鄉里進行了一次巡診。從那以後，有病的治病，沒病的健身，病入膏肓的準備後事。

衛國基本上就屬於沒病健身那種，大家安安生生過日子。魯國基本上是病入膏肓，無藥可救，靜躺等死。齊國大病難愈，晉國必將肢解，鄭國勉強求存，都只能盡人事而聽天命了。

為什麼這樣說？

來看看當前的國際國內形勢。

世界在變化，怎麼變？聚變，還有裂變。

而且，一切都不可逆轉。

周朝在分裂，一個統一的王朝已經不復存在，而是若干個獨立的國家，這是裂變。

與此同時，大國在不停地吞併小國，國家在變大，這是聚變。

然而，擺脫了周朝統治的諸侯們卻沒有認真去思考，周朝為什麼分裂，或者說，自己為什麼能夠從周朝分裂出來。所以，諸侯們在重蹈周朝的覆轍，他們很快發現，周朝發生的事情正在自己的國家發生。

在諸侯國中同樣發生著變化，聚變，還有裂變。

而且，一切都不可逆轉。

就像分崩離析的周朝再也無力外顧一樣，實際上，同樣走入分崩離析的諸侯國也已經無力外顧。世界和平因此到來，而世界和平的到來，轉而加快了各諸侯國內部的聚變和裂變。

對於各國的卿大夫們來說，現在他們面臨的是春秋中早期諸侯們所面臨的同樣的問題：強大則瓜分這個國家，不夠強大則保全自己的家族，弱小則被吞併。

那麼，什麼是賢人？賢人就是在保全自身和家族的前提下，還能

幫助國家苟延殘喘的人。

那麼，什麼是聖人？聖人就是連自己的前途都看不到在哪裡，卻能為世界的前途殫精竭慮的人。

季札的朋友都是賢人，因為他們首先必須要想辦法保住自己的腦袋。

叔侄鬥

季札走了之後，子產更加小心地保護著自己。

駟帶是接了父親子西的班，他有一個叔叔叫子皙（公孫黑），一直以來自視極高，認為自己的能力完全應該做到卿。駟帶和這個叔叔的關係非常好，也常常為他呼籲。

對於子皙，子皮儘量躲著他，他知道子皙的能力和人品都不夠做卿的資格。而子產、游吉和印段也都小心翼翼，儘量不去招惹他。

可是，有一個人不怕他，這個人就是良霄。

「奶奶個頭，當初要不是我爺爺極力堅持，你們這些家全都被滅了，牛什麼？」良霄經常這樣說，他說的都是事實，誰要不信，去翻翻第四部第 140 章。

「小兔崽子，誰還沒喝過誰家一碗棒子麵粥啊？過去好幾輩子的那點屁事總掛在嘴上說什麼說？」別人沒說什麼，子皙不買這個賬，當著很多人的面對良霄表示不服氣。

說起來，兩人還是叔侄，雖然稍微遠了點。

季札的預言當年就在鄭國成為現實。

良霄負責鄭國的對外事務，他看著子皙不順眼，於是想了一個公報私仇的辦法。

「皙叔啊，我給你派個活，出使一趟。」這一天良霄把子皙給叫來，要給他派活。

「啊，去哪裡？」子皙冷冷地問。他就覺得良霄是黃鼠狼給雞拜年，沒安好心。

「去楚國。」良霄微笑著說。他確實沒安好心。

「什麼？去楚國？我們跟楚國正冷戰呢，你讓我去，不等於讓我送死嗎？」子晳一聽，大喊大叫起來。

「哎哎，別這麼大驚小怪的，你們家不是外交官世家嗎？你不去誰去？」

「世家？世家也不能送死啊。我告訴你，能去我肯定去，不能去，那我肯定不去。」子晳挺橫。

「不去？國家養著你，到用你的時候了，好嘛，你不去？不去就沒收你的封邑。」良霄更橫。

「你敢！」

「你看我敢不敢！」

兩人吵了起來，最後子晳一拍桌子：「好，小兔崽子，你等著。」

說完，子晳轉身，氣哼哼地走了。

「跟我鬥，哼。」良霄得意地笑了。

子晳不是好惹的人。

從良霄家回來，子晳越想越窩火，最後一拍桌子：「他大爺的，欺負到我頭上了，老子跟你拼了。」

子晳說到做到，一邊分發皮甲，武裝家兵，一邊通知駟帶，讓親侄子出兵增援，同時還通知了子皮和子石。

三大家族如果合兵，在鄭國是沒有人能抵擋的。

駟帶沒有猶豫，立即準備出兵。

這一邊，良霄還完全不知道那一邊已經摩拳擦掌了。

內亂，隨時到來。

關鍵時刻，子皮出面了。

子皮首先勸住了子晳和駟帶，然後又去良霄家調解。良霄聽說子晳和駟帶要來攻打自己，也嚇了一跳，如今子皮親自來調解，他也樂得順坡下驢。

於是，當天晚上，子皮召集了鄭國所有的卿大夫到良霄家，所有人作證，良霄和子晳握手言和，舉行盟誓。

「哼，這樣的盟誓能管幾天？《詩經》裡說得好：『君子屢盟，亂是用長。』盟誓越多，反而越亂。」大夫裨灶私下裡斷言。

「那，你怎麼看局勢發展？」然明對裨灶十分信服，於是討教。

「良霄專橫跋扈，不自量力，最終完蛋的一定是他。」

「他完蛋了，誰來執政？」

「還用說，肯定是子產啊。」

「子產執政，這個國家才會有希望啊。」

「是啊，如果不是子產，鄭國恐怕就要成為歷史了。」

裨灶是一個什麼樣的人，為什麼然明這樣本身就很賢能的人對他竟然也這麼信服呢？

說到裨灶，就要來介紹一下春秋時期的占星術了。

裨灶，是最早有記載的占星術專家，也被稱為中國占星術的祖師爺。

占星術

自古以來，人們就在研究天上的星星，認為天與地是對應的，所以星象能夠預測人間的事情。

據《史記》記載，關於星象學，黃帝時期就已經有了，之後歷代都有發展。不過，關於星象學的記載多半佚失，至今留存最早最完整的反而是《史記》了，其中的《史記・天官書第五》對中國古時的星象學有非常詳盡的記載。

按古時的星象學，天上的星星都對應著地上的人物、器具、地方等等，決定著人世間的禍福興衰和喜怒哀樂。譬如，我們常說的二十八宿，就代表了中原的二十八個地區。

因此，星辰的運動，往往就昭示著相對應的人物、地區或者國家將要發生什麼。

春秋時期，用得比較多的是歲星。

歲星是哪顆星？也就是木星。在太陽系的所有行星中，木星為

最大，其品質是所有其他行星之和的兩倍。木星繞太陽公轉的週期為4332.589天，約合11.86年。

中國古代很早就認識到木星約十二年運行一周天，於是把周天分為12分，稱為12次，木星每年行經一次，就用木星所在星次來紀年。因此，木星被稱為歲星，這種紀年法被稱為歲星紀年法。

除了十二次之外，天上又有十二辰的分割（用子、丑、寅、卯、辰、巳、午、未、申、酉、戌、亥十二地支來稱呼）。它的計量方向和歲星運行的方向相反，即自東向西。

由於十二地支的順序為當時人們所熟知，因此，人們又設想有個天體，它的運行速度也是12年一周天，但運行方向是循十二辰的方向。這個假想的天體稱為太歲。當歲星和太歲的初始位置關係規定後，就可以從任何一年歲星的位置推出太歲所在的辰，因而就能以十二辰的順序來紀年。

木星繞天一周，實際上不是十二年，而是11.86年，所以每隔八十二年就會有一個星次的誤差，叫做「超辰」或是「超次」。

春秋時期星象學中，歲星的位置代表了不同的國家，歲星的運行以及與其他星體的相對位置也就對不同的國家有影響。

所以，春秋時期的占星術，多半拿歲星說事。春秋時期，有幾位占星術的高手，他們是鄭國的裨灶、魯國的梓慎和宋國的子韋，這裡略作介紹。

魯襄公二十八年（前545年），也就是季札出訪各國的前一年。這一年春天，魯國氣候反常，異常溫暖，各地都沒有發現冰。魯國大夫梓慎斷言：「恐怕今年宋國和鄭國要發生饑荒了。」

「為什麼？」有人問，憑什麼魯國氣候溫暖，鄭國和宋國就要饑荒？

「是這樣的，現在歲星本來應該在斗、牛的位置上，可是歲星已經過了這個位置，到了玄枵的位置。天時不正，就會帶來災荒，本來應該寒冷的時候卻很溫暖，龍在下而蛇在上，龍是宋國和鄭國的星宿，所以這兩國必然發生災荒。」梓慎這樣分析。

當年，鄭國和宋國果然都遭受了旱災。

當然，魯國其實也遭受了旱災。

當年秋天的時候，鄭國的裨灶也作了一個預言：今年周王和楚王都要死。

「為什麼？」有人問。

「因為今年的歲星不在它本來該在的位置上，跑到了明年的位置上了，危害到了象徵南方的朱鳥尾（南方七個星宿的總稱），所以周王室和楚王都要遭殃。」裨灶這樣分析，也是按照歲星的位置。

準不準？反正周靈王和楚康王都是那年年底死的。

據《左傳》，此後裨灶還有幾次預言，譬如陳國的滅亡，晉平公之死等，都很準確。

宋國的子韋職務是司星，專門看星星的。宋景公三十七年（前480年），天上出事了。

那天晚上，宋景公帶著小妾賞月，猛然發現火星占了二十八宿之一心宿的位置，術語叫做「熒惑守心」，由於火星呈紅色，熒熒像火；在天空中運行，時而從西向東，時而從東向西，情況複雜，令人迷惑，所以稱為熒惑。這下麻煩了，因為心宿代表了宋國。

宋景公也略通天文，因此趕緊派人把子韋給叫來了。

「你看看，現在熒惑守心，主何凶吉？」宋景公急忙問。

「熒惑是顆凶星，走到誰的位置上誰倒楣。不幸的是現在到了我們宋國的位置，那就是主公您要倒楣了。恕我直言，您活不長了。」子韋仰望星空，這樣解說。

「什、什麼？」宋景公驚叫出來。

「不過，我有辦法讓這個災禍從主公身上移開，讓咱們的卿來承擔這個災禍。」子韋輕聲說，怕被別人聽見。

「是嗎？」宋景公一時挺高興，不過想了想，覺得不妥，「卿是為我治理國家的，我卻要害死別人，太缺德了，不行。」

子韋一看，宋景公還挺有良心。

「那，還可以轉嫁給老百姓。」子韋接著出主意。

「不行，老百姓死光了，我當誰的國君啊？這主意不好。」這次，宋景公想都沒想，拒絕了。

子韋一看，宋景公的覺悟提高很快啊。

「那，還可以轉移到年成上。」子韋還有主意。

「年成不好，老百姓忍饑挨餓，家破人亡。作為國君，自己的災難要轉移到老百姓頭上，誰還願意把我當國君啊？算了算了，該死活不了，我是壽數到了，死就死吧。你就別再出餿主意了，就這樣吧。」宋景公斷然拒絕。

子韋一看，哇噻，這麼多年了，沒發現老東西覺悟這麼高啊，這簡直就是垂範千古了。

子韋向宋景公叩了一個頭，說道：「恭喜主公賀喜主公，天雖處在很高的地方，但它能聽見地上的話，主公說了三句這麼有覺悟的話，上天必定要三次獎賞君王。今天晚上火星肯定要移動三個地方，這樣君王就會延長壽命二十一年。」

「你怎麼知道呢？」

「火星移動一個地方要經過七顆星，一顆星相當於一年，三七二十一，所以君王的壽命會延長二十一年。」子韋計算了一番，這二十一年也不是信口說的。

「真的？」

「主公，咱們今天晚上就別睡覺了，我陪著你，咱們就看看他動還是不動。要是不動，主公您就殺了我。」

當天晚上，宋景公和子韋真的整夜未眠，盯著星星看。還好，晚上沒有烏雲，隨時能夠看見星星。火星真的移動了嗎？

一切都如子韋所說的那樣，火星當晚移動了三次。

宋景公活了六十四歲，等於在那之後又活了二十七年。

這件事，最早見於《呂氏春秋》，《史記》也有記載。

歸結春秋及以前的星象學，並沒有科學道理可言。不過，星象學對於中國曆法貢獻極大，並且對於考古有非同尋常的利用價值。

譬如周武王滅商，周朝史官史佚記錄下了在這一激動人心時刻天

空上的星座和月相，命鑄銅匠在利簋上澆鑄下「歲鼎克聞夙有商」的銘文，依據這一記載，可以斷定周武王克商的準確日期為西元前 1046 年 1 月 20 日。

後來占星術逐漸衰落，被《周易》卜卦所取代。不過《三國演義》中諸葛亮還常常「夜觀天象」，但是好像觀察得就比較簡單，往往是看見「一顆大星墜落到了某地某地」，與春秋占星術相比，就有點小兒科了。

《周易》與卜筮

既然說了春秋時期的占星術，順便也說說春秋時期的卜筮。

古時預測吉凶，用龜甲稱卜，用蓍（音詩）草稱筮（音是），合稱卜筮。卜筮從上古就有，而《易》最早實際上就是卜卦。

卜的方法簡單介紹一下，那就是取龜甲，上鑽九個孔，占卜時在孔中插入乾草點燃，龜殼受熱產生裂紋，再根據裂紋的形狀來進行解析。商朝以前，龜殼為一次性使用，到了周朝，則反覆使用。

筮的方法略複雜，不作具體介紹。主要是通過一種固定程式的抽取過程，確定蓍草的數目，一共六次，得到六個數，稱為六爻。六爻依次排列之後，就能得到一個或者兩個卦象，然後根據卦辭進行解釋。

一般來說，只有家國大事才會進行卜筮，而且，無疑不卜，不要平時沒事吃飽了撐的去卜筮。

到後世，基本上不用龜和蓍草，而用銅錢占卜了，這是後話。

周初，周武王伐商之前曾經占卜，結果卦象為不吉，當天暴雨。所有人都很害怕，只有姜太公把龜甲蓍草砸個稀爛，然後勸告周武王：「我們是奉上天的意思討伐無道，不要讓這些爛骨頭破草阻止我們。」

之後，周武王發兵，滅了商朝。

按理說，姜太公已經把卜筮說得一無是處並且證明了卜筮沒什麼用，大家就該放棄卜筮了。可是事實上是，整個周朝依然盛行卜筮。

《左傳》中有關卜筮的記載很多，關於以《周易》卜筮的記載共有

十三條，還有五處引用《周易》來論說事理。卜筮的高手有卜偃、辛廖、史蘇等等，可見卜筮這樣的工作通常由卜官或者史官來做。而且，不僅周王室、魯國這樣的正宗周文化使用，晉國甚至楚國都大量使用。儼然，卜筮是中原文明的一種象徵。

《周易》占卜是迷信還是科學，說法不一，不去判斷。依筆者所見所聞，確有很多神奇之處。

《左傳》中對卜筮的記載，同樣有靈有不靈，有信有不信。

晉獻公想立驪姬為夫人，卜了一下，不吉；筮了一下，吉。晉獻公說了：「筮比較準。」其實，他早就定了要立驪姬為夫人，卜筮不過是做個樣子。

同樣，楚靈王想要占有天下，卜了一下，不吉。楚靈王把龜殼扔在地上，對天喊道：「這點小小要求都不滿足，老子自己去奪過來。」

基本上，多數情況下卜筮都是做樣子，如果是吉，那就名正言順；如果是不吉，學姜太公就是了。

《史記》中有「龜策列傳」記述卜筮。

到了唐朝，唐朝第一名將李靖在《李衛公問對》中曾經跟唐太宗談到占星卜筮這一類東西。按李靖的說法「天官時日，明將不法，黯者拘之」，所有這些占星卜卦，與裝神弄鬼一樣都屬於「兵家詭道」，都是拿來騙人的，真正的名將是根本不信的。

可是，如今還有很多人相信占星算卦，實在是荒唐之極。

第二一二章
子產執政

第二年開春，鄭簡公前往晉國訪問，子產陪同。

看見子產來了，叔向非常高興，這次輪到他做東了。

「聽說鄭國最近有點亂啊，到底怎樣了？你沒有危險吧？」叔向問子產，他很關心子產。

「唉，駟家和良家鬥得厲害，去年幾乎打起來，現在國君正在調解，不知道怎樣了。不過，無論好壞，今年都會有結果了。」子產說。他對叔向笑笑，表示感謝。

「他們不是已經和解了嗎？」叔向有點奇怪，他聽說大家已經在良霄家盟誓過了。

「良霄驕奢而且剛愎自用，子皙又是誰也不服，兩人之間互不相讓。表面上和解了，但是兩人積怨很深，還會爆發的。」

「那你要多小心啊，不要把自己捲進去。」

「多謝了，我會的。不過，晉國怎麼樣？」

「唉，一言難盡。」

家家有本難念的經，說到自己的事情，誰都要先歎口氣。

攤牌

結束了對晉國的國事訪問，鄭簡公和子產回到了鄭國。實際上，鄭簡公對於良霄和子皙之間的事情也感到頭痛，這兩個都是不好惹的主，如果自己力量足夠，就把他們都滅了。可是如今，自己只能裝孫子，當和事老。

回到鄭國之後不久，鄭簡公親自出面為良霄和子皙再次調解，於是在四月，鄭簡公和所有大夫進行了一次盟誓，強調要團結一致，共同對外。

對於這次盟誓，子產認為不是一件好事，而是一件壞事。因為這次盟誓會讓良霄和子皙更加自以為重要，從而更加驕傲。

事實證明，子產的看法是正確的。

良霄和子皙不僅沒有收斂，反而更加狂妄了。

直到秋天，終於到了攤牌的時候。

良霄喜歡喝酒，為此自己家裡建了地下室，裡面裝滿了酒，良霄就經常晚上在地下室喝酒，一邊喝一邊擊鐘助興，通宵達旦。

這一天，良霄又喝了一個通宵，第二天早上，醉醺醺上朝去了。

鄭簡公一看，好嘛，還醉著呢。好在，大家都已經習慣了良霄醉著上朝，見怪不怪了。

上朝也沒有什麼事，只有一件事算是件事，那就是楚國特使來了，要求鄭國派人去朝拜。按照世界和平協定，這項要求倒是合理的。

「各位，誰願意去走一趟？」鄭簡公問。他也決定不了，他也知道沒人願意去。

清醒的人都沉默了，只有喝醉的人說話了。

「子、子、子皙去。」良霄舌頭都硬了。

「什麼，憑什麼讓我去？」子皙叫了起來。

「憑、憑、憑什麼？」良霄用猩紅的眼睛斜看著子皙，嘴角的口水都流了下來。「就、就、就憑老子個頭比、比、比你大，行不？」

子皙一聽，氣得肺都要炸了，當時也不再跟良霄說話，起身走了。

「幹、幹一點活都、都要計較，什、什麼東西？」良霄在後面還罵呢。

不歡而散，鄭簡公也沒有辦法，退朝休息去了，今天上朝就等於什麼也沒幹。

良霄稀里糊塗，回家補覺去了。

子皙氣哼哼地回到家，二話不說，立即整理家兵，再派人通知了駟帶，兩家合兵，攻打良霄家。這一次，子皙根本就沒有通知子皮，他怕子皮再阻止他們。

駟家的人馬殺到了良家，這時候良霄還睡著呢。良家人一看不

妙，一邊抵擋，一邊用涼水把良霄澆醒。

「什、什麼，怎、怎麼這麼涼快？」良霄人醒了，酒沒醒。

良家群龍無首，只有一個辦法：逃。

於是，良家家兵也顧不得別的了，護著良霄從後門突圍，一路逃到了雍梁。到了雍梁，良霄才算徹底醒過來，一問手下，說是所有家族合起來攻打良家。

「那，那還等什麼？接著跑啊。」良霄這時候也不神氣了，繼續逃命。

良霄逃去了哪裡？逃到了鄭國的死敵許國。

良霄跑了，良霄的家人就倒了楣了。跑得快的算是撿條命，跑得慢的就沒了命。隨後，子晳一聲令下，一把火把良霄家燒了個精光。

一場內亂過去，按理，主要過錯在於子晳，應該定子晳「叛亂」。可是，事情全然不是這樣。

子皮召開了全體卿大夫大會，討論目前的形勢。說是討論，實際上是宣告決定。

「商湯的右相仲虺說過：亂者取之，亡者侮之。推亡固存，國之利也。良霄奢侈傲慢，就是亂者，如今被趕走，就是亡者。而罕家、駟家和豐家是同母所生，理所當然要互相支持。所以，大家要接受現實，精誠團結。」子皮的話說得很清楚，我們三家現在實力最強，所以，趕走良霄也就趕走了，我們就是對的。

鄭國的大夫們明知道這事情是子晳不對，可是人家三家團結在一起，誰惹得起？沒辦法，第二天，一個個去向子皮表達支持。

「幹革命不能站錯隊啊，誰強站誰那邊吧。」有人來動員子產也去子皮那裡表一下忠心。

「不能急啊，現在國家還在動亂中，誰知道最後什麼結果呢？支持國政的人一定要足夠強大而且正直，國家才能免於災難。我啊，還是先保持中立吧。」子產拒絕了，一來他不站隊，二來他覺得子皮處理這件事情不公正。

子產沒有去找子皮，反而帶著人去收殮了良霄家族死人的屍首，

埋葬之後，子產也沒有跟大夫們商量就出走了，去哪裡？宋國。

「他奶奶的，他們能這麼對待良霄，也就能這麼對待我。自己的家族都保不住，還管什麼國家？」子產真是心寒了，這個時候了，保命要緊。

聽說子產出走了，印段跟著也出走了。而這個時候，游吉正在晉國出使，以游吉和子產的關係，他回到鄭國之後必然也要出走。

子皮有點傻眼了，趕走了一個卿，如今再走掉三個卿，這個國家還怎麼整？固然這樣可以把子石子晳們都遞補為卿，可是這幾位什麼德行子皮還是知道的，要是他們都得了勢，鄭國離亡國就不遠了。國家都亡了，自己的家族還不也就完蛋了？

「大家看看怎麼辦？」子皮緊急召集了駟帶、子石和子晳開會，商討眼前的形勢。

「嗨，子產既然不跟我一條心，走就走，管他的。」子石發言，大家都贊同。

子皮一看，這幾位都只想著自己了。

「不行，子產對死去的人都這麼有禮，何況對活著的人呢？他要是走了，鄭國人都會罵我的。」子皮堅決地說，心說你們都他娘的鼠目寸光。

子皮不再管那幾位，親自上了車去追子產。

還好，子皮在境內追上了子產。

子產其實並沒有一定要走的意思，還有做做樣子的意思，所以看見子皮親自來挽留，知道子皮的誠意，因此也就跟著子皮回到了滎陽。聽說子產回來了，第二天，印段也回來了。

子皮又組織了一次盟誓，地點在子晳家中。不過這次盟誓語氣很謙恭，整個過程子皮子晳等人也都很低調。

隨後，鄭簡公又組織了一次盟誓。

良家覆滅

良霄逃到了許國，聽說鄭國的大夫們盟誓來共同對付自己，非常生氣，說了些「奶奶的有奶就是娘」之類的屁話。可是隨後聽說當初攻打自己的時候，子皮沒有出兵，良霄又高興起來。

「奶奶個熊，子皮跟我還是不錯的，就憑子晳和駟帶，老子難道還怕他們？」良霄作了一個錯誤的形勢判斷，接下來，要作一個錯誤的決策。

在逃到許國之後的第十三天，良霄率領自己的手下以及從許國借的人馬，連夜出發，悄悄地來到了滎陽。第二天一早，通過墓門的排水道潛入了城內，城裡，有良霄的好朋友馬師羽頡接應，從鄭簡公的倉庫裡偷出來皮甲給大家裝備。

羽頡是誰？子羽的孫子。

裝備停當，良霄率領人馬攻打內城的舊北門。這個時候，天已經大亮。

駟帶和子晳探聽到良霄殺了回來，立即組織家兵迎戰，於是，駟家和良家就在賣羊的大街上交上手了。

良霄和駟帶都派人來找子產，請他出兵幫忙。

「你們兄弟之間鬧到這一步，我幫誰？我誰也不幫，讓老天爺了結你們之間的恩怨吧。」子產拒絕了。越是這個時候，越是不能隨便站隊。

良霄對形勢的錯誤判斷讓他付出了最沉重的代價，子皮、子石的隊伍相繼加入戰團，良霄的人馬除了被殺就是被俘，良霄也戰死在街頭。

良家被消滅了。

子產料到了這個結果。

子產也知道，現在駟家比從前更加張狂了，如果現在向他們表達順從，今後一輩子在他們面前翻不了身。子產知道，越是他們氣焰囂張的時候，越是不能向他們屈服。

戰鬥結束，滿大街的屍體。

子產來到了良霄的屍體前，為他穿上一身乾淨衣服，枕到他的大腿上大哭起來。隨後，子產收殮了良霄，又把他葬到了良家的封邑鬥城。

自始至終，子產沒有去搭理駟家。

駟家對子產很不滿。

「奶奶的，不把我們放在眼裡，打他。」子皙要出兵攻打子產。

「誰敢？誰打子產，我就打他。」子皮發火了，他強壓住火對子皙說：「禮法是一個國家的根本，殺了講禮法的人，國家就完蛋了。」

看見子皮真的發火了，子皙也怕了。

從晏嬰哭齊莊公，到子產哭良霄，其實其中有一個共同的技巧。晏嬰和子產都屬於不站隊的人，一旦國內發生內訌，每個人都會面臨一個站隊的問題。站在失敗者一邊，那就要逃亡，那就很失敗；站在勝利者一邊，那就要去表達效忠，那就很沒面子。如果哪一邊都不站，那就會被勝利者自動劃到對立面。這個時候，既不想逃亡，又不想去表達效忠，怎麼辦？

子產和晏嬰告訴了我們答案：去哭屍，去哭戰敗者的屍體。

這樣做有什麼好處呢？有沒有危險呢？

首先，這沒有危險。哭本身就是示弱的表現，勝利者不會認為你對他有什麼威脅，何況這時候早就大局已定。

而好處很多。

老百姓會認為你很勇敢，這個時候還敢去哭戰敗者；同時，老百姓也會認為你很夠義氣，很仁義。

而勝利者也會對你另眼相看，因為這時候大家都去表達效忠，勝利者根本瞧不起他們，而你敢於這樣做，說明你是個值得交往的有原則的人，勝利者願意拉攏你。其次，勝利者這個時候需要安撫人心，特別需要你這樣的典型來反襯他們的大度和對人才的器重。

所以，當你實在沒有辦法的時候，哭，就是最好的辦法。

俗話說：男兒有淚不輕彈，看你會彈不會彈。

游吉恰好在這個時候從晉國回來，聽說鄭國大亂，良霄被殺，子產很孤立，他也害怕了。到了都城之外，派副手回來覆命，自己不敢進城，準備流亡到晉國。

「駟帶，你趕緊去把游吉追回來，別讓人家說你們駟家逼得大家四處逃亡。」子皮立即派駟帶去追游吉。

終於，駟帶在鄭晉邊境追上了游吉，一頓勸說之後，游吉還是不放心。

「兄弟，如果你不信，咱們就盟誓。」駟帶沒辦法，扔了兩塊圭玉到河裡請河神作證，與游吉盟誓，游吉這才跟著他回到了鄭國。

偽君子

良家被消滅，現在有兩個權力問題要解決。

首先，良霄被殺，空出來一個卿的位置，這個位置給誰？

其次，良霄死了，誰來執政？

按照順位，應該是子石遞補。但是，子晢早已經虎視眈眈，志在必得。這個位置，給誰？

除了子晢，所有人都認為應該給子石。一來，按順位輪到了子石；二來，駟家已經有了一個卿，不適合再有一個；三來，所有人都討厭子晢，甚至包括駟家的人。

鄭簡公決定任命子石為卿，派太史前往子石家中宣佈任命。

「不行不行，我當不了，我真當不了。」出乎意料，子石竟然謝絕了。

太史感到很奇怪，沒有聽說子石這麼高風亮節啊。

不管怎樣，子石堅決拒絕了，太史只好回去回覆鄭簡公。

來到後宮，太史下了車，準備走進去覆命。還沒走到宮門呢，突然從後面追上來一個人，一把拉住了太史的袖子。太史嚇了一跳，仔細一看，認識。誰啊？子石的管家。

「什麼事？」太史問。

「咱們靠邊點說。」子石的管家神神秘秘，拉著太史到了一個角落，這才說話：「實不相瞞啊，不是我家主人不想當卿，是怕得罪子晳啊，所以只好假裝拒絕。您看您能不能到宮裡轉一圈，撒泡尿就出來，然後再去我們家裡宣佈任命，就好像是國君一再要求的。那樣的話，我家主人當上了卿，子晳也不能恨他了。」

太史一聽，這話說得有理，主意也夠好。

「那什麼，您幫這個忙，我家主人有厚禮相報。」子石的管家見太史一時沒有表態，趕緊又說。

「好吧，我能理解。」太史同意了。

隨後太史進宮裡轉了一圈，出宮後再次去子石家宣佈任命。這一次，子石還是拒絕，太史假裝勸了幾句，又回宮去了，又轉了一圈出來，又來宣佈任命。

第三次，子石才勉強接受了任命。

於是，子石成為卿。

子晳原本對子石有些惱火，可是聽說人家再三拒絕，自己也就無話可說了。而子產和太史關係很好，知道了一切都是子石在做戲，倒有點意外。

「真他媽能裝。」子產有些瞧不起子石，但是同時，知道這個人並不好對付。

卿的問題解決了，執政的問題呢？

先要說說鄭國的特殊政體。

當年鄭成公去世，鄭僖公還小。於是鄭國六卿商量了一下，決定子罕代理國君執掌國家，儼然就是國家元首，子駟管理政務，而國君基本被架空。這叫做子罕當國，子駟為政。之後都是按照這種模式進行，此前，子皮當國，良霄執政。平時，子皮並不過問國事，只有大的決策以及人事任免才由他作出。

這個時候，雖然子石由鄭簡公任命為卿，可是執政人選是由子皮來決定。

按照順位，現在應該子產執政。

「叔，你來執政吧。」子皮把子產請到自己府上，要把管理鄭國的權力交給他。

「算了，鄭國國家弱小卻又夾在大國中間，家族勢力強大而且恃寵驕縱的人又很多，我幹不了，另請高明吧。」子產拒絕了。

「叔，我知道您說的話有道理，可是這個國家是咱們的國家，亡了國對誰有好處呢？現在這麼多人，我知道叔您的才能遠在我們所有人之上，除了您，別人都不行。」子皮說得很誠懇。

「不行，良霄的下場大家都看到了，我還想多活幾年。」子產沒有讓步。

「叔，良霄的事情我知道處理得不公道，可是良霄本人也有責任。這樣，我現在就承諾，從我這裡開始，無論誰都必須聽您的，誰要違抗，我就拿他是問。叔您就一門心思治理國家，其他的事情我都給您擺平，你看怎樣？」子皮說得越發誠懇。

子產沒有回答，他有些被說動了。

「叔，要不這樣，我組織一個盟誓。」子皮看子產還在猶豫，接著說。

子產看了子皮一眼，他瞭解子皮，他知道子皮是個說話算數的人。

「那這樣吧，這個執政我就當了，盟誓就免了，反正說了也不算。別的我也不敢奢求，你把子晳看好就行了。」子產答應了。

「叔，太好了。」子皮很高興。

子產執政

新的內閣成立了。

成立大會上，子皮一再強調今後這個國家由子產來管理。

「包括我在內，都必須聽從子產叔的指揮，誰要違抗，我第一個跟他過不去。」子皮表了態，大家也都回應。

隨後，子產發言。

子產沒有說太多，他知道說太多沒有意義，他只說了些感謝子皮

信任，希望大家支持之類的套話。隨後，給大家分了工。

「今後對外事務由子石來分管了，內閣中的排序他排在我的後面。」
子產宣佈。

包括子石在內，所有人都對這個決定感到驚訝，因為子石剛剛當
上卿，原本應該排在第六位的。大家都有不滿，但是也無話可說，一
來子皮剛剛說過一切聽子產的；二來，子石和子產同輩，比其他人都
高一輩。

現在，鄭國的六卿是子皮、子產、子石、游吉、印段和駟帶。

那麼，子產為什麼要超拔子石呢？

子產分析了形勢，六卿中，游吉和印段肯定沒有問題，特別是游
吉跟自己很貼心。問題在哪裡？在子石和駟帶，如果他們對自己不滿，
憑藉他們與子皮的特殊關係，就完全有可能對自己不利。所以，要拉
攏瓦解他們。

相比較，子石剛剛當上卿，如果這個時候拉他一把，他就會感恩
戴德。再說，子石膽子比較小，讓他坐到第三把交椅，他也不敢搞什
麼名堂。

從另一個角度說，子石當上卿，子晳心裡本身就已經很不平衡，
如果再超拔子石，子晳一定認為子石在暗中搞了什麼名堂，他們之間
的關係就會疏遠。這樣，就達到了分化瓦解的目的。

而只有在沒有人能夠對自己構成威脅之後，自己才能夠開始進行
改革。

當然，子產明白，要掌控大局，僅僅靠這些是不夠的，還必須施
點小計謀。

除了小計謀，有的時候還要搞點陰謀。

一個合格的政治家，必然是一個陰謀家。

大亂之後，鄭國終於有可能走向大治了，歷史重任就這樣歷史性
地落到了子產的身上。

第二一三章
權術運用

原則是要堅持的，但是，不同的情況，要堅持不同的原則。

而所有的原則要服從於一個原則，總的原則。

「苟利社稷，死生以之。」(《左傳》) 這就是子產的總原則，只要對國家有利的事情就去做，不在意生死。

兩千四百年後，林則徐寫道：「苟利國家生死以，豈因禍福避趨之？」

當然，子產堅信，能不死最好不死，死了就無法為國家效力了。

團結一部分，拉攏一部分，打擊一部分，忽略一部分。

該明白的時候明白，該糊塗的時候糊塗。

這是子產的策略，或者說叫做權術。

權術沒有好壞之分，只有高明和低劣的差別。

拉攏一批人

游吉和印段不僅有才能，而且人品好，子產將他們列為團結的部分。

駟帶和子石人品能力一般，但是並不惡劣，再加上與子皮家族的密切關係，他們屬於拉攏的物件。

打擊的物件不在卿的系列，但是必須有，那麼是誰？子產在等待時機。

誰應該是被忽略的人？子晳。子產根本不同他發生關係，他也就無從怨恨。

游吉和印段很容易就成了子產的左右手，團結成功。

子產決定拉攏子石，他比較容易被拉攏，因為他從前地位低，容易滿足。

子產給了子石一個簡單任務，簡單到《左傳》都懶得記載。

「兄弟，這個任務很艱巨，完成之後，獎賞你三邑。」子產佈置了任務，還給了懸賞。

子石高高興興走了，這個任務如此簡單，懸賞簡直就是白送給自己。

游吉對於子產的做法有些不滿了。

「叔啊，國家是大家的國家，為國家辦事是每個人的義務，為什麼別人辦事沒有獎賞，偏偏他有呢？」游吉覺得不公正，於是問子產。

「人都是有欲望的，要讓一個人全力去做一件事情，就要順從他的欲望。子石現在最想要的就是土地，我就給他，這樣，他就能全力去做，把事情做好。地給他有什麼關係，不還是鄭國的嗎？」子產這樣解釋，他不好明說這是要拉攏子石。

「可是，外國人會怎麼看我們？」游吉還是想不通。

「我這樣做，是要讓大家和諧相處，而不是互相挖牆腳啊，外國人管得著嗎？《鄭書》說得好啊：安定國家，必大焉先。要想建立和諧社會，首先要讓大家族得到好處。大家族安定下來之後，再進一步安定全國。」這一次，子產的話說得很明白了，他是要拉攏子石。

游吉沒有再說什麼，對於這件事情，他持保留態度。

正如子產所料，子石果然很賣力地去完成交給他的簡單任務，做得非常出色。

「兄弟，太能幹了，這三邑歸你了。」子產說到做到，給了獎賞。

子石屁顛屁顛走了，在所有的卿中，他的封邑比別人少很多，所以如今輕易得到三邑，喜出望外。

可是沒幾天，子石聽說很多人對他得到三邑不滿，他有點害怕，於是回來找子產，請求把三邑退回來。

「怕什麼？沒偷沒搶，那是你該得的，別怕，我給你撐腰。」子產暗暗高興，一來這證明子石膽小怕事，二來，自己的人情做得更足了。

子石千恩萬謝，回去了。

從那之後，子石見人就說子產賢能得一塌糊塗。

團結成功了，拉攏成功了，打擊的對象出現了嗎？

該出現的都會出現的。

打擊一批人

子石有個侄子叫豐卷，到了秋天，準備舉行家祭祭祀自己的父親。於是，豐卷找子產，請求打獵以便獵取祭品。

「那什麼叔啊，我要打獵以便祭祀我爹，行不？」豐卷說話的態度很不恭敬。

「不行，只有國君祭祀才用新殺的野獸，卿以下，都不可以。」子產斷然拒絕。

「哎，我從前年年都打獵啊，怎麼到了你這裡就不行了？」豐卷斜著眼睛質問子產。

「你已經錯了很多年了，我不能讓你再錯。」子產也沒給他好臉。

「嘿，別以為別人怕你，我就怕你，有種的你就等著。」豐卷氣哼哼地走了，他跟駟帶的關係一向不錯，平時也是專橫跋扈慣了。

豐卷決定，率兵攻打子產。於是，一邊準備甲兵，一邊去通知駟帶和子石，聯合出兵。

子產很快知道了消息，立即來找子皮。

「子皮啊，幹不了了，我幹不了了，你另找能人吧，我，我去晉國避難了。」子產兜頭就是這幾句，搞得子皮一頭霧水。

「叔啊，什麼事啊？」

「豐卷這個小兔崽子聯合了駟帶和子石，要來攻打我，我只能跑了。」子產把事情大致說了一遍，還要跑。

「叔，你等等，我這就派人去找子石和駟帶，如果他們敢出兵，我就出兵滅了他們。」子皮大怒，當時留下子產，就要派人出去。

就在這個時候，駟帶派人來了。

「報，豐卷要攻打子產，還約了我家主人。我家主人現在趕去勸阻他了，特地讓我來報個信。」駟帶派來的人這樣說，駟帶沒有跟豐卷同

流合污。

子皮略略放了心，子產則心頭一喜，看來駟帶沒有問題了。

駟帶的人剛走，子石來了。

「哎喲，子產兄也在這裡啊，我正要找你呢。豐卷這個小兔崽子吃錯藥了，竟然要起兵攻打你，這不，我趕緊來找子皮去阻止這小子。實在不行，咱大義滅親，合兵滅了他。」子石說話說得激動，眼淚差一點掉下來。

子皮徹底放心了，子產也徹底放心了。

豐卷被駟帶連勸帶罵，早已經打消了出兵的念頭。兩人正在說話，子皮、子石和子產來了。

「叔，您來了？」看見子石，豐卷很老實，那是他親叔，豐家的掌門。

「混帳東西，我不是你叔，你是我叔。」子石劈頭蓋臉，把豐卷一通臭罵，罵得豐卷不敢抬頭。

「叔，我錯了，我知錯了行嗎？」豐卷徹底老實了，連忙求饒。

「錯了？晚了。你子產叔待我們豐家不淺吶，你叔我能有今天，都是你子產叔一力抬舉。如今你不知報恩，反而恩將仇報，你這個沒人性的白眼狼。今天，我當著你子產叔的面，我要大義滅親。」子石說得激動，抽出刀來。

「撲通。」豐卷嚇得跪倒在地。

子石回頭看了看子產，意思是說我要動手了，你要想勸就趁早。

「子石，算了，年輕人不懂事，這次就算了吧。」子產當然知道子石的意思，殺了豐卷不是一件好事。

「子產兄，你別護著他。」

「算了，他也就是說說而已。再說了，他也是我侄子啊。」

這邊，子石拿著刀就是不動手，子產一個勁地勸。子皮一看，這要靠自己收場了。

「兩位叔，你們也別爭了。豐卷的過錯，按理說殺了也不過分。不過既然子產叔給他求情了，死罪饒過，活罪不饒。給你一個時辰收拾，

給我滾到晉國去。」子皮作了判決，基本上是各方都能接受的。

豐卷得了性命，大喜，急忙來向子皮道謝。

「皮哥，多謝饒命之恩。」豐卷忙不迭說。

「謝我什麼？謝你叔去。」子皮大聲呵斥。

「叔，多謝多謝。」豐卷又來謝子石。

「混帳東西，快去謝你子產叔才是正路。」子石也大聲呵斥。

「子產叔，我，我狗眼看人低啊，我，我錯了，嗚嗚嗚嗚……」豐卷說著，哭了。

子產沒有說話，因為他怕一說話就會笑出來。

豐卷當天被驅逐出境，前往晉國流亡。在子產的勸說下，子皮決定不沒收豐卷的封地，准他三年之後再回來。

「哥啊，你對我們豐家太好了，我，我，嗨，什麼也不說了，我們豐家就跟你了。」子石感動得說不出話來了，他覺得子產就是世界上最好的人了。

「該感謝主公和子皮啊。」子產淡淡地說。

改革開始了

該團結的團結了，該拉攏的拉攏了，並且打擊了膽敢對抗的不服分子。現在，時機成熟了，子產知道，自己可以做自己想做的事情了。

秋收之後，子產開始了第一次改革。

子產的第一項改革分為兩個部分，第一部分，整頓社會秩序；第二部分，整頓農田。按《左傳》：子產使都鄙有章，上下有服。田有封洫（音序，田間的水道），廬井有伍。大人之忠儉者從而與之，泰侈者因而斃之。

對於這段話，歷史上解說不一。不過，從當時的情況看，我們作如下的解釋。

都鄙有章，上下有服。核心在於恢復社會秩序，自從穆族獨掌鄭國大權，一來穆族本身張揚跋扈，強取豪奪，破壞了社會秩序；二來，

穆族外的舊貴族不甘心利益受到剝奪，暗中也在破壞社會秩序；第三，鄭國近年來主要精力在國際生存，對國內秩序忽略輕視以及無力照顧。因此，近年來，鄭國的社會秩序混亂，社會治安惡化。

因此，子產制定制度，對城市和農村進行規範化管理。同時，按照等級、行業對人民進行管理，人們要守禮，不得僭越，一切行為要依禮法。

田有封洫，盧井有伍。鄭國土地肥瘦不一，關鍵是鄭國並非多水的國家，因此，很多田地往往因缺水而歉收。當初子駟意識到這個問題，因此做「田洫」，在田間挖水溝，保障灌溉，可是因為事情做得有些過分，因為遭到「西宮之變」，把命都給送了。如今，子產要繼續做這件事情，強行推進田間的水利工程。同時，借鑒當初管仲管理齊國的辦法，在農村實行保甲制度，強制保障農業發展。建立鄉校，實行全民義務教育。

大人之忠儉者從而與之，泰侈者因而斃之。回應並且積極實行改革的，有賞；阻止改革的，重罰。

改革的目的：穩定社會，發展農業。

不過，具體推行方法已經不可考。

改革強勢推行，六卿全力支持。

人們現有的生活方式被強制終止，很多人不滿意；田間溝渠的挖掘導致大量的田地面積縮小，很多人不滿意。

鄭國人民對子產很不滿意，不滿意雖然不滿意，沒有人有實力奮起反抗，連子皙也沒有膽量借機鬧事。

「取我衣冠而褚（貯）之，取我田疇而伍之，孰殺子產？吾其與之！」(《左傳》)鄭國人編了一首民歌，歌中唱道：沒收了我的衣服，侵占了我的土地，限制了我的自由，子產這個王八蛋，誰要帶頭去殺他，我就跟他一起幹。

為什麼會沒收衣服？因為當時鄭國已經到了亂穿衣的地步，譬如普通老百姓穿上了士的衣服，士穿了大夫的衣服等等。因此，但凡在街上亂穿衣服的，子產都下令沒收。

子產知道自己現在是全民公敵，可是他不怕，真的不怕。

這一年，是鄭簡公二十三年（前 543 年）

舌戰腐敗分子

轉眼到了第二年夏天，鄭國農作物的生長明顯好於前一年。也就是說，雖然土地面積減少了，但是灌溉充分，單位產量提高了。

罵聲少了很多，因為大多數人的收入增加了。

六月，子產請鄭簡公去晉國朝拜，進獻貢品，而自己成為鄭國執政後，也應該去晉國一趟。原本去年就該去，但是那時候子產真不敢去，而現在鄭國正在安定下來，他敢去了。

子產和鄭簡公來到了晉國，被安置在國賓館暫住。

一住兩天，晉平公沒有接見。子產待不住了，一打聽，說是魯襄公薨了，消息剛到，晉平公沒工夫接見鄭簡公了。

「這，這怎麼辦？」鄭簡公傻眼了，真是來得不巧。

「我們辛辛苦苦來了，抽個一天半天的都抽不出來？太欺負人了。主公，你別擔心，看我的。」子產有些生氣，當然，也有些辦法。

子產命令隨從把國賓館的牆給拆了，然後把馬車都趕了進來。國賓館的工作人員一看嚇了一跳，這鄭國人怎麼無緣無故損壞公物啊？還不好管，人家是外賓。

於是，鄭國人損壞國賓館圍牆的事情就報了上去，這時候還是趙武為中軍帥，一聽這事挺生氣，可是再一聽幹這事的是子產，當時竟然有點害怕。

「那什麼，請范老去一趟吧，把事情弄清楚。」趙武不敢自己去，他怕說不過子產丟面子，所以派人去請已經退居二線的范匄去跟子產打交道。

范匄氣哼哼地來到了國賓館，從前幾次被子產罵得狗血噴頭，如今想想，說什麼你們拆了國賓館的牆都不對啊，我正好報仇，好好罵你一頓。

「子產，我們國家因為管理不好，有很多盜賊。無奈各國有很多使節來往，我們為了大家的安全，把國賓館的圍牆修得很高，以便大家有安全感。現在你們擅自拆了我們的圍牆，你們自己的隨從加強了戒備，可是別的客人呢？啊？你們還有沒有一點公德心？破壞公物，照價賠償知道不？告訴你，我們國君知道這件事之後非常生氣，後果很嚴重，今天，你就給我好好解釋清楚，否則，吃不了兜著走，哼。」范匄沒客氣，指著鼻子罵了子產一通，然後等他認錯求饒，然後再罵一頓。

子產都沒用正眼看他，心說你這兩刷子也就忽悠沒見過世面的吳國人還行，在我這兒，你還嫩點。

「范老，我們鄭國是個小國，又夾在大國中間，大國向我們索要供品呢也沒有什麼規律，因此我們不敢安居，主動來朝拜。這不，我們收集了全部的財富來朝見，誰曾想吃個閉門羹，根本沒時間接見我們。這樣的話，我們的貢品就麻煩了，直接交到你們倉庫吧，那就成你們的東西了；如果放在院子外面吧，風吹日曬雨淋，那就毀壞了，范老，你教教我，我們該怎麼辦？」子產說到這裡，給范匄出了個難題。

范匄愣了愣，有點發傻。本來就有點老年癡呆的症狀，再加上這個問題提得突然，范匄竟然張口結舌，答不上來。

「我聽說，當年晉文公做盟主的時候，他的宮室矮小簡陋，可是國賓館卻富麗堂皇。那時候的國賓館就像現在的宮室一樣漂亮而舒適，倉庫和馬棚都修建得很好，環境幽雅，乾淨整潔。諸侯的客人們來了，接待的官員在庭院中設置火炬照明，保安們日夜巡邏以防盜賊，車馬都有停放的地方，還有專人替代賓客的隨從以供使用，車馬有專人幫助維護餵養，朝中百官們也都拿出珍貴的物品招待客人。晉文公從來不會讓客人無故滯留，而是隨到隨見，主隨客便。晉文公很關心賓客，什麼都替賓客想著，有什麼問題親自出面解決。可以說，那時候是賓至如歸，什麼都不用擔心。可是看看現在，國君的宮殿廣闊數里，諸侯們下榻的國賓館跟奴隸住的地方沒什麼區別，大門狹窄，門檻賊高，車馬根本進不來。車馬沒有安置的地方，而盜賊又橫行霸道。現在貴國君主還不知道什麼時候接見我們，你說說，要是不拆毀圍牆，把馬

車趕進來，還有什麼別的辦法？魯國君主去世，我們也很悲傷啊，可是，不能因為這個就不接見我們啊。希望貴國君主早日接見我們，我們早日把貢品獻上之後回國，那樣的話，我們願意把圍牆修好。」

子產把晉文公給搬了出來，其實那時候是什麼樣，誰也不知道，可是子產就這樣說，范匄也不敢說不是那麼回事。子產一番對照，把現在的晉國說得一無是處。

「是，是，是是。」范匄聽得只有點頭說是的份了，子產都說完了，還在不住點頭，全然忘了來這裡本來是要痛罵子產的。

范匄老老實實離開了國賓館，回去把子產的話向趙武說了一遍。

「子產說得有道理啊，是我們不對啊，現在的國賓館是奴隸的宿舍改造的啊。」趙武也聽得點頭，心說幸虧我沒有自己去。

趙武當即派人前往國賓館向鄭國人道歉，並且立即安排晉平公第二天設宴招待鄭簡公。

第二天，晉平公的宴席特別加重了禮儀，場面非常隆重，贈送的禮品也比往常都要豐厚。送走鄭國人之後，趙武立即下令在新址修建全新的國賓館。

「外交辭令是如此的重要啊，子產善於辭令，其他的諸侯也跟著受益。《詩經》裡說：『辭之輯矣，民之協矣；辭之繹矣，民之莫矣。』好的言辭能夠讓國家和諧安定啊。」叔向為此事感慨不已。

第二一四章

言論自由

子產敢於理直氣壯地跟晉國人論理，是因為他確信一點：只要自己按禮行事，走到哪裡都不怕別人挑自己的理。只要自己站得正，就沒有什麼可以害怕的。

對晉國強硬僅僅是一個方面，該尊重的時候一定要尊重，這樣才能讓晉國人尊重自己。

子產和鄭簡公從晉國回來，緊接著準備派印段前往楚國聘問，這是世界和平協定規定的。去之前，子產專門請子皮派人前往晉國通報此事，以示尊重。

隨後不久，衛襄公前往楚國朝拜，路過鄭國。子產命令印段到城郊招待，隨後讓外交官子羽陪同衛襄公一行進入國都，游吉和馮簡子接待。整個過程符合周禮並且十分周到，衛國人離開的時候非常高興，稱讚鄭國「鄭有禮，其數世之福也」。

輿論導向問題

外交無小事。

因為一句話，或者因為一餐飯，或者因為一棵樹，都有可能引發國際戰爭，都有可能導致國家的滅亡。

所以，外交無小事。

子產建立了鄭國的外交團隊，他們是游吉、子羽、馮簡子和裨灶。

游吉風度翩翩，對人彬彬有禮，因此人見人愛，走到哪裡都受歡迎。子羽又叫公孫揮，按照鄭國當時的情況，他應該是鄭穆公的孫子，似乎是士子孔的兒子，也就是子產的堂兄弟。子羽是個全球通，對於各國的情況都很清楚，各國的世族大家以及當政者的深淺長短瞭若指掌，並且，子羽很擅長外交辭令。馮簡子有一個特點，那就是能夠在

不同方案中迅速確定最佳的一個。裨灶有謀略，不過很奇怪，他如果在野外出謀劃策就很靈，如果在城裡就不靈。

每次鄭國有外交事務的時候，子產就會讓子羽來介紹將要打交道的諸侯國的情況，並且草擬外交函件；然後跟裨灶前往郊區，具體探討事情應該怎樣去做；探討之後，請馮簡子來作決斷；最後，一切確定，再派游吉去執行。

因為所有環節都很嚴謹，鄭國在外交事務中受到廣泛讚揚，與各國之間都建立了友好關係。

國內的改革初見成效，國際事務也都理順。

這一天，然明來找子產。

「什麼事？」子產問他，然明最近也提了不少合理化建議。

「叔啊，我聽說鄭國人現在喜歡聚集在鄉校，議論您的新政，好像說好話的不多，輿論導向不對啊，不符合主旋律啊。」然明說。

「是嗎？」子產不經意地說，這他都聽說了。

「把鄉校給關閉了，怎麼樣？」

「為什麼？大家喜歡去鄉校，議論我的新政有什麼對錯。大家支持的，我就堅持，大家反對的，我就改進。這有什麼問題？大家實際上在幫我啊。為什麼要關掉呢？我聽說應該擇善而行以減少怨恨，沒有聽說過利用權勢來壓制怨恨。如果使用壓制的辦法，也可以讓人們閉嘴，但是這種做法就像防水決口一樣。如果河水決了大口子，必然造成很大的傷害，到那時候就無法挽回了。還不如開個小口子，讓水一點點流出來。我們不妨把聽到的批評當作治病的良藥來看待。」子產斷然拒絕了。《左傳》原文是這樣的：何為？夫人朝夕退而遊焉，以議執政之善否。其所善者，吾則行之；其所惡者，吾則改之，是吾師也，若之何毀之？我聞忠善以損怨，不聞作威以防怨。豈不遽止？譬之若防川也：大決所犯，傷人必多，吾不能救也；不如小決之使導，不如吾聞而藥之也。

然明聽完，禁不住肅然起敬。

「叔啊，到今天我才明白，您確實是值得追隨的。如果照這樣去

做，鄭國真的大有希望，而不是小有希望啊。」然明說得有些激動起來，他打心眼裡佩服子產。

「以是觀之，人謂子產不仁，吾不信也。」孔子因為這件事而讚揚子產，由此也可以看出來，孔子也是個支持言論自由者。

這一段，在歷史上是著名的「子產不毀鄉校」，歷朝歷代受到歌頌。可是，歷朝歷代的統治者都是葉公好龍，沒有幾個人真正學習子產的心胸。

子產，中國歷史上言論自由的先驅。

當輿論不符合主旋律的時候，是輿論的問題呢，還是主旋律的問題呢？子產給了正確答案。如果主旋律是正確的，又何必擔心輿論呢？如果主旋律是錯誤的，壓制輿論也不能讓主旋律變得正確。

外行領導問題

子皮封邑的邑宰老了，因此需要物色一個新人去管理封邑。子皮有一個家臣叫尹何，人很年輕，子皮也很喜歡他，想要他接任。不過，在決定之前，他想聽聽子產的意見。

子皮先把情況介紹了一番，然後詢問子產是不是該讓尹何來管理封邑。

「太年輕了，不知道能不能勝任啊。」子產考慮了一下說，他並不瞭解尹何。

「尹何謹慎老實，我喜歡他，他不會背叛我的。讓他上任之後再學習，他也就懂得怎樣治理了。」子皮說。

「恐怕不行。人們愛一個人，總是希望對他有利。現在您愛一個人卻把管理封邑的事交給他，如同還不懂得拿刀卻要他去割東西，那樣造成的傷害就會很多。最後就弄成您喜愛一個人，反而使他受到傷害，那還會有誰敢來求得您的喜愛呢？您對於鄭國，就如同棟樑。棟樑若是折斷了，屋椽就會坍塌，我也將會被壓在下面。所以，我一定要跟你說實話。譬如您有美麗的錦緞，是不會讓不懂裁縫的人用來學裁製

的。高級官員和重要城邑，是自身的庇護，您卻讓沒有治理經驗的人來治理，它們對於錦緞來說，不是更為重要嗎？我聽說要先學習然後任職，沒有聽說上任之後才學習的。如果這樣做，一定有所危害。比如打獵，射箭駕車都很熟悉，就能夠獲取獵物，如果從來沒有上車射箭駕馭，那麼就只會擔心翻車被壓，還有什麼心思用於考慮捕獲獵物？」現在，子產進一步明確了自己的態度，那就是反對外行領導。

子皮聽得頻頻點頭，從來沒有人像子產這樣對自己直截了當地提出意見的。

「說得太好了，我真是糊塗。我聽說君子致力於懂得大的、深遠的事情，小人致力於懂得小的、近的事情。這樣看來，我不過是一個小人啊。衣服穿在我身上，我知道愛惜它；高級官員、重要城邑，是用來庇護自身的，我卻不懂得他們的重要性。沒有您這番話，我還不知道啊。從前我說過，您治理鄭國，我只治理我的家族來庇護自身，就可以了。現在知道這樣做還不夠。從現在起我請求即使是我家族內的事務，也聽您的意見去辦。」子皮說得很誠懇，子產的能力和為人他現在看得太清楚了。

「每一家的情況都不一樣的，就像每個人長得不一樣，你家裡的事我是管不了的。不過，如果我心裡認為很要緊的事，也一定會以實相告。」子產這樣說，他才不願意去管子皮的家務事呢。

從那以後，子皮把國家的所有政事都交給了子產，子產的權力更大了。

可是，子產所反對的，我們是不是常常可以看到呢？

別把自己當孫子

不要因為對方是大國，就答應他們的無理要求。

不要因為對方是大國，就不敢跟他們交朋友。

子產常常這樣說，當然，也這樣做。

鄭簡公二十五年（前 541 年），鄭國先後接待了楚國令尹王子圍和

晉國中軍元帥趙武。看看鄭國怎樣和他們打交道。

王子圍來鄭國有兩件事，一是參加在鄭國舉行的第二屆世界和平大會，二是迎娶子石的女兒。

王子圍帶了三千楚國精兵來到鄭國，這讓鄭國人普遍擔心，萬一迎親的時候楚國人突然起事，鄭國可就危險了。

怎麼辦？

「不許他們進入鄭國都城。」子產下令。事關國家安危，該強硬的時候一定要強硬。

於是，子產派出子羽與楚國人交涉，據理力爭，決不讓步。最終，楚國人不得不接受鄭國人的條件。（事見第四部第 159 章）。

第二屆世界和平大會結束後，王子圍帶著老婆回了楚國，晉國中軍帥趙武和魯國的叔孫豹則專程來到鄭國首都榮陽拜會鄭簡公。

鄭簡公非常高興，親自設宴款待，子皮則親自去通知時間地點。

首先來到了趙武的房間，把時間地點通知之後，臨告別的時候，趙武念了一首詩《瓠葉》。子皮聽得有些奇怪，不知道趙武什麼意思，又不好問。

從趙武那裡出來，子皮去了叔孫豹那裡，時間地點通知之後，把剛才趙武念的那首詩跟叔孫豹說了，問是什麼意思。

「元帥的意思就是宴席從簡，一獻就夠了，大家敘舊聊天，算個朋友聚會了。」叔孫豹急忙給他解釋。來的時候，趙武就跟叔孫豹說過這個意思，說鄭國的幾個兄弟人很好，想跟他們交朋友。

「那，行嗎？」子皮猶豫。

「怎麼不行？他自己提出來的啊。」

子皮回來，把趙武的意思跟鄭簡公說了，鄭簡公覺得不妥，他認為這樣輕慢了趙武，會讓趙武不高興。

於是，宴請當天，子皮準備了五獻的標準。

趙武來到，一看是五獻的標準，當時就退出來了。子產一看，跟了出來。

「我跟子皮說過不要這麼豐盛啊，大家朋友相聚，隨便一點好啊。」

趙武對子產說。

子產再進去把趙武的意思對子皮說了，子皮還有些猶豫。

「別猶豫了，人家把咱們當朋友，咱們為什麼要拒絕呢？就一獻吧。」子產勸子皮。

於是，子皮緊急將宴會改為一獻，基本上就是農家樂的水準了。趙武一看，笑了，要的就是這個。

於是，重新開席，趙武、叔孫豹、子皮、子產等人落座，之後海闊天空一頓猛聊，大家喝得開心。

「吾不復此矣。」酒宴結束的時候，趙武慨歎了一聲，意思是今後再也不會有這麼爽的酒宴了。

趙武高高興興走了，叔孫豹也高高興興走了，子皮也高高興興走了。

子產明白，大國並不總是想欺負小國，有的時候他們願意像朋友一樣跟小國打交道，可是小國總是把自己當孫子，因而也就喪失了跟大國平等對話的機會。

又是為了美女

很久沒有子晳的消息了，難道他被子產感動了？

子晳終究還是沒有耐得住寂寞。

游吉有個叔叔叫子南，又叫公孫楚，也叫游楚。游楚跟徐吾犯的妹妹定了親，可是不知道怎麼就被子晳知道了，子晳一打聽，說是徐吾犯的妹妹長得水仙花一樣，迷人得不行。

「嘿，不行，不能便宜了游楚這小子。」子晳來勁了，他根本瞧不起游楚，要欺負他。

第二天，子晳派人也給徐吾犯家裡送了聘禮，也要娶他的妹妹。

這下徐吾犯害怕了，按理說妹妹是該嫁給游楚，可是惹不起子晳啊。怎麼辦？徐吾犯只好去找子產。

「這是因為國家政務混亂，才會導致兩個大夫搶你的妹妹。這樣

吧，讓你妹妹自己來決定吧。」子產出了這麼個主意，他現在也不願意正面對抗子皙。

徐吾犯一看，子產這主意基本上等於沒出，最多算是出了半個，還得自己想辦法。於是徐吾犯分頭去找游楚和子皙，就說是子產說的，這門親事自己的妹妹自己來決定，你們兩位分別來我家走一趟，讓我妹妹從遠處瞧瞧，看上誰就是誰。

「行。」游楚和子皙都答應了。游楚是沒辦法，子皙是自我感覺特別好。

到了這一天，子皙駕著豪華房車先來。子皙本來就長得帥，精心打扮一番就顯得更帥，來到徐吾犯家走了一圈臺步，把彩禮擺放在徐家的院子裡，走了。

「他老娘的，真帥，真有錢。」徐吾犯的妹妹躲在屋子裡看，這樣評價子皙。

游楚隨後來到。游楚是駕著戰車來的，一身戎裝，看上去英姿颯爽，來到徐家大院，跳下車來，左右開弓射了兩箭，然後追上戰車，飛身上車，走了。

「他大姨媽的，威猛啊，太男人了。」徐吾犯的妹妹看得眼睛發直，當時芳心暗許：「我要嫁的是個男人啊，這才是男人，我的好男人。」

最後徐吾犯的妹妹嫁給誰了呢？游楚。

子皙很沒有面子，非常沒有面子，原本想欺負游楚，如今反而受到羞辱。

換了幾年前，子皙就該出兵攻打游楚了。如果那樣的話，就成了駟家大戰游家。可是現在子產強勢，子皙不敢貿然出兵，他知道，就算自己出兵，駟帶也不會幫自己了。

可是，就這麼忍了？子皙是不會忍的。

這一天，子皙內穿皮甲來找游楚，說是請他去喝酒。子皙的算盤是，趁游楚不注意，拔出刀來一刀殺了游楚，然後霸占他的老婆。

游楚看透了子皙的算盤，所以根本不等他靠近，直接就操起大

載來。

「兄弟，這什麼意思？」子晢裝傻。

「你是黃鼠狼給雞拜年，沒安好心，你出去，我們家不歡迎你。」游楚對他沒有好臉色。

「兄弟，這是什麼話？」子晢說著，還往前湊，手就準備拔刀了。

「站住，再不站住，我動手了。」

子晢還不肯站住，游楚瞪圓了眼，真的用大戟刺過去了。

游楚一動手，子晢就只好後退了，因為人家是長兵器，自己是短兵器。游楚也沒客氣，一直把子晢趕出大門，趕到了大街上。

子晢這叫一惱火，本來是來出氣的，結果成了別人的出氣筒，活這麼大歲數，還真沒這麼丟人過。

「游楚，你個小樣，我發誓要殺了你，把你老婆搶過來。」子晢罵起街來。

游楚也正在火頭上，聽子晢這樣喊，衝到了大街上：「你個雜碎，你要殺我，那我今天就殺了你。」

游楚的大戟劈頭蓋臉砍過來，子晢急忙抽出刀來抵抗，但終究兵器上吃虧太多，子晢抵擋不住，轉身逃命。命是逃了，可是也被砍傷了好幾處。

子晢哭了，長這麼大沒吃過這麼大的虧。

六卿正在開會，子晢哭著就來了。

「沒天理沒天理啊，我好心好意去請游楚喝酒，反而被他一頓狂毆，打得我半死，各位可要給我做主啊。」子晢一通哭訴，聽得大家暗暗發笑，想不到這傢伙也有被人打的時候，只有駟帶皺皺眉頭，他知道這事情肯定也是子晢沒有理由。

子晢哭訴完，回家包紮去了。

這一邊，六卿要討論這個問題，畢竟這是兩個大夫打架，影響很壞。

大家都不好發言，一來兩個當事人輩分高，二來牽涉到駟家和游家。駟帶和游吉都不說話，別的人說的都是無足輕重的話。

子產一看，這事情只能自己來擺平了。

「這事情，說起來雙方都有過錯。既然這樣，就該地位低歲數小的來承擔責任了。」子產說，看一眼駟帶，再看一眼游吉，兩人都沒有說話。

子產派人去把游楚給抓來了。

「你知不知道你犯了五條罪？第一條，擅自動用武力，藐視國君；第二條，違反國法；第三條，子晳是上大夫，你是下大夫，卻不懂忍讓，這是不尊重高貴的人；第四條，年輕卻不懂得思考問題，不尊重長者；第五條，子晳怎麼說也是你堂兄，你不能團結親人。有這五條罪行，我不能不懲罰你。不過，念在大家都是兄弟的份上，你回去收拾收拾，準備流亡吳國吧。」子產現場編了五條罪名，算是給游楚定了罪。

其實，子產的心裡明白這事情其實都是子晳挑起的，問題是現在還不是跟子晳算帳的時機，因此不如以流放的方式來保護游楚。

沒有人有意見，有意見也沒有用。

「游吉，你有什麼看法？」子產問游吉。

「哈，我連自己都保護不了，怎麼能保護族人呢？何況，這件事情是法紀的事情，只要利於國家的，該怎麼辦就怎麼辦吧，我沒有意見。」游吉表態，聽得出來，他有些不滿。但是也聽得出來，他知道子產應該這樣做。

以上三件事，反映出子產的胸襟、膽量和變通。這，才是真正的政治家。

第二一五章

政治家的陰謀

　　游楚被趕去了吳國，帶著他的新婚老婆。

　　「叔，就當去吳國度個蜜月，很快就會回來的。」游吉安慰他，他是這樣想的。

　　子晳很得意，他覺得這是他的勝利，包括子產在內的六卿都必須給他面子。

　　「哼，跟我鬥？子產都要買我的賬，你們游家算個屁。」子晳公開這樣說，他也是這樣想的。他略微有點鬱悶的是，老婆最終還是成了游楚的。

　　誰想的是對的？答案很快就會出來。

子產論神

　　趕走游楚之後僅僅一個月，鄭簡公召集六卿在子石家裡做了一個盟誓，大致是大家和衷共濟，為了鄭國的安定和發展而奮鬥終生之類。

　　從子石家出來，在子皮的建議下，六卿又來到闍門之外的熏遂，大致就是一個農家樂的地方，再次盟誓。

　　盟誓剛開始，子晳聞著味就來了。

　　「哎，各位各位，帶我一個帶我一個。」子晳厚著臉皮湊上來，人家是政治局常委會，你政治局委員來算個什麼？

　　奇怪的是，竟然沒有人阻止他，大家就當沒有看見他。

　　子晳不在乎，他臉皮厚慣了，他經常說的話就是：臉皮厚，吃個夠；臉皮薄，吃不著。

　　「哎，那什麼，雞血還不少啊，給我蘸蘸。」子晳也蘸了雞血，算是正式加入。

　　還是沒人理他，似乎他不存在。

別人不說話也就算了，可是旁邊作記錄的太史有點為難了，原本準備寫「某年月日六卿盟誓」，現在子皙來一攪和，怎麼寫？

「嘿，叫你呢。」子皙眼神挺好，看太史發愣，就知道他正在為難，於是主動給他出主意：「你就這麼寫：某年月日，子皮、子產、子石、游吉、印段、駟帶、子皙，那什麼，就叫七子盟誓吧。」

六卿改七子了。

六卿們雖然不說話，可是一個個都差點忍不住笑，心說這位臉皮也太厚了，竟然還發明個七子。

駟帶的臉色很難看，他覺得叔叔太過分了，純粹在這裡給自己難堪。

「他姥爺的，我奶奶怎麼生這麼個東西出來？」駟帶幾乎要罵出來，他忍叔叔很久了，現在他終於覺得有這麼個叔叔是整個家族的恥辱。

儀式結束，大家還是沒有說話，各自回家了。

「駟帶。」子皙也覺得很沒趣，招呼侄子。

駟帶頭也沒回，上車走了。

子產最後一個走，看著子皙，他的臉上閃過一絲笑容，奸笑。

秋天的時候，晉平公得了重病，於是子產決定去看望一下。他知道，這個時候去一趟，比平時去十趟都好使。

子產帶著子羽到了晉國，果然晉國人很感動。

叔向看見子產來，非常高興，早早去國賓館探望。看見叔向，子產也很高興。

「貴國國君是什麼病？」子產問。

「不知道啊，就是整天哼哼，頭昏腦漲，四肢無力，下腹疼痛等等，至今沒診斷出來怎麼回事。不過，前兩天占卜了一下，占卜的說是實沈、台駘在作怪。這實沈、台駘是誰呢，我也不知道，問太史，太史也不知道。子產，你知道這是兩個什麼神嗎？」叔向問，他的學問很淵博了，竟然也不知道這是什麼神，看見子產，連忙請教下。

「這我碰巧倒知道，」子產說，然後思考了一下，接著說，「從前高

辛氏有兩個兒子，大的叫閼伯，小的叫實沈，住在森林裡，兄弟不能相容，每天使用武器互相攻打。帝堯認為他們不好，把閼伯遷移到商丘，用大火星來定時節。商朝人沿襲下來，所以大火星成了商星。把實沈遷移到大夏，用參星來定時節，唐國人沿襲下來，以歸服事奉夏朝、商朝。它的末世叫做唐叔虞。當年武王的夫人邑姜懷著太叔的時候，夢見天帝對自己說：『我為你的兒子起名為虞，準備將唐國給他，屬於參星，而繁衍養育他的子孫。』等到生下來，掌心上有個虞字，就名為虞。等到成王滅了唐國，就封給了太叔，所以參星是晉國的星宿。這樣看來，那麼實沈就是參星之神了。」

叔向聽得直點頭，這個故事聽說過，但是這樣的推理第一次聽說。

「從前黃帝的兒子金天氏有後代叫做昧，做水官，生了允格、台駘。」子產略頓了一下，接著又說，「台駘繼承了父親的職位，疏通汾水、洮水，堵住大澤，帶領人們就住在廣闊高平的地區。顓頊因此嘉獎他，把他封在汾川，沈、姒、蓐、黃四國世代守著他的祭祀。現在晉國主宰了汾水一帶而滅掉了這四個國家。從這裡看來，那麼台駘就是汾水之神了。」

叔向現在有種赫然開朗的意思，這故事他也聽說過，可是這樣的分析還是第一次聽說。這樣說來，這兩個神就是晉國的星神和水神了，怪不得他們能夠在這裡作怪。想到這裡，叔向覺得自己知道答案了。

可是，叔向竟然沒有聽到自己以為正確的答案。

「這兩個神都是晉國的神，不過，國君的病跟這兩個神沒有關係。」子產論證了半天神，最後的結論卻是晉平公的病跟這兩個神沒有關係。

「為什麼？」

「其實神跟人一樣，各管一攤。山川的神靈，水旱瘟疫這些災禍屬於他們管。日月星辰的神靈，雪霜風雨不合時令這是他們的事情。至於疾病在您身上，也就是由於勞逸、飲食、哀樂不適度的緣故。山川、星辰的神靈又哪能降病給您呢？」

「哎。」叔向眼前一亮，聽上去有理，可是自己還真沒這麼想過。

「我聽說，國君每天的時間可以分成四段，早晨用來聽取政事，白

天用來調查詢問，晚上用來確定政令，夜裡用來安歇身體。這樣才能有節制地散發血氣精氣，別讓它有所壅塞不通。心裡不明白這些，就會使百事昏亂。現在恐怕是精氣用在一處，就生病了。」子產繼續解說。

「什麼叫精氣用在一處？」

「我聽說，同姓不婚，否則子孫不能昌盛。如果娶同姓的，一定是因為特別漂亮。所以《志》說：『買妾的時候如果不知道她的姓，就占卜一下。』如果晚上休息不好，還娶了同姓的女子，就很容易身體不好。現在國君有四個姬姓美人，估計這就是國君得病的根源了。要治好病，恐怕就要遠離這四個姬姓女子。」子產的話說得有些婉轉，實際上就是四個字：縱欲過度。

「我明白了，你說得太對了。」叔向贊同子產的說法，他也知道晉平公近年來沉湎於女色。

兩人又聊了一陣，叔向告辭出來，子羽送他出來。

「我聽說子晳橫行霸道，子產也不敢對他怎麼樣啊。」叔向悄悄問，他不好當著子產的面問。

「他蹦躂不了多久了，蠻橫無理喜歡欺負人，而且仗著富有看不起比他地位高的人，你瞅著吧。」子羽一點也不隱諱。

叔向回去，把子產的話告訴了晉平公，同時也勸晉平公有所節制。晉平公對於子產的博學和推理非常佩服，稱讚子產「博物君子也」（《左傳》），送給了他許多禮物。

多行不義必自斃

第二年，也就是鄭簡公二十六年（前 540 年），子羽的話得到了印證。

子晳越來越猖獗了，因為沒有人管他。可是他沒有注意到，他的朋友越來越少。子皮早已經很討厭他，子石因為常常被他嘲諷，已經恨他入骨，就是駟帶，也對他的頤指氣使深惡痛絕。

漸漸地，子晳有了一種妄想症，總是夢見自己做了卿。

「奶奶的，把游家幹了，老子不是就能當卿了？」到了秋天的時候，子皙終於按捺不住了。

子皙派人去找駟帶，要求駟帶與他合兵攻打游吉。

「做夢吧？這是個瘋子。」駟帶把派去的人罵了回來，然後毫不猶豫地把事情報告了子皮和子產，同時通知了游吉。

子產這個時候正在邊境巡視，於是另外五卿召開緊急會議，會上一致通過一項決議：滅了子皙。在邊境的子產很擔心這幾個卿出兵，無論怎麼說那也屬於內亂了。於是，子產連夜回到滎陽，一邊派人阻止大家起兵，一邊派人去找子皙。

子皙正在家裡生悶氣兼養傷，生悶氣是因為駟帶不肯幫自己，養傷是因為去年被游楚砍傷的地方復發了。

「我代表子產來宣讀你的罪狀。」子產派來的人直截了當，連寒暄都省了。

「我的罪狀？什麼罪狀？」

「第一條，當年擅自攻打良霄，以下犯上。當時因為忙於處理國際事務，放過了你，可是你不思悔改，變本加厲；第二條，搶堂兄弟的老婆；第三條，六卿盟誓，你非要插進來，還說什麼七子。這三條罪狀，條條都是死罪。所以，請你現在就去死，否則，司寇會來捉拿你、審判你，再處死你，那就難看了。」來人列數了罪狀，條條都是秋後算帳。

「那，我就快傷重而死了，放過我吧？」子皙這個時候成了孬種了，他知道子產是有了十足的把握對付自己，才會派人來的。

「不可以。」來人拒絕。

「那，能不能讓我兒子印擔任市官？」

「子產說了，如果他有才能，自然會任命他；如果沒有才能，早晚也會隨你而去。你現在是罪犯，沒有資格提任何條件。」

「那，我能不能吃頓好的？」子皙徹底絕望了。

「不好意思，司寇派來的人很快就到了，你再磨蹭，我可就幫不了你了。」來人說得很現實。

子皙抱著頭，讓自己冷靜下來，然後分析了一下眼前的形勢。到這個時候，他才發現自己已經是眾叛親離，已經完全沒有力量保護自己了。自己為什麼會走到這一步？一瞬間，子皙想明白了。

　　「××的子產，你真陰啊。」子皙長歎一聲，這也成了他人生的絕句。

　　當天，子皙上吊自殺。

　　之後，子產命令把子皙的屍體掛到大街上示眾，並且在屍體旁邊放了一塊木頭，上面列明了他的罪行。

　　子皙之死其實與子產的故意放縱有很大關係，子產的故意放縱使得子皙喪失了理智，最終被同盟拋棄，被宗族拋棄，其滅亡成為必然。

　　某種角度說，子產陰險毒辣，一步步引誘子皙犯錯，到了可以下手的時候，則毫不留情，一擊致命。於是，我們想起鄭莊公的「多行不義必自斃」。

　　但是從另一個角度說，政治需要智慧，需要果斷，如果子產不除掉子皙這樣的障礙，要想順利地實現改革則困難重重。

　　一個合格的政治家，一定要是個陰謀家，而這與品德無關。

　　很多人改革為什麼失敗？不是改革不好，而是沒有事先除掉改革的敵人，剷除改革的障礙。

作丘賦

　　從鄭簡公二十三年作田洫，到鄭簡公二十六年剷除子皙，三年時間過去，鄭國人對子產的印象已經完全改變。

　　「我有子弟，子產誨之；我有田疇，子產殖之。子產而死，誰其嗣之？」這是鄭國最新的流行歌曲，歌詞大意是：我們家孩子，子產幫著教育；我們家的土地，子產幫著提高產量。要是子產死了，哪裡去找這麼好的領導啊？

　　雖然很多民歌都是自己編來歌頌自己的，子產不需要，這是一首真正的民歌，因為歌裡唱到的都是事實。

改革三年，鄉校如火如荼，老百姓的子弟們都享受了義務教育，一個個知書達理了；改革三年，土地的產量年年攀升，小的天災完全沒有影響，老百姓們都嘗到了田洫的甜頭。「產量增加了，還沒有從前那麼累了，還能抵禦天災了，田洫，就是好；子產，真他姥姥的牛。」大家都這麼說。

改革獲得成功，但是，只是初步的。在子產的改革進程表中，這僅僅是個開始。

鄭簡公二十八年（前538年），子產推出了第二項改革措施。

《左傳》：鄭子產作丘賦。

對於「作丘賦」，歷來的解釋有很多混淆之處，主要是都想把這件事情說得很完美，說成國家和老百姓雙贏。其實不然，這件事情對老百姓並不是一件好事。

丘，就是指沒有被列為國家土地的那一部分土地，主要來自荒地開發，征服其他國家或者部落得來的土地。這部分土地從前是沒有賦的，也就是對國家沒有義務。而這部分土地上的人多半是野人，對國家也沒有義務。

子產的「作丘賦」就是要讓這部分土地和這部分土地上的人成為這個國家的一部分，對這個國家負起義務來。

所謂的賦，包括車馬、甲盾、徒兵等等，也就是說，按照土地面積承擔車馬、甲盾和徒兵的義務。對於這部分土地上的人來說，從今以後要購買戰車戰馬、皮甲武器，遇上戰爭必須參加打仗、保衛國家了。對於他們來說，這就是新增加的負擔。

負擔增加了，但是社會地位有所提高，子女能享受義務教育了。

從前，戰爭是貴族和國人的事情，野人沒有資格參加。現在，野人要和貴族和國人並肩作戰了，國野的分別從此淡化掉了。這就像當今的農民工進城，儘管待遇低下而且很辛苦而且經常被拖欠工資，但是這也使得城鄉區別變小，也給了大量農民工成為城市人的機會。

「作丘賦」毫無疑問增強了國力，對國家是有利的。但是，對於大量的人來說這不是好事。

首先，當時大部分的丘實際上被貴族占有，他們的利益因此而受到損害；其次，對於依附於此的野人們來說，他們的負擔增加了。

「其父死于路，已為蠆尾；以令于國，國將若之何？」許多鄭國人對子產恨之入骨，他們說：「他爹就死於非命了，他就變成了蠍子尾巴來禍害百姓。這樣的人來治理國家，這個國家怎麼好得了？」

這個時候，如果子皙還在，振臂一呼，率領無數野人殺來，估計子產就真要跟他爹一個命運了。

「大家都在咒你死啊。」大夫子寬來告訴子產，他對子產的新政也很不滿意。

子寬，鄭國公族，又叫渾罕，是渾姓的得姓始祖。

「何害？苟利社稷，死生以之。」子產知道子寬的來意，毫不猶疑地這樣回答。「好的治理不能隨便改變政策的標準，這樣才能成功。老百姓不能縱容，政策的標準不能輕易改動。丘賦早就應該有，不能因為從前沒有就否定丘賦的正當性。《詩經》裡說：禮義不愆，何恤於人言。我是依照禮法來行事的，又何必怕別人說什麼？我不會改變政策的。」

見子產的態度決絕，子寬告辭出來了。

「子產這樣加重民眾負擔的做法，其後代大概要先滅亡了；而鄭國如此做法，肯定會比衛國先滅亡。」子寬自言自語。

子產作丘賦是否正確，歷來也是說法不一。從歷史的角度說，子產的做法無可非議。

首先，作丘賦具有合法合理性。時代變化，丘賦不可能還按照祖宗時候劃分的土地一成不變；

其次，子產先做封洫後作丘賦，先利民之後取之於民；

再次，鄭國處於晉楚之間，貢賦負擔為各國之最，因此不得不從民間徵收。

子產說得對，「為善者不改其度」，對老百姓好不等於要改變國家的法度。「民不可逞」，老百姓的要求不應該無原則地滿足，因為老百

姓考慮的是自己的利益，而國家領導人要綜合考慮國家的利益。

到此，我們可以看到，子產是一個非常強硬的領導人。但是，強硬的背後，子產是一個深思熟慮，懂得掌控節奏和力度的人。

此外，子產並不是一個對內強硬，對外軟弱的人。

第二一六章
叔向的痛苦

鄭簡公三十年（西元前 536 年），子產繼續他在鄭國的改革。

子產也許自己也沒有想到的是，這一次的改革，開創了中國法治史的先河。

《左傳》：三月，鄭人鑄刑書。

子產命令人把刑法刻在了鼎上，是鐵鼎還是銅鼎歷來有爭議，不過這不重要。什麼是重要的？重要的是中國的法律第一次被公佈於眾。

在此之前，貴族之間用「禮」來約束，老百姓才用「刑」。「禮」是有明文規定的，貴族都要學習。可是，「刑」就沒有明文，而完全掌握在執政者的手中，說一是一，說二是二；有時候說一是二，說二是一。說不管不管，說嚴打嚴打；今天殺人無罪，明天偷針砍頭。老百姓要是犯了罪，完全不知道自己會受到怎樣的處罰。

所以，《周禮》寫道：禮不下庶人，刑不上大夫。

來自朋友的反對

鄭國推出了刑鼎，舉世震動。

叔向在晉國知道了這件事情之後，非常失望，於是派人給子產送了一封信，以表達自己的失望。

叔向的信是這樣寫的：一開始我對你抱有很大的期望，現在看來是沒戲了。從前先王根據事情的輕重來判定罪行，而不制定法律條文，就是為了防止人們胡攪蠻纏。即便如此，還是不能禁止犯罪的發生，因此又通過道義來限制，用政令來約束，用禮法來推行，用誠心來維持，用仁慈來奉養，並制定了俸祿和爵位的制度來勸勉人們服從教誨，通過嚴打威懾放縱的人。還怕這樣不夠，又用忠誠教導他們，對好的行為加以獎勵，教他們掌握一些專業技能，使其心情愉快，同時又感到嚴

肅而有威嚴，對犯罪者果斷處罰。同時還經常請教聖明賢能的卿相、明察秋毫的官員、忠誠守信的鄉長和仁慈和善的教師，百姓在這種情況下才能俯首聽命，而不發生禍亂。一旦百姓知道國家有了刑法，就只知道依據法律，而不會對上司恭恭敬敬了。而且人人都會用刑法狡辯，希望脫罪，這樣一來，整個國家就沒辦法治理了。夏朝亂了的時候做了《禹刑》，商朝亂了的時候做了《湯刑》，西周亂了的時候做了《九刑》，三種刑法的制定，都只是加速滅亡而已。現在你治理鄭國，作封洫、作丘賦，制定了三種刑罰，又把刑法刻在鼎上，企圖以此來安定百姓，是不是太異想天開了？《詩經》說：效法文王的德行，每天都能安定四方。又說：效法文王，萬邦信賴。這樣一來，又何必制定什麼刑法呢？老百姓知道了法律的規定，今後就將拋棄禮法而只相信刑法。刑法中的每一個字眼，他們都會鑽進去跟你狡辯。今後，犯法者會越來越多，賄賂也會越來越多。等到你去世的時候，鄭國大概也就完蛋了吧？據我所知：國將亡，必多制。國家將要滅亡的時候，必定制定很多的法令。這大概就是說的鄭國的情況吧。

　　叔向的信寫得毫不客氣，甚至帶著威脅。作為朋友，叔向把信寫到這樣，只能說他確實很失望。

　　子產沒有料到叔向的反應會這麼強烈，信會寫得這麼強硬。但是不管怎樣，子產決定給叔向回一封信。

　　子產的回信在《左傳》上被「此處省略若干字」，不過不礙，按照子產的風格和思維方式，就代他擬一封給叔向的回信。

　　子產的回信是這樣的：如果按照您所說的，那麼我就應該什麼也不做了。可是，你所說的都是盛世的時候應該做的，天下承平，各安本分，當然就無為而治。可是，如今天下荼毒，大國欺凌小國，小國苦苦求存，內憂外患，如果不想等死，必須有所改變。作田洫是為富民，做丘賦是為強國。鄭國夾在兩個大國中間，雖然無力抗衡大國，但是也需要自保的能力。至於作刑鼎，我認為並無不妥。如果刑法不告訴百姓，那麼百姓就不知道什麼能做什麼不能做，最好的結果就是什麼也不做，這于國于家都不是好事。如今把刑法告訴大家，大家就知

道什麼能做什麼不能做。不能做的就去回避，能做的就去做好，這難道不對嗎？至於說到百姓由此鑽字眼、胡攪蠻纏、無理狡辯等等，只要刑法表達清晰，又何必擔心這些問題？至於說到賄賂，從前民不知法，法由人出，百姓就會去賄賂執法者；而如今刑法刻在鼎上，又何必去賄賂執法者呢？從前不讓百姓知法，其實就是愚民政策。固然，愚民政策能夠鞏固統治，但是也必然導致國家不能發展。如今鄭國隨時面臨亡國，如果國家停滯不前，亡國就真的不遠了；如果開啟民智，讓百姓有所作為，國力有所加強，即便我子產被趕走，國家卻能存在下去，為什麼不這樣做呢？叔向，你所想的是子子孫孫都統治下去，可是我所想的是怎樣保證在我活著的時候能夠保全鄭國。我感到你的好意，即便不能接受您的勸告，我還是要表示衷心的感謝。

信讓人送走了，子產卻還有些惆悵。從前，他把叔向引為知己，如今看來，叔向也不能理解自己了。

「他們為什麼總是把百姓放在自己的對立面？為什麼總是像防賊一樣防著百姓？為什麼總是把百姓的話當成惡意？」子產自問。

興辦平民學校，開放言論自由，公佈刑法。

子產，走在了時代的前面。

憑此，子產已經可以躋身中國歷史最偉大人物的行列。

來自朋友的勸告

叔向收到了子產的回信。

看了子產的信，叔向長歎了一聲，很久沒有說話。

其實，叔向很讚賞子產，一直都很讚賞。對於子產的各種舉措，叔向其實也是讚賞的，但是他也確實是失望的。之所以如此，是因為他對於各種社會變革都心存恐懼。

為什麼會這樣？

事情要回到三年前。

三年前，齊景公把女兒嫁給了晉平公，晉平公非常寵愛，立為夫

人。可是沒多久，夫人因病去世了。於是，齊景公派晏嬰前往晉國，希望再嫁一個女兒給晉平公。

事情很順利，晉平公很高興地接受了齊國人的建議，把事情就這麼定了。

訂婚之後，叔向特地設宴招待了晏嬰，兩人神交已久，所以一見如故，聊得非常深入。酒過三巡，叔向向晏嬰靠近了一些，然後輕聲問：「齊國的情況怎麼樣？」

晏嬰看了叔向一眼，四目相交，心領神會。

「說實話，齊國已經到了末世了，我不知道還能撐持多久。」晏嬰說，說得很無奈。

「呃，為什麼這樣說？」叔向有些愕然，他沒有想到會是這樣的回答。

「齊國的國君根本不懂得珍惜自己的百姓，正在心甘情願地把百姓送給陳家。齊國從前的量器有四種，就是豆區釜鐘。四升為一豆，四豆為一區，四區為一釜，四釜為一鐘。而陳家的量器只有三種，每種都比國家統一的量器加大四分之一。他們用自家的大量器借糧食給百姓，而用公家的小量器收回。他們從山裡採木材運到市場上賣，價格不比山裡貴。他們經營魚、鹽、蜃、蛤，也都不比海邊貴。百姓創造的財富，兩份交給了國君，只有一份維持生活。國君積聚的東西腐朽生蟲了，但貧窮的老人卻饑寒交迫。國家的集市上，鞋子很便宜，但是假腿很貴，因為被砍腿的人越來越多。百姓痛苦或者有病，陳家就想辦法安撫。百姓愛戴他們如同父母一樣，因此也就像流水一樣歸附他們，誰也攔不住。」晏嬰說完，苦笑。

「真的這樣？」叔向問。

「真的，晉國的情況怎麼樣？」晏嬰反問。

「唉。」叔向先歎了一口氣，看看周圍，沒有外人，這才接著說話，「不瞞你說，晉國的情況比齊國還糟糕，也已經到了末世了。這個國家已經沒有人為國家打仗了，國家的戰車都腐爛掉了。百姓貧困不堪，可是公室還是很奢侈。路上凍死的人到處都能見到，可是寵臣們家

裡的東西都裝不下。百姓們聽到國家的命令，就像遇到強盜一樣躲避猶恐不及。原先的強大公族欒家、郤家、胥家、原家、狐家、續家、慶家、伯家現在都完蛋了，後代都淪為皂隸了，政權都落到六卿的手中。可是，國君還沒有一點危機感，還整天沉溺於酒色之中。讒鼎上的銘文寫道：昧旦丕顯，後世尤怠。前輩拼死拼活得來的財富，後代毫不珍惜啊。」

叔向說完，這下輪到晏嬰長歎一聲了。

「唉。」晏嬰歎一口氣，看來這是天下烏鴉一般黑啊。「叔向，我問問你，你打算怎麼辦呢？」

晏嬰的話，正問到了叔向的傷心處。

「晉國的公族早已經沒有了，公室沒有人幫扶，而我們這些老公族註定是要被掃除的。我們這一宗當初十一兄弟，現在只剩下我們羊舌一支了。我又沒有一個好兒子，所以我能善終就謝天謝地了，哪裡還敢想今後有人祭祀呢？」叔向的聲音越來越低，聽上去十分淒涼。他的意思，即便自己能夠善終，自己的兒子也劫數難逃。

話題越來越沉悶，越來越沉重。

「那，你打算怎麼辦？」叔向反問晏嬰。

「唉，怎麼說呢？如果遇上明君，那就努力工作，如果能力不夠就主動讓賢，總之，要對得起自己那份工資；如果遇上平庸的國君呢，那就混日子吧。不過，我這人絕對不會去溜鬚拍馬，要對得起良心。」晏嬰沒有正面回答，不過話也算說得明白。

「家族呢？你不擔心自己的家族嗎？」叔向接著問，他最關心的是這個問題。

「叔向，齊國的情況和晉國的情況不一樣，我的情況和你的情況也不一樣。晉國現在權在六卿，所以你有個站隊的問題。齊國暫時還不是這樣，陳家雖然拉攏人心，可是權力還在國君，我沒有站隊的問題，國君雖然對老百姓不好，對公族還行，人也還實在。所以，我倒不擔心家族的命運。」晏嬰說，在這一點上，他比叔向的大環境要好得多。

後世有人認為叔向總是顧慮家族前途，而晏嬰一心為國，因此晏

嬰比叔向賢能。其實不然，處境不同，所想的自然不同。叔向不是不想為國，而是這個國家是誰的都不知道。

叔向點了點頭，他的心情始終不是太好。

「你知道，在這個國家混是很危險的。不過，我還真不想愧對自己的良心。問題是，怎樣做才算是個正士？怎樣就成了邪人？也許稍不留意，自己就走上邪路了。」叔向又發問了。他知道自己應該堅持某種原則，可是，這個原則是什麼呢？

「我談談自己的看法吧。所謂的正士，就是在得到國君信任的時候，為老百姓謀福利；如果國君不信任，就教導老百姓要遵紀守法。交朋友也是，談得來就多交往，談不來就少交往，但是不要說人家壞話。邪士就不一樣，得到國君寵愛的時候，他們壓榨百姓；得不到國君寵愛的時候，就去老百姓那裡煽風點火。交朋友也是，順著他的就說你好，跟他看法不同的就拼命說你壞話。」晏嬰說。他的思想裡有一個原則，那就是「以民為本」，這是當年管仲的原則。不過，晏嬰沒有對叔向說起這一點，因為叔向在晉國的地位根本沒有資格去以民為本。

晏嬰說的道理，其實叔向未嘗不明白，他只是有些擔心自己會不會昧著良心做事。晏嬰的話，並沒有解除他的疑惑。

「唉，我想乾脆當農民伯伯去算了，雖然窮點，可是過得安心哪。」叔向把自己的想法告訴了晏嬰。

「那何必呢？混吧。再說了，就算你想當農民伯伯，你當得了嗎？」晏嬰反對。

「唉。」叔向又歎了一口氣，其實他也明白，就算自己要辭職回家，六卿也不會同意的，畢竟叔向還是晉國的一塊招牌。

兩個人都不再說話，只顧喝酒了。

一頓悶酒，兩個醉漢。

人人自危

自從被欒盈案牽連之後，叔向就很為自己的前途擔憂。之後的幾

年裡，叔向因為賢能而得到了廣泛的國際聲譽。可是，即便如此，叔向也只能做到上大夫，而卿的位置被六家世襲，叔向根本看不到前途。

叔向儘量不站隊，但是有些事情說起來容易，做起來並不容易。

范匄退居二線之後，趙武出任中軍帥。趙武非常欣賞叔向，趙武自己也明白，叔向的能力比六卿都要強。所以，大凡有大事，趙武都找叔向商量，而六卿會議反而成了擺設。

叔向跟趙武走得很近，而趙家和韓家關係密切，因此韓起對叔向也很尊重。相反，另外幾家對叔向就有些冷眼相看了。

所以，有的時候，站隊不站隊都是身不由己的。

不管怎樣，有了趙武罩著，叔向感覺安全一些了。

但是，趙武給叔向的安全感並不強烈，不是趙武跟叔向的關係不夠鐵，而是趙武本人也沒有安全感。

有一次，趙武請叔向同遊九原。

「叔向，如果晉國的先賢們能活過來的話，我應該跟隨誰？」突然，趙武問了一個很無厘頭的問題。

叔向被問得有些發懵，想了想，反問：「那，陽處父？」叔向的意思，陽處父有學問，而且風流倜儻。

「不行，陽處父連自己的命都保不住，他不行。」趙武搖搖頭，他不喜歡陽處父。

「那，狐偃？」

「嗯，也不行，他太貪了。」趙武又搖搖頭，他也不喜歡狐偃。

「那，士會？」

「嗯，差不多。他廉潔正直，還能保護自己，跟他混應該有進步。」趙武點點頭，他喜歡士會。

其實，叔向也喜歡士會。

從那之後，叔向知道沒有安全感的不僅僅是自己，中軍元帥趙武也沒有安全感，也擔心不知道什麼時候自己也完蛋了。

那麼，誰有安全感？老奸巨猾的范匄有嗎？

其實，范匄也沒安全感。

有一天，范匄把范鞅叫來，滿面愁容地說：「兒啊，你看我，整天小心翼翼為了國家，當然，主要還是為咱們家。到現在，總算平安無事。你看看你，能力沒能力，頭腦沒頭腦，有一天你爹我嗚呼了，真不知道你怎麼辦啊。」

「爹啊，我知道我沒什麼本事。可是，我低調，誰也不得罪，也不跟誰爭，您看這樣行不？」

「嗯，這樣的話，你這代還能平安過去吧。」范匄勉強點了點頭。

趙武去世之後，韓起接任中軍帥，他和趙武一樣非常器重叔向，遇大事也都向叔向請教，出國訪問通常也都帶上叔向。

關於叔向和韓起之間的關係，《國語》有一篇著名的文章：叔向賀貧。

韓起當上了中軍帥，有一天也請叔向去遊九原。

「唉──」突然，韓起歎了口氣。

「元帥，為什麼歎氣？」叔向問。

「我窮啊，沒錢啊。」原來，韓起覺得自己很窮。

「祝賀元帥，窮點好啊。」

「怎麼說窮好呢？我都中軍元帥了，可是在六卿中最窮，窮到都不好意思請各位吃飯的地步，先生怎麼還祝賀我呢？」韓起覺得奇怪。

「想想啊，當初欒書為中軍帥，家裡也窮得叮噹響，可是人家行得正走得直，全世界諸侯都尊重他。雖然他兒子欒黶胡作非為，但是仗著欒書的遺德，也能平安無事。後來郤家富可敵國，三卿五大夫，說滅亡就滅亡了，沒人為他們賣命，就是因為他們無德。現在你窮得跟欒書一樣，一定也能像欒書一樣有德，為什麼不祝賀你呢？你想想，晉國首富不是一家家都滅亡了嗎？」叔向舉了兩個相反的例子，證明窮一點不一定就是壞事。

「哎喲，多謝先生的提醒啊，要不是先生的話，我們韓家說不定什麼時候就完蛋了。」韓起覺得叔向的話有道理，即便不要太窮，也不要成首富。

歷史一再證明，再富別當首富。

叔向知道，韓起也沒有安全感。

叔向研究過晉國的歷史，自從晉文公以來，晉國的每一次變革都是削弱公室的。作為僅存的幾家公族，叔向是很擔憂公室的衰落的，因為公室的衰落意味著六卿越來越強大，而自己的家族也就越來越危險。

所以，叔向的內心對於任何變革都是對抗的。

對於子產鑄刑鼎，叔向的第一反應就是：晉國六卿一定會學過來。

所以，叔向按捺不住，給子產寫了一封措詞強硬的近乎於絕交的信。

不過，儘管叔向對子產嚴重不滿，他更關注的卻不是子產，而是晏嬰。因為齊國的情況更像晉國，晏嬰的處境也更像自己。

那麼，齊國又是怎樣的形勢？晏嬰又如何應對危局呢？

第二一七章
史上最牛釘子戶

晏嬰，字平仲，齊國公族。父親晏弱為齊國大夫，晏嬰也混到了大夫的職位。

到齊莊公被崔杼殺死，晏嬰因為發表了一通著名的「打醬油」言論而名聲大噪。（見第四部第239頁）

以現在的眼光來看，那就是一番成功的炒作。

晏嬰升官與辭職

齊景公三年（前545年），齊國發生了動亂，子雅子尾聯合鮑家和田家，滅了慶封。慶家被滅，大量的封地就空了出來。（見第五部第167章）

「分豬肉。」齊景公決定給大家發年終獎，獎金就是封地。

晏嬰得到了六十邑，不過晏嬰拒絕接受。

「夥計，人人都想發財啊，難道你不想？」子尾覺得有些奇怪，於是去問他。

「我當然想發財了，可是，人的欲望不應該輕易實現，否則滅亡就在眼前了。慶封富可敵國，不是就逃亡國外了？我現在的封邑不能滿足我的欲望，可是加上這六十個就能滿足了，那我就要完蛋了，最終是連原來的也沒有了。所以，我不敢要這六十邑，實際上是為了保住我原來的封邑啊。」晏嬰說。理智，出奇的理智。

子尾覺得晏嬰的話有道理，他原本已經接受了齊景公新封的封邑，回家之後，趕緊退了回去。

「這夥計挺實在啊。」齊景公很讚賞子尾，於是特別信任他。「那什麼，你來當執政吧。」

齊景公要任命子尾為執政，一來是信任他，二來也是沒辦法，因

為子尾子雅兩大家族是齊國目前最有實力的家族，不用他們還真不行。

「別啊，我把地退回來，都是人家晏嬰指點的，讓這傢伙幹吧。」子尾還真挺實在，推薦了晏嬰。

齊景公本來就欣賞晏嬰，如今又有子尾的支持，他決定任命晏嬰為相。

「夥計，你來執掌齊國吧。」齊景公直接下了任命。

「主公，我不行。」

「不行？說你行你就行，不行也行。」齊景公沒給晏嬰推辭的機會，就這麼任命了。

晏嬰很困擾，他一點也沒有因升官而興奮。相反，他覺得自己很危險。想想也是，崔家慶家都是大家族，說完蛋就完蛋。這樣說起來，誰是安全的？

說起來，齊國跟晉國一樣，每個人都生活在恐懼中。

晏嬰仔細分析了一下齊國目前的實力構成，進一步證實自己確實很危險。

齊國國高兩家衰落，崔慶兩家覆沒，現在剩下了四大家族。四大家族中，子尾子雅兄弟兩個抱團，實力強勁，另外兩大家族田家和鮑家也走得很近，與子尾子雅遙相抗衡。

田家和鮑家是什麼來歷？

說起來，田家和鮑家都是齊桓公時期起家的老家族了。

陳國公子陳完在齊桓公十四年從陳國來到齊國政治避難，在齊國擔任工正。（事見第一部第36章）

陳完死後被諡為敬仲，因為陳、田讀音相近，陳完為自己改姓為田。

陳完，田姓得姓始祖。

《左傳》中，陳完後代依然姓陳；《史記》中，陳完後代姓田。本書中，採取《史記》的稱呼，一律改為田。

陳完的兒子是陳稚孟夷，之後是陳湣孟莊，之後是陳文子須無。陳須無的兒子名叫田無宇，此人孔武有力，在齊莊公那裡很受寵。

由於是外來戶，田家一向都非常小心謹慎，察言觀色，見風使舵。

慶封父子也很欣賞田無宇，慶舍的最後一次祭祀活動就特邀了田無宇同行，而田無宇早已經和子尾子雅合謀刺殺慶舍，於是，田無宇在抵達祭祀地之後撒了個謊，說是老母病危，請假缺席。

離開了祭祀地，田無宇在回臨淄的路上順便把浮橋給拆了，切斷慶舍逃生之路。與此同時，派人前往慶家經營木材的莊園，搶了慶家的一百車木材。

「真陰啊。」晏嬰知道之後慨歎，從那之後，他知道田無宇這個人不好對付。

鮑家是鮑叔牙的後代，在齊國顯赫了多年，到這一代鮑家傳到了鮑國，實力強橫，跟田家走得很近。

田家和鮑家聯合，實力也很不一般。

晏嬰掂量了自己的分量，自己夾在兩大勢力之間，這兩大勢力之間要是和平相處也還罷了，萬一幹起來，自己豈不是又要找屍體去哭？到時候還不一定有沒有合適的屍體呢。

所以，晏嬰很惶恐。

好在，惶恐的日子沒有超過一年。第二年，季札來了。

「夥計，趕緊辭職吧，保命要緊啊。」季札旁觀者清，給晏嬰出主意。

到了這個時候，晏嬰終於下定決心辭去相國的職位，打死也不幹了。

鑒於晏嬰態度堅決，齊景公最終答應了他的辭職請求，任命子尾為相國。

不卑不亢

儘管不當執政了，齊景公還是很喜歡晏嬰，有事沒事找他聊天。為什麼齊景公喜歡晏嬰？因為晏嬰很直率，說話很大膽，而且句句都在點子上，這一點，晏嬰和子產非常相像。不過不同的是，子產身材

高大，相貌堂堂，而晏嬰五短身材，比武大郎略高半寸。跟晏嬰在一起，齊景公就覺得自己孔武有力。

矮人們總覺得自己低人一等，卻沒有想到別人在自己面前會有高人一等的感覺。你的自卑恰恰成就了別人的自尊，這不就是你的價值所在嗎？不就是你的優勢嗎？你不用努力，就能投人所好，讓人喜歡你，這不是老天爺的恩賜嗎？

晏嬰就是這麼想的，所以，他一直很快樂而且很自信。

這一天早朝，因為沒事，別人都走了，只剩下晏嬰陪同齊景公在這裡聊天。聊著聊著，感覺天氣有點寒冷起來。

「夥計，搞點熱東西來吃。」齊景公命令晏嬰，意思是讓他跑個腿。

「切，不好意思，我又不是管你伙食的。」齊景公沒想到的是，晏嬰竟然拒絕了。

「夥計，我冷啊，那你幫我取件皮衣總行吧？」

「不好意思，我也不是管你皮衣的。」

「嘿。」齊景公禁不住有些惱火了，這要是換了別人，早就屁顛屁顛把自己的衣服脫了獻上來了，怎麼這晏嬰這麼不識相？當然，晏嬰的衣服自己也穿不了，這也是事實。

「我做好自己分內事就行了。」晏嬰一點也不管齊景公的不滿，堅持不去幹不屬於自己的事情。

「那，那你分內的事情是什麼？」

「那就是大臣的職責，知道不？大臣，用來管理國家，用來分辨是非，糾正君主的錯誤；用來制定法律，傳播四方。至於您剛才讓我做的事情，那是您的小臣幹的活。」晏嬰說得理直氣壯。

齊景公被晏嬰說得無話可說了，沒辦法自己站了起來。

「你等等，我披件衣服再出來。」齊景公只好自己走路了。

後來的中國歷史，很多大臣喜歡幹小臣的活甚至專門幹小臣的活，這是後話。

那一天晏嬰和齊景公聊到當年崔杼殺齊莊公的事情，齊景公突然

想起什麼來。

「夥計，我問你，忠臣應該怎樣侍奉他的君主。」齊景公問，因為他想起當初晏嬰的「打醬油」言論了。

「忠臣嘛，就是我在國君在，國君不在我還在。」

「這話什麼意思？」

「就是國君被殺了，我不去拼命；國君流亡了，我也不出國。」

「那你這算什麼忠臣？我給你封邑給你地位，可是我有危難你不肯作犧牲，要你這樣的忠臣有什麼用？」齊景公有點惱火，大聲喝問。

「哎，有理不在聲高，知道不？如果國君能聽從忠臣的良言忠告，永遠也不會有危難，我為什麼要去犧牲啊？如果國君能夠聽從忠臣的運籌帷幄，那永遠也不會流亡，我哪有機會跟著您出去啊？如果國君把忠臣的話當成放屁，那就是該死活不了，我要是犧牲了，那就叫妄死。如果國君不聽好言相勸，那就該被趕出國，我要是跟著去，那就叫詐為。所以，忠臣就是能夠向國君提供正確意見的人，不是跟著國君去死去流亡的人。」晏嬰臉不變色，一通話出來，齊景公又傻了眼。

後來的中國歷史，妄死和詐為被當成美德來宣揚，這也是後話。

釘子戶

晏嬰的封邑原本不多，又沒有接受齊景公的年終獎，因此家裡很窮。窮到什麼程度？沒有好衣服穿，沒有好車好馬，家裡沒有好吃的。最糟糕的是，住房條件比較差。

齊景公瞭解到晏嬰生活困難的情況之後，決定給一點組織關懷。

「夥計，我聽說你的住房靠近市場，又潮濕又矮小還很老舊，而且環境很亂，豬叫狗叫的，十分嘈雜，而且塵土飛揚。這麼說吧，簡直沒法住了。這樣，我有現成的裝修好的大房，家私齊全，你明天就搬過去吧。」齊景公想得還挺周到，他從來沒有這麼關心過一個人。

說起來，這就是早期的高級福利房了。

按照齊景公的設想，晏嬰就該屁顛屁顛回去搬家了。可是，齊景

公錯了。

「主公，多謝多謝了。不過，這房子是我爹從前住過的，能住那裡我已經感覺很幸運了。雖然房子舊點，環境亂點，可是市中心地段好，離市場近，買菜什麼的方便。所以，我就不搬了。」晏嬰竟然拒絕了，理由是買菜方便。

齊景公當時就笑了，心說你還真買菜？

「夥計，你還真的自己去買菜？那我問你，市場裡什麼便宜，什麼貴？」

「鞋子便宜，假腿貴。」

晏嬰回答完，齊景公竟然不說話了，他在想，為什麼鞋子便宜而假腿貴？很容易他就想明白了：因為被砍腿的人太多了。齊國的刑法中，很多小罪都要被砍腿。

第二天，齊景公減輕了刑罰。

為此，《左傳》裡的君子評價說：「仁人之言，其利博哉。」一個仁慈的人，他的話能給大家帶來利益。晏嬰一句話，就讓齊景公減輕了刑罰。

晏嬰出訪晉國的時候，就向叔向說了齊國假腿貴的事情。

等到晏嬰從晉國回來，回到家的時候，大吃一驚。

「我的房子呢？」晏嬰找不到自己的房子了，在自己房子的原址，他看到一棟新房，式樣新穎，房子很高，面積比原來大了兩倍。原先自己的鄰居的房子也沒有了，都被拆掉了。

「怎麼回事？誰這麼牛？膽兒肥了？把我的房子也給拆遷了？我住哪裡去？」晏嬰滿腹疑惑，正在這個時候，從大房子裡出來一個人，一看，是自己的管家。

「主人，您回來了？您走之後，國君就派人來把舊房子給拆了，蓋了新房。」管家說，非常高興。

原來，這個大房子就是晏嬰的新家。齊景公還真是有心人，你不是不願意搬家嗎？我就給你原地擴建。

「鄰居們呢？」晏嬰沒有問自己的房子，先問鄰居們去哪裡了。

「這不都拆遷了。」

「拆遷？他們住哪裡了？」

「都去郊區租房子住了。」

「都願意拆遷嗎？」

「沒人願意，可是拆遷辦的一來，誰也不敢不拆。不過，有一家死活不走，當了釘子戶。最後，給定了個擾亂社會治安罪，抓起來了。」

晏嬰沒有再問什麼，也沒有進自己的新家，徑直找齊景公去了。

「夥計，辛苦了，看見新房了嗎？」看見晏嬰，齊景公很高興。

「多謝主公關懷。」晏嬰謝過了之後，把這次出使的情況作了彙報，總之是圓滿成功。

彙報結束之後，晏嬰告辭出來。

「哈，回去享受一下豪宅吧，哈哈哈哈。」齊景公沒有留他，他以為他急著回去看房。

齊景公沒有想到，晏嬰並不是急著回家看房。

「把房子拆了。」晏嬰命令家人去找人來拆房。

「為什麼？」家人們都吃驚。

「不要問，快點。」晏嬰很不耐煩。

拆房的人很快找到，蓋房困難，拆房容易，不一會，豪宅就成了廢墟。

「把我們自己的房子恢復到原來那麼大，然後把鄰居們的房子也都給修好。」晏嬰又下令，於是，又開始蓋房。

晏嬰拆房的消息很快被齊景公知道了，齊景公真的很生氣，好心好意給你個驚喜，房子都修好了，你竟然還給拆了，瞧不起我是嗎？

晏嬰被火速找到了齊景公這裡。

「夥計，太過分了吧？怎麼蓋好的房子還給拆了，不給面子啊？」齊景公話說得有些不客氣。

「主公，俗話說：非宅是卜，唯鄰是卜。房子怎樣不重要啊，鄰居才重要啊。這些鄰居都是我占卜之後選擇的好鄰居，大家相處這麼多

年一直都很好，違背了占卜的結果是不吉利的。君子不做不合禮法的事情，普通人不做不吉利的事情。所以，說什麼我也要把鄰居們給請回來啊。」晏嬰說，他不看重房子，反而更看重鄰居。

「唉。」齊景公歎了一口氣，說：「讓你搬家你不搬，原地擴建你要拆掉，你才是史上最牛的釘子戶啊。」

又要內訌

國內形勢很快發生了變化，在晏嬰出使晉國當年的年末，子雅死了。

「看來情況不太好啊，如果子雅子尾都在，基本上還能抑制田家和鮑家，子雅這一死，麻煩大了。」晏嬰作了一個簡單判斷，子雅的兒子子旗接了子雅的班，子旗是個典型的花花公子，吃喝嫖賭樣樣都沾。

好在，子尾還能夠主持大局，和田家以及鮑家的關係也都處得比較好，因此齊國看上去還是風平浪靜。

轉眼五年過去，到了齊景公十四年（前 543 年），子尾也鞠躬盡瘁了。

這下，田家和鮑家該有想法了吧？錯。

田家和鮑家倒不一定有什麼想法，子旗有想法了。

因為子尾的兒子子良歲數小，子旗有想法要趁著這個機會把子尾家的財產給吞併了。

敵人還沒有行動，自家兄弟先動手了。自古以來，都是如此。

子旗的辦法很直接。

「梁嬰，你這個吃裡爬外的碩鼠，貪污腐敗的蛀蟲，來人，砍了。」子旗以大哥的身份來到子良家中指手畫腳，第一件事情就是把子尾家的管家梁嬰給砍了。

子良還小，子尾家中沒人做主，眼看著梁嬰就這麼給砍了。

「那什麼，我給你們派個管家來。」子旗得寸進尺，給派來一個管家。

　　這個時候，傻瓜都知道這派來的管家才是吃裡爬外的，這不是管家來了，這是抄家來了。

　　子良雖然小，也不是傻瓜。

　　「奶奶的，什麼大哥？熊外婆啊。」子良急了，等子旗一走，立即召集大家開會，把新派來的管家一刀砍了扔糞坑裡了。

　　「主人，跟他們拼了。」群情激奮，同仇敵愾。

　　子良家中開始分發武器、皮甲，戰車也拉出來了，進入一級戰鬥準備。

　　田無宇一直在關注著子良家的事情，隨時派人去探聽。所以，子良家全家動員，準備與子旗家火拼的消息立即傳到了田無宇的耳朵裡。

　　「狗咬狗，一嘴毛，好，太好了。」田無宇笑了，他沒有想到機會來得這麼容易。

　　「傳我的命令，發放皮甲武器，準備戰鬥。」田無宇下令。

　　田無宇的如意算盤是這樣的：首先幫助子良攻打子旗，但是主要是吶喊助威。如果子良輕易擊敗了子旗，那麼就去錦上添花；如果子良和子旗旗鼓相當，兩敗俱傷，那麼就最後收拾殘局，把兩家一網打盡。

　　那麼，為什麼田無宇沒有找鮑家協同行動呢？因為田無宇認為一切都在掌握之中，沒有必要再找鮑家來分蛋糕了。

　　田無宇等待著子良出兵的消息，子良一動，自己就跟隨上去。

　　萬事俱備，只欠東風。

　　一場混戰就要開始了。

　　子良不是傻瓜，田無宇不是傻瓜，子旗同樣也不是傻瓜。

　　子良家中一級戰備的消息迅速傳到了子旗的耳朵裡，不僅如此，田家蠢蠢欲動的消息也傳到了子旗那裡。

　　「怎麼會？田無宇這麼忠厚老實，不會吧？」子旗竟然不信，看來田無宇平時偽裝得很好。

　　可是隨後又有消息過來，說是田家在準備出兵。這一次，子旗將信將疑了。

　　「走，去田家看看。」子旗急忙帶著人趕往田無宇家中。

一路上，不斷有人來報告說田家在厲兵秣馬。子旗有點急了，加快了速度。

第二一八章

大火拼

　　田無宇焦急地等待著子良家的消息，可是，子良家的消息沒有到，卻看見子旗來了。

　　「靠，這怎麼回事？」田無宇當時有點傻眼，大戰當頭，怎麼子旗跑這裡來了？怎麼還敢幾個人就來了？難道是子旗和子良演雙簧，讓自己鑽圈套？

　　「快快，戰車藏起來，皮甲都脫了。」田無宇緊急下令，一通忙活之後，大家都裝成沒事一樣。

　　這一邊，田無宇脫了皮甲，剛換上了便服，子旗就到了大門口，田無宇趕緊命令把子旗迎進來。

　　「老田，看你們家的架勢，好像要有什麼動作啊？」子旗開口就問，他還是看出來了。

　　「那，什麼，那……」田無宇結巴了一陣，才想好要說什麼，「那什麼，我聽說子良家已經分發了武器，準備攻打您，您知道嗎？」

　　「不知道啊。」子旗裝傻。

　　「那您趕緊準備吧，我這裡也裝備好，跟您協同作戰。」田無宇見風使舵，現在又成了要幫助子旗了。

　　其實想想，幫誰都一樣。

　　「老田，你真讓我失望。子良還是個孩子，所以我要幫他，還擔心他不成材。他不懂事，可是我不能不懂事啊，我們兄弟怎麼可能自相殘殺呢？《周書》裡說了：『惠不惠，茂不茂』，要對不知感恩的施加恩惠，對不知勤勉的人要勸他勤勉。你應該幫著我去勸勸他才對啊。」子旗一番話，高屋建瓴，高風亮節，高深莫測。

　　田無宇現在真是一頭霧水了，怎麼辦？如果現在子良和子旗合兵，自己可就死定了。

　　關鍵時刻，該裝孫子還要裝孫子。

「撲通」，田無宇跪下了，緊接著給子旗叩了一個頭。

「但願頃公、靈公的在天之靈保佑您，也請您原諒我吧。」田無宇認錯討饒了。

大丈夫能屈能伸，大概就是田無宇這樣的。

子旗沒料到田無宇竟然來這一手，愣了一愣。

「那什麼，老田，麻煩你跟我去趟子良家裡，幫我們調解一下。」子旗還要請田無宇幫忙。

「調解？」田無宇現在是徹底發懵，不知道子旗葫蘆裡賣的什麼藥，會不會把自己騙過去給砍了？

事到如今，也沒有時間想太多，田無宇假裝歡天喜地，跟著子旗去了子良家中。

兄弟和好

子良雖說一時發怒要攻打子旗，可是冷靜下來之後就覺得不大妥當。如此倉促行事，最終很可能就是兩敗俱傷，反而給了田家和鮑家機會。

所以，兵馬準備好了，子良遲遲不肯下令出發。之後有人來報，說是田家厲兵秣馬，不知道什麼意圖。

「田家難道要和子旗夾擊我？」子良現在更拿不定主意，一邊加強戒備，一邊繼續派人去探看子旗和田家的情況。

終於，子旗和田無宇來了，輕車簡從。一看這個架勢，子良先鬆了一口氣。

「兄弟，開門吧，咱們兄弟有什麼不好商量的？別弄刀弄槍的。」子旗在外面大聲說。

子良趕緊命令開門，把子旗迎了進來。

「兄弟，你一定是聽了什麼人的挑撥離間。我聽說你是不滿我給你派了管家，你就明告訴我不就行了？我都是好意，你要是不願意，我把人叫回去就行了。你看你，事情弄得這麼大，我怕你還是想不通，

特地請老田來調解。」子旗擺出大哥的架子來，上來數落了子良一番。

子良笑笑，沒有說話。

「是啊，子良，子旗也是好心好意啊，兄弟之間，什麼話不好說？啊。」田無宇假模假樣上來調解。

你一言，我一語，幾番話下來，子良徹底沒脾氣了。

「大哥，是我錯了，那什麼，現在就讓大家把武器收了。」子良認了錯，下令刀槍入庫，不打了。

「知錯就改，真是好兄弟。這樣吧，既然你們有懷疑，我就把我派來的管家帶回去了，你們自己商量著任命個管家吧。」子旗也看出來了，要吞併子良家的財產太不現實。

可是問題來了，子旗派來的管家已經被殺了，怎麼辦？

「去，去把新管家叫來。」子良假裝不知道，還給手下下命令呢。

手下們出去一趟，商量一陣回來了。

「報主人，新管家掉糞坑淹死了。」這是大家商量的結果，這時候也只能找這個臺階了。

子旗一聽，當時也明白了。

「算了，淹死就淹死吧，幫我把屍體給弄回去吧，我那邊當個因公死亡。」子旗沒辦法，這事情也不好說穿，只能怪這人命不好。

「那什麼，大哥，要不，我這邊也給追認個烈士什麼的？」子良說。

不管怎樣，哥倆和好如初了。

假新聞

經過這一次風波，子旗子良言歸於好，而兩人更加瞧不起田無宇了，一來認為他很陰險，二來覺得他是個軟蛋。

子旗和子良常常在人前人後諷刺輕慢田無宇，田無宇則總是低聲下氣賠著小心。

「這小子徹底服了，跟我們鬥，哼。」子旗子良很高興。

「看誰笑到最後吧。」田無宇也暗暗高興，他知道這兩個傢伙正在喪失警惕。

晏嬰看得很清楚，他知道危險正在一步步逼近子旗子良。從感情角度來說，他更支持同族的子旗子良，可是，這哥兩個的德行讓他始終看不慣；而田家善於拉攏人心，齊國幾乎人人都說他們好，晏嬰知道自己無法與他們對抗。

所以，他只能旁觀。

旁觀者清，可是，看得越清，就越痛苦。

子旗和子良有一大共同愛好，酒。

哥兩個沒事就聚在一起喝酒，一喝起來就昏天黑地，什麼都顧不上了。田無宇看在眼裡，喜在心頭，暗中籌備著。

兩年之後，也就是齊景公十六年（前532年），田無宇決定要動手了。

這一天，線報說是子良在子旗家喝酒，兩人喝得大醉。

「開始行動。」田無宇下令。

行動分為兩個部分，第一部分，田家進入一級戰備，隨時準備出動；第二部分，派人自稱子良家的人，前往鮑家通風報信，就說子良和子旗已經合兵要討伐鮑家和田家。

鮑家得到消息之後，立即進入一級戰備，知會田家，同時派人前往子良和子旗家偵查。

田家準備妥當之後，鮑家來報信的人也已經到了。

「我家主公讓我來報信，說是子旗子良要來攻打我們。」鮑家報信的人來說，卻不知道他們的消息就是這裡捏造的。

「我們也接到線報了，這不也準備好了。你等等，我去跟你家主人商量商量。」田無宇假裝什麼也不知道，跟著來人去了鮑家。

說來也巧，在路上正好遇上子良醉醺醺地從子旗家回家。

「哎呀媽呀，太不巧了。」田無宇暗叫倒楣，因為子良喝成這樣，怎麼可能攻打田家和鮑家呢？鮑家的人看見了，豈不是立馬就知道被忽悠了。

　　還好，發現得及時，田無宇命令繞道而行，避開子良，算是瞞過了鮑家的人。

　　田無宇來到鮑家，鮑國迎了出來，兩人談論應急對策。

　　「蜂刺入懷，解衣去趕，我們沒有退路了，只能跟他們幹了。」田無宇很果斷——沒法不果斷，整個都是他策劃的。

　　「好。」鮑國想了想，也只好如此。

　　正在這個時候，鮑家前往子良家和子旗家偵查的人回來了。

　　「報主人，子良子旗兩家沒有出兵的跡象，而且，兩個人都喝得爛醉。」兩邊偵查得都很清楚，很顯然，子良子旗要來攻打的消息是假新聞。

　　「噢。」鮑國有些意外，他看了田無宇一眼，似乎有些不知所措。

　　按常理，既然消息是假的，肯定是有人暗中搞鬼，挑撥離間。這樣的情況下，就該解除戰備。

　　所以，鮑國的意思，就當沒有發生這件事情，各自回家抱老婆算了。

　　「夥計，事到如今，我們已經是騎虎難下了。你想想，就算這個消息是假的，可是我們兩家準備出兵可不是假的，等他們兩家知道這個事情，一定會把我們趕出齊國的。不如我們假戲真做，趁他們喝得大醉不省人事，主動進攻，先下手為強。」田無宇早已經想好了說辭，這套說辭一個月前就準備好了。

　　鮑國想想，好像真是這麼回事，要等到那兩家準備好了，自己這邊恐怕真不是對手。

　　「那，好吧。」鮑國同意了。

　　直到現在，鮑國也沒有想到這一切實際上都是田無宇設計好的。

真決戰

　　田鮑兩家聯軍給了子良和子旗兩家一個措手不及，尤其是子旗家，大半個家被一把火燒掉，家族武裝損失過半。子良家因為受到攻

擊的時間靠後，因此事先有所準備，損失較小。

此消彼長，原本實力差距較大的雙方實力對比發生逆轉，田鮑聯軍略占上風。

「我們先把國君給弄過來，這樣他們就算叛軍，我們就有勝算了。」子良被家人用涼水澆醒，知道家族受到攻擊，徹底醒了酒。恰好子旗親自來求救，兩人就這樣商量。

於是，子旗子良兩家合兵，一邊對抗田鮑聯軍，一邊派出小股部隊前往公宮，準備強搶齊景公。

子良想到的，誰都想到了。

戰爭開始了，每個人都面臨一個站隊的問題。

對於晏嬰來說，這一次的選擇比較輕鬆，因為他知道雙方現在都急需拉攏齊景公。這個時候，跟齊景公站在一起就是安全的。

於是，晏嬰緊急入宮，率領宮甲保護公宮，嚴禁任何人靠近。齊景公正在慌神，看見晏嬰前來保護，自然求之不得。這邊剛剛佈置好防守，子良子旗的小股部隊就到了。

「什麼人？」晏嬰大聲喝問。

「子良子旗請主公過去，共同對付田家和鮑家。」子良的人馬回答。

「不行，主公哪裡也不去。」

「真的不去？」

「真的不去。」

「那我們就搶了。」子良派來的人屬於缺心眼沒頭腦的，竟然展開強攻。

於是，子良的隊伍就算跟國君的部隊幹上了。正在交手的時候，田家和鮑家的人馬也到了，他們的主意也是把齊景公弄過去，可是因為後到，就成了子良的隊伍攻打國君，田家鮑家的隊伍救援國君了。

所以，有的時候並不是先到先得那麼簡單的。

一通混戰，子良的隊伍被內外夾擊，抵擋不住，四散逃走了。

田家鮑家的隊伍一看，既然這樣，咱們也就別搶國君了，就聲稱是來保護國君的算了。就這樣，田鮑兩家的隊伍索性駐紮在公宮之外，

雖然實際上也等於挾持，但是看上去就是保護。

「咱們該幫誰啊？幫田家鮑家怎麼樣？」晏嬰手下的人悄悄問。

「他們哪點值得我們幫助啊？」晏嬰反問。

「那，幫著子良子旗？」

「他們哪點比田家和鮑家強嗎？」

「那，咱們回家吧？」

「國君需要我們保護，怎麼能回家？」

手下有些愕然，晏嬰當初不為莊公死，難道要為景公死？為什麼晏嬰不肯回家呢？

首先，景公對他不錯，而莊公對他看不上眼；其次，晏嬰知道，現在很安全，不用擔心會死。

很快，齊景公派人召請晏嬰入宮。

「夥計，俗話說：不怕殺錯人，就怕站錯隊。想不到，今天我也要站隊了。兩邊這麼打，咱們該站在哪邊？」齊景公挺害怕，他急於站隊。

「不礙，這次不用站隊。」晏嬰的態度，誰都不幫。

「不行不行，還是要站個隊保險。依我看，田無宇比較實在，子良子旗不地道，竟然還派人來攻打我。這樣，我們站在田無宇這邊吧。」

齊景公決定幫助田鮑兩家，晏嬰沒有阻止，他知道，現在不適合發表看法。

在相持了一個半月之後，決戰開始了。

雙方在臨淄的稷門外展開決戰，齊景公公開支持田家和鮑家。

雙方兵力基本持平，戰鬥一開始勢均力敵。但是很快，子良和子旗的部隊崩潰了，原因很簡單，因為整個都城的老百姓都在為田家吶喊助威，很多人扛著武器加入了田家鮑家的陣營。緊接著，子良和子旗的隊伍在莊地和鹿門又遭到老百姓的追殺，人馬損失殆盡。

到了這個時候，子旗子良真是連反撲的能力都沒有了，怎麼辦？望了兩眼家園，第三眼都沒時間望，直接一路狂奔，逃往魯國去了。

齊國實力最強大的兩個家族，頃刻之間化為烏有。

高風亮節

子旗子良兩家崩潰，田家和鮑家乘勢將兩家的財產瓜分掉，並且準備瓜分兩家的封地。

齊景公無可奈何，不過也說不上後悔，如果子旗子良兩家勝了，也是這樣。

晏嬰看不過去，於是來找田無宇。

「老田，子旗子良兩家的財產必須上繳給公家。謙讓是德行的基礎，是上等的美德。人都會爭權奪利，但是靠爭來的利益是不長久的，只有不忘義才是根本，才能夠最終擁有利。你暫且放棄利，今後會得到更多。」晏嬰對田無宇說。

「夥計，你說得對啊，我改，我改還不行嗎？」田無宇說，他真的要改。

對於晏嬰來說，他並不是真的要幫助田無宇，他只是想為齊景公討回公道；但是對於田無宇來說，晏嬰就是在幫助他，因為晏嬰的話是正確的。

晏嬰不想幫田無宇，卻不得不幫；田無宇並不想放棄眼前的利益，但是為了長遠的利益，他選擇了放棄眼前的利益。

田無宇說到做到，立即將瓜分到的財產全數上繳給了公家。

如果僅僅是做到這一點，那就不是田無宇了。

田無宇派人前往魯國，召請公子子山等十多個公子公孫回來，他們是十年前被子尾趕走的。田無宇把他們召回來，把子尾當初霸占他們的土地都還給了他們，還給安家費。除此之外，眼下還有些公子公孫沒有封地的，田無宇也從子旗子良的地盤裡給他們劃分封邑。就連從前子旗子良的黨羽，田無宇也都妥善安排。

「大善人哪，君子啊。」整個齊國都在感謝田家。相反，鮑家全無反應，他們還沉浸在瓜分財產的喜悅之中。

事情到了這個時候，田無宇就滿足了？事情到了這個時候，田無宇知道，還需要一個姿態。

「主公，我請求退休，回莒邑養老。」田無宇向齊景公提出請求，這一招叫做以退為進。

齊景公原本還在考慮是不是要讓田無宇退休，還沒考慮好，人家自己來要求退休了。

「退休？」齊景公一愣，這個時候，他必須要從另外一個方向來考慮這個問題了。

首先，田家對自己很尊重，戰利品都給了自己，一點都沒留下，看上去，還是很忠於自己的；第二，田家現在名聲正好，齊國人恨不得給他們編流行民歌。如果這個時候批准他退休，知道的說是他自己申請的，不知道的豈不說是我齊景公容不下人，陷害忠良？

「不行，國家需要你，你不能退休。」齊景公拒絕了，不僅拒絕了，還要把莒邑周圍的地盤都給他。

「不行，我不能要，我堅決不能要。」田無宇也拒絕了。

高風亮節啊，這不是傳說中的高風亮節嗎？

田無宇徹底讓齊景公感動了，回到後宮，他忍不住把田無宇的高風亮節告訴了自己的老娘穆孟姬。

「孩子，不能讓好人吃虧啊。」穆孟姬教導自己的兒子，想了想說，「那什麼，高唐不是子旗家最好的地盤嗎？給田無宇。」

有了老娘的指示，齊景公把高唐給了田無宇，不要也得要。

於是，這一年裡，田無宇除掉了最強大的敵人，贏得了最廣泛的讚揚，贏得了齊景公的信任，還得到了一塊肥沃的地盤。

田家，正有條不紊地實施他們的跨代計畫。

第二一九章

山東人在湖北

子旗被趕走了，誰來擔任相國？

「夥計，還是你來吧。」齊景公任命晏嬰。

這一次，晏嬰沒有推辭。一來，除了自己，看不到合適的人；二來，兩派爭端已經結束，暫時看不到人身危險。

晏嬰上任之後的第一件事就是出訪，出訪哪個國家？楚國。

按照世界和平大會的協定，齊國不用去朝拜楚國，也就是說，齊國可以不派人去楚國，為什麼晏嬰要去？晏嬰已經看到了晉國的外強中乾，晉國人是靠不住的也是沒有必要依靠的，那麼這個時候，就有必要瞭解另一個超級大國楚國的情況，從而正確定位齊國在世界上的位置，制定相關的外交和軍事政策。

就這樣，齊景公十七年（前531年），晏嬰前往楚國訪問，這也是歷史上齊國對楚國的最高規格的訪問。

楚國人怎樣對待這次訪問呢？

齊國人在楚國

「××的齊國人，怎麼想起來訪問我們了？」楚靈王挺高興，他對齊國人懷有一種說不清楚的感情，他很崇拜齊桓公和管仲，很嚮往傳說中的齊國的繁華；可是他瞧不起齊國人的戰鬥力，總覺得齊國人有些軟弱可欺。

根據楚國駐齊國地下辦事處提供的背景資料，楚國人知道晏嬰是齊國最賢能的人，伶牙俐齒反應敏捷，不過，五短身材，看上去沒什麼威儀。

「整他。」楚靈王想了一個羞辱晏嬰的辦法，他覺得很好玩。

晏嬰一行來到了楚國，遠遠望去，郢都高大雄偉，不愧是超級大

國的首都。

楚靈王派出的官員早已經在城外迎接，當天就住在城郊的國賓館，第二天去見楚王。

第二天，楚國人派了車來接，直接進了外城。到內城，按慣例下車步行進入。

內城城門關著，這讓晏嬰有些奇怪，別的國家都是開門納客，難道楚國是關門納客？

來到門前，沒有開門，也沒人敲門，楚國官員帶著晏嬰沿著城牆走了十餘步，這時候發現一個小門，從門的材料和顏色看，這是新開的門。門的高度還不如晏嬰高，要走進去必須低著頭。

「客人請進。」楚國人對晏嬰說，旁邊的人都忍不住笑。

「你先進。」晏嬰假裝客氣。

「不好意思，你進去了，我們走大門進。」

晏嬰現在徹底明白了，楚國人是看自己個子小，要用小門來羞辱自己。

晏嬰笑了，這樣小兒科的辦法也拿來對付自己，楚國人太沒想像力了。

「你這門的高度，也就是個狗門。如果我出使的是個狗國，那就從狗門進去；如果我出訪的是個人國，那就從人門進去。來，你叫兩聲，咱們就進去。」晏嬰說完，盯著楚國官員的嘴看，看他怎麼叫。

「這，這……」楚國官員沒話說了，沒辦法，帶著晏嬰回到大門，讓人開了門，請晏嬰進去。

楚靈王已經知道狗門的事情，看來第一計被晏嬰輕鬆破解。

沒關係，還有第二計。

晏嬰拜見了楚靈王，分賓主坐下。

「晏嬰先生，請問齊國是不是沒人了？」楚靈王問，不懷好意地笑著。

晏嬰已經領教了一招，想起此前聽說的楚靈王是個無賴的傳說，看來確實如此。如今這個問題出來，肯定還藏著什麼後招，怎麼辦？

見招拆招。

「大王，我們臨淄有三百個居民社區，人口眾多，那是『張袂成陰，揮汗成雨，比肩繼踵』，人們拉起袖子來，那就是一片陰影；大家一起揮汗，那就是中到大雨；街市上肩挨著肩，前腳靠後腳。就這麼多人，怎麼說我們沒人呢？」晏嬰誇張了一下，反正楚靈王沒去過。

揮汗如雨，這個成語就是晏嬰發明的，見於《晏子春秋》。

楚靈王一聽，知道這是忽悠。

「那，既然有這麼多人，怎麼偏偏派你這樣的，啊——」楚靈王說到這裡，故意停頓了一下，從頭到腳掃視了晏子一遍，然後搖搖頭，笑著說，「你這樣的，來出使楚國呢？」

晏嬰笑了，他知道楚靈王又在拿自己的身高說事。

「大王，我們齊國的規矩是這樣的。好國家呢派賢能的人去出使，流氓國家呢，派不成器的人出使。我這人不成器，長得很對不起祖宗，所以，就派我出使楚國了。不好意思，我們實在找不出比我還差的了。」晏嬰說，臉上真還帶出很抱歉的表情。

楚靈王又笑了，不過這次不是壞笑，而是開懷的笑。

「晏嬰先生，我開始喜歡你了。」楚靈王說，他真的開始喜歡晏嬰了。

前兩計都沒有成功，楚靈王還有第三計。

兩人正在交談，突然，兩個小吏將一個人五花大綁押了進來。晏嬰一看，知道又是衝自己來的。於是坐好了，看楚國人表演。

「這是什麼人？」楚靈王故意問。

「一個齊國人，偷東西被我們捉住了。」小吏大聲回答。

「哎喲，是你老鄉。」楚靈王對晏嬰說，然後大聲喝問：「齊國小偷，你齊國哪裡的？」

「夥計，俺是臨淄的。」小偷用標準的臨淄話回答，一邊說，一邊偷偷瞟晏嬰一眼。

到這個時候，晏嬰已經知道後面的臺詞了。

「晏嬰先生，不好意思了，齊國人是不是都很擅長偷東西啊？」楚

靈王問，臺詞跟晏嬰設想的一樣。

「大王，我聽說啊，橘樹種在淮南長出來的就是橘子，種在淮北，長出來的就是枳。葉子看上去一樣，可是果實吃起來就完全是兩種味道。這人在齊國不偷東西，可是到了楚國就偷東西，難道，楚國的水土讓人比較擅長偷東西？」晏嬰問，小心翼翼狀。

「哈哈哈哈。」楚靈王大笑起來，他是真的喜歡這個齊國小個子了。「聖人是不能拿來取笑的，我這反而自取其辱了。」

楚靈王就是這樣的人：你軟弱，他欺負你；你比他強，他佩服你。

楚靈王暗中對比了晏嬰和叔向，叔向學識淵博，但是晏嬰反應敏捷，相比較，晏嬰更對自己的脾氣。

「橘生淮南則為橘，生於淮北則為枳。」（《晏子春秋》）晏嬰這兩句話流傳至今，仍時時被人引用。

楚靈王這人就這樣，當真心佩服一個人，就會真心對待你。

現在，在楚靈王看來，世上最值得交往的就是晏嬰了。

從那之後，晏嬰在楚國被奉為上上賓，享受最高等級的接待。楚靈王連日設宴招待，大夫們也都想來湊個熱鬧，設個家宴之類，竟然都排不上隊。

這一天，又是楚靈王設宴。恰好南邊的橘子送到了，金燦燦皮薄肉嫩，楚靈王自己捨不得吃，拿來與晏嬰分享。

盤子，刀，還有橘子。

「來，晏嬰先生，嘗一嘗。」楚靈王熱情待客，自己還沒有嘗，先遞給晏嬰一個。

晏嬰有點發懵，橘子不是沒吃過，不過都是吳國進口的。眼前這東西看上去像橘子，可是又不完全像，究竟是什麼？又不好問。

摸一摸，皮還挺薄，難道是楚國的蘋果？

晏嬰拿起來，咬了一口。咬下去的時候，晏嬰知道錯了，這肯定是橘子。

果然，楚靈王笑了，不過是很善意的笑。

「先生，橘子要剝皮啊。」楚靈王說，絲毫沒有嘲笑的意思。

晏嬰掃了一眼盤子裡的刀，他知道是自己錯了。不過，他不會認錯的。

「大王，我聽說啊，國君賜給的水果，瓜桃不削皮，橘子柚子不剝皮。如今大王您給我的橘子，雖然我也看見刀了，可是您不下令，我也不敢剝啊。不就橘子嗎，我還不知道剝皮嗎？」晏嬰這段，純粹強詞奪理。不說沒有這個規定，就算有，晏嬰的性格也不會遵守。

楚靈王瞪大了眼睛，讚歎道：「看人家齊國人，幹什麼都這麼講規矩，對國君總是這麼尊重。」

所以，當你敬佩某個人的時候，就算他有時胡說八道，你也會奉為真理。而世界上有很多真理實際上就是胡說八道，僅僅因為它出於聖賢或者偉人之口。

爾虞我詐

從楚國回到齊國，晏嬰把楚國的情況向齊景公作了彙報，大致是楚靈王蹦躂不了多久，不用尿楚國這一壺的意思。

「哈哈哈哈，太好了。」齊景公非常高興，尤其是聽晏嬰講幾個小故事的時候。「來來來，別回家了，我請你喝酒。」

現在，齊景公喜歡喝酒，他有三個酒友。通常，酒友就是最親密的大臣。這三個人，一個是晏嬰，一個是田無宇，還有一個是梁丘據。跟三個人喝酒，原因卻是不一樣的：跟晏嬰喝酒，是因為他見多識廣，說話直率；跟田無宇喝酒，是因為他慷慨大方，常常有好東西拿來助興；跟梁丘據喝酒，是因為他能說會道，能忽悠會溜須，還能講一口不錯的黃段子。

三人之間的關係也有些玄妙。在晏嬰來看，田無宇屬於不懷好意，看上去對齊景公挺好，實際上盯著齊景公的國家，所以他不會真正幫助齊景公。對於田無宇，要時刻提防；而梁丘據就是個寵臣，專門陪著齊景公吃喝玩樂，也起不到什麼好作用。

田無宇看來，晏嬰表面上和和氣氣，實際上總想著幫著齊景公對

付自己，所以要找機會收拾他；而梁丘據陪著齊景公吃喝玩樂，都對自己不是壞事。

梁丘據沒別的本事，就能哄齊景公高興，他很佩服晏嬰的才能，也很羨慕田無宇的財產，因此，他很想巴結晏嬰和田無宇。

來看看明爭暗鬥的情況是怎樣的。

這一天，齊景公請晏嬰喝酒。晏嬰對喝酒的興趣不大，不過一來是國君請喝酒不好不來，二來呢，喝酒的時候正好能溝通。所以，只要可能，晏嬰都來。

可巧，這天田無宇和梁丘據都沒有來。

機會，機會來了。

酒過三巡，齊景公就問了。

「相國，治理國家，最怕的是什麼？」齊景公問。問這類事情，當然是問晏嬰。問國家大妓院又來了幾個洋妞，那得問梁丘據；問越國有什麼特產，那就問田無宇。

「怕什麼，怕社鼠和猛狗。」

「什麼是社鼠和猛狗？」齊景公覺得有點意思。

「主公，這可不是我發明的，這是管仲發明的。」晏嬰首先聲明這不是自己的發明，一來齊景公敬仰管仲，二來省得齊景公以為自己在攻擊別人。「土地廟是木結構，木頭外面呢塗上泥。老鼠躲在土地廟裡，用火熏怕引起火災，用水灌呢又怕把泥給沖掉。所以你怎麼也殺不掉它們，這些就叫社鼠。國家也有社鼠，就是國君左右這些人，他們對內蒙蔽國君，對外賣弄權力。不殺他們，他們就會禍害國家，殺他們呢，國君又會庇護他們。宋國有一個賣酒的，酒很好，杯具也收拾得很乾淨，幌子也做得很大，可是酒就是賣不出去，直到酒都放酸了。他很奇怪，就問鄰居是怎麼回事。鄰居就告訴他：你家的狗太凶了，人家來買你的酒，你的狗就上去咬人家，誰還敢來？國家也有猛狗，就是某些當權的人。有賢能的人想來為主公效力，可是某些當權的人就迎上去咬人家。左右像社鼠，某些當權者像猛狗，有才能的人就不能被國君任用，國家怎麼能治理好？」晏嬰借題發揮，社鼠就是指梁

丘據，猛狗就是指田無宇。

齊景公邊聽邊點頭，他知道晏嬰指的是誰，不過他自己不這麼認為。

不管怎樣，晏嬰有機會就給齊景公洗腦。

田無宇也不是善類，他知道晏嬰常常借題攻擊自己，因此只要有機會，他也會借題攻擊晏嬰。

這一天又是喝酒，在城郊的別墅。田無宇先到，於是和齊景公先喝起來。

過了一陣，晏嬰才到。因為是在城郊別墅，車就直接趕進了院子。

「主公，今天要罰晏嬰的酒。」田無宇對齊景公說，半開玩笑半認真。

「為什麼？」

「你看看他，穿著劣質的衣服，趕著一輛破車，駕著四匹劣馬，這是隱蔽了主公的賞賜啊，讓天下人以為主公對臣下很吝嗇。」田無宇說，聽著挺有道理。

「哦，就是就是。」齊景公也覺得有道理。

晏嬰下了車，過來敘了禮，入了座。

這時候，斟酒的人就端上了酒，對晏嬰說：「相國，主公命令罰您的酒。」

「為什麼？」晏嬰覺得奇怪，雖然來晚了，可是事先請過假了啊。

齊景公沒有說話，看看田無宇。

「相國，主公給你高官厚祿，朝中沒人比你級別高，沒人比你俸祿高。可是你看你現在這身打扮，破衣爛衫，破車老馬，知道的你是齊國的相國，不知道的以為你是進城的農民工。你這是隱蔽了主公的賞賜，所以要罰你的酒。」田無宇笑著說，看上去像開玩笑。實際上，沒安好心。

晏嬰離開了座位，對齊景公說：「酒我喝，不過我有話說。主公，我是先說話後喝酒，還是先喝酒後說話？」

「那，先說吧。」齊景公說，他倒沒想太多。

「主公給我高官，我接受了，可是不是為了顯擺，而是為了更好地為國家工作；主公給我錢財，我不是為了富有，而是為了傳佈主公的賞賜。如果說我接受了高官的位置和錢財的賞賜之後，卻不能做好自己的工作，那就應該受到處罰。如果國民流離失所，大臣們生活無著，那是我的過錯；如果戰車破舊，兵器不足，那是我的過錯。至於坐舊車來見主公，那不是我的過錯。再說了，主公給我賞賜，我父親這一邊的親戚都有車坐了，母親那邊的親戚都豐衣足食了，丈母娘那邊的親戚都脫貧致富了，還有上百個沒有職位的讀書人靠著我的錢養家糊口。這，怎麼能說我隱蔽了主公的賞賜呢？我這不是在彰顯主公的賞賜嗎？」晏嬰一番辯白，有理有據。

田無宇雖然還是面帶笑容，不過已經很勉強。

「哈哈，說得好說得好。老田，看來，該罰你的酒。」齊景公現在轉過頭來要罰田無宇。

「該罰該罰，來來，給我滿上。」田無宇笑呵呵，喝了罰酒。

表面上，大家和和氣氣，有說有笑。實際上，早已經是一番交鋒。

身為相國，晏嬰有封邑還有高薪，可以過上非常富足的生活。不過正如晏嬰自己所說的，他的財產都用來周濟親戚和讀書人了，自己的生活很節儉，節儉到什麼地步呢？

先看看吃什麼。

晏嬰的正餐是這樣的：主食是去了皮的小米，菜是三隻小鳥，五個鳥蛋和苔菜。作為一個國家的相國，吃成這樣，確實寒酸得很。這些飯菜，僅僅夠晏嬰吃飽。

有一天中午，齊景公派人去晏嬰那裡送文件，正趕上晏嬰準備吃飯。

「哎喲，還沒吃吧？」晏嬰問，使者平時也都挺熟的。

「哈，沒有呢。」

「那來隨便吃點吧，否則等你回去食堂也關門了。」晏嬰挺熱情，把自己的飯菜分了使者一半，鳥蛋給了三個。

使者不好拒絕，只好吃了。吃完之後，覺得沒吃飽，再看晏嬰，

正在那兒舔盤子呢。

使者回到宮裡，把事情跟齊景公說了。

「嘿，怎麼窮成這樣啊？飯總得吃飽啊。」齊景公立即派人，把一個千戶的大邑封給晏嬰。

晏嬰接受了嗎？當然沒有。

「主公給的賞賜已經很多了，我一點也不窮，只不過我都用來周濟親戚朋友和救濟窮人了。我聽說，君主給的賞賜多，那麼我給別人的也就越多，就成了代替國君給百姓施恩了，這樣是不對的；如果我不給別人，自己收藏起來，我死了之後，也是別人的了。所以，不要再給我了。」晏嬰看得很開，順便還用「代替國君給百姓施恩」來攻擊了田無宇一番。

使者走了三趟，晏嬰拒絕了三次。最終，齊景公沒有堅持下去。

第二二〇章
鳥飛狗死

晏嬰治國，多半採用當年的管子的方法。對於管子，不僅僅晏嬰，整個齊國都佩服得五體投地。

「夥計，當初管子執政，可是富可敵國，吃香的喝辣的，舞照跳妞照泡，不是帶領齊國稱霸天下？你為什麼就一定要勤儉節約呢？」齊景公怎麼也想不通晏嬰為什麼這麼安於清貧。

「嬰聞之，聖人千慮，必有一失；愚人千慮，必有一得（《晏子春秋》）。這或許就是管子的所失，我的所得呢？」晏嬰早就想過這個問題，從容回答。

智者千慮，必有一失；愚者千慮，必有一得。這個成語，來自這裡。

晏嬰的衣服

晏嬰吃的不行，穿的怎麼樣？普通的齊國人都比較講穿，餓著肚子也要穿個樣子出來，晏嬰難道省下飯錢買衣服了？

《晏子春秋》記載：晏嬰相景公，布衣鹿裘以朝。

晏嬰的布衣是哪種布衣呢？十升之布。春秋時寬二尺二的布幅，經線用八十縷，叫做一升。十升即八百縷，這是非常粗疏的布了，到今天，基本上就是透視裝。鹿裘是什麼？鹿皮大衣？沒那麼好，「鹿」字那時候通「粗」字，鹿裘就是粗劣的皮衣。那時候的布都是麻布，因此配以皮衣是必要的。

晏嬰上朝就穿了這麼一身憶苦思甜的服裝，弄得同僚們都不好意思穿太好了。

「夥計，把這件狐皮大衣，還有這頂豹皮帽子，都給相國送去，啊，換個形象。」齊景公實在看不過去了，派梁丘據給晏嬰送兩件好衣

服去。

這兩件，市值千金。

梁丘據送到了晏嬰家裡，不出意料，晏嬰謝絕了。梁丘據知道自己也勸不動晏嬰，只得又拿了回來。

齊景公也猜到了這兩件衣服會被拿回來，不過，他也想好了說辭。

「這樣，你再跑一趟，我教給你怎麼說。」齊景公把自己想好的說辭對梁丘據講了一遍，梁丘據覺得挺好，這回晏嬰恐怕不能拒絕了。

梁丘據高高興興又來到了晏嬰家裡。

「不是說了不要嗎？怎麼又拿回來了。」晏嬰問他。

「相國啊，這同樣的衣服和帽子是兩套，主公給了您一套，自己留了一套。主公讓我告訴您，您要是不穿，主公也不穿。我看，您就收了吧。」梁丘據笑嘻嘻地說。他覺得這個理由非常充分了，晏嬰一定會接受。

「那我更不能要了。」晏嬰脫口而出，「你想想，主公在上面穿著這身衣服，我在下面穿著一樣的，那不是亂了套了？不行，你拿回去。」

梁丘據想想，晏嬰說得也有道理啊。

沒辦法，梁丘據又給拿了回去。

最終，晏嬰也沒接受這兩件衣服。

吃穿住都很差，晏嬰出行的馬車同樣很差。齊景公也同樣讓梁丘據給晏嬰送去了自己用的車馬，結果也同樣，晏嬰拒絕了。

齊景公的酒

大凡君主，沒有一個不是好酒色好玩樂的，齊景公自然也是這樣，吃喝玩樂是他的主要功課。不過，齊景公還算有點志向，偶爾會想起祖先的霸業來。齊景公有一個最大的優點：厚道。他早就看出來晏嬰是個賢能無私的人，因此對晏嬰很重用也很尊重，格外的寬容。

晏嬰自然知道齊景公對自己的信任，因此他對齊景公也是知無不言。

齊景公不算暴虐，但是對老百姓確實不好，賦稅很重而且不停地修建宮室，百姓的生活並不富足。晏嬰無法改變這一切，但是，他會儘量為老百姓謀些福利。

通常，晏嬰對齊景公說話都是直來直去，但是有的時候必須講究策略。

對付齊景公，晏嬰還是頗有心得的。

齊景公跟齊桓公有很多相似之處，譬如，都喜歡喝酒。酒喝多了，難免胡說八道，也難免誤事。

有一次，齊景公請大夫們喝酒，喝得天昏地暗，日月無光，齊景公喝得二五二五，十分興奮。

「夥、夥計們，今天喝、喝得高興，大、大家別拘泥於禮、禮節，脫了褲、褲子，大家都一樣。放、放開了，就、就當咱們都是老、老農民，愛怎樣就怎、怎樣。」齊景公話也說不利索了，他的意思，就讓大家別講什麼君臣禮節了，狂喝到醉。

晏嬰一聽，變了臉色。

「主公說得不對。人和禽獸的區別就在於人是講禮的，你讓大家不講禮，那不是成禽獸了？不行，喝得再高興，也不能亂了秩序。」晏嬰立即反對。

「沒沒沒那麼嚴重。」齊景公正喝得高興，沒把晏嬰的話當回事。

雖然齊景公放了話，可是大夫們一時半會也還放不開。

「我，我去撒泡尿。」齊景公內急，起身去解決問題。

國君要撒尿，雖然不是件大事，可是好歹也是件事。內侍上來攙扶，大夫們也都起身相送。可是，只有一個人端坐不動，誰？晏嬰。

齊景公撒了一泡尿，順便用熱毛巾擦了一把臉，有點清醒過來。

回到酒席，大家也都趕緊起身相迎。只有一個人還是端坐不動，誰？還是晏嬰。

齊景公平安撒尿歸來，大夫們都舉杯表示祝賀，按著規矩，國君先喝，大家再喝。可是晏嬰不管這些，只管自己喝起來。

這下，齊景公忍不住了。

「晏嬰先生，你忘了你平時教我要懂禮守禮樂嗎？可是你也太無禮了。」齊景公很不高興，強壓著火說。

「主公，我怎麼會忘記呢？主公剛才說讓大家不要守禮，我現在就演示給您看看。」晏嬰回答。

「噢。」齊景公明白了，這是晏嬰在用這種辦法規勸自己。

從那之後，齊景公再也沒有說過要大夫們不要守禮的話了。

齊景公喝酒沒有節制，有一次一連喝了七天七夜，還要繼續喝，誰也勸不住。

有個大夫叫做弦章，是個有正義感的大夫，看到齊景公這樣喝酒，於是來勸。

「主公，請您不要再喝了。您要是再喝，就請殺了我。」弦章進諫的方法比較獨特，刀拔出來，桌子上一放。

齊景公雖然喝得天昏地暗，二五二五，可是刀往桌子上一放，還是嚇了一跳，酒有些醒過來。看著弦章，齊景公竟然有些不知所措。

正在這個時候，晏嬰來了。

「夫子，正好你來了。弦章說了，我要是繼續喝酒，就讓我殺了他。你說其實我也不想喝了，可是如果現在不喝的話，好像是受了他的脅迫似的；可是繼續喝吧，我又不忍心殺他。我現在是兩難了，你說說該怎麼辦吧？」齊景公如同看見了救星一般，等著晏嬰來解決問題。

晏嬰聽完，看看桌子上的刀，然後對著弦章說：「老弦啊，真是你運氣好，遇上這麼知道愛惜大臣的國君。你要是遇上桀紂這樣的國君，你不是早死好幾回了？」

齊景公一聽，樂了。

「好嘛，我要是殺了弦章，那不是就成桀紂了？算了算了，我服了，不喝了行不？」齊景公給自己找了個臺階，算是停止了喝酒。

從那以後，齊景公對弦章另眼相看，因為他心裡明白誰是真心為他好。

雖然勸住了齊景公喝酒，但是這樣的招數可一不可二。所以，過了這次，齊景公還是那麼喝，而且更加放縱。

這一年雨災，連下了十七天雨，很多人家被雨淋壞了房子，或者被大水淹了。晏嬰請求緊急救助災民，連續請示了三次，齊景公都只管喝酒，不肯救災。不僅不救災，齊景公還派人出去找歌手，去給他唱歌助興。

晏嬰這下火了，他立即安排人把家裡的糧食拿去救濟災民，自己則徒步去公宮找齊景公。

「夥、夥計，也來喝兩杯？」齊景公正喝得歡，還有歌星助興，看見晏嬰，邀請他入席。

「主公，到今天已經是連續第十七天下雨了，多少人家流離失所，多少人家饑寒交迫。可是，你還在這裡酒照喝歌照唱。既然這樣的話，老百姓還要你這個國君幹什麼？我作為一個相國，既不能救百姓于水火，也不能避免百姓對你的怨恨，所以我很失職，我屍位素餐，我，我沒臉幹下去了。我特地來跟主公告辭，我回鄉下種地去了，拜拜了您哪。」晏嬰說完，也不等齊景公回答，轉身就走。

齊景公拼命搖晃了幾下腦袋，總算想明白了晏嬰說了些什麼。

「哎呀媽呀。」這下，齊景公酒醒了。

齊景公騰地站了起來，追出門外，一直追到大路上，硬是沒追上晏嬰。

正是：別看個子矮，走路還挺快。

「趕緊，回去套車。」齊景公站在雨地裡，任雨水淋濕自己的頭髮，現在他的酒已經完全醒了，也體會到了被雨淋的滋味。

很快，梁丘據醉醺醺地駕著車就出來了，因為是酒後駕駛，車不是太穩，而齊景公沒等車停穩，就已經跳上車。

齊景公一直追到了晏嬰的家，這才發現晏嬰家裡正在分糧食賑濟災民，一問，說是晏嬰沒有回來。去哪兒了呢？

「趕緊出城，他肯定往封邑去了。」齊景公還算了解晏嬰。

齊景公總算在城外的大道上追上了晏嬰，齊景公不等車停穩，從車上跳了下來，一把揪住晏嬰的袖子。

「夥計，我聽你的還不行嗎？跟我回去吧，我不能沒有你，齊國不

能沒有你，齊國人民不能沒有你啊。」齊景公認錯態度很誠懇。早幹什麼去了？

既然有了這樣的承諾，晏嬰也就沒有一定要走的必要了。

之後的三天，晏嬰集中精力救濟災民，打開糧倉國庫，該賑糧的賑糧，該發救濟金的發救濟金。這三天時間，齊景公沒有喝酒沒有歌舞，以表達自己的誠意。

齊景公的寵臣

齊景公有八個寵臣，段子講得好，酒令也行得好，馬屁拍得更好，齊景公非常喜歡他們，於是決定賞賜他們。具體的賞賜辦法是：前三名賞糧食一萬鐘，其餘賞糧食一千鐘。

齊景公的命令下達到了職記那裡。職記是幹什麼的？大致相當於國庫主管。命令下了，可是國庫主管拒絕執行。連續下了三次命令，連續三次被頂回來。

「嘿！」齊景公有點詫異了，這管倉庫的膽子也太大了。

「去，把他們炒了。」齊景公派人去命令士師免掉國庫主管的職務。

士師是幹什麼？組織部部長？錯，組織部部長是管大官的。士師大致相當於勞動人事部部長，本身級別低，而且是管小官的。

士師假裝沒聽見。

齊景公連續派人去了三次，結果還是沒有用。

齊景公蔫了，他想把士師也給炒了，可是又很猶豫。首先，士師是田無宇推薦的人，還不敢輕易得罪田無宇；其次，齊國從管仲時代留下的規矩是內閣制，要炒士師，必須要相國同意，也就是說，只能晏嬰來炒。

正在鬱悶，晏嬰來了。

「相國啊，我這日子沒法過了。」看見晏嬰，齊景公幾乎哭出來。

「怎麼回事？」晏嬰心說，你整天吃香的喝辣的還有美女抱，你這日子都過不下去，別人不是更活不了？

齊景公把事情大致說了一遍，然後說：「我聽說當國君的，喜歡誰就能讓誰升官發財，不喜歡誰就能讓誰捲鋪蓋滾蛋。你看看我現在，說話都沒人聽了，我，我這國君當得還有什麼意思啊？」

晏嬰聽完，皺了皺眉頭。

「主公，國君公正而臣下順從，叫做順；國君乖僻而臣下順從叫做逆。如今您要獎賞無功之人，如果臣下服從的話，那就是逆了。古人獎賞自己所愛的人，是為了給世人樹立一個榜樣；懲罰所憎惡的人，是為了儆戒世人。所以，古人所愛的人，一定是對國家有貢獻的；古人所憎惡的，一定是對國家有危害的。如今您倒好，順著你的你就愛他，不順著你的你就恨他。你所要獎賞的幾個人都是陪你吃喝玩樂的，引導你糟蹋國家的東西，他們被獎賞，就等於樹立了壞的榜樣，全國人民都會跟他們學，齊國離亡國也就不遠了。如今職記和士師都不聽你的，那都是在幫你，你還生氣？你偷著樂去吧。」晏嬰劈頭蓋臉，把齊景公痛斥一頓。其實，晏嬰還有話沒有說出來，那就是田家現在拼命拉攏人心，你這樣做不等於把老百姓都推給他們嗎？

現在再看齊景公，也不生氣了，也不窩火了。

「夫子說得對，說得對，我改，我改還不行嗎？」齊景公倒沒有想到田家的關係，但是他知道晏嬰的話都是正確的。

第二天，齊景公開始清理國家歌舞團，趕走的趕走，降薪的降薪，還有吃空餉也都清除掉。這麼一清理，竟然節省了三分之一的公務員薪水開支。

齊景公的鳥和狗

齊景公喜歡打獵，這一點跟齊桓公又非常的像。

這一天，齊景公帶著人去郊外打獵，突然看見樹上站了一個大鳥。

「別出聲，我要射鳥。」齊景公拈弓搭箭，閉上左眼睜大右眼，瞄準了大鳥。

射了一輩子鳥，齊景公一次也沒射中，今天的感覺特別好，就覺

得歷史要改寫了。

可是，歷史往往在瞬間被改變。就在齊景公手中的箭要射出去的那一剎那，突然，就聽得不遠處一聲大喊，隨後是歌聲傳來。

「嘿，妹妹你大膽地往前走啊，往前走，莫回呀頭。」一個野人吼著情歌，從樹林裡走了出來。

齊景公嚇得一個哆嗦。

鳥，飛了。

平生最好的一次射鳥機會就這麼失去了，齊景公氣得臉色發白。

「把這野人給我抓起來。」齊景公大聲叫著，手下們撲了過去，將剛才還在唱情歌的野人捉拿歸案。

齊景公也沒心思繼續打獵了，命令班師回朝。回來之後，第一道命令就是把這個驚動了鳥的野人給砍了。

晏嬰聽說了這件事情，急忙來見齊景公。

「我聽說賞無功叫做亂，殺無知叫做虐。人家野人不過唱唱情歌，誰知道你在打鳥啊？再者說了，鳥又不是你家養的，人家把鳥嚇走了，那跟你有什麼關係，你憑什麼殺人家啊？」晏嬰真是不給面子，不過人家說的都是真話。

齊景公想了想，本來他也知道殺人家是不對的，如今晏嬰來阻止，那肯定是不能殺了。

「算了，別殺了，放了他吧。」沒辦法，齊景公把人給放了。

雖然說放了野人，齊景公的心情還是不好。

第二天，晏嬰有事來找齊景公，正說著，手下來報。

「主公，噩耗噩耗。」來人慌慌張張，晏嬰一看，什麼噩耗？晉國人打過來了？

「什麼噩耗？」齊景公問。

「龍哥死了。」

「啊，怎麼死的？」

「也不知道怎麼死的，吃著吃著飯，眼一閉腿一蹬嘴一歪撲通一聲倒在地上就薨了。」來人說得挺形象，晏嬰心說這龍哥是誰啊，怎麼還

斃了？

「哎喲，氣死我了，派人去把養馬的馬官給我抓起來，我，我要肢解了他。」齊景公眼淚都快出來了，夠傷心的。

到這個時候晏嬰才算明白，原來這龍哥就是一匹馬，齊景公的愛馬。如今是愛馬暴斃，齊景公一怒之下要把馬官殺人碎屍。

晏嬰並沒有急，也沒有生氣，他笑了笑，然後問齊景公：「主公，我想問問，當初堯舜肢解人的時候，是從哪裡開始的？左邊第三根肋骨？還是直接捅屁眼？」

齊景公一愣，這倒真沒有想過；一想，知道晏嬰又是在諷刺自己了，堯舜什麼時候肢解過人啊？

「從哪兒開始的？從我這兒開始的。」齊景公竟然玩了一把自嘲，但是他還是不解氣，不能肢解養馬的，也要想別的辦法收拾他。「那，把他投進大牢裡。」

晏嬰一聽，又笑了。

「把他關進大牢，總要讓他知道自己犯了什麼罪吧？來人，把這人給我抓來，我當面宣佈他的罪名。」晏嬰這一次竟然幫助齊景公，讓齊景公也感到有些意外。

不一會，馬官被抓了過來，戰戰兢兢跪在地上，不敢說話。

「你聽著，你有三條大罪，我現在把你的罪名告訴你，讓你死也甘心。主公讓你養馬，結果你把馬給養死了，這是第一條罪。」晏嬰開始宣佈罪狀。

齊景公一聽，這一條有道理。

「養死的馬還是主公最喜歡的馬，這是第二條罪。」晏嬰繼續。

齊景公再一聽，這跟第一條不是一樣嗎？

「你養死了主公的馬，結果讓主公因為馬而殺人，必然導致老百姓對主公抱怨，諸侯對主公輕視。就因為你養死了馬，讓主公失去民心，失去諸侯。這一條罪狀更大。因為這三條罪狀，你該被殺死，現在先把你關進大牢，你服氣嗎？」晏嬰列了三條罪狀，然後問馬官。

馬官還沒敢出聲，齊景公說話了：「哎，算了算了，算我倒楣，你

走吧，沒你的事了。」

雖說放了馬官，齊景公心中還是很不爽。

俗話說：福無雙至，禍不單行。

齊景公最喜歡的馬死了沒幾天，最喜歡的狗又死了。

「這個狗官，哼。」齊景公對狗官很不滿，不過想想前幾天剛剛放過了馬官，現在也不好拿狗官怎麼樣。

既然不能殺狗官洩憤，沒辦法，齊景公決定緬懷一下狗，同時也羞辱一下狗官。

齊景公命令狗官給狗買來了一副棺材，要鄭重為狗下葬，級別為大夫級。下葬之前要先祭祀一番，這任務又交給了狗官。

狗官很難受，太沒面子了。

晏嬰聽說這事，又來了。

「那什麼，小事一樁，給身邊的弟兄們開開心而已。」齊景公急忙說，怕晏嬰說他。

「君過矣。」晏嬰既然來了，當然是要說的，「夫厚籍斂不以反民，充貨財而笑左右，傲細民之憂，而崇左右之笑，則國亦無望已。且夫孤老凍餒，而死狗有祭；鰥寡不恤，而死狗有棺。行辟若此，百姓聞之，必怨吾君；諸侯聞之，必輕吾國。怨聚于百姓，而權輕于諸侯，而乃以為細物，君其圖之。」（《晏子春秋》）

什麼意思？簡略翻譯：齊國的稅賦負擔世界第一，但是收的稅不用在老百姓身上，反而鋪張浪費來取悅你身邊的人。這是只顧自己吃喝玩樂，不管老百姓死活啊，國家還有什麼希望？老百姓有的被凍死街頭，可是你的狗竟然受到祭祀；老百姓死了無力埋葬，可是你的狗竟然有棺材，你這不是變態嗎？老百姓怎麼能擁護你？諸侯怎麼能瞧得起你？啊，你說這是小事，這是小事嗎？」

晏嬰是真的很憤怒了，說話的聲音越來越高，語調也越來越嚴厲。本來晏嬰還想問齊景公「你這是人國還是狗國」，想了想，忍住了。

「我，我改還不行嗎？」齊景公認錯了。

　　當天，齊景公命令狗官把狗從棺材裡拎了出來，聞一聞還沒腐臭，乾脆直接剝了皮開了膛，切吧切吧，做成了紅燒狗肉，分給大家都嘗了嘗狗味。

　　後來的歷史證明，大凡稅賦負擔世界第一的國家，都不會把錢用在老百姓的身上。

第二二一章

喪家犬惡鬥地頭蛇

諸侯國內卿大夫實力強大，諸侯本身被架空，國家被卿大夫瓜分。諸侯國們的權力鬥爭已經開展得如火如荼，那麼，周朝王室呢？地方烏煙瘴氣，中央能夠獨善自身嗎？儘管這個中央早已經只是個空架子。

事實上，王室名義上還是最高領導，實際上已經淪落為一般小諸侯的實力。鑒於歷史原因，他們既無力擴張也不必擔心受到別國侵略。

管子說：沒有外患，必有內憂。

所以，王室也面臨諸侯國同樣的問題。

正是，世道輪迴，生生不息。

大宗和小宗

當初周平王東遷，周、召、畢、毛等各大宗族隨行，辛辛苦苦積攢幾百年的家業就這麼一朝泡了湯。到了雒邑之後，各大家族雖然分田分地分房，舞照跳馬照跑，可是家業比從前已經不可同日而語了。而且，不管怎麼說也是外來戶，根基不牢。

雒邑周圍，原先封了七家甸內侯，什麼是甸內？就是偉大首都之內的地盤，類似如今北京市的昌平。這些甸內侯都是周朝宗族，不過都是些小宗，他們就算這裡的土著地頭蛇。周平王初來乍到，原先的大宗是沒辦法依靠的，只能依靠這些小宗。好在小宗們都表現不錯，出房子出地出祭品，總之，出了許多力。

「寡人好感動好感動，我在這裡答應你們，今後你們世世代代繼承爵位，而且在朝廷有職位。」周平王很感動，立馬給了回報，其中，出力最大的單劉兩家擢升為公爵，與周公召公畢公毛公等等同級。

所以，領導有困難，一定要挺身而出。

從那之後，這七個小宗族在東周的實力越來越強，反而周公召公等等傳統大宗族一蹶不振。

鬥爭，必然地在大宗和小宗之間展開了。

這是一場喪家犬和地頭蛇之間的鬥爭。

向後看歷史，東晉曾經有過同樣的問題，南逃的北方貴族和江南的南方土著貴族之間同樣存在這個問題。不過，雙方後來通過聯姻的方式實現融合，比較好地化解了矛盾。並且那時候北方威脅巨大，雙方也只能同舟共濟。

可是，大宗和小宗之間恰恰缺少這兩個調和劑。首先，大宗小宗都是王室宗族，都姓姬，同姓不婚，所以永遠沒有交合點。其次，四周的諸侯都不來侵擾王室，沒有共同的敵人，大宗小宗之間也就失去了同舟共濟的外部壓力。

後來同姓的人套近乎，常常說「五百年前是一家」，其實很可笑，這說明五百年來兩人都沒什麼關係，而且今後也不會有什麼關係。倒不像異姓的，不管從前是不是一家，今後是有可能成為一家的。

小宗中實力最強的是單家和劉家，順便就說說這兩個姓的來歷。

周文王的時候就有單姓大臣，為當時的林業官員。後來周成王的小兒子姬臻被封在單邑（今河南孟津），為甸內侯。後來，單姓以姬臻為始祖。

劉姓最早出於祁姓，也就是士會的兒子這一支（見第三部第94章），這一支是陝西劉氏。不過，還有一支劉姓出於姬姓。周成王封文王弟弟的後人在劉邑（今河南偃師），同樣是甸內侯，這一支劉姓是河南劉氏。

周王東遷，單家和劉家出力最大，在周平王那裡紅得發紫，再加上這裡原本就是他們的地盤，因此在王室的影響力越來越大，兩大家族的勢力也越來越大。

此外，甘、原、成、伯、鞏等五家也都是這樣，原本都是周朝宗族，被封在雒邑一帶為甸內侯。

到周桓王，雖然立了莊王為太子，卻很喜歡小兒子王子克，於是

將王子克託付給周公黑肩輔佐。到桓王崩了以後，周莊王繼位，怎麼看怎麼覺得王子克彆扭，平時冷嘲熱諷，沒什麼好臉。

周公黑肩看在眼裡，思忖對策。對策一，疏遠王子克，這樣可以保住自己；對策二，聯合各個大宗，共同廢掉周莊王，立王子克為王，之後趁機剷除那些小宗族。

算來算去，周公黑肩覺得對策二是上策。於是，周公黑肩暗中聯絡幾大宗族，準備動手。

這邊周公和王子克在準備，那一邊小宗族們早聽到了風聲，幾家一商量，覺得這是一危機——危險的機會，雖然危險，卻是個機會，徹底打垮大宗族的機會。

於是，辛伯悄悄地去周莊王那裡告密，並且表示各家小宗族都緊密團結在周王的周圍，為了周王的利益而共同奮鬥。周莊王本來就看王子克和周公不順眼，這下有人來告密，有人來幫忙，為什麼不早早下手呢？

既然下了決心，後面的事情都是老套路。

周莊王三年（前694年），周莊王和小宗們安排了一場宴會請周公黑肩，結果宴會上動手，把周公黑肩就給砍了。王子克聽說之後，立馬出逃到了南燕國。

周公黑肩被殺，大宗族損失慘重。雖然周公的爵位繼續世襲，封地小了很多，權力也小了很多。而召公畢公毛公等大宗族同時受到打擊，其中畢家取消世襲，畢萬後來不得不流落晉國，做了晉獻公的大夫，後來封在魏，才有了魏家。

在這之後，王室又經歷了王子頹之亂和王子帶之亂，背後都能看到大宗族和小宗族之間的鬥爭。

周公家族雖然得以存在下來，可是生存環境變得十分糟糕，只能在夾縫中屈辱求存。到周簡王六年（前580年），周公楚實在是難以忍受，於是攜帶家族，逃亡到了晉國。

至此，周朝大宗周召畢毛四大家族結束了他們的歷史使命。

王族和小宗

大宗紛紛被取消世襲或者苟延殘喘，小宗完勝，是不是鬥爭就不復存在？

當然不是。

小宗強勢，世襲爵位和職位，還有地盤。可是，王室的地盤就那麼大，小宗們都占了，王子王孫們就慘了，王子們好歹能分幾塊地，王孫們就基本上成了士，沒有一點安全感，更別說優越感了。

鬥爭，永遠不會結束。

周簡王崩了之後，兒子周靈王繼位。周靈王在歷史上有一點很著名，就是生下來就長著鬍子。

此時，王族與小宗之間的鬥爭日漸公開。

王族的首領是王叔陳生，周靈王的叔叔。而小宗這邊，以單襄公、劉定公以及伯輿為首，與王族進行鬥爭。

王叔陳生仗著自己是周靈王的叔叔，公然與小宗爭權。恰好單襄公去世，卿士的位置騰出來一個。

「大王，咱們就兩個卿士，一直都是那幾家輪流來做，怎麼說我們王族也該輪到一次了吧？不行，我要當這個卿士。」陳生借著機會，也算是據理力爭，要當卿士。

單襄公的兒子單頃公這時父親剛去世，也不好來爭，沒辦法，只好把卿士的位置騰給了王叔陳生。原先的兩名卿士是單襄公和伯輿，單襄公排位靠前。現在則是伯輿排位在前，王叔陳生排在第二。

儘管沒有能夠排位第一，陳生能夠成為卿士，已經是王族的一大勝利了。

小宗出手

周靈王四年（前568年），晉國境內的戎人部落來騷擾周朝王室，於是周靈王決定派人去晉國投訴。

周靈王的意思是派單頃公去，為什麼派他去？因為這時候的晉國國君是晉悼公，跟單家的關係沒得說。

單頃公就準備答應了，誰知道這個時候有人主動請纓了。

王叔陳生主動要求去。他的算盤打得很清楚：借著出差的機會，跟晉國搞好關係，今後還可以尋求晉國的支持。

單頃公並沒有跟他爭。

既然一個想去，另一個沒意見，周靈王當然也沒意見。

王叔陳生心頭暗自高興，心說你姓單的真是沒大腦，竟然沒有看出我的妙計來。

單頃公心頭也是暗自高興，他要讓王叔陳生看看到底誰才應該是王室的卿士。

王叔陳生高高興興來到了晉國的首都新絳。

王叔陳生小小地端了王室的架子。按理，各國來人都是先通報晉國八卿，然後八卿安排與國君會見，王叔不管這套，直接去見晉悼公。

「那什麼，老單走一趟吧。」

「大王，這不行啊，跟晉國打交道，怎麼也要去個卿士啊，讓我去吧。」

「王叔說得有理，那就王叔去吧。」

「為我通報，我是王室的卿士王叔陳生，特來貴國見你們國君。」

「不好意思，請先去國賓館報到，會有人安排。」

「看人家晉國，做事效率就是高。」

「那什麼，你就是王叔陳生？」

王叔陳生迎頭碰了一個釘子，倒也無所謂，住進了晉國的國賓館。

當天晚上，有人登門拜訪了，誰啊？新軍元帥士魴。說起來，士魴當年曾經去雒邑迎請過晉悼公，因此王叔陳生倒認識他。

王叔陳生一陣感慨。

效率雖然不低，可是態度不是太好。

士魴兜頭就問，也不行禮也不問候。

王叔陳生一看，這位也太沒禮貌了，理論上說，我比你們國君還

高半級呢。

理論歸理論，可是這世界認的是實力。

「啊，對，我就是。」王叔陳生堆著笑說。沒辦法，在人屋簷下，不得不低頭。

「那好了，我宣佈，你被拘留了。」士魴黑著臉說，隨後喊了一聲：「來人，把這人抓起來。」

王叔陳生的第一反應是士魴在開玩笑，可是看他的表情不像是開玩笑啊，更何況自己這身份怎麼能開這樣的玩笑？

沒等王叔陳生想明白，進來一隊晉國士兵，推推搡搡將王叔陳生一行人抓了出去，就在國賓館附近有拘留所，就這麼住了進去。

「怎麼回事？怎麼回事？」王叔陳生現在驚慌失措，大聲高喊，可惜，沒人理他。

王叔陳生走了一個多月，也不知道任務完成得怎樣，也沒個消息回來，周靈王就覺得事情好像有些不妥。

這一天，晉國特使士魴來了。士魴是老熟人了，周靈王急忙接見。

「元帥，那什麼，知不知道王叔陳生怎麼還沒回來？」周靈王問，儘管名義上是中央領導，可是跟晉國人說話也要分外客氣。

「大王，我今天來偉大首都就是為了王叔陳生的事情。根據我們情報部門的偵查，我國境內的戎人之所以要騷擾大王的地盤，都是因為王叔陳生暗中跟他們勾結。所以，我們替大王把他給抓起來了。抓起來雖然抓起來了，可是我們沒有權力處置中央領導啊，特地來請示大王怎麼處置這個內奸。」士魴說完，周靈王吃了一驚，這晉國人也太有點過分了，中央領導竟然都敢抓，還好意思來請示怎麼處理。

周靈王不用猜也知道，這事情就是單頃公在後面搞鬼。單家跟晉悼公關係非同小可，晉國八卿也都把單家奉若上賓，這事情只需要單頃公稍稍打點一下，晉國人就能幫他辦了。

「這個，嘿。」周靈王的第一反應是要罵士魴他娘，可是想了想，還是忍住了。王叔陳生是他最信任的人，也是他用來制約小宗權力的人，所以一定要把他救回來。「多謝貴國這樣幫忙了，這個，至於怎樣

處置王叔陳生，就不勞貴國費心了，把他送回來，我們自己處置就行了。」

「既然大王下令，我們照辦就是。」士魴滿口答應，又說了些無關緊要的事情，走了。

士魴走了一個多月，眼看著王叔陳生還沒有回來。於是周靈王派人前往新絳打探消息，才知道王叔陳生還被關著，絲毫沒有要放的意思。

「他娘的！」周靈王憤怒了，這簡直是調戲中央領導啊，太不像話了。可是，憤怒歸憤怒，辦法還得另想。

周靈王立即派出特使前往晉國，要求晉國立即放人。

「不好意思，八卿大會還沒討論這個問題。」士魴答覆。

「那什麼時候討論？」

「這個，我們晉國的事情太多了，每件都比這事情重要，根據排期，要是沒有別的事情發生，看明年八月份能不能討論吧。」士魴一竿子把事情打到了明年秋天，擺明瞭就是不放。

特使回報，周靈王氣得肝痛。

怎麼辦？難道就看著王叔在晉國人的大牢裡洗澡死做夢死？

到了這個時候，周靈王明白了，解鈴還需繫鈴人，要讓王叔陳生回來，只能單頃公才能做到了。

周靈王派人去請單頃公出面幫忙，單頃公拒絕了。

三次派人去，三次被拒絕。

沒辦法，周靈王只得把單頃公請來，親自請他出馬。這一次，單頃公沒辦法拒絕了，總算勉強答應下來。

到年底，晉國人把王叔陳生總算放了回來，年夜飯算是趕上了。

年初去的晉國，整整關了一年才放回來。

現在周靈王知道了，單家是得罪不起的。

腦筋急轉彎

經過這一番劫難，王叔陳生算是對單家和伯輿恨之入骨，也下定了決心一定要和他們鬥爭到底。

轉眼過了五年，到周靈王九年（前 563 年），王叔陳生覺得機會到了，於是以伯輿老年癡呆為由，要求取代伯輿擔任首席卿士。伯輿當然不肯讓權，反說王叔陳生老年癡呆。結果兩人鬧到了周靈王那裡。

「你們到底誰是老年癡呆？」周靈王兩邊都不想得罪，只能這麼問。

「他。」兩人同時說，根據他們的反應速度來看，都不算老年癡呆。

怎麼辦呢？周靈王很頭疼。

恰好這個時候史狡在旁邊，周靈王靈機一動。

「史狡，咱們這裡你最聰明了，你說說，王叔和伯輿誰比較老年癡呆？」周靈王乾脆把這個難題推給史狡。

「那，出個腦筋急轉彎唄？」史狡最近在研究這個，有很多段子。

周靈王同意了，於是，比賽開始。

「說有一個字啊，每個人都會念錯，這個字是什麼字？」史狡出題。

王叔陳生和伯輿大眼瞪小眼，每個人都會念錯的字，這什麼字啊？兩人想了半天，都快想成老年癡呆了，還沒想出來。周靈王也在一旁想，也想不出來。

想了一頓飯的時間，誰也沒想出答案來。

「到底是什麼字啊？既然都不會，你就告訴他們吧。」周靈王下令，他也想知道，可是他不說告訴我們，說告訴他們。

「好。」史狡找了一塊磚頭，在地上寫了一個字。「就是這個字。」

「噢。」大家一看，還是沒想明白。

「伯輿大爺，這個字你怎麼念？」史狡問。

「念錯啊。」

「王叔，你怎麼念？」史狡又問王叔陳生。

「這個字我怎麼可能念錯？」王叔陳生有點惱火，地上這個字是「錯」，自己三歲就認識的字，怎麼會念錯呢？

「大王，看來，王叔老年癡呆的症狀比較明顯。你看這個錯字，大家都念錯，可是王叔說他不念錯。看來，腦子確實不大好使了。」史狡得出了結論。

「胡說，這個字我怎麼不認識？我當然知道這個字念錯。」王叔陳生勃然大怒。

「可是你剛才說你怎麼可能念錯啊。」

「對啊，這個字我從小就會，怎麼能念錯？」

「你看，你還在說怎麼能念錯。」

「對啊，這個字是念錯，我沒有念錯啊。」

這兩位爭執起來，一會念錯一會沒念錯，已經扯不清楚了。

「大王，看見沒有，史狡都說王叔老年癡呆了。」伯輿聽他們吵得頭疼，不管他們，直接跟周靈王說。

周靈王現在沒得選擇了，剛才說了讓史狡來判斷誰是老年癡呆，現在史狡判斷王叔是老年癡呆，不管是不是，自己也只能認帳了。

「別吵了。」周靈王下令，於是吵聲停止。「剛才說了由史狡來判斷，現在史狡的結論已經出來了。叔啊，您歲數大了，就退居二線吧。」

「我，我……」王叔陳生氣得滿臉通紅，說不出話來，一甩袖子，轉身走了。

周靈王一看把王叔陳生氣得半死，不知道他要幹什麼，急忙派人跟了出去。過了一陣，跟出去的人回來了。

「報告大王，王叔氣憤之下，要流亡出國，現在往北走了。」派去的人回來報告。

「啊，卿士出走，這不丟大人了？快，快去給我追回來。」周靈王又派了人，駕車去追。

一直追到黃河邊上，才追上王叔陳生，正準備渡河呢。

「讓我回去？可以，不過必須把史狡給殺了，這小子欺人太甚。」

王叔陳生提出條件。

王叔陳生的條件到了周靈王這裡，周靈王正急呢，一拍桌子一瞪眼，真就把史狡給剁了。

所以，自古以來，腦筋急轉彎這類東西都是很危險的。

可是，周靈王殺了史狡，王叔陳生還是不回來，說是不讓自己當首席卿士，那就不回來。這一次，周靈王沒法答應他了。不過，王叔陳生也沒有出去流亡，就在黃河邊上住下來了。

黑心判官

王室兩個卿士鬧矛盾，而周王還沒有辦法調停。很快，晉悼公就知道了，於是派了范匄前來調停。

范匄來到，一頭紮進了單靖公家裡。此時單頃公已經去世，兒子單靖公接班。這位春秋最著名的腐敗分子自然知道應該怎樣做。

按范匄的說法，就是把王叔陳生和伯輿都請過來，然後在朝廷進行辯論，由范匄擔任裁判。不過這個建議被周靈王否決了，表面的理由很簡單，那就是晉國的上卿比王室的卿士低了一級，不可能下級審上級。實際上呢，周靈王是擔心王叔陳生脾氣火暴，口才又不如伯輿，還不會腦筋急轉彎，當面辯論肯定要輸。

於是，辯論不在王叔陳生和伯輿之間進行了，而是各自派來家宰，由家宰代表主人進行辯論。

臨時法庭這樣組成了，法官：范匄；當事人代表：王叔陳生的家宰和伯輿的家宰。旁聽，周靈王和單靖公。

「你代表王叔是不是？那你說說，王叔憑什麼要在伯輿之上？」范匄首先向王叔陳生的家宰提問。

「我們王叔是周王的叔叔，出身高貴學識淵博，而伯輿不過出身蓽門閨竇之家，怎麼能在王叔之上？」王叔的家宰提出理由，蓽門閨竇的意思就是蓬門小戶，也就是說伯輿出身微賤。

「那你說說你的理由。」范匄對伯輿的家宰說。

「嘿嘿，還不知道誰家是華門閨寶呢。想當初，周王剛剛遷到這裡，所有天子用的祭祀品都是我們七家給置備的，還別說裝修房屋提供冬糧等等。當時周平王對我們七家非常感謝，殺了一頭紅牛盟誓說『讓你們世世代代擔任卿的職位』。我勸你腳後跟想想吧，要是我們家是蓬門小戶，能做到這些嗎？倒是王叔擔任卿士以來，拼命攬權，然後貪污受賄，扶植親信，他的手下們都富得流油，國家的財產都進了你們的腰包，這樣下去，只怕我們家倒真的要成蓬門小戶了。如今大國上卿范元帥來了，請您為我們主持公道。」伯輿的家宰明顯比王叔的家宰能說，說得周靈王都覺得有道理。

「嗯，看來是公說公有理，婆說婆有理。」范匄說著，微微一笑。「那這樣吧，現在進入第二個環節，舉證環節。你說伯輿家是蓬門小戶，請拿出證據。你說當初你們對周朝東遷作出了貢獻，也請拿出證據。」

王叔的家宰傻眼了，這到哪裡去找證據？

伯輿的家宰則早有準備，拿出了當年的盟書。當初的盟書共有八份，王室和七家各收藏一份。

「我作證，這盟書我們家也有一份。好像，大王這裡也應該有一份。」單靖公舉手，作個人證。

「大王，是這樣嗎？」范匄問周靈王，周靈王沒辦法，也只能點點頭。

舉證階段就這麼結束了，進入判決階段。

「周王幫助誰，我們就幫助誰；周王不幫助誰，我們也不幫助誰。現在，大王自然是幫助有證據的人，所以，我們也幫助有證據的人。我宣佈，伯輿勝出。」范匄作出了判決。

單靖公笑了，周靈王則面無表情。

當天，王叔陳生逃到了晉國。

第二天，單靖公頂替王叔陳生的職位，擔任卿士，與伯輿共同管理國家。

至此，在這場權力鬥爭中，王族慘敗。

第二二二章
太子晉

　　王叔陳生偷雞不成蝕把米，首席卿士沒當上，自己還要流亡。

　　周靈王有些鬱悶，儘管他也並不想王叔陳生獨掌大權，但是有王叔陳生在，至少對小宗是個制約。如今兩個卿士都由小宗把持，周靈王有徹底被架空的感覺。

　　經過反思，周靈王得出一個結論：小宗之所以在這次鬥爭中獲勝，固然有多年經營的原因，更重要的原因是他們有晉國作後盾。

　　「老子也找個後盾。」周靈王想。問題是，去哪裡找後盾？怎麼找後盾？

　　最簡單易行的找後盾的辦法是通過裙帶。周晉同姓，要跟晉國扯上裙帶關係是沒有可能的，只能永遠五百年前是一家了。楚國呢？楚國這時候正是中原國家的敵人，根本不能考慮。

　　算來算去，好像只有齊國靠點譜。

　　還好天遂人願，周靈王十二年（前560年），周靈王的王后崩了。於是，周靈王向齊國求婚，算是拴上了齊國這根裙帶。

王子晉

　　王后崩了，不過王后給周靈王留下來一個太子。太子名叫姬晉，又叫子喬，因此稱為王子喬，也叫太子晉。

　　王后崩的時候，太子晉不過五歲。不過，五歲的太子晉已經表現出超人的資質和過人的聰明來，喜好讀書而且過目不忘。

　　太子晉平時最喜歡去的地方就是王室的守藏室，這裡有從夏朝到周朝的全部典籍的收藏本，相當於現在的國家圖書館。守藏室的史官相當於圖書館館長，此人姓老，名叫老聃。老聃的學問深不可測，令太子晉驚訝。而太子晉的聰穎好學同樣讓老聃驚訝。於是，兩人成了

忘年交，有事沒事在守藏室交流學問。

老聃是什麼人？就是大名鼎鼎的老子。

周靈王二十二年夏天，谷水上游降水，而谷水在雒邑一帶流入洛水，因此，洛水水位暴漲，有漫出河道、流入雒邑的可能。儘管雒邑城危險不大，但是王宮的地勢較低，一旦雒邑進水，王宮就會被淹沒。

周靈王緊急召見單靖公和劉定公兩位卿士商量對策，這個時候伯輿已經去世，劉定公接任卿士。周靈王建議在谷水上游堵塞河道，讓谷水強行改道，這樣固然將淹沒大量民田民居，但是能夠保住王宮。單靖公和劉定公也沒有更好的辦法，好在對他們兩家的影響不大，因此表示同意。

消息傳出，宮內一片歡騰。

太子晉這個時候只有十五歲，聽說這件事情之後，急忙去見父親。

「父王，聽說要堵塞谷水，是嗎？」太子晉問周靈王。

「不錯，明日就要開工，否則來不及了。」

「不可。」太子晉表示反對，隨後，講了自己的理由。

《國語》中有「太子晉諫壅谷水」，太子晉運用了大量的老子的思想來勸阻父親，太子晉的這一段對話非常著名，也非常長，原文不錄，譯文保留。之所以保留譯文，一來要看看太子晉的才華和思想，二來，太子晉與十二分之一的中國人有不解的淵源，因此應該多一點筆墨。什麼淵源？很快就知道了。

下面，是太子晉勸諫父親的全文譯錄：

「我聽說古代的執政者，不毀壞山丘，不填平沼澤，不堵塞江河，不決開湖泊。山丘是土壤的聚合，沼澤是生物的家園，江河是地氣的宣導，湖泊是水流的彙集。天地演化，高處成為山丘，低處形成沼澤，開通出江河、谷地來宣導地氣，蓄聚為湖泊、窪地來滋潤生長。所以土壤聚合不離散而生物有所歸宿，地氣不沉滯鬱積而水流也不散亂，因此百姓活著有萬物可資取用而死了有地方可以安葬。既沒有夭折、疾病之憂，也沒有饑寒、匱乏之慮，所以君民能互相團結，以備不測，古代的聖明君王唯有對此是很謹慎小心的。

　　過去共工背棄了這種做法，沉湎於享樂，在肆意胡為中葬送了自身，還準備堵塞百川，墜毀山陵，填塞池澤，為害天下。皇天不賜福給他，百姓不幫助他，禍亂一起發作，共工因此而滅亡。在有虞氏時，崇地的諸侯鯀肆意胡為，重蹈共工的覆轍，堯在羽山懲治了他。他的兒子禹知道過去的做法不對，改弦易轍，效法天地，類比萬物，取則于民眾，順應於群生。共工的後裔四岳幫助他，順應地形的高低，疏通河道，去除淤塞，蓄積流水繁殖生物，保全了九州的高山，暢通了九州的河流，圍住了九州的湖泊，豐滿了九州的沼澤，平整了九州的原野，安居了九州的民眾，溝通了四海之內的交往。因此，天無反常之候，地無失時之物，水無鬱積之氣，火無烈焰之災，鬼神不作亂，百姓不放縱，四季不混亂，萬物不受害。按照大禹的做法，順應自然的法則，才能建功立業，使天帝滿意。上天嘉獎他，讓他統治天下，賜姓為姒，稱有夏氏，表彰他能作福保民、生育萬物。同時分封給四嶽土地，讓他們督率諸侯，賜姓為姜，稱有呂氏，表彰他們能像手足心腹一樣幫助大禹，使百物生長、人民豐足。

　　大禹和四岳的成功，難道是由於上天的眷寵嗎？他們都是亡國之君的後裔，只是因他們能行大義，所以能遺澤于後代，使家族的香火不被革除而世代沿續。夏的統治雖然衰微了，但杞、鄫二國仍然存在；申、呂的四嶽雖然衰落了，但齊、許二國仍然存在。只有立下大功，才能受封土傳祭祀，以至於領有天下。至於後來又失去天下，必定是過度享樂之心取代了建功立業，所以失掉了姓氏，一蹶不振，祖先無人祭奠，子孫淪為奴僕。這些家族的衰亡難道是由於上天不眷寵他們嗎？他們都是黃帝、炎帝的後裔，只是因為他們不遵循天地的法度，不順應四季的時序，不度量民神的需求，不取法生物的規則，所以絕滅無後，至今連主持祀祖的人都沒有了。至於後來又得到天下，必定是以忠信之心取代了邪亂之行，效法天地而順應時序，契合民神需求而取則於生物，因而能顯貴有後，光耀祖宗，賜姓受氏，並隨以好的名聲。只要遵循先王的遺訓，考查典禮刑法，並瞭解興盛、衰亡者的業績，完全能明白其中的道理。興盛者必有夏禹、四嶽那樣的功績，

衰亡者必有共工、伯鯀那樣的過失。現在我們的施政恐怕有違背天理之處，從而擾動了谷、洛二水的神靈，使它們爭流相鬥，以致為害王宮，陛下要堵塞掩飾，恐怕是不行的。

俗話說：『不要經過昏亂者的家門。』又說：『幫廚者得食，助鬥者受傷。』還說：『不生貪心不惹禍。』《詩》上說：『四馬戰車不停跑，五彩軍旗空中飄，戰亂發生不太平，沒有哪國不紛擾。』又說：『民不堪命起禍亂，怎能束手遭荼毒。』看見禍亂而不知戒懼，所受傷害必定多，掩飾終究會暴露。民眾的怨恨與亂行尚且無法遏止，更何況神靈呢？陛下為了應付河流激鬥而修茸加固王宮，猶如掩飾禍亂而幫人爭鬥，這不是擴大禍亂並傷害自身嗎？

自從我們的先祖厲王、宣王、幽王、平王四代不知自惕惹怒了上天，天降之災至今不斷。如今我們又要去擴大這些禍害，恐怕將連累子孫，王室會更加衰落，這如何是好呢？

自從先公後稷消除禍亂以來。到了文王、武王、成王、康王時才基本安定了百姓。從後稷開始安民，經過十五王到了文王時才平定天下，到了第十八代康王時終於安撫了百姓，可見它有多麼艱難。從厲王開始變更先王的法度，已經歷了十四王。修德平天下要十五王才能成功，招禍亂天下有十五王還不夠嗎？我日夜戒懼擔憂，總是說『不知如何修德，才能光揚王室，以此迎納上天的福祉』，陛下還要助長禍亂，那怎麼得了？陛下也應對照一下九黎、三苗的君王，乃至夏、商的末世，他們上不效法於天，下不取則於地，中不安和百姓，不順應時節，不尊奉神靈，完全拋棄了這五個準則。因而被他人毀掉了宗廟，焚燒了祭器，子孫淪為奴僕，連在下邊的百姓也遭禍害。陛下再看看前賢們行事的法度，他們都做到了這五個方面而得到了天賜的大福，受到民眾的擁戴，子孫延續繁衍，美名傳之久遠，這些都是做天子的應該知道的。

祖先門第顯赫的子孫有的淪為農夫，是禍害了百姓的緣故；而農夫平民有的擔當了治國的重任，則是安撫了百姓的緣故，這沒有例外。《詩》上說：『殷商的教訓並不遙遠，就在夏代的末年。』何必去修茸

加固王宮呢！那樣做會招致禍亂的。對於天神來說是不祥，對於地物來說是不義，對於民情來說是不仁，對於時令來說是不順，對於古訓來說是不正，比照一下《詩》、《書》和百姓的輿論則都是亡國之君的行為。上上下下衡量下來，沒有理由這樣做，陛下請好好考慮一下！任何事情，若大的方面不遵從天象，小的方面不遵從典籍，上不合天道，下不合地利，中不合民眾的願望，不順應四季的時序行事，必然沒有法度。既要辦事而又沒有法度，這是致害之道啊。」

太子晉這一番話說出來，洋洋灑灑，引經據典，聽得周靈王有些發愣，也有些煩。發愣是因為兒子這麼有學問，煩是因為自己急著部署攔水工程，沒工夫在這裡聽兒子講大道理。

「打住打住，你說的這些，都是老聃那一套，在我這裡不管用。」周靈王直接拒絕了，心說按照你的說法，水來了就等淹死，地震了就等砸死，那我這個王還當個什麼勁？

最終，周靈王還是堵塞了谷水。至於後果如何，史書沒有記載，不加妄斷。

叔向的馬屁

儘管沒有能夠勸阻父親，太子晉還是因為那一番諫言而名聲大噪。

因為雒邑一帶水災，到了當年秋天，晉平公決定派人前往王室慰問以及詢問需要什麼支援。由於六卿生病的生病，請假的請假，總之沒人願意去，只得派上大夫叔向前往。

「主公，我去沒問題。不過，我想請師曠同去。」叔向沒有推辭，不過提出一個要求。

「為什麼？」晉平公問。

「我聽說太子晉非常有才華，他的老師老聃更是學問極深，我想會會他們，可是又擔心自己的學識不夠，因此請師曠給我助陣。」叔向原來是想會太子晉，擔心自己對付不了。

「那好吧。」晉平公同意了。

師曠是什麼人？竟然叔向都要請他助陣。

師曠，晉國的大夫，同時也是晉國首席樂師。此人的學問深不可測，在中國歷史上赫赫有名。不過有一點，師曠是個瞎子。至於師曠，後面再說，此處放下。

叔向和師曠來到了偉大首都，首先拜見了周王，表達了晉國對於偉大首都發生水災的問候，表示「中央有難，八方支援」，王室有什麼需要幫忙的，儘管開口，晉國一定全力幫助首都人民渡過難關，重建幸福家園。

周靈王挺感動，不過也沒客氣，讓人開了清單，請晉國支援。無非是糧食若干，布匹若干。

見過了周靈王，叔向去見單靖公。晉國人都知道，到了偉大首都，見不見周王沒關係，單家是必須要去的。

叔向帶著禮品到了單家，單靖公連忙迎了進去。收了禮品，單靖公設宴招待叔向。儘管和晉國公室關係非同一般，單靖公並沒有傲慢地對待叔向，他非常恭敬，並且按照周禮來接待他。

席間，單靖公並沒有跟叔向套近乎，整個宴席，兩人談論的就是《昊天有成命》這首詩。臨走，送行也沒有出城。

一切都是按著規矩來的，都是那麼正規，令人無可挑剔。單靖公真的是這麼一個嚴肅的人？單靖公的想法其實很簡單：晉國權力鬥爭激烈，自己一定不能跟他們走得太近，保持距離是保護自己的最佳手段。

單靖公不是與晉國公室關係密切嗎？怎麼還怕捲入晉國的權力鬥爭？單靖公很清楚，單家與晉國公室的關係不可能永遠那麼近，晉悼公之後已經明顯疏遠了許多。

單家和叔向刻意保持距離，可是叔向卻想和單家套近乎。整個宴席期間沒有機會，這讓叔向有些失望。

走的時候，單靖公的管家送叔向出城回國賓館。

這個時候，叔向找到了機會。或者說，這時候再不套近乎，就來不及了。

「哇噻，邪了門了。」叔向開口，一驚一乍，把單家管家聽得一愣。

「那什麼，什麼東西忘在我家了？」管家問。

「不是，我聽說『一姓不再興』，姬姓就應該衰落了。可是如今周朝好像又要興盛了，為什麼呢？因為有單公這樣的人啊。」叔向開始拍馬屁了，這個馬屁一定要拍好。「過去史官尹佚曾說過『舉動以恭敬為最，治家以儉樸為最，品德以謙讓為最，處事以多問為最』。單公待我以禮，這些都做到了。他的房屋不高大，器物不華麗，是儉樸；行為謹慎小心，內外整潔齊備，是恭敬；宴飲和餽贈都不超過上官的規格，是謙讓；宴請的禮儀都仿照上官所為而施行，是多問。像這樣，再加上不拉私人交情，不附和眾人送出城郊，就能避免招致怨恨。治家儉樸而舉動恭敬，品德謙讓而處事多問，並能避免招致怨恨，用這樣的大夫來輔佐朝政，周朝還能不興盛嗎？」

「嘿，嘿嘿。」管家聽了很高興。

「單公所談論的《昊天有成命》，是弘揚德行的《頌》詩。這首詩闡述成就王業的德行。所謂成就王業，就是能發揚文德、奠定武功。闡述成命而尊稱上天為昊天，是尊敬它至高無上。單公儉樸恭敬、謙讓多問，與先王的美德相當。單公這一代若不興盛，其子孫必定繁衍，後世不會忘記。」繼續拍。

「大夫過獎了，過獎了。」管家聽得心花怒放。

「《詩經》上說：『其類維何？室家之壺。君子萬年，永錫祚胤。』所謂類，是說不辱前賢。所謂壺，是比喻德行廣被民眾。所謂萬年，是說美名永遠傳揚。所謂胤，是指子孫生息繁衍。單公朝夕不忘成就王業的美德，可算是不辱前賢了；保有正大的德行，用以輔佐王室，可算是廣被民眾了。像這樣能學習前人的嘉言懿行，使民眾敦厚淳樸，必定有聲名顯赫、子孫昌盛的福祉，單公一定會得到的。即使單公得不到，那他的子孫後代必定會得到，而不會是他人。」接著拍。

「多謝大夫啊，這些話我一定轉達給主人。」管家承諾，他知道單靖公愛聽這些，自己轉達過去，也算是一件功勞啊。

叔向笑了，他要的就是這句話。

該辦的事情都辦完了，現在可以心情輕鬆地去見太子晉了。去見

太子晉，倒不是為了拍馬屁或者套近乎，而僅僅是為了見識一下這個小孩子的學問。當然，同時也想見一見傳說中的老聃。

去之前，叔向特地派人送了話，說是希望見一見老聃，看是否能夠安排。

太子晉回話：「沒問題。」

第二天，叔向和師曠前往拜會太子晉和老聃。

第二二三章

老子是誰？

關於老子的身世，歷來說法不一。

按《史記》：老子者，楚苦縣厲鄉曲仁里人也，姓李氏，名耳，字聃，周守藏室之史也。

這個說法，有很多不合理之處。

第一，如果老子姓李，為什麼叫老子而不叫李子？第二，此前沒有出現過李姓，老子的李姓從何而來？第三，周王室有大量王族處於失業狀態，守藏室之史這樣的職位怎麼會給一個外人？第四，守藏室之史是一個重要職位，特別對於王室來說，其重要性不言而喻。守藏室不僅是國家圖書館，而且是國家文物館，而且是中央文獻博物館。這樣重要的一個職位，是絕對不可能給一個楚國人來擔任的。

根據傳統，守藏室之史，這個職位一定出於世家，不是王族，也是周朝太史家族。

所以，《史記》的記載不足為據。

事實上，就連司馬遷本人也懷疑他自己的寫法，所以，《史記》中繼續記載：

或言老萊子亦楚人也，著書十五篇，言道家之用，與孔子同時云。

自孔子死之後百二十九年，而史記周太史儋見秦獻公曰：「始秦與周合，合五百歲而離，離七十歲而霸王者出焉。」或曰儋即老子，或曰非也，世莫知其然否。

這樣，《史記》中，司馬遷實際上給出了老子的三個候選答案：李耳、老萊子、太史儋。哪一個是對的，司馬遷本人也不能確定。

既然司馬遷不能確定老子究竟是誰，為什麼卻要連老的故里都寫出來呢？有趣的是，老的故里是有道理的。當然，所謂故里，應該是他的第二故鄉。

為什麼要說老子是太子晉的老師呢？因為太子晉的思想明顯受到

老子的影響。而老子之所以能夠名揚天下，就是因為他是太子晉的老師，儘管不是正式的老師。

也正因為有了這樣的師承關係，當老子成為道家的祖師爺之後，太子晉也就成了道家的人物。

有人說老子名揚天下靠的是《道德經》，其實不然，在《道德經》面世之前，老子就已經因學問而名噪天下了。

當然，名傳後世，老子靠的還是《道德經》。

論道大會

太子晉和老聃在太子府恭候叔向和師曠來到，他們對這兩個晉國人也是聞名已久，十分仰慕。

四人相見，寒暄之後，分賓主坐定。

作為主賓和主人，叔向和太子晉客套了幾句。之後，各自介紹了老聃和師曠，又是一番互道景仰之情。

基本上，這就是當時世界上最博學的四個人在一起了。

四個人的談話很有趣，因為四個人的地位很有趣。

地位最高的自然是太子晉，理論上說，他是世界上排名第二的人物，而且，他是今天的主人。可是，老聃是太子晉的老師，又是國家圖書館的館長，因此從學術的角度來說，他的地位更高。但是，叔向是晉國的特使，當今世界上最強大國家的特使以及最強大國家的國君的老師，而且是客人，從實力而言，叔向更強。但是，師曠是叔向專門請來的，學問高深不說，還是個殘疾人，更需要大家的關照，也讓大家敬佩。

好在，四個人都很謙恭，都看重別人的地位而看輕自己的地位。因此，他們在一起是很輕鬆快活的。

幾人先談了一陣《詩經》，便談邊喝，談得高興。

談過了《詩經》，話題漸漸轉到時事上面，大家又說了些國際形勢。不過，對於晉國的權力鬥爭以及王室的權力鬥爭，大家諱莫如深，

點到即止。

「老子先生，我有一件事情想向您請教。」叔向對老聃很恭敬。

「太傅客氣了，請講。」老聃也很謙虛。

「剛強和柔弱，哪一個堅固？」叔向問了一個聽上去很哲學的問題，實際上，他是想問問，怎樣做才能在晉國這樣複雜的環境中保住自己，保住家族。

老聃笑了笑，他知道叔向的意思，因為不僅叔向面臨這樣的問題，包括他自己在內的每個人都面臨這樣的問題。不僅晉國權力鬥爭激烈，王室也不例外。

「你看，一個人八十歲的時候，身體裡最強硬的牙齒就已經脫落了，而弱軟的舌頭還在。『天下之至柔，馳騁乎天下之至堅（《道德經》）。』天下最柔弱的，能夠進入到天下最堅固的地步。『人之生也柔弱，其死也剛強（《道德經》）。』人活著的時候是柔弱的，死了就硬邦邦了。萬物活著的時候是柔弱的，死了就枯槁了。從這些方面看，柔弱是活著的一類，剛強是死亡的一類。活著的，哪裡損壞了一定可以復原；死了的，哪裡損壞了一定會更糟糕。所以我知道，柔弱比剛強更堅固。」老聃的一番話，讓叔向有茅塞頓開的感覺。

「老子，您說得太對了，您是怎麼明白這個道理的？」叔向問。

「這是我老師常撧告訴我的。」老聃說。原來他也有老師。

「那，我能不能有幸拜會常老師？」

「他已經去世了。」

「哦。」叔向有些失落，也有些尷尬。

老聃倒沒有什麼，依然神態自然。

師曠聽著他們的對話，覺得老聃的話很有道理，聽到叔向沒有再問問題，於是他有問題要問了。

「老子太有學問了，我想替我們主公問您一個問題。」

「大師過獎了。」老聃一向也對師曠很敬仰。

「請問，國君應該怎樣治理國家？」師曠提出問題，他希望回去講給晉平公聽。

「清靜無為，務在博愛。要愛自己的百姓，任用賢人，開闊自己的視野，考察各方面的情況，不要被一般的習俗所局限，不要被左右的人所控制。要有遠見卓識，超凡脫俗，經常反省自己，考察政績，治理百官。」

「嗯，好一個清靜無為，好，好。可是，怎樣算是清靜無為？」師曠贊同，不過還有點疑惑。

「我打個比方，治國就像蒸魚，不要經常翻動它。所以古人說：治大國如烹小鮮（《道德經》）。如果治理國家就像烹小魚一樣小心翼翼，瞻前顧後，那就是清靜無為了吧。」老子的話很形象，師曠閉上眼睛想像烹魚的場景，禁不住點點頭。當然，他的眼睛本來就是閉上的。

老子接連回答了晉國人兩個問題，禁不住還是有些得意。而兩個晉國人對老子的回答都很滿意，叔向以崇敬的眼光看著老子，而師曠豎起自己的耳朵，等待著老子繼續說下去。

「老師，當今世界物欲橫流，征伐不斷，大國欺凌小國，強勢兼併弱勢。不說百姓生活在水深火熱之中，就是公卿大夫也都朝不保夕，惶惶不可終日。總之，這個世界就要完蛋了，老師有沒有想過，怎樣才能拯救這個世界？怎樣才能讓這個世界太平和諧？」這個時候，太子晉提問題了。他知道，老子最擅長也最愛說的就是這個，但是如果自己主動來說，就不如有人提問。如今晉國人都提問了，自己正好把這個問題拋出去，給老師一個發揮的藉口。

老聃看看太子晉，會意地笑了，心說「這孩子真聰明，怪不得人見人愛」。

「這是我經常徹夜思索的問題啊，這個世界已經很危險了，我們必須想到拯救世界的辦法啊。既然太子說起，那我就說說。」老聃喝了一口水，清了清嗓子，對於這個話題，他有很多話要說。

叔向瞪大了眼睛，師曠的耳朵也豎得更直。

「我擔任國家圖書館館長多年，飽覽各朝的群書。要拯救這個世界，我覺得只有一種辦法。」老子說著，用憂國憂民的目光掃視了眾人一遍。

太子晉笑了笑，叔向點點頭，師曠的耳朵也動了一動。

「什麼是萬惡之首？欲望。」老子進入正題了，首先從人性談起。「有了欲望，人們就會去爭奪。欲望越強烈，爭奪的手段就越是激烈。當今世界如此混亂殘暴，就是因為人們的欲望越來越沒有限制。」

老子說到這裡，大家都點點頭，覺得有道理。

「可是，欲望是與生俱來，不能消滅的。那麼怎麼辦？那就要抑制人們的欲望，而不是激發他們的欲望。」老子繼續說。

「怎樣抑制呢？」師曠插了一句，這個話題他比較感興趣。

「不要刺激人們的感官，譬如說人都是有性欲的，這一點無法改變。但是，如果每天有美女在你面前走動，你的欲望就會增強；反過來，如果你看不到美女，你的欲望就會減弱。人們知道的事情越多，各方面的欲望就會越強。看見你穿皮衣了，他就會想好衣服；看見你吃魚肉了，他就會流口水。所以，抑制欲望最好的辦法就是什麼都不要讓他看見。按照我的總結，就是『常使民無知無欲』（《道德經》）。」

「噢，那不就是愚民？」師曠又問，對老聃的話，他有些吃驚。

「事是那麼回事，可是不要說得這麼難聽啊。」老子笑了，不過師曠看不到。

「那，怎麼才能讓老百姓無知無欲呢？」叔向問。在這一點上，他同意老聃的說法。

「小國寡民，使有什佰之器而不用，使民重死而不遠徙（《道德經》）。」老聃迅速給出了答案，國家不要大，老百姓也不要多，凡是省力的先進的器具都不許使用，老百姓幹死幹活的收成都只夠活命，整天拴在土地上，哪裡也不去，什麼也不想。

「人要是這樣，跟牛馬還有什麼區別？」師曠忍不住又問了一句。

「不錯啊。天地不仁，以萬物為芻狗（《道德經》），人和牛馬本來就沒有區別啊。」老聃又是笑著回答，師曠還是沒有看見。

對於老子所說的「常使民無知無欲」，叔向是支持的。不過這小國寡民的方式，叔向的感覺是難以實現。

「這個，有點難。」叔向搖搖頭，說道，「就算一個國家這樣做了，

但是如果周邊的國家不這樣，豈不是也不行？豈不是也會有誘惑？」

「所以，還有。鄰國相望，雞犬之聲相聞，民至老死，不相往來（《道德經》）。」老聃想得還挺周到，他的意思，鄰國之間，老死不相往來。這樣，外部的誘惑就沒有了。

閉關鎖國，原來根源就在老聃這裡。

師曠沒有再反問，叔向也沒有再提問。師曠常年在國君身邊，對於國家大事知道得很多；而叔向更是常年和國內外的權臣們打交道，他對這個世界的認識更加真實。

「圖書館裡的理想主義者。」叔向和師曠在內心裡都這樣評價老聃。叔向不是不贊成老聃的主張，但是老聃的方法實在太過天真，基本上就是異想天開，絕沒有操作性可言。而師曠根本就不同意老聃的說法，對於老聃的小國寡民以及老死不相往來這些話，都當作癡人說夢。

這，就是學院派和實操派之間的區別。在圖書館裡想像的世界與真實的世界是截然不同的，在圖書館裡描繪的理想世界往往是缺乏人性和現實基礎的。

老聃突然發現叔向的眼睛已經不再瞪著，而師曠的耳朵早已經耷拉了下來，他難免有些掃興。看來，自己的精彩想法並沒有得到共鳴。

老聃有些尷尬，於是夾了一塊肉來吃，以掩飾自己的失落。

「老子，按照你的說法，其實沒有國家是最好的。」師曠突然說話了。他一向就這麼直率，沒有等到老聃回答，師曠接著自己回答了：「可是，如果沒有國家，誰來養活我們？所以還要有國家。」

老子有點發愣，這個問題他確實沒有想過。該怎麼回答？沒有等他回答，師曠又說話了。

「你說的抑制人們欲望的方法恐怕不行，人有很多欲望，最基本的欲望就是求生。你的方法，實際上是增強了人們求生的欲望，從而壓抑了人們其他的欲望。如果人們僅僅能夠生存，那麼一旦天災來到，人們就無法生存，於是求生的欲望會更大，這個時候，沒錯，人們不會去強姦，不會去追求好吃好喝，可是人們要活命，就會去搶劫殺人，這難道更好嗎？既然欲望是與生俱來的，就是上天所給的，你為什麼

要去抑制它呢？」師曠大聲問道，看上去他有些激動了。

「大師誤解了，我的意思，是大家自覺自願，不是強迫。」老聃辯解。

「你怎麼能讓大家自願抑制欲望呢？」

「只要國君垂範就行了，所以君子說：我無為而民自化，我好靜而民自正，我無事而民自富，我無欲而民自樸（《道德經》）。只要國君無欲無為，老百姓就會跟隨啊。」

「國君無欲無為？要是國君無欲，誰還當國君？當國君不就是為了滿足自己的欲望嗎？不為了女人、不為了財寶，誰當國君？」

「大師，話不能這麼說。五色令人目盲，五音令人耳聾，五味令人口爽。是以聖人為腹不為目，故去彼取此（《道德經》）。那些身外的誘惑太多，會使人迷亂，所以好的國君只要吃飽肚子就行了，不玩女人啊。就像大師您，您自己弄瞎了眼睛，不就是為了避免受到太多的誘惑嗎？」老聃繼續辯解。

「那我可不是你說的君子了，沒錯，眼睛瞎了可以避免眼睛看得見的誘惑，可是我是為了讓耳朵承受更多的誘惑，好專心於音樂啊。吃飽了睡，睡夠了吃，那樣的君子跟豬有什麼區別？」師曠大聲說。

老聃的臉色一陣青一陣白，不知道再說什麼。

叔向看見兩個人說得僵了，急忙來緩和氣氛。

「哈，兩位的高見都令人佩服啊。不過今天高興，不說這些沉悶的話題了。」叔向開口，轉移話題。

「就是就是，太傅有什麼好想法？」太子晉急忙附和。

「師曠大師是當今音樂造詣最高的人，而太子據說笙吹得一流。既然今天聚在這裡，機會難得，何不合奏一曲？讓我們開個眼界？」叔向的主意不錯。

太子晉當場贊同，師曠也不好拒絕。樂器是現成的，於是師曠鼓瑟，太子晉吹笙。後來曹操在《短歌行》中寫道：「我有嘉賓，鼓瑟吹笙。」

兩大高手合奏，自然奏出一首名曲，叔向聽得如癡如醉，就連老

聃也聽的心情大悅，忘記了自己所說的「五音令人耳聾」。

當天，盡歡而散。

太子晉尤其敬佩師曠，特地贈送他乘車一輛。

王姓始祖

俗話說：天妒英才，天才不壽。

第二年，太子晉竟然病逝，年方十六歲。

噩耗傳出，天下為之惋惜。也正因為天下為之惋惜，所以就有了下面的傳說。

據漢劉向的《列仙傳・王子喬》，太子晉擅長吹笙，能從笙中吹出像鳳凰鳴叫一樣的聲音來。他常常一個人到伊水、洛水的岸邊去漫遊。有個叫浮丘公的道士，看見王子晉有仙風道骨，就把他引到嵩山上去修煉。有一次，王子晉在山上遇見了一個名叫柏良的老朋友，他就對柏良說：「請你回去告訴我家裡人，七月七日這天，叫他們在緱氏山下等我，我要和他們告別了。」

到了那天，周靈王一家等候在山腳下，只見王子晉乘著一隻白鶴，徐徐降落在緱氏山的頂峰，拱起手來向山下的家裡人告別。家裡的人看著他的音容笑貌，卻無法登上那險峻的山峰。王子晉在山巔停了幾日，然後騎上白鶴，飄飄然消失在白雲藍天之中了。只從雲彩裡落下兩隻繡花拖鞋，算是他臨別時留給父親的紀念，這個地方因而被後人稱為「撫父堆」，堆上還修了一座廟，叫「子晉祠」。傳說每當風和日麗的日子裡，人們常常聽到簫管的聲音從祠中傳出來，給人以美好的遐想。

歷朝歷代，都有許多詩人詠太子晉。

屈原在《遠遊》詩中寫道：「軒轅不可攀援兮，吾將從王喬而娛戲。」南朝《古詩十九首》也存有「仙人王子喬，難可與等期」的詩篇，李白則寫下「吾愛王子喬，得道伊洛濱」。杜甫也寫道：「范蠡舟偏小，王喬鶴不群。此生隨萬物，何處出塵氛。」白居易也有「子晉廟

前山月明，人聞往往夜吹笙。鸞吟鳳唱聽無拍，多似霓裳散序聲」。

武則天在去嵩山封禪之時，專門來到了緱山之巔拜謁子晉廟，並在此立下了著名的「太子升仙碑」，隨後修建了升仙太子廟。

如今，升仙太子廟杳然不存，只有孤零零的太子升仙碑佇立在緱山之巔。

升仙太子碑之側，有幾座後人追念太子晉的石碑。其中一個為乾隆所立，碑上寫道：「緱嶺蔥蘢嵩岳連，傳聞子晉此升仙。割來太室三分秀，望去清伊一帶綿。」

史上多有說太子晉因進諫而被廢為庶人，此說不見於正史，且不合常理。

太子晉早夭，留下一個遺腹子王孫宗敬。而太子晉的弟弟王子貴被立為太子，就是後來的周景王。

王孫宗敬長大之後，出任周朝司徒。後來王孫宗敬辭官遠走，來到晉國的太原，太原人稱他們為「王家」，從那以後，太子晉的後人以王為姓。

王孫宗敬之後的王家開始在太原繁衍，他的後代中產生了數不盡的英雄豪傑。

到秦始皇統一中國，大將王翦和兒子王賁功勞最大，王翦就是太子晉的後代。

後來王賁的兒子王離為秦朝大將軍，被項羽擊敗而自殺。王離的長子王元徒居山東琅琊，就是琅琊王氏始祖。王離次子王威則回到太原，但是不久前往揚州。後來，王威的九世孫王霸重返故里，定居太原，成為太原王氏。

中國歷史上，太原王和琅琊王都是名門望族，人才輩出。東漢的王允、晉朝的王導、王羲之，唐朝的王維、王昌齡、王之渙，宋朝的王旦、王安石，明朝的王陽明、王夫之等等，都是這兩處王家的後人。

南北朝時，只有王家在南北兩朝都是名門望族。

王姓後來分為二十一郡望，即二十一處，這二十一郡望並不都是太子晉的後代，但是以太原和琅琊為王氏之首。

基本上，中國歷史上的王姓名人，十之八九出於或自稱出於太原王和琅琊王。如今，南方各地王姓多半出於太原王和琅琊王。

　　據日本栗田寬《氏族考》，日本「山田、山田御井志、廣野、三宅等六氏皆為王氏傳人」。

史上最牛音樂發燒友

太子晉的死訊傳到晉國，恰好師曠和晉平公在一起。

「唉，可惜了可惜了，絕頂聰明的人，又很懂禮貌，就這樣夭折了。看來，上天真是不眷顧周朝啊。」師曠感慨，很遺憾的樣子。

「大師，我知道你和太子晉關係很好，不過你似乎並不悲傷啊。」晉平公問。他很尊重師曠。

「是啊，因為去年見他的時候，就聽到他聲音清亮中帶點痰喘，肺火極大，我就知道他恐怕只有一年的壽命了。因此，我並不意外，所以也就沒有悲傷，只是有些遺憾。」師曠說。說完，師曠告辭回家。

「來人，送大師回家。」晉平公下令。

師曠，不過是一個樂師，頂多是一個大夫級的首席樂師，晉平公為什麼對他如此恭敬？

樂聖

師曠出身樂師世家，從小博覽群書，尤其酷愛音樂，可是在音樂上的造詣總沒有多大的進境。

「怎麼回事呢？我該怎麼辦呢？」師曠很困惑，他真的很熱愛音樂，所以他更困惑。

於是師曠開始反思，他發現一個現象，那就是各國出色的樂師多半是瞎子，為什麼呢？父親告訴他說：「那是因為瞎子看不見，所以耳朵分外的好使。」

可是，僅僅是這樣嗎？師曠索性蒙起自己的眼睛來，很快他發現，當眼睛看不見的時候，不僅僅是耳朵更好使那麼簡單，更重要的是看不到光怪陸離的世界之後，注意力會更集中，受外界的誘惑會更少。

「技之不精，由於多心；心之不易，由於多視。」這就是師曠的

結論。

於是，師曠作了一個令人震驚的決定：弄瞎自己。

就這樣，師曠用熏香熏瞎了自己的雙眼。

世界上多了一個瞎子，也多了一個頂尖的音樂家。

師曠，史上最牛的音樂發燒友。

在成為一個瞎子之後，師曠果然能夠集中精力於音樂。很快，他就成為頂尖的音樂家。於是，晉悼公將他召入宮中擔任首席樂師。令晉悼公驚訝的是，師曠不僅音樂造詣深厚，還通古博今，對國家及國際大事都有自己獨特的看法。因此，晉悼公沒有把師曠簡單當成一個藝人，還把他當成老師和朋友，時常向他請教。

有記載說師曠天生是個盲人，如果真是如此，師曠就應當僅僅懂得音樂而已，他的學識從哪裡而來？因此，師曠在成為盲人之前一定閱覽過大量的書籍，他怎麼可能生來就是盲人？

師曠是春秋乃至中國歷史上最偉大的音樂家，傳說名曲《陽春》、《白雪》就是出自師曠之手。

師曠音樂知識非常豐富，不僅熟悉琴曲，並善用琴聲表現自然界的音響，描繪飛鳥飛行的優美姿態和鳴叫。傳說，當師曠彈琴時，馬兒會停止吃草，仰起頭側耳傾聽；覓食的鳥兒會停止飛翔，翹首迷醉，丟失口中的食物。

師曠聽力超群，有很強的辨音能力。漢代以前的文獻常以他代表音感特別敏銳的人。《淮南子·氾論訓》說：「譬猶師曠之施瑟柱也，所推移上下者，無尺寸之度，而靡不中音。」《周書》記載他不僅擅琴，也會鼓瑟。師曠也通曉南北方的民歌和樂器調律，《左傳》記載：「晉人聞有楚師，師曠曰：『不害！吾驟歌北風，又歌南風。南風不競，楚必無功』！」

《莊子·齊物論》說師曠「甚知音律」，《洪洞縣誌》云：「師曠之聰，天下之至聰也。」

《荀子·大略篇》也記載：「言味者予易牙，言音者予師曠。」

到晚年時，師曠已精通星算音律，撰述了《寶符》100卷，可惜均

失佚。

樂聖，這是師曠應得的地位。

由於耳朵太好使，師曠後來被神化。

在道教的天后宮、城隍廟等宮觀建築的門殿東、西兩次間，通常設有站像千里眼和順風耳，他們是道教寺廟的護衛神。顧名思義，千里眼的本領是眼睛能看到千里以外之物，順風耳能聽到千里之聲。

中國民間有個「十兄弟」的故事。十兄弟依次叫順風耳、千里眼、大力士、鋼頭、鐵骨、長腿、大頭、大足、大嘴、大眼，各有獨特本領。到了元朝時期，歷史小說稱千里眼和順風耳為「聰明二大王」。他們指的是離婁和師曠兩位古人，其中，離婁是黃帝時人，傳說目力極好，百步之外能見秋毫之末，就是不僅看得遠，而且解析度極高。

千里眼、順風耳是道教中的兩位守護神，地位雖然不高，流傳卻很廣泛。這兩位小神分別擁有特異功能，千里眼能夠看到千里之外的物體，順風耳則能聽到千里之外的聲音。中國古代的小說裡很早就有他們的形象，而關於他們的來源卻無法考證，到元朝（1206—1368）時，一些小說開始以古代的兩位人物作為他們的來源，他們就是師曠和離婁。

後來他們被道教納入神仙體系，成為該教的護衛神，他們的塑像一般安置在宮觀的大門口，同時又在他們的旁邊加了兩位武士，合稱「四大海神」，實際上是模仿佛教的四大金剛。《西遊記》中描寫孫悟空鬧東海、攪地府後，事達天庭，玉帝詢問「妖猴」來歷，班中閃出千里眼、順風耳，將「妖猴」的來歷奏明。

五音六律

既然說到師曠，順便介紹中國古代音樂。

中國古代對於音樂非常重視，因此《史記》專門用了一卷來介紹樂。

且來看看太史公怎樣說「樂」。

「凡音者，生於人心者也；樂者，通於倫理者也。是故知聲而不知

音者，禽獸是也；知音而不知樂者，眾庶是也。唯君子為能知樂。是故審聲以知音，審音以知樂，審樂以知政，而治道備矣。是故不知聲者不可與言音，不知音者不可與言樂。知樂則幾於禮矣。禮樂皆得，謂之有德。」什麼意思？大致就是說，人和禽獸的區別在於人能說話唱歌，禽獸不能；君子和普通人的區別在於君子懂得樂，而一般人不懂。

所以，上古時候，樂盲跟流氓沒什麼區別。要混進上流社會，非要懂得樂不可。

《詩經》中的風、雅、頌都是樂，不過，雅頌才是正規的樂，風多來自民間，因此常常有歌無樂。

「禮節民心，樂和民聲，政以行之，刑以防之。禮樂刑政四達而不悖，則王道備矣。」這一段什麼意思？一個國家要治理好，就要做好四個方面：禮、樂、刑、政。樂的地位高居第二，超過了刑法和行政。

樂和民聲，就是說樂可用來實現和諧社會。

「大樂必易，大禮必簡。樂至則無怨，禮至則不爭。揖讓而治天下者，禮樂之謂也。」「大樂與天地同和，大禮與天地同節。」這兩段，都在講述樂與和諧社會的關係。

「昔者舜作五弦之琴，以歌南風；夔始作樂，以賞諸侯。」這一段，講述了上古音樂的起源，舜製作了五弦琴，這就是中國最早的樂器。而舜的大臣夔開始作樂，則是中國歷史上最早的音樂。

不過，按照《山海經》的說法，「伏羲造琴瑟」。

按照《禮記》，神農做琴。神農做的琴長三尺六寸六分，上有五弦，分別稱為宮商角徵羽。後來，周文王又增加了兩根弦，新增加的兩根弦稱為少宮和少商。

其餘的樂器，女媧發明了笙和簧，隨發明了竽，巫咸發明了鼓，舜發明了簫。

太史公在這一卷的最後這樣總結：「夫上古明王舉樂者，非以娛心自樂，快意恣欲，將欲為治也。正教者皆始於音，音正而行正。故音樂者，所以動盪血脈，通流精神而和正心也。

故宮動脾而和正聖，商動肺而和正義，角動肝而和正仁，徵動心

而和正禮，羽動腎而和正智。故樂所以內輔正心而外異貴賤也；上以事宗廟，下以變化黎庶也。

琴長八尺一寸，正度也。弦大者為宮，而居中央，君也。商張右傍，其餘大小相次，不失其次序，則君臣之位正矣。故聞宮音，使人溫舒而廣大；聞商音，使人方正而好義；聞角音，使人惻隱而愛人；聞徵音，使人樂善而好施；聞羽音，使人整齊而好禮。夫禮由外入，樂自內出。故君子不可須臾離禮，須臾離禮則暴慢之行窮外；不可須臾離樂，須臾離樂則奸邪之行窮內。故樂音者，君子之所養義也。夫古者，天子諸侯聽鐘磬未嘗離於庭，卿大夫聽琴瑟之音未嘗離於前，所以養行義而防淫佚也。夫淫佚生於無禮，故聖王使人耳聞雅頌之音，目視威儀之禮，足行恭敬之容，口言仁義之道。故君子終日言而邪辟無由入也。」

這一段，把樂的作用提高到了一個極高的水準。其中，多次提到宮商角徵羽，那麼，宮商角徵羽是什麼呢？

宮商角（音決）徵（音止）羽是上古五聲音階中五個不同音的名稱，合稱五音，基本相當於現在簡譜中的 1、2、3、5、6。在《管子‧地員篇》中，有採用數學運算方法獲得「宮、商、角、徵、羽」五個音的科學辦法，這就是中國音樂史上著名的「三分損益法」。

來看看管子怎樣形容這五音，頗為有趣。原文不錄，直接翻譯：徵的聲音，就好像小豬被抱走，而老母豬發覺之後驚叫的聲音。羽的聲音，好像荒郊的野馬叫；宮的聲音，就像地窖裡的牛叫；商的聲音，就像失群的羊的叫聲；角的聲音，就像山雞在樹上鳴叫。

管子有具體的如何校正五音的辦法，此處不錄。

那麼，「宮商角徵羽」這五個名稱又是從哪裡來的呢？這就有多種說法了，有「天文說」、「畜禽說」、「圖騰說」。譬如天文說認為，五音從二十八個星宿的名稱而來的，如「宮」來自二十八星宿環繞的中心──中宮，其他四音來自不同的星宿名稱。所有，後來也用五音來形容君臣關係。《史記》中寫道：宮為君，商為臣，角為民，徵為事，羽為物。

俗語常說「五音不全」，而不是「七音不全」，就是來自這裡。

《孟子》寫到：師曠之聰，不以六律，不能正五音。意思是：就算師曠這樣的大師，沒有六律，他也弄不清五音。看來，六律也很重要。什麼是六律？

古時用竹管做成的定音器定音，共有十二個，各有固定的音高和名稱，合稱十二律。十二律分為陽律和陰呂各六個，其中奇數為陽，偶數為陰。所謂六律，實際上就是指六律和六呂。

從低音開始，六律分別是黃鐘、太簇、姑洗、蕤賓、夷則、無射，六呂分別是大呂、夾鐘、仲呂、林鐘、南呂、應鐘。

由於律呂的發音，陰陽相生，左右旋轉，能發出許多聲音，周而復始，迴圈無端，所以六律後來有許多衍生的解說。譬如十二月、十二辰、十二節、十二經水、十二時、十二經脈等等。

《史記》專有「律書第三」一卷說律，也列了六律的計算公式。

《國語・周語下》中有周王的首席樂師伶州鳩向周景王解說六律六呂。

亡國之音

師曠對音樂的理解出神入化，通古博今，令人歎為觀止。

據《史記》，有這樣一則故事。

那一年衛靈公前往晉國訪問，路過濮水，恰好到了傍晚，於是就在濮水邊上投宿。當晚，皓月當空，微風徐來。衛靈公夜不成眠，猛然間聽到從江中飄來彈琴的聲音，悠然動聽。於是，衛靈公叫來左右，問他們聽到琴聲沒有。可是奇怪的是，沒有人說自己聽到了。

「請師涓。」衛靈公下令。師涓是誰？衛國首席音樂家，此次隨行。

很快，師涓來了。

「剛才我聽到琴聲，可是左右都說沒聽到，你聽到沒有？」衛靈公問師涓，如果師涓也沒有聽到，那就是自己的耳朵有問題了。

「我也聽到了。」

「那，是不是聽起來悠悠然，好像從江上飄過來？」衛靈公精神一振，進一步核實。

「不錯，似乎是鬼神之音。」

「哎，對對。」衛靈公更興奮。

正在高興，突然師涓皺一皺眉頭，隨後用手按住嘴唇。

「噓，琴聲又來了。」師涓說。

衛靈公側耳細聽，果然也聽到那悠然的琴聲。

「快，備琴，大師替我把這段曲子記下來。」衛靈公下令。

左右急忙備琴，師涓坐定，一邊聽，一邊在琴上模擬記譜。

第二天一早，衛靈公醒來，還想著昨天的事情，立即召見師涓。

「怎樣？譜子記下來了嗎？」看見師涓，衛靈公急切地問。

「主公，記下來了。」師涓說，略帶著一絲疲倦，因為昨晚一夜未眠。

「彈來給我聽聽。」

「不過，還不熟練，給我一天時間練習吧。」

於是，衛靈公又在濮水邊上住了一天，師涓略事休息，開始練習。到了晚上，琴聲又傳來，師涓再把譜子反覆核對，一邊隨著琴聲演奏，知道自己的彈奏與原曲如出一轍，天衣無縫。

第三天一早，衛靈公醒來第一件事還是把師涓招來。

「怎樣了？」

「妥了。」師涓面帶喜色，架好了琴，開始演奏。

琴聲悠揚，十分悅耳，隱隱然還有些神鬼之音，與晚上所聽到的琴聲完全一樣。

「太好了。」衛靈公大喜，這下可以為晉平公獻上一曲新聲了。

衛靈公一行來到了新絳，晉平公在施惠之台設宴招待。雙方都很高興，一邊喝酒一邊神侃一邊看歌舞。眼看著喝得差不多了，衛靈公說話了。

「晉公，我們在來的路上啊，聽到了一個新曲子，那叫一個好聽。這麼好聽的東西，我不忍心一個人聽啊，就想獻給您。」衛靈公早就想

好了，正在大家高興的時候提出來。

「那好啊，快啊。」晉平公果然更高興。

於是，衛靈公讓師涓去師曠的旁邊坐下，這邊也準備了琴。歌舞暫停，就等著師涓奏這個新曲。

師涓開始演奏，新曲一出，滿座寂然，太動聽了。

隨著新曲的步步展開，大家聽得如癡如醉。

只有師曠一個人皺起了眉頭，沒等一曲奏完，師曠拍了拍身邊的師涓的肩膀。

「兄弟，打住了，打住了。」師曠竟然阻止了師涓。

師涓一愣，停了下來。琴聲戛然而止，眾人都很吃驚。

「為什麼？」師涓問師曠。莫非師曠奏不出這麼好聽的曲子，嫉妒自己？

「因為這是亡國之音，不能奏完。」師曠厲聲說。

師涓愣了，不知道該說什麼。

「大師，這個曲子什麼來歷？」晉平公開口問了。

「這個曲子，作曲的叫做師延，是商紂王的樂師，專為紂王創作靡靡之音。後來武王伐紂，師延出逃，投濮水自盡。如果我沒有猜錯的話，這個曲子叫做《清商》，必然是在濮水聽到的。我知道，聽到這首曲子的國君，他的國家一定會被削弱的。」師曠不僅把這首曲子的來龍去脈說得清清楚楚，還把危害也說了出來。

衛靈公和師涓都聽得瞠目結舌，因為這確實是在濮水上聽來的。

「大師，你看我別的愛好也沒有，就愛聽聽曲子，既然聽了這麼多，還是讓我聽完吧。那什麼，師涓，麻煩你奏完它。」晉平公不管那麼多，執意要聽完。

既然晉平公下令了，師涓就不得不服從了。何況，就算聽了這曲子真的有師曠說的那些壞處，又干自己什麼事？

師涓沉了沉氣，然後接著剛才彈到的地方繼續，直到把整首曲子彈完。

「師曠，照你說，《清商》就是最厲害的一首了？」晉平公聽完，

第二二四章 史上最牛音樂發燒友

245

有些不以為意，這樣問師曠的意思是說最厲害的也不過如此啊。

「當然不是，還有更厲害的，叫做《清徵》。」師曠有些不高興，一來想要鎮一鎮晉平公，二來也要在衛國人面前顯示自己的博聞。

「還有更厲害的？那大師彈來聽聽。」晉平公的意思，不是太相信。

「不行，主公的德行不夠，不能聽。」師曠拒絕了，而且不給面子，他一向就是如此。

「哎，有什麼？有什麼災禍我自己扛著，又不賴你，來來來，奏來聽聽。」晉平公就這脾氣，你不讓他幹什麼，他就偏要幹什麼。

師曠想了想，要是不演奏吧，這麼多人，都會說自己只會誇誇其談，那就太沒面子了。演奏吧，確實對晉國不好。想來想去，師曠最後想明白了：這個國家又不是我的，他自己都不在乎，我怕什麼？

想到這裡，師曠點了點頭。

師曠點了頭，早有人把師曠的琴送了上來，就擺在師曠的面前。

師曠沉吟片刻，開始彈奏《清徵》。

琴聲一出，四座寂然。高手一出手，就知有沒有。剛才師涓的琴聲已經讓大家如癡如醉，驚為天外之音。如今師曠出手，比師涓又高了一籌。

這個時候，令人驚訝的一幕出現了，不知從哪裡飛來了十六隻白鶴，落在廊門。之後，隨著琴聲，發出歡愉的鳴叫，展開翅膀，翩翩起舞。

一曲終了，久久回味。

「哇噻，太美了。大師，祝你身體健康，萬壽無疆。」晉平公很激動，起身為師曠祝福。坐下來之後，晉平公意猶未盡，問：「除了《清徵》，還有沒有更厲害的？」

「有，有一首曲子叫做《清角》，是當年黃帝大合鬼神時演奏的。以主公您的德行，如果聽了，國家將有大災難。」師曠脫口而出，說完之後，才有點後悔。

「嗨，我都這麼老了，我死後，哪怕他洪水滔天？來吧。」晉平公又來了勁。

師曠沒有再拒絕，他知道他今天無法拒絕，況且，他想驗證一下。

大家聚精會神，要聽這首最厲害的曲子。

（慢鏡頭）師曠的大拇指撥動了角弦。

琴聲響起，悠揚婉轉，令人肝腸寸斷。只見白雲從西北飄來，隨後，隨著樂曲的漸入佳境，狂風大作，暴雨傾盆，瓦飛磚裂。現場一片驚駭，紛紛奔逃，晉平公在左右的扶持之下，趕緊躲到廊屋之間的安全處。

風雨之中，只有師曠巋然不動，依舊撥動琴弦，沉浸於琴曲之中。一曲終了，師曠長吁一口氣，他累壞了。

此後，晉國連旱三年。

為此，《史記》寫道：聽者或吉或凶，夫樂不可妄興也。

第二二五章
知音

　　如果僅僅是一個音樂家，師曠的歷史價值就要打折扣。實際上，師曠對於國家大事有自己獨特的見解，並且是非常好的見解。

　　晉平公曾經向師曠討教治國的方法，結果師曠就把向老子請教來的那套「清靜無為」的主張原封不動躉給了晉平公。

　　師曠性格直率而爽快，敢說敢罵甚至敢打，反正閉眼的不怕睜眼的。

大師小故事

　　那一年還是晉悼公十四年（前559年），衛國的孫林父趕走了衛獻公。（事見第四冊第146章）

　　「衛國人把自己的國君趕走了，是不是有點太過分了？」晉悼公問師曠，他有些猶豫是不是要干預一下衛國的內政。

　　「不一定啊，也許是衛國國君自己太過分了。」師曠立馬反對。他一向就認為一個國家出了問題，基本上都是國君的責任。「我聽說賢明的國君揚善懲惡，愛民如子，保護他們，寬容他們。這樣，臣民就像愛戴父母一樣愛戴他，就像仰望日月一樣仰望他，就像敬重神明一樣敬重他，就像畏懼鬼神一樣畏懼他。這樣的君主，老百姓怎麼可能趕走他呢？反過來，如果君主讓老百姓吃了上頓沒下頓，國家貪污腐敗，百姓民不聊生，這樣的君主還有什麼用？為什麼不趕走他？人家夏朝的時候，每到初春，都會有宣令官來到大街上，專門聽取百姓的意見，以便君主改正自己錯誤。上天非常熱愛自己的百姓，怎麼能容忍有人騎在百姓頭上作威作福呢？所以，昏庸的君主被趕走正是上天的意思。」

　　師曠的意思很清楚，民意就是天意，如果一個君主被百姓趕走，那就是罪有應得。反過來說，如果一個君主對百姓不好，就應該被

趕走。

晉悼公點了點頭，終於還是沒有干預衛國的內政。

晉悼公薨了之後，晉平公對師曠也很尊重，時常討教。

「大師，我最近學習晉國歷史，看到文公稱霸那一段，狐偃和趙衰兩個人，你說誰比較賢能一些？」晉平公問。

「那肯定是趙衰啊。」師曠回答。

「為什麼？狐偃可是比趙衰的能力強啊。」

「我給你舉個例子，陽處父是個有學問的人，找狐偃推薦他，結果三年都沒推薦上去。可是找趙衰，三天就推薦上去了。不能瞭解別人的才能，是不聰明；瞭解了不能向上級推薦，那是不忠誠；想推薦又不敢推薦，那是不勇敢；推薦了不被採納，那就是不賢能。不管怎麼說，狐偃不如趙衰賢能。」

師曠的這個觀點，後來被孔子用來比較管仲和鮑叔牙。

「大師，你看你弄瞎了自己的眼睛，有沒有後悔過？」一天，晉平公問。

「沒有，有所失必有所得，我得到了我想要的，沒什麼好後悔的。」師曠笑道。

「可是，你什麼也看不見，豈不是飽受昏暗之苦？」

「主公，眼睛看不見東西算不上真正的昏暗，真正的昏暗有五種，其一是君主不知臣子行賄博名，百姓受冤無處伸；其二是君主用人不當；其三是君主不辨賢愚；其四是君主窮兵黷武；其五是君主不知民計安生。主公，要是你不小心治國，那就比我昏暗多了。」師曠借著這個道理，來規諫晉平公。

師曠的點蠟燭理論也很著名。

晉平公二十四年（前634年），晉平公突然想起什麼來，於是請師曠來請教。

「大師，我現在其實挺想學習，可是這不都五十多了，讀書太晚了吧？」晉平公說得很真誠的樣子，似乎真的很想學習。

「晚了？那為什麼不點上蠟燭？」師曠回答。

「大師，拿我找樂啊，我不是說天晚了，是說我晚了。」晉平公差點笑出來。

「我怎麼敢拿主公找樂呢？我的意思是，少年好學，好比早上的太陽；壯年好學，好比中午的太陽；老年好學，好比點著蠟燭的明亮。那你說說，點著蠟燭行走，總比黑燈瞎火在黑暗中摸索要強吧？」師曠也差點笑了。

「嗯，有道理。」晉平公說。

有道理雖然有道理，可是你不按照道理去做，那也沒用。

跟師曠對話之後沒幾天，晉平公決定徵調民工，修建一座宮殿，叫做虒（音司）祁之宮。

一時間，民怨沸騰。

不久，在魏榆（今山西榆次）發現了一塊會說話的石頭。為什麼石頭會說話呢？晉平公又來請教師曠。

「大師，你從音樂的角度，來分析下怎麼石頭會說話。」晉平公覺得石頭說話可能又是音樂現象，說不定能把石頭請過來演奏一曲什麼靡靡之音。

「嗨，別聽他們瞎說，石頭怎麼能說話呢？我估計，是老百姓的誤傳。」師曠眼都沒眨一下，因為他沒眼。

「啊，這麼說來石頭不會說話？」晉平公略有點失望，不過他倒很相信師曠的話。

聽了晉平公的話，師曠突然想起什麼來。

「不過，石頭不會說話，但是有鬼神附著在石頭上說話也不一定啊。」師曠又把話說回來了，石頭又能說話了。

「那，這為什麼啊？」晉平公就覺得奇怪了，什麼鬼啊神的，師曠平時不信這個啊。

「我聽說啊，一旦君主做事違背了農時，老百姓怨聲載道，就有不會說話的東西要說話了。主公，您現在修建高大宮室，百姓筋疲力盡，民不聊生。這個時候，石頭會說話有什麼奇怪的呢？」師曠把話又說

到了這裡，而且一點也不客氣。

「這個，啊……」晉平公一臉尷尬，好在師曠看不見。

晉平公停止修建宮殿了嗎？當然沒有，別說石頭說話，就算石頭殺人，他也不會。

我死後哪怕洪水滔天，這就是晉平公的境界。

當年，宮殿落成。

魯國的叔弓和鄭國的游吉都來祝賀。

「嘿，阿遊，你們是不是自欺欺人太過分了，這樣的事情該來弔唁才對，怎麼還來祝賀呢？」晉國的史趙跟游吉關係很好，來了個冷幽默。

「為什麼要弔唁？這是晉國人民的大事啊，標誌性建築啊。不僅我們要慶賀，全世界都要慶賀啊。」游吉說，面帶笑容，一種壞壞的笑。

全世界都很討厭晉國，所以晉國做這些勞民傷財的事情，大家都覺得應該慶賀。

轉眼到了第二年，晉平公在新宮殿裡住得很開心。

這一天，晉平公出外打獵，結果看見一隻小老虎趴在地上一動不動，一直到晉平公打完獵，那隻小老虎還是沒動窩。

回到宮殿，晉平公把師曠請來了。

「大師，我聽說啊，霸主外出，猛獸看見了就趴在地上不敢起來，因為霸主的霸氣太猛了。今天我出去，一隻小老虎趴在地上不敢動，是不是說我要當霸主了？」晉平公說得繪聲繪色，非常得意。

師曠想了想，並沒有一絲替晉平公高興的意思。

「自然界是瞎貓吃老鼠，一物降一物。我知道有一種叫做駮的動物專吃老虎，而馬的外形跟駮很接近。我想，主公拉車的馬裡一定有駮馬，所以小老虎看見了就不敢動。」師曠真是博學，立即找到了原因。

「啊，是，是啊，原來是這麼回事。」晉平公頗有些沮喪。

「分明老虎是怕你的馬，可是你就以為是怕你。你這樣自我吹噓，第一次一定是受窘，第二次就是受辱，第三次就要嗚呼哀哉。所以啊，以後自我吹噓要小心點。」師曠說完，起身走了。

「嘿！」晉平公很惱火，原本高高興興，現在則十分惱火。

過了幾天，晉平公上朝，結果有鳥兒在他頭頂來回飛。

下朝之後，晉平公又把師曠給請來了。

「大師啊，我聽說啊，霸主出現，鳳凰就降臨。我今天上朝，鳥兒圍著我飛，一直不肯離開，這鳥兒是不是就是鳳凰變身呢？」晉平公很得意，心說前幾天你說是我的馬嚇住了老虎，現在看你還說什麼。

「嗨，什麼霸主。鳥在你頭上飛，頂多說明你是個鳥人。」師曠還是沒眨眼睛，直接把晉平公給噎回去了。

「這怎麼說話？告訴你，那鳥很漂亮的。」

「那我知道了，東方有一種鳥叫作諫珂，這種鳥兒，滿身文彩，紅色的腳，它討厭同類，但是喜歡狐狸。我問你，你今天是不是穿了一件狐裘上朝？」別看師曠沒眼睛，見識比誰都廣。

「啊，是啊。」晉平公吃了一驚，又有點沮喪。

「我不是說過了嗎，第一次自我吹噓受窘，第二次就要受辱。不好意思，你這是第二次了，我要羞辱你一下，你真是個鳥人。」師曠罵了晉平公。

「嘿！」晉平公非常惱火，可是人家是個瞎子，你能把他怎麼樣？

晉平公連著幾天不高興，總覺得應該教訓老瞎子一下。

終於，他想到了辦法。

晉平公在虒祁之宮設宴，專門宴請師曠。宴席擺好，派人去請師曠。

師曠挺高興，看這架勢晉平公是不是有所悔悟了？高高興興來到宮裡，師曠拄著杖上臺階。

「哎，大師大師，怎麼穿這鞋就上來了，把鞋脫了吧。」晉平公在上面叫了起來，不錯，按著規矩，是該脫鞋。

師曠脫了鞋，小心翼翼地拾級而上。

「哎喲。」師曠叫了出來，腳底下踩到一個很尖利的東西，刺得腳板極痛。師曠站立不穩，不敢向後倒，只得向前跪下去，結果又是一聲更淒慘的叫聲，膝蓋也被刺了。

師曠顧不得這些，急忙轉身坐在地上，好在，屁股沒有被刺中。

晉平公偷偷地笑，不敢出聲，所有人都在掩著嘴偷偷地笑。

師曠看不見，可是什麼都聽得見，他知道這是晉平公在捉弄自己。他把腳上和膝蓋上的刺拿了下來，摸一摸，知道是蒺藜。好在，蒺藜的尖被削掉了，看來晉平公只是要捉弄自己而已，倒沒有傷害自己的意思。

「唉——」師曠仰天長歎。

「大師，我只是跟您開個玩笑，別生氣啊。」晉平公覺得自己捉弄一個盲人，而且是一個人們都很尊重的盲人，有點過分了，於是親自來攙扶師曠。

「我很擔憂啊。肉如果生了蟲，煮熟之後還是要自己吃；木頭如果有了蛀蟲，刻成東西也是自己用；人如果興起了妖孽，產生了災難，不也要自己承擔嗎？我聽說諸侯的祭器裡不蒸煮粗劣的飯菜，國君的殿堂上，不應該有蒺藜生長啊。自作孽，不可活啊。」

「啊，那我已經作了怎麼辦？」晉平公大吃一驚，難道捉弄個人也會引來禍患？

「沒辦法了，下個月初八冊立太子，整治百官吧，主公就要死了。」師曠說，一點不像開玩笑。

當天那頓飯，吃得十分沉悶。

到了下個月初八，晉平公醒過來，覺得一切安好，沒什麼問題啊。於是，派人把師曠給請來了。

「大師啊，錯了吧？你看我好好的，怎麼會死？」晉平公對師曠說。

「等明天你再叫我吧。」師曠就說了這一句話，走了。

明天，晉平公叫師曠了嗎？他沒有明天了。當天晚上，晉平公猝死於宮中。

沒有多久，師曠也離開了人世。

師曠，一個偉大的藝術家、政治家和思想家，一個一身正氣的敢於直言的人。師曠的去世，是中國音樂事業的巨大損失。

師曠，一個真正德藝雙馨的人。

知音

除了師曠，春秋還有很多著名的音樂家，譬如鄭國的師文。師文彈奏二十五弦琴時，整天彈得如癡如醉，甚至拜倒在琴的面前喃喃自語：我效於子效於不窮也。

師文學習音樂的態度非常嚴肅，據說他學琴三年不成，老師誤認為他笨拙，讓他回家。師文去講了一段富有哲理的話，他說曲所存者不在弦，所志者不在聲，內不得於心，外不應於器，故不敢發手而動弦。

成語「得心應手」，就是這裡來的。（見《呂氏春秋》）

不過，還有一段故事比師文的故事又要傳奇得多。

楚昭王元年（前 515 年），楚國左尹伯郤宛被費無極所害。（見第五部第 182 章）

伯家被滅門，只有個別人逃脫，除了伯嚭逃往吳國之外，伯家還有一個人逃去了晉國，此人名叫伯牙。

後世有人說他「姓俞名瑞，字伯牙」，這是明末小說家馮夢龍在《警世通言》中的杜撰，而在此之前的史書與《荀子》、《琴操》、《列子》等書中均為「伯牙」。

伯牙自幼喜好音樂，拜楚國著名琴師成連為師。學琴三年，伯牙琴藝大長。可是，他依然感到苦惱，因為對音樂的領悟還沒有進入境界。老師成連自己也沒有進入境界，因此也無法幫助他。

「孩子，我已經傾囊相授了。以你的資質，我已經沒有辦法教你了。還好，我的老師方子春是一代宗師，琴藝出神入化。他現住在東海的一個島上，我帶你去拜見他，跟他繼續深造，你看好嗎？」這一天，成連總算想到了一個辦法。

「好啊好啊。」伯牙非常高興，儘管他從沒聽老師說過這個師爺。

師徒二人於是從楚國來到了齊國，一路向東到了蓬萊。

「孩子，你在這裡等著，我去接老師過來。」成連雇了一條小漁船，出海而去了。

成連一去，再也沒有回來。伯牙的情緒從焦急、傷心、失望到冷

靜。面朝大海，突然有一種赫然開朗的感覺。伯牙不禁觸景生情，有感而發，以琴聲來追思老師。於是心手合一，聲由心出，頓然感悟到音樂的真諦。在這裡，伯牙創作了《水仙操》這首琴曲。

那麼，成連究竟去了哪裡？或者餵了東海鯊魚？

原來，方子春只是成連編出來的一個人物，根本不存在。成連之所以要這樣做，是要讓伯牙獨自去感受大海波濤雄壯之聲，高山群鳥悲鳴之音，去激發自己的靈感。所以，他登船而去，繞了一個圈子上岸，然後回到楚國等待伯牙回來。

成連成功了，意思就是，伯牙成功了。

從楚國逃到了晉國，伯牙成了晉國的大夫。想想看，當年祖上因為逃難從晉國去了楚國，如今自己竟然又因為同樣的原因從楚國逃到了晉國。

「世事難料啊。」伯牙慨歎，對世事有了更多的體會，對音樂也有了更多的體會。

可是，在晉國，自從師曠去世之後，再也沒有好的樂師了。

伯牙的琴法帶著明顯的楚國風格，深邃悠遠，寓意山水。可惜的是，晉國人完全不能理解，或者不能完全理解。因此，儘管在晉國也過得富足，伯牙卻很鬱悶，因為沒有人能懂得他的琴聲。

到晉國的第二年，伯牙得到楚昭王為伯家平反的消息，於是決定回一趟楚國，祭掃遇難的家人。

就這樣，逃離楚國一年之後，伯牙又回到了楚國。

伯牙由漢江乘船東下，來到漢陽江口遇上風浪，於是停泊在一座小山下。

到了晚上，漸漸風平浪靜，雲開月出，景色十分迷人。望著空中的一輪明月，伯牙琴興大發，拿出隨身帶來的琴，專心致志地彈了起來。

一曲彈罷，長出一口氣，猛一抬頭，看見面前多了一個人。

「哎喲。」伯牙吃了一驚，只見這個人身材高大，手持一把鋤頭，正對著自己笑。

強盜？伯牙心說我怎麼這麼倒楣，彈個琴還把強盜給招來了。

「哇噻，兄弟彈得真好啊。」這人開口了，竟然讚揚伯牙的琴技。

這個時候，伯牙再仔細看這個人，只見這人頭上戴著笠，卷著褲腿，腿上都是泥，就是一個農民啊。再加上這人說話的口氣，絕對不是強盜。

儘管這人不是強盜，伯牙還是很不高興，自己的琴聲如此高雅，竟然招來一個老農民，這跟唱歌把狼招來有什麼區別？

「你誰啊？你聽得懂嗎？」伯牙沒什麼好氣地問。

「善哉，巍巍乎若泰山。」老農民並沒有生氣，而是說了這樣一句話：「當然聽得懂，我從你的琴聲中聽到巍峨之聲，就如泰山一般。」

「噢？」伯牙愣了一下，這首曲子的曲名就叫《高山》，是伯牙在泰山所作的。

「那什麼，你再聽聽這首。」伯牙就不信老農民真的聽懂了自己的琴聲。

伯牙開始彈琴，這是他新作的曲目，名叫《流水》，就是這一路坐船下來，觀賞沿途風景，有感而作。

一曲終了。

「善哉，洋洋乎若流水。」曲聲還沒有散盡，老農民就說話了：「好曲子，意在流水啊。」

伯牙傻眼了，老農民竟然與自己心意相通。

伯牙心中一陣悲涼，在晉國一年多，晉國沒有人能夠聽懂自己的琴聲，這令自己非常惆悵。沒想到回到楚國，這樣一個老農民就能懂得自己。

「大哥，知音哪。」伯牙已經顧不上去管眼前這個老農民的身份了，他只知道這人就是自己的知音，這人真的懂得音樂。

知音，這個詞就來自這裡。

兩人找了塊石頭，對面坐下，聊了起來。

原來，此人確實是個老農民，姓鐘叫子期。

「這麼說來，你是鐘家的人？」伯牙又吃了一驚。

「是，不過到我這輩，就已經是農民了。」鐘子期笑笑說。

鐘家是楚國的樂師世家，第三部中有鐘儀，第五部中有鐘建，都是楚國樂師。鐘子期是這個家族的人，能夠懂得音樂也就不足為奇了。儘管他本人已經是不會彈琴的農民，可是畢竟對音樂還是有一種天生的感覺。

兩人聊得投機，非常高興。臨別，兩人約定，一年以後的今天，還在這裡相會。

一年之後，伯牙如期來到了兩人相遇的地方。可是，江水依然，故人不見。

伯牙左等不到，右等不到，難道鐘子期忘了？於是乾脆開始彈琴，希望琴聲能把鐘子期引來。可是，琴聲沒有能夠再次招來鐘子期。

伯牙等了一天，不見鐘子期來，不禁有些失望，難道鐘子期是這樣不守承諾的人？不像。於是，伯牙第二天在附近尋找鐘子期。終於，他找了一戶人家，這戶人家恰好認識鐘子期。

「老鐘啊？老鐘死了。對了，臨死前他告訴自己的家人他跟一個晉國人有個約會，一定要把他埋在江邊，等那個晉國人來。」這家的長者對伯牙說。

「啊，大哥死了？我就是那個晉國人啊，告訴我，他埋在哪裡？」伯牙感到一陣深深的悲傷。

長者帶著伯牙來到了江邊，果然，就在當初兩人相遇的地方不遠處有一座新墓。

「這就是了。」長者告訴了伯牙，匆匆走了。

來到墓前，伯牙放聲痛哭。

哭過之後，伯牙取出琴，就在鐘子期的墓前演奏那兩首曲子《高山》、《流水》，兩曲奏罷，淚水雙流。

「啪。」伯牙挑斷了一根琴弦，之後把整個琴高高舉起，重重摔下。

這是伯牙心愛的琴，這琴陪伴他半生，陪伴他走遍天南海北，他珍愛這把琴勝過珍愛自己的生命。為什麼，為什麼伯牙摔碎了這把琴？

「知音已死，今後奏給誰聽？」伯牙喃喃自語，鐘子期已經不在

了，誰還能聽懂我呢？要這把琴還有什麼意義呢？

從那之後，伯牙再也沒有彈過琴。

這就是流傳千古的「伯牙摔琴」的故事。後來，人們在他們相遇的地方（今武漢龜山），築起了一座古琴台。

後人有許多詠頌伯牙和鐘子期這段知音友情的文章及詩詞，譬如王勃的《滕王閣序》中就有「鐘期既遇，奏流水以何慚？」而歐陽修曾寫下這樣的詩句：鐘子忽已死，伯牙其已乎。絕弦謝世人，知音從此無。

太子晉去世之後，弟弟王子貴被立為太子。四年之後，也就是周靈王二十七年（前545年），周靈王崩了，王子貴繼位為周景王。

每當權力更替的時候，也就是權力鬥爭重新開始的時候。

小宗們想要全力控制年輕的周景王，而王族們又要開始爭權奪利了。

不堪一擊的王族

周靈王有兩個弟弟，一個叫佞夫，一個叫詹季，兩人一向就對小宗們不滿，總想著奪回王族們的特權。

周靈王崩前的兩年，詹季死了。詹季的兒子詹括來見周靈王，想起父親的願望沒有實現，想想自己這個王孫的待遇還比不上小宗的兒子，心裡就很糾結很窩火。

「××的小宗們，什麼時候才能幹掉你們呢？唉。」詹括自言自語，發出歎息。

所謂隔牆有耳，就在詹括的身邊站著一個衛士，這個衛士是誰？單靖公的兒子愆期。春秋時期，君主的衛士都由公卿子弟或者王族子弟擔任。

單愆期把詹括的話聽在耳中，記在心底。

等到詹括走之後，單愆期來見周靈王反映情況。

「大王，我剛才聽見詹括在門外抱怨大王，還東張西望。他父親死了，他一點悲傷也沒有，這樣的人，肯定要圖謀不軌。大王，我看，咱們先下手為強，幹了他。」單愆期比較年輕，說話不知道轉彎。

「嘿嘿，你小孩子知道什麼？」周靈王笑笑，他不喜歡單愆期，他也知道這小子就是單家放在自己身邊的臥底。但是單家的實力太強，

自己不敢輕易得罪他。

想想看，一個衛士，就敢來建議周王殺掉自己的親侄子，這個衛士是不是也太牛了？

周靈王當然不會聽他的。

不過，不管周靈王聽不聽，小宗們已經認定了必須要剷除詹括。

等到周靈王崩掉之後，小宗們控制著周景王。

詹括加緊了準備，他要剷除小宗。而小宗們也同樣加緊了準備，他們要消滅一切敢於對抗的力量。

周景王二年，攤牌的時間到了。

佞夫和詹括率先發難，他們率領家族力量攻占了蒍邑，以此為據點準備稱王。不過，他們的實力實在太小了一些，六天之後，劉家、單家、尹家、甘家和鞏家聯合出兵，結果佞夫被殺，詹括倉皇逃往晉國避難。

又一次較量就這樣結束了，王族不堪一擊。

人人自危

儘管幾次較量都以小宗的完勝而告終，可是，王族源源不斷，只要他們對當下的權力利益分配不滿，他們就會一輩接一輩地來爭奪，就像愚公移山一樣永不停息。

從王叔陳生到詹括，小宗們其實也已經看到鬥爭將沒有盡頭。

未來會怎樣？誰也不知道。既然周召毛畢這樣的家族也有衰落的一天，誰能說單劉甘鞏這些家族就能永遠昌盛呢？

周景王四年（前 541 年），晉國和楚國召集諸侯國在鄭國舉行第二次和平大會，大會結束後，周景王派劉定公前往鄭國，會見正在那裡的晉國中軍帥趙武。

照例，這是劉定公拉近與晉國個人關係的機會。劉定公和趙武相處得很融洽，兩人所住的地方恰好在洛水入黃河的地方，於是兩人同往河邊觀賞兩河匯流。

「哇噻，壯哉。」劉定公大發感慨，似乎很激動，「偉大的大禹好偉大好偉大啊，要不是他老人家治水，我們現在都成魚了，哪裡能像現在這樣衣冠楚楚，吃香的喝辣的？元帥，你可要繼承大禹的偉大遺志，為天下百姓謀福利啊，我們可都指望著元帥了。」

馬屁拍上，拍得很舒服。

「唉，我現在不求有功，但求無過啊。說句實話，像我們這樣的人，也就是苟且偷生，朝不保夕啊。早上醒過來，不知道晚上還是不是活著，說什麼為老百姓謀福利啊？」趙武歎了一口氣，說了這麼一番話出來，讓劉定公大為吃驚和失望。

趙武的原話是「吾儕偷食；朝不保夕；何其長也」(《左傳》)。

朝不保夕，這個成語來於這裡。

「元帥說笑了，天下之強，莫過晉國，元帥是晉國的首相，還朝不保夕的話，我們還怎麼活啊？」馬屁拍在馬腿上了，劉定公連忙給自己找臺階。

「哼。」趙武悶哼了一聲，滿臉的惆悵。「晉國的中軍元帥有幾個有後的？白天看似風光，晚上睡不著啊。」

劉定公沒有再說話了。

晉國的權力鬥爭劉定公是知道的，所以他也知道趙武的話並不是故意說給他聽，而是趙武真正的感受。趙武的話讓劉定公的心情也一下子陰沉了下來，想想王室這邊，儘管劉家和單家現在權傾朝野，但是誰知道什麼時候就完蛋呢？

眼前，江水滔滔，洛水匯入黃河，滾滾而去。

誰也沒有再說話，只看著河水發呆。

看似風光的人，有多少是晚上睡不著的？

小宗內亂

王室的鬥爭告一段落，小宗們暫時感受不到來自王族的威脅。

管子說過：沒有外患，必有內憂。

暫時擺脫了王族的威脅，小宗們的內部矛盾開始凸顯出來了。

單靖公死後，兒子單獻公繼位。單獻公很不喜歡自己的族人，認為這些人除了狂妄自大好吃懶做之外，沒有什麼優點。所以，單獻公重用外來的士人，而疏遠自己的親族。

這樣，單家實際上面臨王室同樣的問題：權力到了外人的手中，王族或者公族的子弟反而得不到保障。

既然是同樣的問題，自然會有同樣的解決辦法。

周景王十年（前535年），單家的公族們動手了，相比較，單家的公族比王室的王族更有實力，他們一舉解決了問題，幹掉了單獻公，清理了外來勢力，然後立單獻公的弟弟為單成公。

單成公雖然被立為單家的家長，可是是被立的，心裡免不得忐忑不安。結果，在畏懼中苦苦煎熬，四年之後就鞠躬盡瘁了。

單家的內亂僅僅是一個開始，小宗們紛紛開始了內亂。

周景王十五年（前530年），原家、甘家和劉家也都出了問題。

原伯絞犯了單獻公同樣的錯誤，結果幾乎遭到同樣的下場，他命大一些，逃到了晉國。他的弟弟繼位，為原伯路。

甘家的事情複雜一些，甘簡公身為卿士，但是沒有兒子。於是，他就立弟弟過為繼承人。這一年甘簡公鞠躬盡瘁，過就成了甘悼公。結果，甘悼公又犯了單獻公同樣的錯誤，他很討厭公族們，準備剷除他們。甘家的公族急忙請劉家幫忙，劉定公這時候已經鞠躬盡瘁了，兒子劉獻公在位。於是，劉獻公出兵，把甘悼公給殺了，另立了家長。

劉獻公擺平了甘家的事情，自己家裡卻又出事了。

原來，劉獻公的太子獻太子也在秘密籌畫剷除公族，結果行事不慎，被劉獻公知道了。於是，劉獻公先動手了，廢了太子，殺了太子的老師以及黨羽瑕辛，此外，王孫沒、劉州鳩、陰忌，老陽子等大夫也受到牽連，遭到免職等處分。

小宗各大家族都已經亂得可以了。

王子朝與老聃

周景王十八年（前 527 年），太子壽壽終了。

周景王很傷心，暫時沒有冊立新的太子。之所以沒有冊立新太子，有兩個原因，一是其他的兒子都太小，二是他很喜歡自己的弟弟王子朝。

周景王從小就生活在小宗們的嚴密監視下，從內心，他很討厭小宗們，希望能夠有機會剷除他們。因此，他更希望能有一個強勢的太子來接替他，而不是一個年幼無知的太子。所以內心裡，他更傾向于讓弟弟王子朝做太子。

問題是，小宗們絕對不會答應讓王子朝做太子。於是，周景王決定拖一陣再說，藉口就是太子壽去世讓他太過傷心，不忍心這麼快就確定新太子。

王子朝，周景王的同母弟弟，聰明而且果斷，一向以來，周景王就非常喜歡他。

小宗內亂，讓王子朝看到了機會。王子朝知道，只要不剷除小宗，王族就永遠衰敗下去，自己這個王子也只能隱忍偷生，子子孫孫都不會有好日子過。所以，要想讓王族翻身，必須剷除小宗。

看清楚了這些，王子朝開始籌備了。

首先，人在哪裡？哪些是自己的人，哪些可以成為自己的人？

如果說小宗是現在的主流，那麼，王子朝能夠團結的就是非主流了。

王族是王子朝的勢力範圍，這倒不是親情或者血緣的問題，而是大家的利益是一致的。王子朝所痛恨的，就是整個王族所痛恨的。所以，王子王孫們都是團結的力量。

大宗是可以團結的力量，儘管他們很沒落，但是他們也是一股力量，並且，他們是堅定的力量。

除了他們，還有一批人可以團結，哪一批？周朝王室有一批工匠，稱為百工，平時專門為王室服務，拿王室的工資，享有不錯的福

利待遇。基本上，就相當於國營單位的員工。因為周王室的國力衰落得厲害，養這幫人越來越吃力。不久前，劉定公和單穆公主導，搞了一次國營單位的人員精簡，結果一下子精簡掉了一大批人。這些被精簡掉的一個個怨氣沖天，暗地裡都在罵娘，恨死了劉家和單家。這批人，屬於對社會不滿的人群，可以團結。

王子朝一邊拉攏力量，一邊在物色人才。大夫賓起精明幹練，跟王子朝的關係一向不錯，因此成為王子朝的手下幹將，平時混在一起，十分信任。

老聃，王子朝想起這個人物來，這個人有學問，而且還是大宗的後代，為什麼不把他拉進自己的陣營呢？

王子朝設宴招待了老聃。

自從太子晉去世以來，老聃與王室的交往一向就很少，他很享受守在圖書館看書的感覺。如今突然王子朝請他赴宴，儘管興趣不大，可是無法推卻，只得前來。不過老聃知道，王子朝和小宗之間明爭暗鬥，自己千萬不要站隊。

「老先生，久聞大名，如雷貫耳啊。」王子朝很客氣。

老聃照例也客氣了一回，之後入席，也就是喝酒吃肉侃大山。除了王子朝和老聃，還有賓起作陪。

酒過三巡，王子朝就開始往正路上引了。

「敢問老先生，祖上是誰？」王子朝明知故問，他早就打聽明白了。

「啊，祖上是冉季載，因為是文王的老兒子，因此有一支以老為姓。」老子簡單地介紹了自己的情況。因為冉季載當初官居司空，因此老子家族屬於大宗，都是從西周遷過來的。

「啊，原來是季載的後代，怪不得這麼有學問。」王子朝拍了個馬屁，然後歎了一口氣。「唉，可惜啊，大宗衰落得厲害，老先生這樣的人才也只能在圖書館這樣的小地方混日子啊。」

開始煽情。

「哈哈，話不能這麼說。禍莫大於不知足，咎莫大於欲得。故知足之足，常足矣（《道德經》）。」老聃回答得很輕鬆：知足常樂。

不上道。

「嘿嘿，話也不能這樣說。再怎麼說，大宗對周朝的貢獻遠遠大於小宗。可是，小宗仗著自己是地頭蛇，總是欺負大宗，太不公平了。」王子朝提起小宗就來氣，這倒不是裝出來的。

繼續煽情。

「嗨，算了。和大怨，必有餘怨；安可以為善？是以聖人執左契而不責於人（《道德經》）。」老聃依舊很坦然，意思是總會有人占便宜有人吃虧，吃點虧就算了，不必去爭了。

就不上道。

王子朝按捺不住了，他不想跟老聃再這麼繞圈子下去。

「老先生，你能忍，我不能忍。小宗吃香的喝辣的，占著最好的土地，拿著最高的薪水，手中掌握著權力，反而王族和大宗只能跟著喝湯，像孫子一樣夾著尾巴求生，這是什麼世道？不行，我要改變這一切，要把小宗打倒在地，再踏上一萬隻腳，讓他們永世不得翻身。」借著酒勁，王子朝恨恨地說，一隻手重重地拍在桌子上，菜湯飛濺出來。

老聃搖了搖頭，輕輕地擦掉濺到臉上的菜湯。

「我看，算了吧，別爭這些了。當初王室東遷的時候，人家小宗出了很大的力。俗話說：曲則全，枉則直，窪則盈，弊則新，少則得，多則惑（《道德經》）。只要自己過得去，就不要爭那麼多了。」老聃發表自己的看法，他不支持王子朝。

王子朝瞪了他一眼，這話他不愛聽。

「老先生，別說這些廢話了吧，咱們直來直去。我們準備跟小宗決戰，一舉殲滅他們，怎麼樣，你是不是加入我們？一旦成功，您就是司空，怎麼樣？」賓起插話了，他是個性急的人，索性把話說明白了，還帶著利誘。

老聃愣了一下，老了老了的，還弄出這種事情來。再年輕二十歲，或許還考慮下。

「那，先預祝你們成功吧。不過，我老了，不中用了。再說了，能吃飽飯我就滿足了，沒什麼志向，你們還是去找有志向的人吧。再者

說了，夫惟兵者不祥之器，物或惡之，故有道者不處（《道德經》）。打打殺殺這種事情，我不贊成，還是和諧的好。」老聃拒絕了，因為這跟他的理論差得太遠。

「你決定了？」賓起惡狠狠地問。

「我什麼也沒有決定。」老聃說。

老聃的話很明白，依然不願意加入王子朝的陣營。

「王子，殺了他滅口。」賓起不再理睬老聃，轉而向王子朝建議。

老聃心中咯噔一下，心說自己怎麼這麼倒楣，沒招誰沒惹誰，知足常樂，結果還是這麼個下場。

「算了，老先生是個老實人，既然有膽量拒絕我們，又有什麼理由出賣我們呢？」王子朝拒絕了賓起的建議，把老聃送走了。

回到家中，老聃長出一口氣，總算放下心來。不過隨後，他又為國家擔心了。

「唉，天下有道，卻走馬以糞；天下無道，戎馬生於郊（《道德經》）。」老聃哀歎。看來，和平就快過去，兵荒馬亂的日子就快到來了。

尋求國際支持

王子朝知道，單單靠自己的力量是對付不了小宗的，就算王族和大宗團結起來，也沒有勝算。要對付小宗，必須尋求外援。

尋求哪裡的外援？

王子朝作過一個分析，逐一進行了排除。

晉國是不可能依靠的，因為晉國和單家的關係這些年來一直很鐵，而劉家和晉國范家已經結成世代姻親。

楚國也不可能依靠，現在的楚國是楚平王時期，根本無心也無力爭霸，王室的事情動不動會驚動全世界，楚平王沒有膽量介入，這是其一。更重要的一點是，如果請楚國幫忙，那就等於立即宣佈背棄了中原諸侯，得不償失。

齊國呢？齊國倒是一個不錯的選擇，齊國人有辦法肯出力而且跟晉國人明爭暗鬥，同時也很討厭小宗。可是問題是，齊國人太遠，遠水不解近渴。

宋國人不行，太弱；衛國人也不行，他們就是晉國的跟班。吳國人呢？更不行，一來他們是蠻夷，二來也是太遠。

算來算去，只有鄭國最合適。

所有諸侯國中，就屬鄭國跟王室的血緣關係最近，當然，這並不重要。鄭國的優勢在於緊挨著王室的地盤，隨時可以出兵。而且，現在鄭國是子產執政，敢想敢幹還有辦法，就算是晉國人也對他敬畏三分，說不準他們能幫上忙。

於是王子朝派人前往鄭國，暗中找到子產尋求幫助。

「這事情我們願意幫忙，不過必須從長計議，爭取晉國六卿中至少一半的支持，這樣才能避免晉國介入。所以，不要急，我們先制定一個計畫。」子產的答覆非常令人鼓舞，既然子產答應的事情，他一定會全力去做。

王子朝非常高興，信心大增。

可是，美夢容易醒，就如美人容易跑一樣，世間的好景總是不長。

周景王二十三年（前 522 年），從鄭國傳來一個噩耗，子產去世了。

「啊──」王子朝大失所望，他知道，現在，他只能靠自己了。

第二二七章

世間本無鬼

鄭簡公三十一年（前535年），也就是子產鑄刑鼎的第二年，子產前往晉國訪問。

到了晉國，才知道晉平公正病著呢。中軍元帥韓起親自接見了子產，兩人見過禮，子產就問起晉平公的病來。

「不瞞你說，我們主公已經病了三個月了，藥沒少吃，該祭祀的也都祭祀了，按理說鬼神也不該來打擾了，可是病一點不見好。昨天晚上，主公又夢見一隻黃熊到了臥室的門口，你知不知道這是個什麼惡鬼啊？」韓起知道子產有學問，因此請教起來。

「嗨，憑著貴國國君的英明領導，還有元帥您的無私奉獻，什麼惡鬼會來？放心，沒事的。」子產根本就不相信有鬼，說完這話，再看韓起，好像是滿臉的質疑，似乎這只是子產在安慰他。子產一看，看來說實話反而讓人懷疑，既然這樣，那就忽悠忽悠你吧。「不過呢，我聽說上古的時候堯在羽山殺了鯀，鯀的靈魂就變成了黃熊，後來夏商周三代都祭祀他。如今晉國是盟主，大概應該祭祀他，估計就是沒有祭祀他所以導致了貴國國君的病吧。」

「哎，有道理。」這下，韓起眼前一亮，似乎找到了答案。「那什麼，你先坐坐，我失陪一下。」

韓起匆匆走了，他去見晉平公去了。

第二天，晉國祭祀了鯀。

隨後的幾天，晉平公的病情持續好轉。

所以，很多時候，病都是被自己嚇出來的；很多時候，心理暗示是能治好自己的病的。

到子產走的時候，晉平公為了表達自己的感謝，把莒國進獻的兩個方鼎贈送給了子產。韓起等一幫六卿們也都不甘落後，紛紛送禮給子產。

「哎，說實話沒人信，裝神弄鬼反而有禮收。」子產哭笑不得，帶著一大堆禮物回鄭國了。

裝神弄鬼

子產和良霄的關係一直不錯，而且他知道如果不是良霄的爺爺子良當年的力爭，整個穆族早就不存在了，看到良家破敗，總覺得心中有點不是滋味，總想著要想個什麼辦法幫一幫良霄的家族。

從晉國回來，子產突然想到了一個辦法。什麼辦法？鬼辦法。

因為生前比較專橫，良霄死後，鄭國人經常用良霄的鬼魂來互相嚇唬。有的時候天晚之後大家在一起說笑，有人說一聲「良霄來了」，大家就趕緊各自逃命而去。

其實，誰也沒有見過良霄的鬼魂。

去年，駟帶死了；今年年初，子石又死了。這兩位都是良霄的仇人，因此民間流傳說這兩位都是被良霄的鬼魂所殺的。

從晉國回來，子產把良霄的兒子良止立為大夫，順便把子孔的兒子公孫泄立為大夫。這樣，穆族所有兄弟的後代都算有了著落。

「我們已經立了良霄的兒子良止為大夫，良霄有人祭祀了，再也不會出來興妖作怪了，大家安心吧。」子產通告了全國，從那之後，真的再也沒有聽說過良霄鬧鬼的事情。

世間本無鬼，心中才有鬼。有的時候，驅鬼的辦法恰恰是裝神弄鬼。

說起來，子產是個很重親情的人，他希望所有的叔伯兄弟都有飯吃。現在，他做到了。

對於子產的做法，很多人有疑問，可是，他們不問。只有一個人，有疑問一定會問。

「叔啊，為什麼立了良止，良霄的鬼魂就不鬧事了？」游吉來問子產，他跟子產的關係最好，但是從來不會拍子產的馬屁，有什麼看法都當面提出來。

「歷來呢，到處遊蕩鬧事的都是孤魂野鬼，如果他有了歸宿，就不會鬧事了。良止做了大夫，可以祭祀良霄了，也就是他的鬼魂有了歸宿了，當然就不鬧事了。」子產一本正經地說，忽悠人也要有理論才行。

「那，為什麼還要立公孫洩為大夫呢？」游吉又問，說起來，子孔可是所有家族的仇人。

「嗨，再怎麼說，子孔也是我叔叔你叔爺啊。良霄鬧事，他兒子就做了大夫；子孔不鬧事，兒子就當老農民，這不公平啊。如果這樣的話，子孔的鬼魂又該出來了。所以啊，乾脆兩人一塊當大夫吧。」子產說，其實他只是不忍心讓子孔的後人混得太慘。

拆遷問題

拆遷問題，自古就有。

來看看子產怎樣對待拆遷問題。

鄭簡公三十六年（前530年），鄭簡公薨了。

葬禮確定了，葬地在鄭國的祖墳。於是，有一個問題出來，從宮室到墓地怎麼走法。確定了走哪條路之後，就要把這條路上的所有建築拆除。

首先確定了最近捷的走法，可是，游吉家的宗廟就在這條路上。

拆，還是不拆？

這一天，子產沿路考察，看看要拆哪些房子。游吉命令家裡的人拿著工具在自己的宗廟周圍，但是不要真的去拆。

「這是誰家的？怎麼不拆？」子產到了這裡，問道。

「這是游吉家的宗廟，我們實在不忍心拆毀。不過我家主人說了，如果您一定要我們拆，我們就拆。」游吉的家人這麼回答，都是游吉教好了的。

「那別拆了，另外選一條道。」子產說。他不願意拆別人的房子。

於是，另外選了一條道。

這條道上又碰上了新問題。

一個掌管公墓的大夫的家就在這條路上，拆了他家，那麼上午就能把棺木運到墓地；不拆繞道的話，要到中午才能到。

「拆吧，否則那麼多外國賓客要在墓地等到中午。」游吉建議拆，拆自己家的不願意，拆別人家的不猶豫。

「不拆，繞道走。」子產瞪了游吉一眼，毫不猶豫地回答他。「外國使者們不遠千里來到鄭國，一兩個月都走了，還在乎等到中午？不拆這房子對外國賓客沒什麼影響，又能不騷擾百姓，為什麼要拆？」

於是，子產沒有拆一家的房子，葬禮當天，所有人在墓地等到了中午，也沒有人有怨言。外國賓客不僅沒有表示不滿，而且對子產不損害本國百姓利益的做法大為讚賞。

對此，《左傳》中君子說道：子產於是乎知禮。禮，無毀人以自成也。

子產是個懂得禮的人，禮，是不允許損人利己的。

後世有許多當國者為了取悅老外而損害本國百姓的利益，不僅本國百姓憤慨，就是老外也瞧不起你。在這個問題上，真的需要向子產學習。

子產懂得一個簡單的道理，國家靠的是百姓，而不是老外，所以取悅百姓比取悅老外更重要。

可惜，不是所有的當國者都明白這個道理。

鄭簡公去世的第二年，子皮也去世了。

聽到子皮去世的消息，子產哭了。沒有子皮的支持，他就當不上鄭國的執政；沒有子皮的力挺，他的執政方針就無法實行下去。所以儘管子皮是自己的侄子輩，子產對子皮非常尊重。

「完了完了，只有子皮最瞭解我啊，你走了，誰來幫我呢？」子產哭著說，他是真的悲痛。

沒有子皮的信任和無條件的支持，子產就不會成為一代名相。子皮能夠為了國家的利益任用賢能，放棄權力，的確難能可貴。

無神論者

子產不信鬼神，不信卜筮，也不信星象，他是一個徹底的無神論者。

鄭簡公去世之後，鄭定公繼位，鄭定公五年（前525年），這一年發生了兩個天文現象。夏天的時候，發生了日食；到了冬天，彗星掃過大火星，尾巴一直到了銀河。

天象異常，於是，當時著名的幾位天文學家，也就是星象學者紛紛發出警報。

魯國的申須和梓慎都是著名天文學家，兩人在一起討論了一番。

「慧，所以除舊佈新也。」申須首先發言，為大家貢獻了一個成語：除舊佈新。申須得出結論：明年要發生火災了。

梓慎作了進一步的推演，得出更加精準的結論：「宋國、衛國、鄭國和陳國將要發生火災。」

鄭國人裨灶也是著名天文學家，一測算，也得出了結論。

「相國，我夜觀天象，發現明年陳衛鄭宋四國會同日發生火災，不過如果我們用瓘斝玉瓚來祭祀神靈，鄭國就能躲過去。」裨灶把自己預測的結果向子產作了彙報，滿懷希望能夠得到表揚。

「嘿嘿，天上的事情跟地上的事情有什麼關係？別扯了。」出乎裨灶的意料，子產拒絕了。

「分明指與平川路，卻把好人當惡人，哼。」裨灶心頭不滿，沒敢說出來，走了。

第二年五月七日，中原一帶刮起了大風，梓慎再次給出預測：「這個風就是火神祝融刮起來的，預示著七天之後要發生火災。」

五月九日，風越刮越大。

五月十四日這一天，預言應驗了。宋國、衛國、陳國和鄭國四個國家同時發生大火。

這一天，鄭國首都大火。

「看見沒有，不聽我的，不聽我的，火神來了吧，唉。」裨灶歎著

氣，到處說。

　　子產才不相信什麼火神，這個時候他的第一反應是：如果這是敵對國家的破壞怎麼辦？誰是敵對國家？表面看上去是宋國，實際上是晉國。

　　基於這樣的擔心，我們來看看子產怎樣應對這場大火。

　　「傳我的命令，所有晉國人嚴禁進入首都。」子產的第一道命令就是這樣，要嚴防晉國人。與此同時，所有前來鄭國訪問的外國客人全部送到城外，名義上是保護他們，實際上是提防他們；所有旅居鄭國的外國人，不許走出住所。

　　「發放武器，全國進入緊急狀態。」子產不僅安排了首都的城防，同時派人前往邊境通知邊防部隊進入一級戰備，隨時準備迎擊外國侵略者。

　　「叔啊，這樣做，會不會讓晉國人不滿啊？會不會反而激怒他們，來進攻我們呢？」游吉又來質疑了。

　　「小國一旦忘記了防守就會滅亡，更何況我們正處於災難時期。小國要想不讓人輕視，就必須常備不懈。不跟你說了，下面的事情該你去做了。」子產解釋了幾句，又給游吉佈置任務。

　　國家安全事務安排完畢，緊接著，子產命令游吉率人巡視祭祀場所和宗廟，嚴令倉庫管理人員堅持崗位，作防火準備。

　　再之後，派人前往國君的宮室，把先國君的妃子宮女們安排到安全的地方。

　　「司馬司寇，你們率領軍隊救火。」最後，安排救火。

　　大火在當天被撲滅，子產令人在城外修建祭壇，祭祀水神火神。子產雖然不信這一套，可是他知道，這是安撫民心的手段，一定要做。

　　燒毀的房屋都作了登記，受災的人家全部免除稅賦，按戶發放木材重新建設。

　　鄭國停市三天，全力幫助受災群眾。

　　一切安排妥當，子產派人前往各諸侯國通報火災情況，告訴各國鄭國已經一切恢復正常，讓友邦放心，當然，也提醒不懷好意的國家

不要輕舉妄動。

最後，開始調查起火原因。原因很快查明，最早起火是因為一群小孩玩火造成的。

受災的四國中，衛國、宋國和鄭國採取了同樣的措施，只有陳國沒有採取救火措施，陳國君臣各自保護自己的家，至於屁民們的死活，完全沒有人去管。其他諸侯國中，只有許國沒有派人往受災四國慰問。所以，《左傳》中君子說道：陳不救火，許不吊災，君子是以知陳許之先亡也。

火災剛剛過去，又來事了。

裨灶第一個來了。

「相國啊，看見沒有，看見沒有？上天的旨意不能違背吧？我告訴你吧，趕緊按我的建議去做，否則還要發生大火。」裨灶很得意，因為他的預測是準的。

「該幹什麼幹什麼去，你的建議我不會採納。」子產直接給頂回去了。

「嘿，我本將心向明月，奈何明月照溝渠啊，唉。」裨灶很惱火，歎著氣走了。

等裨灶走了，游吉又質疑起來。

「叔啊，這國家的寶物本來就是用來保護百姓的。如果再發生火災，國家就瀕臨完蛋的邊緣了，既然有人提出了辦法，怎麼捨不得那點寶物呢？」游吉有些不滿。

「哎，你說寶物是用來保護百姓的，這話我喜歡聽。但是，『天道遠，人道邇，非所及也，何以知之？』（《左傳》）自然界的規律遠不可測，人世間的道理則近在眼前，二者之間互不相干，他怎麼看著星星就知道有小孩子玩火？別聽他的瞎忽悠。」子產笑了，他很喜歡游吉的為人，憨直而善良，不過，有點太憨了。

「那，人家上一次不是都說中了？」

「說中什麼啊？說得多了，當然有中的時候。你想想，他預測過多少回？中的多還是不中的多？偶爾中了一回，他就到處去說，弄得大

家以為他很靈。」

游吉仔細想想，好像還真是這麼回事，裨灶的預測還真是時靈時不靈。

「可是，那就按照他的去做，不是也能安定人心嗎？」游吉還不甘心。

「安定人心是要看時候的，當初火災的時候，人心惶惶，需要安定，所以那時候就要祭祀。而現在人心已經安定下來，但是天氣依然乾燥，需要的是小心謹慎防火。這個時候如果按照他的說法去做，反而讓大家鬆懈，更容易引起火災。」子產分析。

同樣的事情，不同的情況下，有時要做，有時不要做。

結果，鄭國在子產的領導下，防火措施到位，再也沒有發生火災。

「還是叔比較牛。」游吉打心眼裡佩服子產。

第二個來的是晉國人，游吉的擔心成了現實，晉國人前來責問，說是大家友好鄰邦，怎麼動不動搞一級戰備，在邊境製造緊張氣氛，是不是對我們晉國不滿意？是不是不信任我們晉國？請貴國一定給出一個有說服力的解釋。

「你們遭受了火災，我們也很關心啊，我們的國君親自祭祀，為你們祈禱。可是你們呢？把我們當敵人，讓我們邊境的百姓非常惶恐，你們到底什麼意思？」晉國使者的語氣很強硬，看上去很憤怒。

「多謝多謝，貴使者您說對了，我們的災難就是貴國國君的憂患啊。我們自己做得不好，所以上天給我們降禍下來，我們要救災，還要防範犯罪分子趁火打劫，然後越境潛逃，成為貴國的禍患。再者說了，我們僥倖沒有滅亡，今天還有機會辯解；要是我們滅亡了，即便貴國國君再為我們擔憂，也是無濟於事了。鄭國的周邊還有很多國家，我們沒有時間分辨誰更危險誰更應該提防，但是我們知道一點，鄭國一旦受到攻擊，我們能夠投奔的就只有晉國了。既然我們已經奉晉國為盟主了，怎麼可能背叛晉國呢？」子產一番話，說得使者沒話說，只得說些今後注意之類的話，走了。

對大國，很多事情攤開了說，反而能夠得到他們的尊重和諒解。

對付晉國人

第二年，駟帶的兒子駟偃死了。駟偃的老婆是晉國范家的人，給他生了個兒子叫做駟絲。駟偃死的時候，駟絲還很小，駟家的人一商量，說是這麼個小屁孩當了家長的話，家族肯定要完蛋。所以，駟家一致決定，讓駟偃的弟弟駟乞接班。

按著規矩，確定了接班人後，要向相國彙報，請求批准。駟家於是向子產提交了報告，子產一向很討厭駟乞這個人，可是，人家駟家都這樣決定了，自己似乎也不好干預。所以，子產乾脆裝聾作啞，壓了報告，也不說批准，也不說不批准。

駟家一看，你不批就算了，反正我們就這樣了。

子產不批，駟家倒不是太害怕，畢竟子產也沒說不批。

可是，駟絲的老娘不幹了，派人去了娘家，請娘家的人為自己出頭。於是，范家的人從晉國來了。來人叫范統，是駟絲的舅舅。

「怎麼回事？怎麼把我外甥給廢了？啊？膽肥了？不想過日子了？也不撒泡尿照照自己。」范統很蠻橫，到了駟家，把駟乞大罵一頓。

駟乞被罵得狗血噴頭，可是惹不起晉國人啊，怎麼辦？流亡去吧。

駟乞派人給子產傳了話，說是自己要流亡了，這家長還是給駟絲吧。

「流亡？流什麼亡？把他給我叫來。」子產當時就火了，派人把駟乞給找來了。

駟乞戰戰兢兢惶惶恐恐來了，他不知道子產要怎樣對待他。自己當初沒有經過組織程式就繼承了哥哥的產業，組織上是不是要追究自己？

「相國，那什麼，您找我？」駟乞弱弱地問。

「聽說你要流亡，是嗎？」

「是，是，那，晉國人──」

「打住，說起來，你現在也是鄭國的卿，你流不流亡也該鄭國人決定啊。」子產很生氣地對他說。

「那，晉國人來了，咱，咱惹不起啊。」

「惹不起，你怎麼不來找我？」子產呵斥他，然後叫手下：「去，把范統給我找來。」

不一會，范統來了。

「相國，您找我？」范統看見子產，老實了很多，因為晉國人提起子產都很敬佩。

「客人請坐。」子產對他也很客氣。等他坐下，子產接著說了：「我們鄭國這些年來比較不順，六卿接連去世，這不，駟偃也走了。因為他的兒子還小，所以幾個叔叔一商量，怕他承擔不起家族的重擔，導致家族中落，所以就讓他叔叔駟乞繼承了駟偃的位置。這件事情，我們國君和我們幾個老臣商量過，覺得這是老天要破壞繼承的規矩，既然是天意，那就不要靠人力去阻止了。俗話說：無過亂門。哪家要是亂了，大家都儘量躲遠點。有打架鬥毆的，大家都避之猶恐不及。如今你來問駟家是怎麼回事，我們國君都不敢說誰對誰錯，我們怎麼能說。所以這事情，我一直都沒管，因為不該管。平丘盟會的時候，貴國國君也說了『不要放棄自己的職責，也不要干涉別人的事務』。如果我國的大夫去世了，都要由晉國人來干涉繼承人的問題，那我們還算是個獨立國家嗎？」子產一番話，滴水不漏，范統張口結舌，說不出話來。

想想看，就是趙武、韓起和叔向都被子產說得無言以對，何況這個范統？

「行了，駟乞，說起來，你們也是親戚。回去好好款待款待，帶著親戚去轉轉街，今後也常常走動走動，到晉國出使的時候也有個親戚能串串。」子產打發駟乞和范統走了。

范統沒辦法，在鄭國待了幾天，又勸了勸姐姐，回晉國了。

這件事情很快傳遍了全世界，全世界齊聲讚歎：子產，牛。

以晉國人的專橫跋扈，全世界都感到頭痛，只有子產三番兩次不給他們面子，而且讓他們口服心服，確實不是一般的牛。

第二二八章

正直是正直者的耗子藥

　　鄭定公七年（前 523 年），鄭國發了大水，人們在滎陽南門外的大水坑裡發現兩條龍在打架。

　　鄭國人民馬上產生了聯想：發大水，是不是這兩條龍打架的原因？於是，人們紛紛提出要求，希望政府祭祀這兩條龍以便消災。

　　「祭個屁，救災還來不及呢。」子產斷然拒絕，還說了一段很有名的話：「我鬥，龍不我覿（音敵，看的意思）也；龍鬥，我獨何覿焉？禳，則彼其室也。吾無求于龍，龍亦無求於我。」（《左傳》）

　　簡單翻譯：我們人打架，龍從來也沒來勸過。龍打架，憑什麼我們要熱臉去貼人家的冷屁股？再者說，水坑就是人家的家，咱們祭祀就能讓他們離開？我們沒什麼求到龍的地方，龍也沒什麼求到我們的地方，管他們幹什麼？

　　子產，是真的牛。

裸葬

　　鄭定公八年（前 522 年），子產終於走到了生命的盡頭。

　　在去世之前，子產認真考慮了接班人的問題。綜合考慮之後，他認為游吉是最合適的人選，儘管游吉常常質疑自己的做法，可是他正直無私。

　　於是，子產確定了游吉接班，經過鄭定公同意之後，子產派人把游吉請到了家裡。這個時候，子產已經臥床不起了。

　　「游吉，看這樣子我是不行了，鄭國今後就交給你了。」子產儘量說得直截了當。

　　「叔，那您有什麼吩咐？」游吉是個實在人，並沒有假裝推託做高風亮節狀。

「我知道你個性寬和,對我的嚴厲管理方法始終有意見。不過我要告訴你,只有具備高尚德行的人才能夠用寬鬆的管理讓老百姓順從,我們這樣的才能必須用嚴厲的政策才行。就像火,就因為熾熱而讓人畏懼遠離,因此很少有人被燒死;而水很柔順,人們就喜歡玩水,所以就經常有人淹死。所以,寬鬆的管理是很難的。」子產最擔心的就是這一點。

游吉點點頭,不過很遲疑的樣子,子產知道,游吉並不認同自己的看法。

「你有什麼疑問?」子產問游吉。

「我想問問,該怎樣對待鄧析?」

「鄧析?你按照你的方式就好了。」子產回答。

鄧析是誰?為什麼游吉要專門提出這個人來?

幾個月之後,子產去世了。

子產家裡很窮,去世的時候家無餘財,無法按照卿的規格下葬。鄭國人於是紛紛捐贈財物,子產的兒子很有骨氣,按照父親的遺囑,一概不收。不過鄭國人不管這些,都放在子產家的院子裡,金銀珠寶熠熠生輝。子產的兒子將這些金銀財寶都扔進了河裡,河水因此金光閃閃,這就是鄭州市金水河的來歷。

最終,子產的兒子用牛車將子產的遺體送至陘山,挖坑壘石埋葬,除了生前衣物,沒有任何陪葬品。用個時髦名詞,這就是裸葬。

一個官員是貪是廉,看看他的葬禮就知道了。

如今,在新鄭市與長葛市交界處的陘山山頂有一座子產廟,廟前,有一個不高的土堆,這就是子產的墓。幾千年來,無人盜墓,不知道是太佩服子產還是因為知道盜墓也盜不到財寶。

「文革」時期,墓碑被毀。

西元 2010 年 3 月,墓上出現大洞,有人盜墓未遂。

繼任者游吉

　　游吉擔任了執政，沒有人反對。

　　果然，游吉採取了寬鬆的管理。可是，他意料之外的事情發生了，寬鬆的管理使得犯罪率迅速上升，強盜開始興起，短短幾個月過去，強盜們竟然在崔苻這個地方嘯聚，為害一方。

　　到了這個時候，游吉才不得不承認子產的高明。

　　「叔啊，我要是早聽你的，怎麼會這樣呢？」游吉徹底服了子產，於是出兵討伐崔苻的強盜，這一次沒有心慈手軟，把強盜們全部殺死。隨後，恢復子產的嚴厲管理方式。

　　對於這件事，孔子有一段著名的論述。

　　「善哉！政寬則民慢，慢則糾之以猛；猛則民殘，殘則施之以寬。寬以濟猛，猛以濟寬，政是以和。《詩》曰：『民亦勞止，汔可小康；惠此中國，以綏四方。』施之以寬也。『毋從詭隨，以謹無良；式遏寇虐，慘不畏明。』糾之以猛也。『柔遠能邇，以定我王。』平之以和也。又曰：『不競不絿，不剛不柔，布政優優，百祿是遒。』和之至也。」（《左傳》）

　　這段話翻譯過來是這樣的：好啊！施政寬和，百姓就怠慢，百姓怠慢就用嚴厲措施來糾正；施政嚴厲，百姓就會受到傷害，百姓受到傷害就用寬和的方法來舒緩。寬和用來調節嚴厲，嚴厲用來調節寬和，政事因此而和諧。《詩·大雅·民勞》中說：「民眾辛苦又勤勞，企盼稍稍得安康；京城之中施仁政，四方諸侯能安撫。」這是施政寬和。「不能放縱欺詐者，管束心存不良者；制止搶奪殘暴者，他們從不懼法度。」這是用嚴厲的方法來糾正。「安撫遠方和近鄰，用此安定我王室。」這是用和睦來安定國家。又說：「既不急躁也不慢，既不剛猛也不柔，施政溫和又寬厚，百種福祿全聚攏。」這就是和諧社會啊。

　　成語「寬猛相濟」，出於這裡。

　　有了這個教訓，游吉轉而完全按照子產的思路來治理鄭國，也按照子產的方式來處理國際事務。

在外交上，游吉像子產一樣堅持國家原則。

鄭獻公二年（前512年），這一年晉頃公薨了。盟主薨了，小弟國家們自然要來送葬。鄭獻公剛剛斷奶，自然不能前去，於是游吉自己去了，先弔唁後送葬。

這個時候晉國的中軍元帥已經是魏舒，早就想找機會教訓鄭國人，總算有了機會。為什麼魏舒對鄭國人這麼大意見呢？因為在晉國，趙家和韓家是世代結盟，魏家與這兩家關係都不好，而此前子產和趙武關係很好，游吉和韓起也是莫逆，魏舒就感覺到鄭國人跟趙韓兩家是一夥，因此對他們很不滿意。

游吉來到晉國，魏舒拒絕接待他，反而派了士景伯去質問他。

「當年我們悼公薨的時候，你們是來了子西弔唁，子喬送葬，怎麼這次只來你一個人呢？瞧不起我們晉國人是嗎？不給魏元帥面子是嗎？」士景伯劈頭蓋臉呵斥游吉。按說，游吉是鄭國上卿，士景伯不過是晉國的上大夫，怎麼說，士景伯也沒有資格這樣說話。

這個時候，游吉的腦海裡閃過子產的高大形象，子產與晉國人鬥爭的一幕一幕在他的眼前閃過。「××的晉國人，紙老虎，老子不怕你們。」游吉暗暗罵道，同時激勵自己對晉國人不能低三下四。

「諸侯之所以歸順晉國，是因為晉國講究禮法。禮法呢，就是小國事奉大國，大國愛護小國。小國事奉大國呢，就是要隨時聽從大國的命令；大國愛護小國呢，就是要多多體恤小國的難處。像這樣的葬禮，我們鄭國怎麼會不知道怎樣去做呢？先王的規矩是：諸侯的葬禮，士來弔唁，大夫來送葬。只有朝會、聘問、宴享和戰爭才會派出卿。從前晉國遇到喪事的時候，只要鄭國國內安定，我們的國君都會來弔唁送葬；但是如果恰逢國內有事，那可能就連大夫和士都派不出來。大國對與小國的愛護就表現在，如果小國在立法上偶爾不周，大國也能夠體諒，只要大體具備禮儀，不可求具體的數目和級別，就認為是合乎禮數了。周靈王去世的時候，我們的國君和上卿恰好在楚國，於是我們只能派出少卿印段，人家王室也沒有責備我們，因為他們知道我們只能做到這一點。如今呢，你們非要說我們怎麼不按從前的規矩辦，

那我問你，從前我們有高於常禮的時候，也有低於常禮的時候，我們該比照哪一種？現在我們的國君剛剛斷奶，無法前來，那麼我來了還不夠嗎？」游吉說話也沒有客氣，一通話下來把士景伯說得啞口無言。

士景伯回去，把這番話學給魏舒聽。魏舒一聽，這游吉分明是得了子產的真傳，算了，還是放過他算了。

就這樣，魏舒再也沒有為難游吉。

總的來說，游吉做得不錯，在歷史上的名聲也很不錯。他儘管沒有子產那樣的開拓力和遠見，但是很勤奮而且很無私，因此基本上能夠守住子產的改革成果。

古之遺愛

《史記》中子產被列入「循吏列傳」，這樣記載：為相一年，豎子不戲狎，斑白不提挈，僮子不犁畔。二年，市不豫賈。三年，門不夜關，道不拾遺。四年，田器不歸。五年，士無尺籍，喪期不令而治。治鄭二十六年而死，丁壯號哭，老人兒啼，曰：「子產去我死乎！民將安歸？」

儘管對子產的評價不低，可是太史公對子產對中國歷史的貢獻還是低估了，嚴重低估了。

子產鑄刑鼎是中國歷史上最早的公開的成文法，在中國乃至世界法律史上都是一件大事，子產因此被奉為中國歷史上最早的法家之一，在他之前的僅僅有管仲一人而已。

歷史上，甚至有一些人將子產稱為「春秋第一人」。

子產與管仲一脈相承，都屬於法家的先驅。不過子產比管仲要不容易得多，畢竟鄭國的國內國際形勢都比當初齊國要惡劣得多。

我們不妨按照韓非子對一國首相的評價標準來看子產，按韓非子的理論，一個合格的首相，要懂得運用「法術勢」三種手段。

子產是中國歷史上最著名的法家之一，鑄刑鼎就已經奠定了他的地位，在法的運用上無懈可擊。

與管仲受到齊桓公無限信任一樣，子產之所以能夠施展自己的抱負，與鄭國的內閣制分不開。當國者子皮確定了子產執政之後，宣佈所有人必須無條件服從子產，子皮的支持可以說是子產執政的基礎。而鄭簡公同樣對子產表態：朝廷的祭祀禮儀由我管，國家內政外交給你管，各司其責，不得互相干預。

內閣制，是子產能夠實行法治的基礎。

子產的權術玩得爐火純青，在法治之外，運用權術掃除改革障礙，心黑手狠，並不亞于趙盾。不過，子產的權術都是為改革鋪路，為了國家，與趙盾的權力欲完全不同。

當法和術解決所有問題之後，子產已經不需要用勢這個手段了。在韓非子的理論中，子產就是一個完美的政治家和執政者。

在國際事務中，子產堅持一個「守禮」的原則，真正做到了不卑不亢。所以，即便晉楚兩個大國的國君和權臣也都對他敬佩有加，其個人魅力無與倫比。

能夠讓鄭國在惡劣的國內國際環境下活得有滋有味有尊嚴，子產堪稱偉大。翻看中國歷史，有幾個人能和子產比肩的？

孔子和叔向一樣強烈反對子產鑄刑鼎，但是，這不影響孔子對子產的崇拜之情。

《孔子家語‧辯政篇》裡孔子說道：「夫子產于民為惠主，於學為博物，晏子于民為忠臣，于行為恭敬，故吾皆以兄事之。」孔子認為子產博學而愛民，自己把他看成兄長。

《論語‧公冶長》中記載：子謂子產有君子之道四焉：其行己也恭，其事上也敬，其養民也惠，其使民也義。

到子產去世的時候，孔子在魯國聽到消息，潸然淚下，說道：「古之遺愛也。」

能讓孔子落淚的人並不多，更何況孔子與子產的政見不同。大致，這就是孔子所說的「君子和而不同」了。

循吏列傳

在《史記‧循吏列傳》中，除了孫叔敖和子產之外，還有三個人，都是春秋時人，順便作一介紹。

公儀休是魯國的博士，也就是儒學研究比較高明的人。由於才學優異做了魯國國相，至於那時候誰是國君，太史公也沒有說，我們也就不知道。

公儀休這人奉公守法，他命令當官的不許和百姓爭奪利益，做大官的不許跟小官爭利。

有一次，有人給公儀休送魚來了，因為這人聽說公儀休愛吃魚，特地來巴結。

「不行不行，我不能收。」公儀休拒絕了。

「聽說您愛吃魚啊，嫌我這魚死了？沒有啊。」送魚的當然不肯就這麼拿回去。

「正因為我愛吃魚，才不能接受啊。現在我做國相，自己還買得起魚吃；如果因為今天收下你的魚而被免官，今後誰還肯給我送魚？所以我決不能收。」公儀休說了自己的道理。

說來也奇怪，春秋時期公儀休講的道理，後來再也沒有人講過了。看來，《史記》的這段記載很失敗。

公儀休吃了家裡中的蔬菜，感覺味道很好，於是就把自家園中的菜都拔下來扔掉了。他看見自家織的布好，就立刻把妻子趕出去旅遊了，自己在家裡把織機給砸了。

「爹，你這是幹什麼啊？」兒子覺得奇怪，於是來問。

「幹什麼？我都說了，當官的不要跟老百姓爭利。你說當官的家裡如果都種好菜織好布，人家農民和織婦把他們的產品賣給誰啊？」公儀休的自我要求非常嚴格，而且很自覺。

石奢是楚昭王的相國，為人非常正直。

有一天在路上發生了一次鬥毆殺人事件，恰好石奢路過，於是駕著車去追趕兇手。眼看追上了，石奢跳下車來，攔在兇手的面前。

「大膽兇手，還不束手就擒？」石奢大喝一聲。

「嘿嘿嘿嘿，你敢抓我？」兇手一點也不害怕，笑呵呵地說。

石奢抓他了嗎？還真沒抓他，讓他走了。這是什麼人？石奢他爹。

放走了兇手老爹，石奢心潮起伏，久久不能平靜。那一刻，他想起了孫叔敖，想起了子產，又想起了公儀休，他感到慚愧。

於是，石奢讓人把自己綁了起來，前去見楚昭王。

「相國，這是幹什麼？」楚昭王大吃一驚，這個國家，除了自己，誰這麼大膽敢綁石奢啊？

「我爹殺了人了，要是殺我爹吧，那是不孝；不殺我爹吧，那又是不忠。所以啊，我放了我爹，自己就犯了死罪。」敢情石奢來認罪來了。

「算了算了，這不能怪你啊，你還當你的相國。」楚昭王一聽，這不是小事一椿嗎？「來人，給相國鬆綁。」

鬆了綁，楚昭王又發了話，石奢可以心安理得地走了。可是，他沒有。

「大王寬赦我，是大王的恩典；可是，我要伏罪，那是我的職責。」石奢說完，拔出劍來，一咬牙一跺腳一閉眼一揮劍，一道血光。

石奢就這麼自殺了。

李離是晉文公的大理，也就是法院院長。

有一次，因為偏信了一面之詞，殺錯了人。李離十分懊惱自責，於是判了自己死罪，讓人把自己拘留起來，等待處死。

早有人向晉文公報告了，晉文公一聽，這李離一向很正直，就算錯了，也不至於就判自己死罪啊。就憑這一點，也不能處死他啊。

晉文公親自前來看望他，宣佈赦免他。

「算了，這事不怪你，都是你手下工作不細。就當交了一次學費吧。」晉文公安慰。

「話不能這麼說，我是長官，權力沒有分給手下，薪水也沒有分給手下，如今犯了錯誤，怎麼就讓手下承擔呢？這不是太不要臉了嗎？」李離拒絕赦免，堅持認為自己有罪。

「你這麼說，那我不是也有罪了？」晉文公還要勸。

「按照我們的法律，法官判罰不當，必須承擔責任，用錯了刑，則自己要受這個刑；殺錯了人，那就要償命。這是法律，跟主公您有什麼關係？您別勸我了。」李離不為所動。

「那我就命令誰也不能殺你。」晉文公很愛惜他，要來硬的。

「既然這樣，我自己來吧。」李離抽出劍來，也是一咬牙一跺腳一閉眼一揮劍，一道血光。

李離就這麼自殺了。

正直的人往往死於正直，不是被殺就是自殺，要不就是被自殺。所以，正直又被稱為死亡性格。

所以，正直是正直者的耗子藥。

第二二九章
流氓律師

在子產去世之前，游吉專門和子產談起過鄧析。

鄧析是什麼人？為什麼值得游吉專門問起？

鄧析，鄭國的下大夫。鄧析這個人非常聰明，喜好「名說」，換成今天的話就是邏輯學。所以，鄧析是春秋百家中「名家」的代表人物。

任何學說，要有用才會有人關注。鄧析的名家學說原本就是自娛自樂，可是到了子產鑄刑鼎之後，這夥計看到了機會。

子產把刑法鑄在鼎上，固然是大家都能看到了，可是同時產生兩個問題。第一，內容有限。子產儘量言簡意賅，可是鼎的容量就那麼大，所以子產的刑法就難免掛一漏萬，並且因為語言簡略而有的地方含義模糊。第二，無法增刪。那年頭鑄個刑鼎是個大工程，要修改起來幾乎是不可能的事情。

所以，老百姓雖然現在能夠看到刑法了，可是還是很困惑。首先，很多地方看不懂；其次，很多條文大家的理解都不一樣。當然，還有一個大問題，那就是很多內容沒有涵蓋，或者只有模糊的定義。

這個時候，就需要有人來對刑法作解釋。

誰來幹這個事？子產是不會的，他忙著呢。大家族們也沒人來幹這事，一來大家不關心，二來大家也沒這水準，三來還犯忌諱。

這個時候，一個人挺身而出了。誰？鄧析。

第一次辯護

「哎，這一條是怎麼回事啊？」刑鼎前面站著不少人，每天都有不少人。有原告，有被告，還有看熱鬧的。

說話的是一個老者，一臉茫然無助的樣子，向周圍的人詢問。

「你問這個幹什麼？」有人問他。

「我兒子被人告了，我想看看他有沒有罪。」老者說。原來他兒子是被告，怪不得這麼急。

「那你兒子為什麼被告？」又有人問。

老者急忙把兒子被告的原因說了一遍。

聽完老者的話，周圍的人們急忙在刑鼎上找相關的條文。

「第八條適合你兒子。」有人提出來。

「不對，十八條才是。」有人反對。

「完了，你兒子肯定有罪。」又有人說。

「不對啊，你兒子沒事。」

不一會，刑鼎周圍吵作一團，關於老者的兒子是不是有罪，大家各有各的見解，互不服氣，爭吵起來。

老者東瞅瞅，西看看，聽誰說的都有道理，可是轉眼之間就又覺得沒有道理。聽了半天，聽得他越來越傷心，似乎兒子怎麼說都是有罪了。

老者哭了。

而其他的人不管老者，依然在爭論著。

「爭什麼呢？」就在這個時候，有人走了過來，高聲問道。

只見這個人身材不高，穿一身大夫的衣服，看上去洗得很舊，似乎不是太有錢的人。

看見這個人過來，大家都收了聲。

「老頭，你可以向這個人請教，他老有學問了。」有人低聲對老者說。

「他誰啊？哪個單位的？」老者問。

「鄧析大夫啊，這刑法，沒人比他精通了。」

「是嗎？」

老者把自己兒子的事情又跟鄧析說了一遍，鄧析邊聽邊點頭。

「行了，你兒子沒罪，放心吧。」鄧析沒等老者把事情講完，擺擺手，下了結論。

「啊，你怎麼這麼肯定？憑的是哪一條？」老者有些將信將疑，脫

口而出。

「想知道是吧？」

「是啊。」

「拿錢來。」鄧析把手攤出來。

「還要錢？」老者有些吃驚。

「嘿，不要錢憑什麼告訴你？我吃飽了撐的不在家歇著，跑這來幹什麼？俗話說：天下沒有免費的午餐。我給你提供諮詢，你就要給我報酬啊。」鄧析理直氣壯地說。

「那什麼，你就不能發揮點仁愛精神？」老者說。

「狗屁仁愛，那你仁愛仁愛我。」鄧析很不屑地說。

「那，你要多少錢？」老者想起兒子來，咬咬牙，決定先詢個價。

「你兒子這個屬於比較大的案子了，按著規矩，給我一件衣服。」鄧析還是明碼標價，要一件衣服。

那年頭，一件衣服也算價值不菲了。

老者有些猶豫，畢竟這一件衣服也不是那麼好掙。想了想，覺得如果一件衣服能讓兒子免於問罪，那也值了。可是，眼前這個鄧析說話靠譜嗎？

「那，要是俺給了你衣服，最後俺兒子又被判了有罪，俺不是虧大了？」老者還有些不情願。

「嘿，掙你件衣服還真難。這樣吧，審理你兒子那一天，我去幫你兒子辯解。如果你兒子被判無罪，你就給我衣服。否則，我就當去練練繞口令了。」鄧析讓了步，心說就算開業讓利吧，先把第一單做出去再說。

老者的兒子很快受審了，因為就是普通百姓，所以審理案件的不是六卿，而是士師，級別是下大夫，跟鄧析一樣。

鄧析如期來到，申請為被告人辯護。

因為有了刑鼎，人人都可以依據刑鼎的內容為自己辯護，因此鄧析為被告辯護也就獲得了批准。

原告作了陳述，把事情的經過說了一遍。之後被告也作了陳述，

順便為自己辯解。基本上，事實已經很清楚地擺在面前。

「根據刑鼎第八條，被告罪名成立。」士師宣判。

「慢著，第八條不適合本案。」士師話音剛落，鄧析站了起來，高聲說道。

「你憑什麼說第八條不適合本案？」士師有些詫異，自己的判決從來還沒有人推翻過。

「你聽我分析。」鄧析不慌不忙，開始了中國歷史上第一次的律師辯護。

鄧析首先把第八條進行了解釋，之後把本案的要素與第八條的要素進行對位，結果發現二者完全不吻合。隨後，鄧析對第十四條進行了解釋，這個時候大家發現，本案原來最適用的竟然是第十四條。

「根據第十四條，被告無罪。」鄧析最後得出結論。

士師目瞪口呆，鄧析的話邏輯清晰，定義準確，無可辯駁。

「我宣佈，被告無罪釋放。」士師是個正直的人，並不因為自己被駁倒而拒絕承認錯誤。

被告喜出望外，老者老淚縱橫。

「我，我，我……」老者什麼也說不出來了，乾脆什麼也不說了，雙手遞過一個包裹來，打開包裹，裡面是一件衣服。

鄧析接過包裹，看了看衣服，滿意地點點頭，然後重新包好，拿著包裹，揚長而去。

子產補漏洞

鄧析一戰成名。

整個鄭國都知道一個叫鄧析的人對刑鼎的內容瞭若指掌並且能言善辯，能夠幫人辯護替人脫罪。於是，原告被告都來找鄧析，打官司的來找，不打官司的準備打官司的也來找，鄧析基本上是來者不拒，大一點的問題收一件衣服，小一點的問題收一條內褲。如果需要親自出馬幫著打官司的，再多收些銀兩。

一時間，鄧析成了鄭國最大的律師，家裡有數不清的衣服褲子。怎麼鄧析這麼愛要衣服褲子？原來，鄧析小的時候家裡很窮，穿不起衣服褲子，到十歲還光屁股。所以那時候鄧析就暗自發誓今後要掙數不清的衣服褲子，每天換著穿。終於，子產的刑鼎給了他機會。

　　鄧析本來就很能辯，又經過這樣的實戰演練，就已經沒有人能夠說得過他，一件事情，他三推理兩演繹的，就能把對方說傻，乖乖地認他的理。

　　由於在邏輯學方面的巨大優勢，鄧析後來乾脆誰給錢多給誰辯護，而不管被告原告誰有理。這一點，跟現在的律師沒有區別。

　　有的時候，鄧析甚至兩頭吃錢，誰給錢多向著誰。這一點，跟現在一些法官吃了原告吃被告一個德行。

　　鄧析靠著刑鼎發大財，可是同時他對刑鼎刑法的解釋有些恣意胡來，嚴重擾亂了子產所想要設立的法律秩序，造成了一定程度的社會混亂。

　　這個時候，子產怎麼辦？

　　「殺了鄧析吧。」子皮非常惱火，建議子產殺掉他。

　　「不，鄧析之所以能夠這樣，說明刑鼎本身有很多漏洞，殺了他也不能彌補這些漏洞。相反，他利用這些漏洞，我們就補這些漏洞，讓法律完善。如果殺了他，誰來幫我們找漏洞？」子產反對，他站得更高。

　　這個時候，鄧析開始公開舉辦各種講座，講解刑鼎上的刑法以及如何利用這裡面的漏洞。與此同時，子產也在給士師們補課，講解現行的刑法，同時彌補已經發現的漏洞。

　　就這樣，鄧析利用了漏洞之後，子產立即補充新的法律，之後鄧析又去發現新的漏洞，子產再彌補漏洞。一來一往，鄭國的法律越來越清晰，鄧析要賺錢越來越難。

　　不過，鄧析總是一個非常棘手的人物，游吉有些忌憚他，因此在子產去世之前請教該怎樣對待鄧析，是殺，還是留。

　　游吉最終還是決定不要動鄧析，他知道子產臨終前的那句「按照你的方式」是什麼意思，那就是如果你認為自己能對付得了鄧析，最

好就不要殺他。

游吉思慮再三，儘管他的信心不是太足，還是決定留下鄧析。儘管鄧析給他製造了不少麻煩，游吉總體上還能夠應付，他不喜歡殺人，即便有的時候鄧析讓他很惱火，他也忍住了。

游吉在鄭國執政的位置上坐了十五年，到鄭獻公七年（前507年）去世。游吉去世之後，駟乞的兒子駟歂（音喘）接任執政。

大律師之死

子產在的時候，鄧析與子產的交手基本上勢均力敵，有的時候還處於下風；後來到了游吉，鄧析略占上風。不過游吉是個寬厚的人，鄧析自己也不好意思做得太過分。現在到了駟歂，駟歂的能力比游吉差了很多，可是人又很跋扈，鄧析對他可就不客氣了。

駟歂執政一年之後，鄧析索性出了一本刑法書，因為那時候書是刻在竹簡上的，因此歷史上稱為「竹刑」。這本書是自從有鼎刑之後，這些年來鄧析、子產和游吉三人在鬥爭中對刑法的完善，可以說是集中了三人的智慧以及鄭國的刑法訴訟中的經驗，是當時世界上最為完備也最有邏輯的一部刑法。

「竹刑」出來之後，很多人前來購買，鄧析又發了一筆。

「竹刑」的意義在於，老百姓自己手頭有刑法了。

駟歂有點受不了了，他既沒有子產的才能，也沒有游吉的胸襟，他只是覺得自己很沒有面子。從前，有人打官司還來找他走個後門托個關係什麼，現在可好，要打官司的都去買鄧析的「竹刑」，自己就能給自己辯護了。

駟歂起了殺心，可是沒有藉口，因為人家鄧析的「竹刑」那是編得滴水不漏，確實是一部好刑法，駟歂私下裡也承認。再者說了，自己剛剛上任一年就殺鄧析，顯得自己太沒水準也太沒肚量了。

於是，駟歂忍了。不過，他在等待機會。

鄭獻公十三年（前501年），這一年鄭獻公薨了。

就在鄭獻公薨的當天，鄭國有個富人被淹死了，結果屍體被另外一家人給撈起來了。按照鄭國法律，撈死人的人家擁有這個死者屍體的使用權，死者家屬只有所有權。於是，使用權方向所有權方索要使用權的轉讓費。簡單一點說，給錢，我就把屍體還給你們。

有錢人家只好掏錢買屍，可是一問價，價碼太高，屬於敲竹槓。沒辦法，富人家要求降價，撈人的人家堅決不降。就這樣，兩家僵持。

富人家一看這個情況，不知道該怎麼辦，於是前來討教鄧析。

當然，有償諮詢。

「放心吧，他們肯定降價。除了你們，他們還能賣給別人嗎？你們現在是買家市場啊。」鄧析這樣說，聽上去挺有道理。

富人家一聽，是這麼個理兒，於是高高興興，付了諮詢費，回家等待對方降價。

撈屍那一家也有點沉不住氣了，畢竟家裡放個屍體不是那麼回事，眼看著都臭了。於是，他們也來諮詢鄧析。

這時候，如果鄧析勸勸他們降價，這事也就算結束了。可是鄧析幹慣了吃了原告吃被告的事情，因此這時候還想多賺錢。

「嗨，怕什麼？除了從你這裡買屍體，他們還能找別人買嗎？現在是賣方市場啊，跟他們熬，你是無本生意，他們怎麼熬得過你呢？」鄧析又說這樣的話了，聽上去也有道理。

撈屍的那家想想，還真是這麼回事。於是也高高興興地付了諮詢費，回家等著去了。想到大把銀子就要到手，感覺屍體也沒那麼臭了。

過了一陣，富人家見撈屍那一家還不肯讓步，又來找鄧析諮詢。鄧析還是那一套，結果又掙了一筆諮詢費。

那之後，兩家輪流前來諮詢，合計每家諮詢了六次。結果是屍體越來越爛越來越臭，兩家都很發愁，也都花了不少銀子，只有鄧析心情舒暢地賺了不少錢。

眼看兩個月過去，鄭獻公都入土為安了，這邊這具屍體還沒有成交。

這個時候，有人暗中為兩家撮合，結果兩邊一問，才知道這段時

間都被鄧析給忽悠了。

「奶奶的，合著我們兩家都是腦殘啊，被人賣了還給人數錢。」兩家都很憤怒，於是一合計，撈屍的也不要錢了，直接把屍體給了富人家。然後兩家聯手，到駟歂那裡把鄧析給告了。

這下，證據確鑿，鄧析再能辯解也沒用了。此前還有些被他吃了原告吃被告的，這時候也紛紛前來作證。

「鄧析，你犯有詐騙罪、侮辱屍體罪、貪贓枉法罪，數罪並罰，砍。」駟歂趁熱打鐵，終於把鄧析給殺了。

殺了鄧析，「竹刑」怎麼辦？駟歂宣佈，「竹刑」為國家正式法律，繼續施行。

對於這一點，《左傳》上的君子就這樣評價了：這件事情上駟歂做得不地道，如果一個人對國家有貢獻，那麼就可以原諒他的一些過錯。既然採用人家鄧析的「竹刑」，那就不要殺掉人家。在這一點上，子產和游吉就做得很好啊。

《鄧析子》

鄧析，在春秋百家中被列為名家，但事實上他還是法家。鄧析屬於正邪之間的人物，他對中國歷史作出了突出的貢獻，但是也樹立了一些糟糕的榜樣。

首先，鄧析是個法律學家，刑法解釋學的祖師爺，也是普法教育的先驅。他是中國律師或者代訟行業的祖師爺，同時也是中國法律出版業甚至整個出版業的祖師爺。

不過同時，鄧析也充當了鑽法律漏洞瘋狂斂財，操縱訴訟，吃了原告吃被告的不光彩角色。

但是話說回來，如果沒有人鑽法律的漏洞，法律也就不會完善。

鄧析，一個了不起的人，儘管他有自己的缺點。鄧析，一個死得不冤的人，儘管他也作出了傑出貢獻。法律的精神就是這樣，一碼是一碼。

鄧析的「竹刑」已經亡佚，殊為可惜。

鄧析著有《鄧析子》，收於《漢書·藝文志》，也已經亡佚。現有《鄧析子》被認為是後人偽託，價值不大。不過，偽書的結論不宜妄下。不論真偽，《鄧析子》並非沒有價值，其中有很多對現實有益的說法。

譬如，《鄧析子》寫道：「循名責實，君之事也；奉法宣令，臣之職也。」簡單說，就是國君負責司法，大臣負責執法，二權分立。

再譬如，書中寫道：「治世之禮，簡而易行；亂世之禮，煩而難遵。」這一點，早已經被歷史所驗證。

此外，《鄧析子》也講道，並且有些話與《道德經》相重合，譬如「竊財者誅，竊國者為諸侯」，「聖人不死，大盜不止」。

《鄧析子》雖然字數不多，可是字裡行間還是能看出對現實社會的不滿，頗有些春秋憤青的味道。

有趣的是，《鄧析子》還講解了悲哀喜樂和嗔怒憂愁的區別，很精到。具體講解是這樣的：為自己是哀，為別人是悲；為自己是樂，為別人是喜；為自己是嗔，為別人是怒；為自己是愁，為別人是憂。

所以，我們說節哀，不會說節悲；我們說偷著樂，不會說偷著喜；我們只能向別人發怒，不能向自己發怒；我們說替人擔憂，卻不會替人發愁。

第二三〇章
激流勇退

子產去世的消息傳到了晉國，有一個人非常傷心。誰？叔向。

自從那一年叔向寫信批評子產鑄刑鼎之後，兩人之間疏遠了很多，一向也沒有聯絡。其實，叔向還是很佩服子產，除了在刑鼎的問題上兩人之間有不同看法之外，叔向與子產疏遠還有一個重要的原因：怕引起麻煩。

晉國六卿家族，叔向的想法是誰都不要得罪，因為風水輪流轉，不定明天就是誰家當中軍帥。不過，趙武和韓起都很尊重叔向，自然而然，叔向就跟這兩家走得近了一些。叔向也意識到這一點，不過這兩家輪流做中軍帥，叔向也不可能故意去疏遠他們。

除了趙韓兩家，叔向跟另外四家，也就是表面上客客氣氣而已。而子產恰好和叔向一樣，跟趙韓兩家走得比較近，另外四家疏遠很多。

叔向做事非常小心謹慎，可是，在晉昭公四年（前528年）發生了一件大事，這件大事讓叔向心驚膽戰，從那之後徹底心灰意冷，假裝老年癡呆，提前退休了。

那麼，這一年發生了什麼事？

叔向斷案

這一年冬天，大理士景伯去楚國出差，這一走就好幾個月。於是，羊舌鮒疏通了中軍帥韓起的關係，當上了代理大理。明眼人一看就知道，羊舌鮒這是要貪贓枉法了。其實韓起也知道，不過他們是一夥的。

「嗯，前段時間有很多積案，你辛苦辛苦，都給審理了吧。」韓起特地給羊舌鮒佈置了任務，羊舌鮒正求之不得呢。不過他也明白，掙到了銀子，都要給韓起留一份。

羊舌鮒整理積案，天天開庭，那也是吃了原告吃被告，誰給錢多就向著誰。一時間，製造了大量的冤假錯案。

這一天，審到了邢侯和雍子的案子，這兩位為了爭奪一塊地而互相告狀，已經很長時間了，士景伯不願意得罪人，一直給拖著。

羊舌鮒可不怕得罪人，有韓起罩著，怕誰啊？

邢侯知道羊舌鮒的規矩，因此早早打點清楚了。

「那什麼，這個案件非常清楚了，這塊地本來就是人家邢侯的。啊，就這樣了。」羊舌鮒假模假樣問清了案情，然後就斷了案。

一審之後，雍家一打聽，說是羊舌鮒拿了人家邢家的錢了，所以幫著邢家。

「他奶奶的，不就有點臭錢嗎？老子送更實惠的。」雍子急了，聽說羊舌鮒剛死了老婆，於是把自己美貌如花的女兒送給羊舌鮒做老婆了。

「哎喲，你看你這是太客氣了，老丈人，那什麼。」羊舌鮒高興壞了，這回真是賺大了，反正吃了被告吃原告都習慣了，也不覺得難為情。

沒過幾天，雍子對一審提出不服，於是進行二審。二審的結果可想而知，正好把一審的結果給推翻了，那塊地判給了雍子。

這下輪到邢侯火大了，合著是拿了我的錢還不給我辦事？這不是黑吃黑嗎？

這裡不妨借用《水滸傳》的寫法，看看發生了什麼。

邢侯怒從心頭起，惡向膽邊生。當時雙眼圓睜，更不打話，一把拔出劍來，就在法庭裡發作起來。當時一劍先刺死了雍子，又奔向羊舌鮒。羊舌鮒是個文官，哪裡見過這般陣仗，當時暗叫一聲禍事了，起身就跑。

說時遲，那時快，邢侯大喝一聲「兀那貪官望哪裡跑？」羊舌鮒便跑不動，被邢侯追將上來，一腳將羊舌鮒踹倒在地，俯身上來，左手一把揪住衣襟，右手劍便刺將過來。

「大爺，行個慈悲則個，可憐俺家中有九十八歲老娘。俺死了不打

緊，可憐俺老娘無人奉養。」羊舌鮒嚇得篩糠一般，只顧求饒。

「去你二大爺，你老娘死的那年俺還給你隨過禮，你這廝莫非就忘了？別說你老娘死了，就算沒死，也輪不到你養啊。既然你如此孝順，我就送你去見你老娘。」邢侯說罷，分心便刺。

只見白刀子進去，紅刀子出來。

正是：機關算盡太聰明，反誤了卿卿性命。

大法官被當場殺死，法庭命案轟動了整個晉國。

大法官被殺，晉國人民拍手稱快，暗中都稱邢侯為「刑大俠」。

當官員都成為貪官的時候，官員被殺就不能得到同情，反而會普天同慶。自古以來，都是如此。

法庭命案讓韓起非常尷尬，因為羊舌鮒是他任命的。不過，最緊張的不是他，而是叔向。想當年小弟弟叔虎就差點連累整個家族（見第六部第206章），如今這個弟弟又出了事，弄不好也要連累自己。

果然，六卿中魏舒和范鞅都強烈要求懲治貪官，最好整個家族都要負責。好在，韓起給壓住了。儘管如此，韓起還是感到很大的壓力。

「叔向，這個事情一定要處理好，處理不好，你就危險了，我也有麻煩。」韓起找來叔向，把利害關係對他說了。

其實，不用韓起說，叔向比他想得還要多，還要清楚。

「元帥有什麼想法？」叔向問。

「這樣吧，明天召開六卿擴大會議，你把你的處理辦法說說，今天好好想想。」韓起也沒有什麼想法，索性推給叔向。

第二天六卿會議，從前總有人請假，今天破天荒全部來到。基本上，魏、智、范和中行四家都是幸災樂禍，等著看韓起出洋相，只有趙成一個人算是想著要幫韓起。

「這個，事情已經發生了，大家也都知道是怎麼回事了。現在，我們請叔向發言，看看怎麼處理吧。」韓起沒有給大家發揮的時間，直接讓叔向發言了。他知道，如果讓那幾家開始發言，估計叔向就要倒楣了。

叔向早已經想好了。生死存亡之際不是沒有經歷過，他想得很清楚。

「各位元帥，雍子行賄，羊舌鮒受賄，邢侯不走正常程式而暴力殺人，這三個人同等罪行。自己沒理，還要通過行賄去爭搶，這叫做昏；貪贓枉法，這叫做墨；殺人而不顧後果，這叫做賊。《夏書》裡寫道：『昏、墨、賊，殺。』這是皋陶當年制定的刑法。所以，這個案子，被殺的是該殺，殺人的也要正法。」叔向的說法，是各打三十大板，並沒有偏向於弟弟。

眾人無聲，一來，叔向的說法有理有據，誰也沒有叔向學問大，誰也沒辦法反駁；二來，叔向沒有偏袒弟弟這一邊，魏舒范鞅們也無從發揮。

就這樣，新的判決產生。

不過，邢侯聽到風聲，跑到楚國去了。

沒辦法，只能把羊舌鮒和雍子的屍體都拖到大街上示眾。

叔向也不是不想偏袒弟弟，可是沒辦法，都這個時候了，整個家族危若累卵，顧不上弟弟一家了。

對於這件事情，孔丘孔老夫子又看岔了眼。

《左傳》中記載孔夫子如此一段話：「叔向，古之遺直也。治國制刑，不隱於親，三數叔魚之惡，不為末減。曰義也夫，可謂直矣。平丘之會，數其賄也，以寬衛國，晉不為暴。歸魯季孫，稱其詐也，以寬魯國，晉不為虐。邢侯之獄，言其貪也，以正刑書，晉不為頗。三言而除三惡，加三利，殺親益榮，猶義也夫！」

簡單翻譯，孔子說叔向是「古之遺直也」，就是說叔向具有傳說中古人的正直。說他三次數落弟弟羊舌鮒的過錯，一次是在衛國砍人家樹那一次，一次是扣押季文子那一次，還有這一次。所以啊，叔向這人一貫主持正義，大義滅親，名聲非常的好。

其實，孔老夫子真的過獎了叔向，叔向也談不上主持正義等等，不過是儘量對得起自己的良心。自己不做壞事，但是也未必就阻止別人做壞事。

經過這件事情，叔向基本上成了驚弓之鳥。

「看來，官場險惡啊，真不是人混的地方。」儘管渡過了難關，叔向還是下定了決心要退休。否則，稍有不慎，就被收拾了。

於是，叔向找到韓起，請求退休。

「別啊，整個晉國就你學問大，怎麼能退休呢？」韓起挽留，真心挽留。

「我，我最近記憶力下降，睡眠不好，屎尿多，提筆忘字，這麼說罷，基本上老年癡呆的症狀都有了。我想，我還是歇了吧，把位置騰給年輕人。」叔向堅持。

在叔向的再三請求下，韓起終於同意了叔向退休的請求。

就這樣，叔向激流勇退了。

退休生活

退休之後，叔向深居簡出，不再過問國家大事。不過，即便這樣，還是有些人登門請教的。

譬如叔向退休後的第二年，恰好藉談在周朝王室被周景王罵數典忘祖，回到晉國，藉談專門去看望叔向，說起這件事情並向他請教應該怎樣應對。

「其實很簡單，你可以告訴他寶器的獲得應該是因為嘉慶的事情，而不是由於喪事。如果這還不夠，你可以說說當年文公向周王獻俘，說說晉國稱霸以來如何尊王室，因此楚國才不敢欺凌，各國才會向王室進貢。如果沒有晉國，恐怕就沒有國家來參加王室的葬禮了。」叔向一講解，藉談恍然大悟。

「太傅，看不出你有什麼老年癡呆啊。」藉談半開玩笑地說了一句。叔向沒有搭他的話兒，接著說：「周王恐怕是不得善終了，俗話說：所樂必卒焉。喜歡什麼事情，就必定死在什麼事情上。周王以憂患為樂，肯定因憂患而死。你想想，王室今年遇到兩次喪事，周王應該服喪三年。可是，他竟然在喪禮一結束就跟使臣們歡宴歌舞，並且索要禮物，這是違背禮法的。就算他口若懸河，就算他出口成章，就

算他引經據典，有什麼用呢？」

「太傅，要是你不退休，這次你去就好了。」

「那什麼，吃過早飯沒有？要不，留下來吃晚飯？」叔向問。時間恰好快到中午，問早飯晚了點，留人吃晚飯又早了點。

「哎，剛才好好的，怎麼突然老年癡呆的症狀出來了？」藉談覺得有點奇怪，告辭走了。

董叔決定向范鞅的女兒求婚，因此也來諮詢叔向。

「是不是因為范家比較富？」叔向問，有點漫不經心。

「范家勢力大，找個靠山，大樹底下好乘涼啊。」董叔說，想法很實際。

「嘿嘿。」叔向拒絕向他提供諮詢，因為他知道這樣的事情最容易惹火上身。

董叔最終還是向范鞅求親了，結果還真的成了范家的女婿。

成親沒多久，為了誰先洗澡的事情，董叔跟老婆吵架，結果老婆一生氣回了娘家，第二天范鞅就派人來了，二話沒說，把董叔給綁在自家門口的大槐樹上了。

恰好叔向從那裡路過，看見好多人在看熱鬧，叔向不是看熱鬧的人，只管走。可是董叔看見叔向了。

「太傅，太傅，去幫我求求情啊。」董叔喊了起來。

叔向一看，原來這哥們綁在樹上呢，一問，說是老丈人派人來綁的。

「你不是想要靠山嗎？這不靠著呢嗎？你不是說大樹底下好乘涼嗎？這不正好在大樹底下嗎？你的願望實現了，我幫你求什麼情？」說完，叔向走了。

叔向為什麼不幫他求情？因為叔向本來和范家的關係就明和暗不和，別說去找他求情，平時到了范家門口都繞著走。

要說到叔向關係最好的呢，還是趙家。趙武之後，趙成和趙鞅（趙簡子）父子也都很尊重叔向，經常走動。

儘管叔向退休，趙簡子時不時前來問候，也順便討教。

這天，趙簡子前來，叔向很高興，兩人聊得開心。從年齡上說，叔向比趙簡子的父親趙成略大，因此是趙簡子的父輩。所以，儘管趙簡子官階高於叔向，到了叔向家中還是恭恭敬敬敘叔侄的禮。

兩人聊到魯國，趙簡子突然歎了一口氣。

「唉，看人家魯國孟獻子，人家手下有五個勇士能夠為他出生入死，怎麼我一個也沒有呢？」趙簡子歎息，原來是為了這個事情。

叔向笑了。

「元帥啊，那是因為你不想有啊，你要想有，我這把老骨頭都願意為你獻出去。一個好的君主，應該能夠預料到事態的發展，避凶趨吉，為什麼一定要讓自己的手下出生入死呢？」叔向說。他說話總是這樣富於哲理。

趙簡子連連點頭，心情好了起來。

叔向很喜歡這個年輕人，現在晉國像趙簡子這樣謙恭而且能幹的人幾乎再也找不到了。其實，叔向心中還有一個想法，就是自己的子孫今後恐怕就要靠趙簡子來關照了。

叔向的遺囑

轉眼，子產死了，子產的死訊對叔向打擊很大。

世界上，能夠相知相交的人並不多，晏嬰是其中的一個，子產是其中的一個。儘管很長時間處於絕交的狀況，叔向的內心裡對子產還是充滿了敬意，期待著有一天兩人能夠再次把酒言歡。

可是，這樣的機會再也沒有了。

叔向非常悲傷，很快病倒，到第二年就已經病入膏肓了。這一年，是晉頃公五年（前521年）。

韓起和趙簡子先後都來看望他，叔向把自己的兒子楊食我託付給他們，希望他們能夠關照。自然，兩人都答應了。

臨終之前，叔向把楊食我叫到了床邊。

「孩子，有一件事情我始終沒有辦，那就是咱們家的封邑。在晉

國，除了六卿之外，就數祁家和咱們家的封邑大了。我活著的時候，仗著和趙家韓家的關係，還算能夠維持。我死之後，估計你是守不住的。與其被搶，不如自己送出去。前陣子我就提出來把封邑都還給公家，留下楊地這一塊就夠了。可是韓元帥說什麼也不同意，沒辦法，只好留著。不過，我死之後，你一定要把封邑還掉，切記切記。」說完這些，叔向眼一閉頭一歪，離開了人世。

楊食我按照父親的遺囑，請求將羊舌家的封邑退回公家，只保留楊地。

「大侄子，算了，留著吧，有叔我呢。」韓起勸楊食我留著，他不忍叔向剛去世就拿掉他的封邑。

「那，就多謝元帥了。」楊食我本來就不願意退回去，韓起這麼一勸，順勢就收回了請求。

就這樣，楊食我保留了羊舌家的封邑。

楊食我奉公守法，不結豪門，他覺得，自己身正不怕影子斜，誰也不會抓住自己的把柄。

俗話說：不聽老人言，吃虧在眼前。

俗話還說：占小便宜吃大虧。

叔向兄弟

叔向，正直、博學、謙恭而且明智。

但是，叔向不是子產，他不可能是子產，因為他的環境比子產更糟糕。子產做好了，能夠成為鄭國的相國，叔向做好了，也不過就是上大夫。也許，做得越好，嫉恨他的人越多。

子產可以說自己為國而死，叔向不可以，他沒有資格。所以，子產可以專心為國家，叔向只能一邊為國家，一邊保護自己和自己的家族。

叔向做得不錯，家族在他的手裡並沒有衰落並且躲過了幾次大劫難。

叔向傾向於恢復周禮，因為這符合他的利益，因此孔子對他評價很高。

時勢造英雄，不要用子產的標準去衡量叔向，就如不要用管仲的標準去衡量子產。

如果說叔向還有什麼不足，那就是他不夠果斷，不夠堅決。而正是這一點不足，就可能葬送掉自己生前所有的努力。

不管是在晉國國內事務還是國際事務中，叔向向來不是決策人物，他只是一個高級參謀，他出謀劃策。能夠不管的事情，他儘量不管；不得不管的事情，他會處理得很好。他不得罪人，但是他憑良心做事。

他和子產一樣懂得怎樣玩權術，但是他的地位決定了他不是怎樣去玩別人，而是怎樣防止被別人玩，他做得很好。至於他是不是有子產做得好，這一點無從比較。

其實，叔向的哥哥伯華也是個很賢能的人，孔子對他的評價同樣很高。伯華名叫羊舌赤，因為封邑在銅鞮，因此又叫銅鞮伯華。

《孔子家語》中，孔子說道：「銅鞮伯華而無死，天下其有定矣。」伯華不早死的話，天下就有望安定了。

子路傻乎乎地問：「願聞其為人也何若。」

孔子接著說：「其幼也敏而好學，其壯也有勇而不屈，其老也有道而能以下人。」伯華小的時候敏而好學，大了很勇敢很有承擔，老了很懂道理而且很謙恭。

孔子為什麼對伯華的評價這麼高呢？不知道，因為伯華的故事都沒有流傳下來。

今山西沁縣太里村前白玉河南岸，羊舌職、伯華、叔向父子三人的墓都在那裡。

第二三一章

無射是個鐘

　　就在叔向死的那年，發生了一件大事。

　　什麼大事？周靈王鑄無射。

　　無射是什麼？偉哥？零分；印度神油？零分；中國足球隊？零分。

　　無射，其實跟射不射無關。

　　前面（見第六部第 224 章）介紹樂中的六律，六律的最後一個就是無射。周靈王鑄的無射是一個銅製大鐘，用來定音，定六律中的無射。因此，這個大鐘就叫無射。

　　為什麼無緣無故想起來要鑄無射？要知道，春秋時期的銅是很昂貴的，鑄無射大鐘需要耗費鉅資。

　　原因很簡單，簡單到令人覺得有些可笑。

　　「天下諸侯都不給我們進貢寶物了，老子自己造一個寶物出來。」周景王半夜醒來，對自己說。

　　基本上，周景王是個愛財如命的人，他只是想造一個寶物給自己，也算是一個標誌性工程，自己崩了之後，這個鐘可以以自己的名字命名，譬如就叫「周景王大鐘」或者「周景王無射」。

　　如今，造大鐘的似乎越來越多，周景王後繼有人。

　　花鉅資造這麼個沒用的東西肯定是要受到國民反對的，事實上也是。可是周景王有辦法，最終他還是想辦法把無射給造了出來。

　　大鐘是怎麼造起來的？

貨幣改革

　　事情要追溯到三年前了。

　　「老單，我想進行貨幣改革。」周景王這一天突然對單穆公神神秘秘地說，單穆公是單成公的兒子，現在是周朝的卿士。

「貨幣改革？」單穆公沒聽明白，過得好好的，改什麼革？「大王，人家老聃說過，治大國如烹小鮮，儘量不要翻來翻去，否則會爛的。」

「別聽他的，他是書呆子，不改革怎麼能進步？再者說了，咱們現在這樣子，算個大國嗎？」周景王是有學問的人，隨便舉了幾個例子，單穆公就沒話說了。

「那什麼，那大王您準備怎麼改革？」單穆公問。他還是覺得這事情有點古怪。

「是這樣的，我覺得現在的錢太小，我準備鑄大錢，取代小錢。」周景王說著，從身邊取出一個銅幣來，銅光閃閃，明顯比通用的錢要大。「看，模具都開好了，我都鑄出一個樣子來了，比從前的錢好看多了吧？」

「那，這怎麼用啊？」

「舊幣十個，換新幣一個。新幣使用的同時，舊幣停用。」

單穆公把新幣拿起來掂了掂，大致的重量就知道了，一個新幣的重量基本上等於五個舊幣。現在單穆公明白了，黃鼠狼給雞拜年，什麼時候也沒有安過好心，這擺明瞭就是借著貨幣改革的名義從老百姓手裡搶錢。

道理很簡單，那就簡單說說。銅在當時是貴重金屬，本身是有價值的，就像現在的黃金一樣。如果現在用黃金鑄錢，然後用一個五兩黃金鑄成的錢換你十個一兩黃金鑄成的錢，就等於搶走你五兩黃金。

還可以從另一個角度來說，周景王用一個新幣換老百姓十個舊幣，然後再用十個舊幣鑄兩個新幣，再換二十個舊幣；再用二十個舊幣鑄四個新幣，再換四十個舊幣。如此循環往復，到最後，實際上就是貨幣供應量增加了一倍，而增加的部分都是周景王的。換言之，老百姓的財產蒸發掉一半，蒸發掉的都進了周景王的腰包了。

「太流氓了吧？這不成流氓國家了嗎？」單穆公差一點喊出來。

流氓不可怕，就怕流氓權力大。

單穆公反對，強烈反對。

單穆公勸諫了周景王，原文見於《國語・周語下》，此處不錄，直接上譯文，請認真閱讀。

　　「這樣做太缺德了吧？古時候，天災降臨，於是才統計財貨，權衡錢幣的輕重，以便賑濟百姓。若百姓嫌錢輕物重，就鑄造大錢來行用，大錢輔佐小錢流通。若百姓嫌錢重物輕，就多鑄小錢來行用，同時也不廢止大錢，小錢輔佐大錢流通。這樣，無論是小錢、大錢，百姓都不吃虧。

　　可如今你廢除小錢而鑄造大錢，百姓財產立馬縮水，中產變小產，小產變無產。百姓成了窮光蛋，你的財用恐怕也會因此而缺乏，財用缺乏了就會變著法子給老百姓加稅罰款。我們的宜居指數本來就不高，這下搞得老百姓窮困潦倒，他們就會逃亡或者移民，這是在離散民眾啊。現在我們已經很弱了，天災不斷，你還要搞人禍，這不是沒病找病嗎？這樣還怎麼治國？

　　《夏書》中說：『賦稅均平，王室的庫藏才會充盈。』《詩經》上也說：『看那旱山的腳下，長滿了茂盛的林木。平和歡愉的君子，平和歡愉地收穫。』旱山腳下的林木茂盛，所以君子能平和歡愉地得到祿米。如果山林匱竭，林麓散亡，湖泊乾涸，民力凋敝，農田荒蕪，財用缺乏，君子連憂慮危亡都來不及，哪有什麼安詳歡樂可言呢？我們的國民幸福指數怎麼能提高？

　　用搜刮民眾的財產來充實王室，如同在河流上游建大壩來蓄水，很快就會導致下游乾涸和氣候異常。我們周室的官員對於預防災害，所疏漏的地方已經很多了，現在又要侵奪民眾的資財來助長災禍，這是拋棄善政而置民於死地啊。」

　　洋洋灑灑，語氣中還帶著氣憤，單穆公竭力勸阻。其實，他很想說周景王的做法很可能引發國人起義，不過想了想，沒有說出來。

　　「老單，你太誇張了。」周景王笑笑說，他才不在乎屁民們的財產會不會縮水。

　　周景王最終還是實施了他的「貨幣改革」。

　　可笑的是，幾千年後的今天，竟然還有國家採用周景王的辦法來

搶奪老百姓的財產，以大面額新貨幣取代小面額舊貨幣，卻限定每個人的兌換量，結果民怨沸騰，最終不得不廢止新幣，並且將財政部長作為代罪羔羊槍斃以安撫民心。

歷史車輪在前進，可是某些統治者的智商毫無進步。

錢的來歷

說到貨幣政策，簡單介紹一下中國的貨幣史。

貝是中國最早的貨幣，商朝以貝作為貨幣。在中國的漢字中，凡與價值有關的字，大都從「貝」。隨著商品交換的發展，貨幣需求量越來越大，海貝已無法滿足人們的需求，商朝人們開始用銅仿製海貝。

周朝基本沿襲商朝的銅幣，不過，形式有些變化。

到春秋，各國各自鑄幣，周王室、晉國、鄭國、衛國等宗親國多採用「布幣」。布本為麻布之意，麻布也是交易媒介之一。當銅幣出現後，人們因受長期習慣的影響，仍稱銅錢為布。齊國和燕國主要使用刀幣，幣形如刀。楚國鑄幣銅貝稱蟻鼻錢，由貝幣演化而來，因此楚國的貨幣與商朝一脈相承，這也證明楚國並非蠻夷之地。

秦國使用圓幣，幣中央有圓孔和方孔兩種。後來秦始皇統一中國，中國也就統一使用圓幣，這一用，就是幾千年。

布幣在當時流通最廣，布幣的形狀主要有鏟型和鼎型，

當時有一種農具叫做錢，形狀如鏟，主要用來耨草。所謂鏟型布幣，在當時是錢型布幣。因為流通量很大，中原一帶就把這種布幣簡稱為「錢」。

現在人們稱貨幣為錢，就是這樣來的。

鑄無射

貨幣改革，導致民怨沸騰。不過還好，貨幣流通量沒有明顯增加。為什麼呢？新幣換舊幣多換來的銅去了哪裡？

「哈哈哈哈，老子現在有這麼多銅，老子要鑄無射大鐘了，有多大？大到要創造世界紀錄，兩千四百斤。」兩年之後，周景王宣佈。

原來，貨幣改革的目的在這裡。

所以，多數打著改革幌子的統治者，真實的目的只是為了滿足自己的私欲。

周景王要鑄大鐘？腦子進水了？所有人都這麼想。

鑄造大鐘在那時候是一項重大工程，基本上全國的工匠都會被徵集到，並且將要耗費大量的木材，這又要耗費大量的人力。這麼說吧，這項工程，基本上等於大煉鋼鐵，又是一件勞民傷財的事情。

單穆公來了，他又要勸勸周景王。

這一段，同樣見於《國語‧周語下》。

「大王，不行啊。貨幣改革就已經讓中產階級被消滅了，現在又要鑄大鐘，老百姓的負擔又要加重。如果老百姓的存款都被搶走，現在又加重他們的負擔，他們怎麼活下去？」單穆公勸告。

「屁民們能不能過下去，干我鳥事？我就想搞一個標誌性的東西來流芳千古，讓世世代代的人看見這個大鐘就想起我來。」周景王根本就不想百姓，自然不會聽從單穆公的勸告。

「那，鐘這個東西不過是用來奏樂的，何必要造這麼大呢？鐘造得太大，耳朵就無法聽到它的聲音。鐘聲是讓耳朵聽的，耳朵聽不見，那還算鐘嗎？就像眼睛看不清楚的東西，不能硬讓眼睛去看。眼睛所能觀察的範圍，不過幾尺之間；其所能分辨的顏色，也不過一兩丈的距離。耳朵所能聽到的和聲在清音與濁音之間；其所能分辨的清、濁之音，不超過個人的能力所及。所以先王鑄造樂鐘，大小不超過樂音的標準，重量不超過一百二十斤。音律、長度、容量、重量都因此確定，錙銖分寸、斤兩丈尺的單位都由此產生。所以，聖人對此十分慎重。現在陛下所鑄造的鐘兩千四百斤，耳朵無法聽到聲音，大小不符合規制，鐘聲中聽不出和聲，規格上不能成為標準，既無益於樂又浪費民眾財產，那有什麼用呢？」單穆公見大道理不行，只好從鐘的本身構造上來說，想要讓周景王知難而退。

「別說這些了，大鐘能不能出聲不是你說了算。我已經找了樂師和工匠推算過了，這麼大的鐘，同樣能出聲，而且更雄渾。」周景王得意地笑了，在這個問題上，他倒是提前做了功課的。

單穆公一看，大道理沒用，小忽悠又忽悠不住，不禁歎了一口氣。

「唉。音樂是用耳朵來欣賞的啊，就像美女是用眼睛來欣賞的一樣。如果音樂聽起來震耳欲聾，就像美女看上去有山那麼高，還有什麼意思呢？耳朵和眼睛是心靈的樞紐，所以必須聽和諧之音而看正當之物。所聽和諧才能耳聰，所看正當才能目明。如果視聽不和諧，出現耳鳴眼花，味入於口就不會精美，味不精美則精氣渙散，精氣渙散則無法和諧。於是就會有狂亂背理的言論，有糊塗混亂的看法，有錯亂不定的號令，有謬誤邪惡的準則，發佈的政令失掉信用，刑法政事混亂不堪，行動違背季節，百姓失去依據而不知該如何出力，各自都有離散之心。大王失去了民眾，要做的完不成，要求的得不到，那還怎麼能愉悅快樂呢？大王在三年之中就做了兩件勞民傷財的事，和諧社會肯定是沒戲了。」單穆公知道自己勸阻不了周景王，堅持把自己想說的話說完，走了。

單穆公走了，周景王心裡有點打鼓，他對大鐘的音律和音質還是沒譜，萬一真的鑄出來一個啞巴無射，那不是被天下人恥笑了？

「不行，我要找人來問問。」周景王決定找高手來諮詢一番。

周景王找來了首席樂官伶州鳩，這也是當時著名的音樂家，不過已經退休在家，只能說是前任首席樂官。

「剛才老單來了，跟我說些什麼大鐘不能和諧，還會影響社會和諧之類亂七八糟的話，聽得我二五二五的，你說說你的看法。」周景王提問。

「哎喲，這麼高深的東西我就說不清了，我只能說說音樂。」伶州鳩連忙謙虛了一下，然後從音樂開始說起。「我聽說，琴瑟宜於演奏宮調，樂鐘宜於演奏羽調，磬石宜於奏角調，笙簫是取其音聲悠揚，樂音低弘不逾越宮聲，尖細的不超過羽聲。宮聲，是樂音的主音，由它依次到羽聲。聖人保有音樂而珍惜生財，資財用來置備器用，音樂用

來增殖財富。

施政就像奏樂，奏樂要求和諧，和諧要求均平。有和諧均平的音聲，便有繁衍增殖的財物。如果耗費財物、疲憊民眾來放縱個人的淫欲之心，入耳之音既不和諧，所奏之樂又不合法度，不僅無益於教化，而且離散民眾、激怒神靈，這就不是臣所得知的事了。」

說來說去，伶州鳩想要說的其實也很清楚了：您就別造這大鐘了。

「切。」周景王聽得翻白眼，心說找你來堅定信心的，誰知道你也跟老單一個心眼，你歇著去吧。

和諧的鐘聲

誰勸也沒有用，周景王還是鑄了無射大鐘。

兩年時間，整整用了兩年時間，周景王終於鑄成了大鐘。為此，周景王召開了無射大鐘首撞儀式，邀請了天下諸侯都來。諸侯們紛紛派遣特使前來祝賀，就好像祝賀周王登基一樣。

首撞儀式進行得非常成功，無射大鐘的第一次撞擊就發出了震耳欲聾的聲音，低沉而恢宏，整個雒邑城迴響，震塌民房三十座。

「正點，正點啊。」各國使臣讚不絕口，都稱讚這無射大鐘聲音洪亮，音律正確，充分體現了和諧社會的特點。同時，各國使節們認為，無射大鐘的成功鑄成標誌著周朝鑄造技術的一個新的起點，周朝必將以此為標誌而重新興旺發達，從繁榮走向更加繁榮。

「恭喜大王賀喜大王，大王必將因為這個無射大鐘而名垂千古。」鄭國使節發言。

「聽到無射鐘聲，我們仿佛回到了武王和成王的時代，大周朝復興有望啊。」魯國的使節看上去似乎很興奮。

「無射大鐘，讓全世界聽到了周朝的聲音。」晉國使節的發言有點敷衍了事。

「無射，不錯，果然是華夏正宗的產品，就是正啊。」連楚國也派出了使者，並且拍了拍馬屁。

周景王的心情好極了，他已經暗自決定，在臨死之前會要求自己獲得「無射」的謚號，也就是說，自己今後就是「周無射王」。

首撞儀式圓滿結束，被稱為「空前絕後的成功」。

這個時候，周景王想起單穆公和伶州鳩來了，他不敢惹單穆公，於是把伶州鳩找來，要拿他找個樂子。

「老鳩啊，你不說鐘聲會不和諧嗎？現在全世界都知道無射大鐘的聲音很正，你怎麼說？」周景王問伶州鳩，一臉得意的笑容。

「大王，你還是不明白和諧是什麼意思啊。」伶州鳩回答。

「這話什麼意思？」

「大王製作樂器，如果老百姓非常高興，這才是和諧。現在花費了大量財物，老百姓被折騰得夠嗆，眼下怨聲載道，這怎麼是和諧呢？老百姓都喜歡的事情，很少有不成功的；老百姓都厭惡的事情，很少有不失敗的。所以，諺語說：『眾口成城，眾口鑠金。』三年裡面兩次勞民傷財，如果全都成功，那天理不容。所以，怎麼說至少也要有一件是要失敗的。走著瞧吧，這無射大鐘和諧不了幾天。」伶州鳩說話沒客氣，說得很難聽。

「算了算了，你老年癡呆吧你？回家去吧回家去吧。」周景王被掃了興，把伶州鳩給趕走了。

伶州鳩，一個退休老藝人，並沒有一味歌功頌德，卻充滿了正義感。

實際上，春秋時期的藝人們普遍具有正義感，與如今的德藝雙馨們完全不同。

伶州鳩，為我們貢獻了兩個成語：眾口成城，眾口鑠金。

第二年，無射大鐘的聲音就不和諧了。

　　周景王很討厭單穆公，這倒並不完全是因為單穆公總是反對自己，更重要的，周景王感到單家和劉家的實力太強，強到自己這個天子也要看他們的眼色。

　　無射鑄成第二年的一天，王子朝和賓起來見周景王。

　　「大王，單旗四處散佈流言，攻擊大王的貨幣改革和形象工程。現在，京城百姓受到蒙蔽，都在抱怨大王，讚揚單家。」王子朝和賓起是來告狀的，單旗就是單穆公。

　　「不會吧，你們一定搞錯了。」周景王略略愣了一下，之後這樣回答。

　　「沒有錯啊，單旗一向就對大王不滿，我看，我們必須除掉他。」賓起高聲說道。王子朝已經應承了他，一旦自己登基，就任命他為卿士，所以，他非常積極。

　　「胡說，單旗是國家棟樑，怎麼能動他？好了，你們走吧，我要拉屎去了。」周景王看上去很不耐煩，揮揮手示意兩人離開，然後自己站了起來，徑直回內宮去了。

　　「哎，這怎麼回事啊？大王今天有點怪啊。」王子朝和賓起覺得有些蹊蹺，不知道周景王葫蘆裡賣的什麼藥。沒辦法，兩人嘀嘀咕咕走了。

　　其實，這不怪周景王，因為他不得不這樣。

　　就在周景王的大殿裡，有一個執戟衛士警惕地盯著每一個人，這個人是誰？劉獻公的兒子劉伯忿。劉伯忿在這裡，就是單家和劉家的眼線。王子朝和賓起沒有注意到劉伯忿的存在，但是周景王不可能不知道，他又不可能明說，因此假裝生氣，阻止了兩人繼續說下去。

　　周景王和王子朝、賓起都走了，大殿裡只剩下劉伯忿一個人，他站著沒有動，不過他知道自己下班之後該去哪裡。

周景王之崩

　　王子朝和賓起急著要動手的原因有兩點，首先是周景王的身體有些不太好，要抓緊時間解決問題，保證王子朝能立為太子；第二點是劉獻公的身體更不好，基本上就是在等死，這個時候對單家動手，就不用太擔心劉家幫忙。

　　兩人在周景王那裡碰了釘子，並沒有理會到周景王當時的處境，還以為周景王沒有下定決心。而周景王目前被單家和劉家的內線盯得很緊，暫時也沒有辦法把那天的情況向王子朝和賓起解釋。

　　王子朝和賓起有點急，兩人在想辦法怎樣去說服周景王。

　　過了兩天，賓起到郊外遊玩，看見一隻公雞在咬自己尾巴上的羽毛，他覺得很奇怪。

　　「咦，這隻公雞為什麼自殘？」賓起問自己的隨從。

　　「大概是這隻公雞擔心自己會被拿去做祭祀品吧。」一個隨從回答。公雞尾巴上的羽毛殘缺不全的話，就不會被殺掉做祭祀品。

　　「哦？」賓起若有所悟。

　　於是，賓起決定立即取消遊玩，前去見周景王。

　　「賓起，什麼事？」周景王看見賓起急匆匆來，急忙先開了口，一邊還使眼色，示意他說話要小心。

　　巧合的是，今天又是劉伯惢值班。

　　「大王，我今天看見一樁很奇怪的事情，特地來告訴大王。」賓起並沒有注意到周景王的眼色，有些興奮地說。

　　「什麼奇怪的事情？」

　　「今天去郊外遊玩，看見一隻大公雞咬自己尾巴上的毛。大王知道為什麼嗎？因為他不想自己被捉去當祭祀品。」賓起急急地說，根本不給周景王回答問題的機會。

　　「嗯，那什麼……」周景王已經知道他要說什麼了，想要阻止他繼續說下去。

　　可是賓起並沒有注意到周景王的眼色，他很魯莽，他一向都很

魯莽。

「大王，連公雞都知道自殘來保住自己，大王為什麼要珍惜單旗呢？幹了他。」賓起大聲說道，他覺得自己這個例子很生動，一定很有說服力。

「嗯，今天的天氣不錯啊，陽光明媚，春風勁吹，哈哈，好啊好啊。」周景王顧左右而言他，故意把話題岔開了。「那什麼，不好了，又要拉屎了，哈哈，拉屎去嘍。」

周景王又找了拉屎的藉口，起身走了。

賓起很沮喪，只得走了。

不遠處，劉伯忿眯著眼，一直目送賓起的離開。

周景王很擔心賓起的魯莽會壞事，他很快就感到事情有些變化，單家和劉家的臥底對自己的監視更加嚴密了，顯示他們已經提高了警惕並且有可能動手。

「先下手為強。」周景王這時候沒有別的選擇了，必須先下手幹掉單穆公。

於是，周景王派遣了心腹暗中與王子朝聯絡，商討對策。最終，周景王和王子朝決定周景王四月在北山狩獵，屆時要求所有公卿隨行，而王子朝事先在那裡佈置埋伏，等到狩獵隊伍來到，捉拿單穆公，就地正法。

計畫雖然有些倉促，看上去還算不錯。

狩獵前的三天，周景王前往榮錡氏家中，他喜歡吃他們家的飯菜，在出發之前，要先來撮一頓。

可是，周景王沒有想到的是，有人已經提前一天來到了榮錡氏家，潛伏了起來。

榮錡氏家的飯菜確實很好吃，可是，飯菜太好吃了往往都有想不到的隱憂，譬如榮錡氏的飯菜，就被人添加了一種毒藥，這種藥屬於慢性藥，專門傷害心臟，一般人在吃完這種藥之後兩個時辰才會藥力發作，典型症狀為心絞痛，然後死去。

周景王在中午吃了飯，下午睡了一覺，結果在心絞痛中醒過來，

又在心絞痛中崩掉了。

狩獵，就這樣被取消了。

殺人計畫就這樣夭折了，因為要殺人的人被人殺了。

當晚的周朝新聞聯播這樣報導：今天傍晚，我朝卓越的領導人、偉大的天子周景王不幸因心臟病突發，搶救無效而崩，享年三十九歲。以單穆公卿士為首的公卿大夫們組成了治喪委員會，並且臨時負責國家事務。

其實，全國人民都知道周景王的死跟心臟病沒什麼關係。

《左傳》：王有心疾，崩於榮錡氏。

賓起之死

周景王的猝死令王子朝和賓起措手不及，他們知道周景王一定是「被死」於心臟病，可是他們沒有證據，再者說，有證據又能怎麼樣？

來看看這個時候的形勢。

周景王崩了，因為沒有立太子，現在沒有確定繼承人。同時，劉獻公病危，而劉獻公沒有嫡子，現在也沒有確定繼承人。

軍事實力來看，單家、劉家等小宗的實力與王子朝為首的王族的實力基本相當，難分伯仲。

形勢就是這樣一個形勢，該怎麼辦？這是一個決斷的時候。

單穆公沒有任何動作，他只在私下裡做了一件事情：派人散佈將擁立王子朝為王的消息。按照規定，周王駕崩時如果沒有立太子，將由兩位卿士決定誰來繼位。單穆公藉口劉獻公病危，暫時不能確定繼位人選。

王子朝和賓起對當前的形勢進行了判斷，賓起建議立即起兵攻打單穆公，理由是單穆公害死了周景王。趕走單穆公之後，王子朝登基。等到生米成為熟飯，天下諸侯也就不得不承認了。

可是王子朝認為哥哥才過世，貿然起兵不合於禮，必然招致人民的反對。此外，說單穆公害死了周景王並沒有證據。

「我們還是等等，靜觀其變，我聽說單穆公有意立我為王啊。」王子朝說。說來說去，是心存僥倖。

歷史一再告訴我們，心存僥倖是非常危險的。

周景王崩了五天之後，劉獻公死了。由於劉獻公沒有嫡子，單穆公做主，迅速立了劉伯惄為劉家之主，就是劉文公。

劉家安定了。

單穆公等的就是這一天，他就在等待劉家安定，就能兩家合力。

五天，寶貴的五天時間。這五天裡，單穆公每天都在擔心王子朝會動手。

現在，時機到了。你不動手，就別怪我動手了。

錯過了最佳的機會，王子朝有些後悔。不過，既然已經錯過了最好的機會，不如乾脆繼續等待下去。

「怎麼辦？我看還是動手吧。」賓起還是建議先下手為強。

「別急，反正都這樣了，再等等看。」王子朝決定還是等等。

五月二日，單穆公通知公卿和各位王子四日前往單家，商討誰來繼位的問題。

「怎麼辦？」王子朝跟賓起商量。

「這是個機會，我們暗中糾集人馬，包圍單家，可以將他們一網打盡。」賓起的意思，又要動手。

「不好，一來，人家一定有準備；二來，這樣動手沒有理由啊，得不到大家的支持。再者說了，萬一人家就想讓我繼位呢？」這個時候了，王子朝還在抱著僥倖心理。

「那怎麼辦？」

「那，咱們還是去參加會議吧，看看情況再說。」王子朝其實早就這麼定了。

五月四日，單家，戒備森嚴。

公卿們早早地來到了，王子們也早早來到了。王子朝帶著賓起來到了單家，恰好碰上周景王的小兒子王子猛來到，不過，王子猛不是自己走來的，而是奶媽抱著來的。沒辦法，王子猛還不到兩歲。

單穆公在議事大堂恭候大家，而劉文公在佈置保安工作。看得出來，今天的會議，是單穆公唱主角。

人很快就到齊了，大門隨即關上，四周站滿了持戟衛士。到了這個時候，王子朝突然有點無名的恐懼，現在自己已經是單穆公案板上的肉，如果單穆公要殺自己，比踩死一隻臭蟲還要簡單。

王子朝後悔了，他後悔自己冒冒失失來到了這裡。

「各位，大王突然駕崩，因此沒有立下太子。今天請各位來，就是要確定繼任天子的人選。大家不妨談談看法，看看立誰比較好？」單穆公發言，乾淨俐落直奔主題。

「嗡——」現場在一瞬間有些亂，有人說話有人感歎，而且都是低聲。

等到嗡嗡聲消失的時候，大家都閉了口。所有人都知道，一切都已經在暗箱中操作完畢，今天不過是走個過場。

當大家都閉了口的時候，大堂裡就格外的安靜，人們忍不住去看四周的衛士們，禁不住感到一股殺氣撲面而來。

「單公，您是卿士，又德高望重，我們都聽你的。」有人高聲說道，揀好聽的說。

「是啊是啊是啊。」大多數人都附和著，王子們多少都有點尷尬，不知道說什麼好。

等到大家都表了態，單穆公清了清嗓子，笑著說道：「各位，承蒙大家抬愛，既然大家都這樣說，那我就說說我的看法。按照周禮，嫡長子為太子，嫡長子早天，則以其他嫡子為太子。因此，我認為，王子猛可以繼位。」

現場又是一陣騷動，有人心領神會，有人暗暗歎息，王子們則多數面露失望之色。

其實，周景王還有三個嫡子，王子猛是最小的一個。按照周禮，既然嫡長子不在，就應該輪到嫡次子，可是單穆公偏偏選擇了還在吃奶的嫡幼子，什麼意思？小孩子容易掌控。

王子朝的臉色很難看，他掃視了王子們一眼，王子們也都掃視了

他一眼。在王子猛和王子朝之間，王子們毫無疑問地都希望王子朝能夠繼位。

最後，所有人的眼光落到了王子猛的身上，不到兩歲的王子猛猛然發現大家都在看自己，不知道發生了什麼事，「哇」的一聲哭了出來，害得奶媽忙不迭解開了衣扣，把乳頭塞進了王子猛的嘴裡。

「我反對。」賓起忍不住了，高聲說了出來。「誰都知道景王一直想立王子朝為太子。如今，天下動亂，王室危殆，這樣的情況下為什麼要立一個吃奶的孩子？再說，既然劉伯忿可以以庶子身份繼任劉公，王子朝為什麼不能繼位周王？」

賓起話音一落，全場譁然。隨後，所有人的眼光轉到了單穆公的臉上。

單穆公的臉色變得很難看，不知道是尷尬還是氣憤。

單穆公沒有回答賓起的話，而是側過頭去問劉文公：「老劉，你怎麼看？」

劉文公站了起來，他也並沒有去回答單穆公的話，而是對著賓起大聲說道：「你是什麼人？你不過是周王的近臣而已，今天是公卿大會，討論國家大事，你怎麼混進來的？你還敢妄發議論，誹謗國家領導人，你該當何罪？」

說到這裡，劉文公突然對衛士們喝道：「來人，將此人推出去斬首。」

衛士們一擁而上，不容賓起反抗，如鷹捉小雞一般，將賓起捉了出去，斬訖來報。

再也沒有人反對，再也沒有人說話。王子朝面如死灰，他暗中發誓，只要今天能活著回去，一定不再猶豫，一定要殺了劉文公，為賓起報仇。

單穆公放過了王子朝，因為他實在找不到殺他的藉口。

隨後，單穆公和所有人盟誓，共同效忠新王。

王子猛，現在是周悼王。

王子朝之敗

王子朝現在才知道賓起是正確的，可惜的是，賓起已經死了。王子朝暗中和王子們商定，一旦周景王下葬，就開始動手。

六月十一日，周景王下葬。

六月十六日，王子朝終於動手了，王子朝的同盟都是王子王孫、西部舊貴以及百工中被解聘的下崗人員。王子朝的隊伍首先向劉文公的官邸發起攻擊，要捉拿劉文公，為賓起報仇。劉文公早已經聽到了風聲，不等王子朝的隊伍來到，早已經溜出京城，跑回自己的封地去了。

趕走了劉文公，下一步怎麼辦？王子們進行了討論。

「幹掉單穆公。」王子還建議，他是王子朝的同母弟弟，自然是王子朝的死黨。

於是，王子朝出兵攻打單穆公。

可是，晚了。

一切都在單穆公的算計之中，單穆公當然不會束手待斃。等到王子朝的人馬來到單穆公家中時，才發現這裡已經人去樓空。單穆公逃了，逃去了封邑平疇。但是，單穆公不是自己逃的，他還帶上了周悼王。

王子朝立即派王子還等八個王子攻打平疇，結果被早有準備的單穆公的部隊打得大敗，不是大敗而歸，而是大敗不歸，八名王子全部陣亡。

王子還等人陣亡的消息讓王子朝明白了，自己的對手決不能夠輕視，一切可能都在他們的掌控之中。於是，王子朝也離開雒邑，回到自己的封邑京地，召集王族、百工中的下崗人員以及大宗殘餘召家、毛家以及當初東遷家族尹家、南宮家等等力量，準備與小宗決戰。

此後，雙方頻頻交戰，難分上下。

而晉國隨後出兵幫助單家和劉家，在重創王子朝主力之後，晉國撤軍。

從魯昭公二十二年（前 520 年）到魯昭公二十六年（前 516 年），

五年時間裡雙方多次交手，互有勝負，晉國則始終站在單家和劉家一邊。其間，還在吃奶的周悼王經不起折騰，一命嗚呼。於是，單穆公立了周悼王的同母弟弟王子匄為王，就是周敬王，又是一個吃奶的王。

魯昭公二十六年十月，晉國派出智礫和趙簡子出兵，要一舉解決王子朝。晉國大舉介入，王子朝根本不是對手。於是，召伯盈投敵叛變。王子朝知道大勢已去，不得不率領著王族以及大宗殘餘逃往楚國。至此，王族與小宗的又一次鬥爭再次以王族的完敗而告終。

搬家的意外發現

《左傳》：魯昭公二十六年，王子朝及召氏之族、毛伯得、尹氏固、南宮嚚奉周之典籍以奔楚。

王子朝決定逃奔楚國，出逃之際，下令收拾歷朝典籍同行。歷代典籍在哪裡？國家圖書館。

圖書館要搬走，無論從道義上還是專業上，館長都是要跟著走的。所以，老聃沒有辦法，他也要搬家了。家裡的家當由家人們收拾，國家圖書館的搬遷，則必須他親自監督了。

搬家，很麻煩，自古就很麻煩。

歷代的典籍不少，老聃帶著人小心翼翼地收拾著，一邊分類一邊裝車。周朝的、商朝的、夏朝的，以及夏朝以前的，都分門別類裝上了車。

「唉，你說王子朝何必呢何必呢？好好的日子不過，非要爭權奪利，這下好了，連原來的都沒有了。」老聃歎了一口氣，對尹喜說。

尹喜是尹家的人，老聃的朋友，他來幫著老聃搬圖書館。

「是啊，貪心不足啊。要是早聽你的，哪至於有今天？」尹喜贊同。他也是反戰派，可是由於是尹家的人，這一次也只能逃亡。

各類典籍都收拾完了，老聃進行最後的檢查。來到收藏夏前典籍這裡，看著空蕩蕩的架子，不禁好一陣感慨。突然，看見一個木架有些傾斜，原來是下面的墊腳磚滑出來了，想來是搬典籍的兵士不小心

給踢了出來。

老聃彎下身去，想要把那塊磚頭重新塞到木架的下麵。

「哎喲。」老聃吃了一驚，原來，那塊磚頭十分沉重，不僅沉重，而且手感冰涼。「噢，這是什麼？」

老聃覺得有些蹊蹺，用足了力氣，總算把磚頭搬了起來。

不用說，這麼重的磚頭，肯定不是磚頭，而是金屬。這是什麼金屬？為什麼放在這裡？

老聃重新把磚頭放在一處比較高比較亮的地方，發現手握過的地方隱隱有些發光。老聃知道，這絕對不是普通的磚頭，這塊磚頭原先肯定不是拿來墊腳的，不過時代久遠，上面蒙了塵，被人誤拿去當了墊腳石。

老聃提了一壺水來，小心翼翼地用布把磚頭擦拭了一遍，這時候再看那磚頭，閃閃發亮，比銅還要亮。磚頭上，有一些圖案和文字。

「這些是什麼？」老聃大吃一驚，看那些圖案和文字，又有些似曾相識。

原來，老聃幾十年潛心研究各代以及夏前典籍，對文字頗有研究。他雖然暫時還看不懂上面的文字和圖案，但是他知道，這上面一定有玄機。

「先生，要走了。」王子朝派來的人催促說。老聃脫了自己的外衣，小心翼翼把這塊金屬包裹了幾層，在一輛結實的車上找了一個穩妥的角落，放置妥當。

自古以來，很多寶貝都是搬家的時候發現的。所以，實在絕望的時候，搬個家試試看。

王子朝等人進入楚國，此前恰好楚平王去世，楚昭王繼位。王子朝派人前往郢都請求借地暫居，楚國也正亂得可以，無心摻合王室的事情，因此回覆王子朝可以在方城山以外隨便找地方居住。

於是，王子朝率領著王室難民來到楚國居住。

王子朝逃走的當晚，天上出現了彗星。

彗星對古人來說意味著什麼？意味著災難。

第二三三章

二桃殺三士

　　彗星掠過，王子朝根本沒有心情去理睬。他覺得如果真的有上天的話，那麼上天對自己就太不公平了。

　　實際上，沒有幾個人真的去關心彗星，只有一個人例外，這個人就是齊景公。

　　「彗星出現了，趕快準備祭祀消災。」彗星出現的第二天，齊景公就匆忙下了命令。

　　「慢著。」晏嬰急忙阻止了他。

　　「為什麼？」齊景公有點驚訝，好歹說這也是為國家做的事情啊。

　　「那沒有用的，別自欺欺人了。」晏嬰甩給齊景公一句，看齊景公有點發愣，接著說：「彗星這東西，是用來掃除世界上的污穢的。如果您沒有污穢，怕什麼？如果有，祭祀一下就能沒有了嗎？心底無私天地寬，做好自己的事情就行了，管他彗星幹什麼？」

　　晏嬰跟子產一樣，無神論者。

　　「嗯，有道理。」齊景公於是取消了祭祀。

陰謀

　　王子朝逃奔楚國的消息很快傳到了齊國，齊景公於是在郊區別墅請晏嬰來喝茶聊天，談一談國際形勢。

　　話題從王子朝開始，很快就聊到了齊國本身。

　　「唉，你看這麼好的別墅，將來還不知道歸誰呢。」說著說著，齊景公突然冒出這樣一句話來。

　　「什麼意思？」晏嬰急忙問。

　　「我聽說國君的位置應該歸屬於有德者，可是我覺得我們家好像沒什麼德啊。」齊景公說，倒很誠實。

「那，」晏嬰沉吟了一下，然後小聲說，「那我就有話直說了，如果說有朝一日這別墅要換主人的話，恐怕多半是田家了。」

「為什麼？」齊景公有點詫異，他心裡挺喜歡田無宇的。

「田家雖然也說不上怎麼有德，可是他們很得人心啊。」晏嬰於是把田家怎樣樂善好施，怎樣在自己的土地上變相減稅等等都說了一遍，聽得齊景公連連點頭。

「那，那怎麼辦？」齊景公急忙問。

「怎麼辦？咱也拉攏人心啊。咱用周禮的那套東西，自己把國家治理成和諧社會，就不怕他們了。」晏嬰出了這麼個主意。

「好好。」齊景公說。

關於這段對話，後來韓非子對晏嬰很不滿意。韓非子評論道：景公，不知用勢之主也；晏子，不知除患之臣也。什麼意思呢？就是說晏嬰和齊景公不懂得運用手中的權力，及時除掉田家。

其實不然，齊景公本身比較優柔，而田家的勢力已經很強大，晏嬰如果膽敢攛唆齊景公用武力對付田家，那麼很可能出現兩種情況。第一，武力對抗，田家獲勝；第二，齊景公與田家和解。無論哪一種情況出現，晏嬰都不會有好下場。

所以，晏嬰首先要保全自己。在保全自己的情況下去削弱田家。

晏嬰就是這麼想的，因為，他就是這麼做的。

晏嬰知道，公開地削弱田家是行不通的，弄不好打虎不成反而被虎咬，最好的也是唯一的辦法，就是暗中下手，搞一些陰謀詭計，神不知鬼不覺地削弱田家。

可是，有什麼辦法呢？從哪裡開始呢？想了好幾天，晏嬰理不出個頭緒來。

這一天，晏嬰有事去見齊景公，進入朝廷，恰好看見三個人坐在門口，哪三個人？齊國最著名的三個勇士，也都是齊景公重用的三個人。這三個人是田開疆、公孫接和古冶子。

「哈，三位好啊。」晏嬰向他們打個招呼。

三人都沒有說話，連眼皮子都沒有抬一下。按理說，晏子走過，

他們應該起立。

「牛。你們牛，看你們還能牛幾天？」晏嬰非常惱火，這三個夥計平時就倚仗齊景公的寵愛，誰都不放在眼裡，晏嬰早就討厭他們。

突然之間，晏嬰眼前一亮。

削弱田家的辦法有了。

二桃殺三士

「主公，王室的事情有什麼感想？」晏嬰問齊景公。

「唉，臣強君弱，國君的日子不好過啊。」齊景公歎了一口氣，情緒不高。

「是啊，所以，對有些強臣，就要痛下殺手。」晏嬰借著話頭說。

「這——」齊景公面有難色，壓低了聲音說，「田家實力太強，不敢動啊。」

「主公，我不是說田家，我說的是田開疆那三個人。」

「啊，為什麼？」齊景公有些驚訝，他很喜歡這三個人呢。

「主公，我聽說聰明的國君之所以要養勇士，首先勇士要像狗一樣忠誠，對敵人要兇猛無比，對國君的臣子要尊重。可是這三位呢，傲慢無理，不懂得尊重師長，徒然為主公您增添仇人，這樣的人養他們幹什麼？他們現在已經不把大夫們放在眼裡了，主公您對大夫們還很客氣，他們是毫無禮節，而大家都把他們的粗野無禮當成是主公您的指使。長此下去，主公您還有可以使用的人嗎？所以啊，他們就是禍國殃民的東西，不除他們，主公您說不定什麼下場呢。再說了，田開疆可是姓田啊，他們三人都是田家的黨羽啊。」

晏嬰一席話，說得齊景公心驚膽戰。特別是最後一句話提醒了他，田開疆是田家的人，雖然自己也喜歡他，但是他說不定就是田家放在自己身邊的臥底。

「可是，這三個人是齊國頭三名的勇士，要殺他們，別弄不好反而被他們傷了。」齊景公面帶憂色，這麼說，等於是已經同意了晏嬰的

說法。

「對付這幾個缺心眼的，不用那麼費力，看我略施小計。」晏嬰笑笑說，這年頭，要靠腦子吃飯。

過了幾天，晏嬰不知道從哪裡弄來三個桃子，看上去粉裡帶紅，形狀圓潤，碩大無比，個個看上去都有一斤多。

「主公，這桃子天下只有三顆，特地給主公您獻上一個。」晏嬰讓人洗乾淨了，獻了一個給齊景公。

嘎巴嘎巴，齊景公就幹掉了一個，確實不錯。

「那，剩下的兩個，準備給誰？」齊景公還想吃。

「這兩顆桃子，就給那三個缺心眼的。主公，讓他們進來，我分桃子給他們。」晏嬰說。

齊景公覺得奇怪，你不是很討厭他們嗎？怎麼還給他們吃桃子？只有兩個桃子，怎麼給三個人分？給誰不給誰啊？這不是擺明了得罪人嗎？儘管沒想明白，齊景公還是派人去召請田開疆等三人，說是有賞賜。

不一會，田開疆三個人大搖大擺來到了，旁若無人。

「主公，有什麼賞賜？」三個人大聲問道，整個大殿都在迴響。

主公沒說話，晏嬰說話了。

「三位勇士，主公剛剛得了三個絕世大桃，主公吃了一個，覺得特別好吃，念你們勞苦功高，決定把剩下的兩個給你們。現在呢，你們自己來說說自己的功勞，誰要覺得自己的功勞最大，就自己拿一個吃。」晏嬰一邊說，一邊咽口水，好像自己想吃還吃不到。

桃子就擺在一個大盤裡，每個人都看得清清楚楚。

「我，我，我……」古冶子先說話了，可是他本來就結巴，如今一急，說了半天，只說出一個我來。

「我先說。」公孫接可沒耐心等他把「我」說完，直接搶了過來。「當年跟主公打獵，遇上一隻老虎撲出來，當時別人都尿了，我手裡還沒有武器，可是我挺身而出，手搏老虎，打死了老虎，保護了主公。

這樣的功勞，能不能吃桃子？」

「嗯，你的功勞最大，該吃一個。」晏嬰點點頭，表示支持。

公孫接也不客氣，自己上去拿起了一個桃子，咔嚓咬了一口。

古冶子被公孫接搶得了第一個發言權，乾著急沒辦法。等到公孫接拿到了桃子，急忙又要說話，這次更急了，所以結巴得更厲害：「我，嗚、嗚……」

古冶子實在說不下去了，在那裡咽口水捯氣。

田開疆一看機會來了，插了進來。

「我說說。」田開疆開口了，古冶子還在那裡咽口水。「上次跟著主公出去打仗，結果我們被包圍了，我一個人保護主公，兩次擊敗敵人的進攻，最後救主公突圍。這樣的功勞，該不該吃一顆桃子？」

「太該了，這麼大功勞，太該了。」晏子幾乎是高聲叫了出來。

「嘿嘿。」田開疆很得意，徑直去拿起那個剩下的桃子。咔嚓一口，很滿足地點了點頭。

桃子已經沒有了，古冶子也算咽完了口水，捯順了氣。

「我說說。」奇怪的是，古冶子現在也不結巴了。「那一年我跟主公去晉國，過黃河的時候，上來一個神龜一口把主公的驂馬給叼到水裡去了，所有人都嚇傻了。我拿著劍就追下去了，大家也知道，我是個旱鴨子，所以我就在水底走。逆行百步，順流九里，最後把神龜給殺了。當時我左手拿著馬尾，右手舉著龜頭從水裡出來。兩岸的老百姓看見龜頭以為是河神呢。我這樣大的功勞，誰比得了？啊，你們兩個人拍著胸脯自己說說。」

古冶子說得憤怒，拔出劍來。

田開疆和公孫接對視了一眼，兩人都很慚愧，確實人家古冶子比自己要強很多。

「老大，確實你功勞最大。我們，我們把桃子還回來行嗎？」哥倆說著，把桃子放回了盤子。

古冶子沒有說話，他盯著那兩個桃子，每個桃子都被咬了一大口。他覺得自己受到了羞辱，原本該有自己的一個桃子，可是現在只

有兩個別人吃剩下的桃子。

田開疆和公孫接也看著桃子，他們很後悔自己咬了一口，因此更加的羞愧。

「我們功勞沒有你大，本事沒有你高，可是竟然吃了桃子，真是不要臉啊，我們沒臉活下去了。」田開疆和公孫接都是剛烈的勇士，他們受不了良心的煎熬。

兩人同時拔劍，同時把劍抹到了自己的脖子上。

兩具屍體就倒在古冶子的面前。

「兄弟，何必呢何必呢。」原本還滿懷羞憤的古冶子看見兩人為了桃子而自殺，猛然之間覺得對不起這兩個兄弟，這兩個兄弟分明是被自己逼死的啊。「你們都死了，大哥我難道還要偷生嗎？你們能自殺，難道大哥我就不敢嗎？」

古冶子說完，揮劍自殺。

三具屍體。

三個絕世勇士死了，為了兩個桃子。

齊景公收殮了三個人的屍體，就在臨淄城外蕩陰西里以士的禮節厚葬了他們。

對於二桃殺三士這件事，歷史上多有人對晏嬰的做法表示不滿。

後來諸葛亮好為《梁父吟》，內容如下：「步出齊東門，遙望蕩陰里。里中有三墳，累累正相似。問是誰家塚？田疆古冶子。力能排南山，文能絕地理。一朝中陰謀，二桃殺三士。誰能為此者，相國齊晏子。」史上多認為這是諸葛亮在指責晏嬰，其實不然，諸葛亮行事與晏嬰有許多相似之處，他好為《梁父吟》只是表達他對晏嬰的敬仰而已。

司馬穰苴

二桃殺三士，晏嬰成功除掉了三個眼中釘，三個田家的黨羽。齊景公則隱隱有些後悔，畢竟這是三個難得的勇士，而且都為自己立過大功。

田無宇很是惱火，但是沒有辦法。

沒過多久，齊國駐晉國的辦事處傳來一則雞毛信，稱晉國將聯合燕國前來討伐齊國。

原來，在王室之亂中齊國暗中支持王子朝，惹惱了晉國人。趙簡子提出討伐齊國，在其餘五卿沒有回應的情況下，決定出動自己的家族兵力，再聯合燕國，合兵進攻齊國。

「先生啊，怎麼辦？三個勇士都被你殺了，派誰去對付晉國人啊。」齊景公緊急召見晏嬰，話語間就有些埋怨。

晏嬰一聽，暗說晦氣，這晉國人來得也太不是時候了，早點來啊，讓這三個缺心眼的死在晉國人手中不是更好？可是現在怎麼辦呢，晉國人要來，總要想辦法啊。

「這個，這個……」晏嬰這回真有點為難，領軍打仗不是自己的長處，幹不了，整個齊國，只有一個人能夠對抗晉國人，自己還真不想用。

「先生，快想辦法啊。」齊景公有點不耐煩了。

到這個時候，晏嬰也只好推薦這個人了。

「主公，有一個人是個帥才，用他，比三勇士強一百倍，足以抵擋晉國人。」晏嬰說。

「啊，誰這麼厲害？先生怎麼不早說？」齊景公一下子來了精神，瞪著眼問。

「這個人叫做田穰苴，精通兵法，生性威嚴，是個帶兵的好材料。」

「啊，可是，這是田家的人啊。」齊景公有點失望，他不想用田家的人。

「雖然是田家的人，可是他是田家的疏族，姓田而已，跟田家其實沒什麼瓜葛，可以大膽任用。」晏嬰心裡其實也不想用他，可是不用他用誰？所以，還要為他辯解。

「那，請他來我面試面試。」齊景公被說服了。

當天，田穰苴被通知面試。面試的結果是齊景公非常滿意，當即任命他為將軍，率領齊軍迎戰晉軍和燕軍。

「主公，我呢，就是一農民伯伯，沒什麼地位，一下子成了將軍，恐怕大家都不服氣。這樣，您派一個寵臣給我做監軍，替我壓著點陣。」田穰苴接受了任命，但是提出這樣一個條件。

「好啊，那就莊賈吧。」齊景公讓自己的頭號寵臣做監軍，當即召來。

當著齊景公的面，田穰苴和莊賈商定了明天點閱軍隊的時間。之後，兩人各自回去準備。

第二天，三軍集合。田穰苴早早來到，立表下漏，這兩樣都是計算時辰的，然後一邊部署軍隊，一邊等莊賈前來。

兩人約定的時間是正午，眼看著日影到了正北，正午到了。可是，莊賈還沒有到。

「不等了。」田穰苴下令，隨後撤掉表和漏，開始點閱三軍，申明紀律。

一直忙到下午接近傍晚，這個時候，莊賈才晃晃悠悠來到。

「大夫，為什麼遲到？」田穰苴問他。

「嗨，這不是要出遠門嘛，親戚朋友都要送，喝了幾杯，就把時間耽誤了，不好意思不好意思啊。」莊賈滿嘴酒氣，看樣子喝得不少。

「不好意思？一旦接受了國君的任命，就要忘掉自己還有家；一旦號令三軍，就要忘記自己還有親戚；一旦上戰場打仗，就要忘掉自己的性命。現在強敵就要入侵，國家危難，百姓的生命都在我們的手裡，這個時候你還有心跟親戚喝酒？奶奶的，來人，約好了時間而遲到的，軍法怎樣處置？」田穰苴變了臉，一臉的怒氣。

「斬首。」軍法官回答。

「那就不好意思了，斬。」田穰苴下令，早有軍士上來把莊賈拿下。

這個時候的莊賈嚇得一身冷汗，酒也醒了，急忙大聲喊自己的隨從：「快去找主公救命啊。」

莊賈的隨從急忙去向齊景公求救，齊景公急忙派人來救。

晚了，人頭已經掛在了軍門的柱子上。

齊景公的使者手持使節，駕車闖進了軍營。

「你來幹什麼？」田穰苴厲聲問道。

「主公派我來救莊賈。」使節有些害怕，田穰苴的氣勢太逼人了。

「將在軍，君令有所不受。莊賈已經被我砍了，現在說說你的事。」說到這裡，田穰苴問執法官：「駕車闖入軍營，何罪？」

「斬首。」軍法官回答。

「咕咚。」使者跪下了，田穰苴敢殺莊賈，自然也敢殺自己。「大司馬饒命啊，我家有八十歲老娘啊。」

「國君的使者不能殺，這樣，殺了他的御者，砍了他的左邊的驂馬。」田穰苴還算給面子，只可憐御者和那匹馬成了代罪羔羊。

使者千恩萬謝，狼狽不堪地走了。

三軍震栗，齊軍散漫慣了，什麼時候見過這麼嚴厲的主帥？

之後，三軍訓練三天，三天時間中，田穰苴親自檢視軍中，對傷病士兵問寒問暖，安排治療。又把自己的伙食補貼到三軍中，自己跟士兵一起吃飯，吃同樣的飯。

三天之後出發，即便傷病員也都請求出征。

齊軍士氣大振。

趙鞅由於擔心內部問題，因此決定休戰。這下可坑了燕國，田穰苴率領的齊軍大破燕國軍隊，一直追擊到燕國境內才收兵。

齊軍凱旋回國，快到臨淄的時候，田穰苴命令三軍解除武裝，下令不得擾民，隨後才進入國都。

齊景公非常高興，任命田穰苴為大司馬，執掌齊國軍隊。

從這之後，田穰苴就被稱為司馬穰苴。

第二三四章
解讀和諧

現在，齊國有兩大名人了：晏嬰和田穰苴。

內事不決問晏嬰，外事不決問司馬。整個齊國，都這麼傳說。

晏嬰有些哭笑不得，原本二桃殺三士就是想削弱田家的實力，如今折騰來折騰去，反而幫田家挖掘了一個司馬穰苴出來。

晏嬰的想法不是沒有道理的，田無宇眼看司馬穰苴能力超群而且很受齊景公的賞識重用，巴不得把他拉到田家的陣營中來，於是又是攀親戚又是拍馬屁，而司馬穰苴原本是田家混得最差的那一支，如今能跟田家正宗拉近關係，也是求之不得。

齊景公的幸福生活

齊景公很高興，現在他有三個最信任的人了。除了晏嬰和田穰苴之外，還有梁丘據。不過，這三個人，對齊景公來說，作用是有區別的。

一天，齊景公半夜喝酒，喝著喝著，覺得自斟自飲沒勁，要找人同飲侃山才有意思。於是下令：「酒肉打包，到晏嬰家喝酒去。」

一行人咋咋呼呼出了後宮，直奔晏嬰家而去。除了酒肉之外，宮廷歌舞團也跟隨前往。

晏嬰早已經睡下，突然聽報說齊景公來到，不知道出了什麼事，急忙穿上朝服，準備好上朝用的傢伙，在家門口迎候齊景公。齊景公還沒有下車，晏嬰就走上去問他是否有什麼國家大事。

「你看，今晚明月當空，晚風輕拂，好寫意啊。我帶了好酒好肉還有歌舞團，咱們喝點酒，唱唱卡拉 OK 跳個舞之類，豈不妙哉？」齊景公笑嘻嘻地說。

「我還以為有什麼國家大事呢，陪酒我不在行，擅長陪酒的多著

呢，我就不參加了吧。」晏嬰拒絕了。

齊景公知道晏嬰的性格，也沒辦法強求。

「那，您就早點休息吧。」齊景公想了想，對隨從們說：「去司馬家。」

大隊人馬呼呼啦啦，又來到司馬穰苴家。早有人去通知了司馬穰苴，司馬穰苴也不知道發生了什麼事情，這個時候披甲執戟，站在大門口迎接齊景公。

「主公，是不是有外敵入侵，還是有人叛亂？」司馬穰苴見到齊景公，迎頭就問。

「你看，多麼圓的月亮啊，難道司馬不想喝個小酒唱個小歌？酒肉和歌舞團我都帶來了，怎麼樣，咱們喝幾盅？」齊景公又笑嘻嘻地說，他覺得司馬穰苴的打扮有點搞笑。

「主公，行軍打仗我是高手，喝酒唱歌就沒什麼道行了，主公找別人吧。」司馬穰苴也拒絕了。

這下，齊景公又失望了。

「那，去梁丘據家裡吧。」齊景公又下令。

一行人來到了梁丘據家，遠遠就看見梁丘據左手抱著瑟，右手提著竽，一邊唱著紅歌一邊迎了上來。

「今天晚上我喝酒真快樂啊。沒有晏嬰，誰為我治理國家呢？沒有司馬，誰為我保衛國家呢？可是如果沒有梁丘據，誰能陪我一起享受人生的快樂呢？」齊景公不由得感慨起來。

「主公，怪不得我家喜鵲叫個不停，原來是主公駕臨，哈哈哈哈。」梁丘據的馬屁直接就上來了。

「哈哈哈哈。」齊景公笑了。

當晚，齊景公喝得高興，直喝到天亮，才醉醺醺地回宮去了。

除掉司馬穰苴

論人品和能力，司馬穰苴是齊國一流。

論對晏嬰的尊重和感激，司馬穰苴不亞於任何人，他經常說起沒有晏嬰就沒有自己的今天。

可是，晏嬰還是決定要除掉他，因為，他是田家的人。

晏嬰不會去做這個惡人，就像二桃殺三士，他決不會自己動手。

自古以來，所謂「矮子心多」，晏嬰算是一個明證。

晏嬰首先勸說齊景公給司馬穰苴賞賜封邑，賞賜的封邑從哪裡來？從鮑家、高家和國家那裡收回來賞給司馬穰苴。沒有多久，這三家就紛紛來說司馬穰苴的壞話。

終於有一天，齊景公也覺得司馬穰苴確實有些過分的時候，他請晏嬰來討論這個問題了。

「最近很多人來投訴司馬穰苴，說他驕縱蠻橫，不知道你有什麼看法？」齊景公問晏嬰。

「主公，這事情都賴我。當初我舉薦他的時候，真是沒想到他這麼快就跟田家混在了一起，我，我引咎辭職行嗎？」晏嬰根本沒有回答齊景公的提問，反而說到了另外一個問題。

齊景公大吃一驚。

其實，驕縱蠻橫根本就算不上什麼大問題，齊景公的意思也就是讓晏嬰想辦法提醒司馬穰苴而已。可是晏嬰突然提出田家的問題，齊景公就不得不加倍重視了。

「啊，司馬不是田家的疏族嗎？怎麼又和田家混在了一起？」齊景公有些緊張地問。

「所謂窮在鬧市無人問，富在深山有遠親啊。司馬穰苴原來種地的時候，田家當然不尿他，如今當了大司馬，田家當然要來認親了。田家要認親，司馬穰苴難道還不願意？就這麼，他們就混到了一起。」晏嬰解釋，反正怎麼說都是他有理。

「那，那你更不能辭職了。你辭職了，誰幫我對付田家啊？快想辦法吧。」齊景公更加緊張了。

「辦法還是有的，不是那幾家投訴司馬穰苴嗎？就以此為藉口，免了他的大司馬。」晏嬰出了這麼個主意，把得罪人的事情推給了那幾家。

第二天，齊景公果然宣佈免除司馬穰苴的大司馬職務，理由是多名大夫投訴他，群眾基礎不好。

司馬穰苴被免職，很沒面子地回了家。由於心情鬱悶，不久後心臟病發作，含恨離開了人世。

後來，田家篡奪了齊國，到戰國齊威王的時候，下令修訂古代有關軍事制度和禮節的《司馬兵法》，把司馬穰苴的軍事思想和言論添加到其中，成為《司馬穰苴兵法》，又稱《司馬法》。

太史公在《史記》中專有「司馬穰苴列傳」，不過，司馬遷不認為《司馬法》與司馬穰苴有多大關係。究其原因，大致司馬遷認為《司馬法》應該是司馬家族的專利，不應該被田家無端搶走。

不過，不管太史公怎樣說，歷史上還是把《司馬法》算到了司馬穰苴的名下。到宋代，宋神宗編定「武經七書」，《司馬法》在《孫子兵法》和《吳子兵法》之後，排名第三，確定了在中國兵書中的地位。

《司馬法》中有許多珍貴的軍事思想，對後人頗有啟迪。這裡摘錄一二。

「國雖大，好戰必亡；天下雖安，忘戰必危。」

「殺人安人，殺之可也；攻其國，愛其民，攻之可也；以戰止戰，雖戰可也。」

什麼是和諧

論人品和能力，梁丘據根本不入流。

論對晏嬰的尊重和敬畏，梁丘據倒是不含糊的，他常常感慨自己一輩子也趕不上晏嬰。

可是，晏嬰還是瞧不起他，因為，他就是瞧不起他。

可是，晏嬰拿他沒辦法，真的沒辦法，因為，齊景公就是喜歡他。

那一天齊景公打獵回來，非常高興，因為梁丘據把他伺候得很

好，只要他想到的，梁丘據一定都已經做到了。

「看來，只有梁丘據和我比較和諧啊。」齊景公對晏嬰說，把打獵的情況簡單介紹了一下。《左傳》原話是：唯據與我和夫？

「什麼和諧啊？那就是他一味迎合你，頂多說是保持一致而已。」晏嬰不屑一顧地說。《左傳》原文是：據亦同也，焉得為和？

「那和諧和保持一致有什麼區別？」齊景公問道。《左傳》原文是：和與同亦乎？

下面，我們來看看晏嬰怎樣解說和諧，順便也理解一下孔子所說的「君子和而不同，小人同而不和」。

「那當然，差別大了。」晏嬰清了清嗓子，開始說道：「和諧呢就像做肉羹，用水、火、醋、醬、鹽、梅來烹調魚和肉，用柴燒煮。廚工調配味道，使各種味道恰到好處；味道不夠就增加調料，味道太重就減少調料，最後做出來可口的肉羹來。國君和臣下的關係也是這樣，國君是肉，臣下們就是水、火、醋、醬、鹽、梅。國君拿主意，但是臣下們要提供自己的看法，綜合在一起，就是最好的主意。音樂的道理也像味道一樣，由一氣、二體、三類、四物、五聲、六律、七音、八風、九歌各方面相配合而成，由清濁、小大、短長、疾徐、哀樂、剛柔、迅緩、高下、出入、周疏各方面相調節而成。現在梁丘據不是這樣，國君放個屁他也說是香的。如果用水來調和水，誰能吃下去？如果用琴瑟老彈一個音調，誰聽得下去？梁丘據什麼都跟您相同，要他還有什麼用？」

所以，什麼是和諧？就是集中不同的意見，達成最好的結果，而不是所有人的意見都一樣。

什麼是和諧社會？就是包容的社會，言論自由的社會，批評聲音不斷的社會。而不是只有一個聲音的社會，而不是只能讚美不能批評的社會。

對於晏嬰的評說，齊景公哼哼唧唧，不置可否。

不管怎樣，打了很多野味回來，齊景公設宴招待群臣。當晚月明

星稀，微風狂吹，大家一頓好吃好喝，熱鬧非凡。

突然，齊景公歎了一口氣：「唉──」

正在高興的時候，為什麼歎氣？別說別人，就連梁丘據都弄不明白。

「今天真的好高興好高興，可是，人都是要死的，人要是能夠萬歲萬萬歲，能萬壽無疆的話，那該多好。」齊景公自己回答了大家心頭的疑問，原來他是想到了死。

樂極生悲，樂極容易生悲。

「唉唉──」大家都跟著哀歎起來，梁丘據還流下了兩行熱淚。

晏嬰看著這些人，就覺得好笑。

「主公，傷心什麼？應該高興才對啊。想想看，人要是不死的話，今天坐在這裡的是您嗎？那都是古人了，最早在這裡的是爽鳩氏，後來還有蓬伯氏、蒲姑氏，再後來還有咱們太公，他們要是都萬歲了，主公您現在能當國君？給你當個有三分地的農民伯伯就不錯了。所以啊，傷心什麼？沒事偷著樂吧。」

大夥一聽，這話有理，於是紛紛釋然。

「我建議，為了能死，大家乾一杯。」梁丘據發起了倡議，大家紛紛附和。

晏嬰想哭了。

梁丘據之死

魯昭公二十五年（前 517 年），魯國出大事了。原來，魯昭公不滿三桓專政，想要剷除他們，結果反而被三桓聯手，將魯昭公趕出了魯國，逃到了齊國。

齊景公和晏嬰決定全力幫助魯昭公，一來是因為這是國際政治避難準則，而重要的是同病相憐，魯昭公被臣下趕出來，而齊景公也早就感到臣下的壓力。

齊景公先在齊國東部給了魯昭公一塊地，算是臨時安置。當年冬

天，齊國發兵攻打魯國的鄆地，拿下之後，將魯昭公安置在鄆地，準備第二年出兵將他送回曲阜。

第二年夏天，齊景公親自領軍，準備南下攻打三桓，把魯昭公給送回去。

「不跟三桓談判，不接受魯國的禮品。」齊景公下令，擺出了一個姿態。

這個時候魯國的實力遠遠不如齊國，三桓知道，如果齊國一定要打，自己一定不是齊國的對手，怎麼辦？

正面對抗不行，就要從敵人的內部想辦法。

季平子的家臣申豐和女賈帶了兩匹錦緞，悄悄地來到了齊國，悄悄地去見高齮（音已），高齮是誰？梁丘據的跟班，跟申豐女賈都很熟。

「夥計，發財的機會來了。」申豐對高齮說。

「什麼發財的機會？」聽說發財，高齮的眼中發亮。

「這兩匹緞子先給你。」申豐先把兩匹緞子給了高齮，然後說：「如果你能讓梁丘據想辦法阻止齊國攻打我們，我們就幫你成為高家的繼承人，而且還給你一萬兩千石糧食，怎麼樣？」

申豐在忽悠高齮，就算給糧食有點譜，幫助高齮成為高家的繼承人就純粹騙人了。

「好，成交。」高齮同意了，畢竟糧食也不少。

高齮來找梁丘據，先把那兩匹緞子給梁丘據看。

「這緞子不錯啊，哪兒來的？給我的嗎？」不等高齮開口，梁丘據直接瞪大了眼睛。

「魯國人給的，魯國人說了，幫助他們阻止齊國入侵，這樣的緞子還有一百匹獻給您呢。」看見梁丘據貪婪的眼神，高齮也就直來直去了。

「好，成交。」梁丘據一點沒有猶豫，他太愛這緞子了。

轉身，梁丘據去找齊景公去了。

「主公，有件事我得跟您提提，否則我總是睡不好覺。」梁丘據一副很關心齊景公的樣子。

「什麼事？」

「您說您親自領兵送魯昭公回去，高風亮節啊，全世界都在歌頌您。可是，您的安全就有了問題。為什麼這麼說呢？前段時間，宋國的宋元公為了魯昭公的事情去晉國，可是走在半路上暴病身亡；也是前些天，魯國的叔孫婼（音若）在謀劃把魯昭公接回去，結果也是暴病身亡。我琢磨著，凡是幫魯昭公的，怎麼都暴病身亡了呢？難道魯昭公得罪了鬼神？被下了咒了？所以我覺得，您千萬別親自出馬了，您要是有個三長兩短，齊國人民可怎麼辦啊，我可怎麼活啊？嗚嗚嗚嗚。」梁丘據說著說著，哭了起來，他被自己感動了。

齊景公一聽，這事情是夠邪門的，別為了魯昭公，把自己的小命給搭進去了。

「多虧你提醒啊，好，我不去了。」齊景公怕死了，取消了親征的計畫，派了公子鉬領兵前往。

結果，齊軍知道齊景公臨陣退縮，士氣衰落。齊軍與魯軍在成地進行了一次戰鬥，結果不分勝負。齊軍撤軍，送魯昭公會曲阜的計畫無疾而終。

「××的梁丘據，不得好死。」晏嬰知道了這件事情，忍不住大罵。這段時間身體不好，因此留在了臨淄，沒想到梁丘據就幹出這麼個事情來。

梁丘據終究也沒有能夠得到那一百匹緞子，不是魯國人想賴，而是老梁的命中不該有。

魯國的緞子那是天下最著名的緞子，又輕又薄又透氣又保暖，所以梁丘據早就想要。可是，事情不巧，恰好魯國的緞子前段時間被一個楚國商人給買光了，庫存還不夠了。所以，魯國人拖了一下，一直拖到兩年之後，也就是司馬穰苴死後不久，魯國人來告訴梁丘據，說

是緞子都準備妥了，過幾天就發運過來。

梁丘據聽了高興，一高興喝了幾口涼水，結果老梁就開始抽上了；沒抽幾下，就挺了；沒挺多久，就涼了。

老梁老梁，就這麼涼了。想起來，還真不如死在齊魯戰場上。

「臭狗屎，說幫魯昭公的暴斃身亡，你不幫魯昭公，還不是也暴斃了？」晏嬰聽說梁丘據死了，再次大罵。

其實，對於梁丘據，晏嬰當初雖然瞧不起他，但是也說不上恨他。梁丘據這人就是靠哄齊景公開心獲得寵愛，沒別的正經本事。可是，這人也沒有什麼壞心眼，也沒有什麼野心。

「國君總得有幾個人陪他吃喝玩樂，否則當國君還有什麼意思？」晏嬰這麼想，當初管仲就是這麼想的。

所以，當初管仲並沒有動齊桓公的三寵，晏嬰也就不動梁丘據。

可是，自從梁丘據收魯國人好處的事情發生之後，晏嬰就真是恨死了他。

「先生啊，老梁愛我啊，而且很忠誠，我想厚葬他，怎麼樣？」齊景公跟晏嬰商量，如果說司馬穰苴的死讓齊景公有所感傷的話，梁丘據的死就讓齊景公深感悲痛了。

「主公，你說梁丘據又忠誠又愛你，有什麼根據？」晏嬰反問。

「我有什麼喜歡玩的東西，別人沒有，可是老梁都能弄到來給我；不論颱風下雨，白天黑夜，什麼時候喝酒唱歌，他都隨叫隨到。由此可見，他的心中只有我。」

「主公，從前他活著的時候我不好意思說他，怕大家傷和氣。現在他死了，我可要說他幾句實話了。一個臣子受國君的寵愛大大超過別人，那就是不忠；一個兒子把父親的愛都占據了，那就是不孝；一個老婆把老公霸占了，那就是妒婦。什麼是忠臣？忠臣要讓大家都有機會表達對國君的忠心。什麼是孝子？孝子要讓兄弟們都有機會表達孝心。什麼是好老婆？好老婆要把老公給二奶三奶們一同享用。主公您是國家的主人，什麼東西沒有？可是為什麼別人都弄不到，只有老梁

能弄到？說明他在排斥別人；大家誰不想陪您喝酒唱歌啊，可是為什麼每次都是老梁？說明他在暗中阻止別人。這種人，您還要厚葬他？」晏嬰的話，聽上去總是那麼有道理。

「嗯，有道理，那算了。」齊景公覺得晏嬰說得對，取消了厚葬梁丘據的計畫。

活著的時候不收拾你，死了也要收拾你。

「老梁你奶奶個熊的，叫你貪。」晏嬰總算出了這口氣。

第二三五章

栽贓、分贓、分贓不均

轉眼又過了一年，到了魯昭公二十八年（前514年）。

這一天，從晉國地下辦事處傳來一條消息。

「啊，這是真的？」晏嬰聽到了消息，大吃一驚。

「千真萬確。」

「唉。」晏嬰歎了一口氣，很久沒有說話。

晉國發什麼什麼事？什麼事讓晏嬰這樣震驚？

栽贓

夏天的時候，中軍元帥韓起病了，病得很厲害，屬於老年癡呆加半身不遂，實際上就在等死了。中軍元帥病成這樣，於是按照排位，中軍佐魏舒代理中軍元帥。

對於某些人來說，大樹就要倒了。

山雨欲來。

祁盈是祁奚的孫子，也是楊食我的朋友。祁盈有個異母弟弟叫祁勝，兄弟兩個關係一直不好。

這年夏天的時候，祁家發生了一件事情，祁勝跟好朋友鄔臧玩換妻遊戲，結果被祁盈知道了。鄔臧，晉國大夫，是鄔姓始祖之一。

「好你個王八蛋，學誰不好，你學慶封？玩換妻，找死啊？」祁盈很生氣，也很高興，這下找到機會收拾這小子了。

不過，祁盈決定先去問問司馬叔游。

「你腦子進水了？」司馬叔游是祁盈的朋友，聽他說準備收拾祁勝，當頭給他潑了一瓢冷水：「《鄭書》裡寫道：不怕賊偷，就怕賊惦著。現在是賊人當道，沒事還要防著三分，你現在沒事找事，不是找

死嗎？《詩經》裡說了：世道已經很邪惡了，別自己給自己找病。你就當沒這事，暗中勸他注意點不就行了嗎？」

司馬叔游把話說到這個份上，可以說已經非常夠意思了。

「可是，這是我們家族的內部事務啊，跟國家有什麼關係？」祁盈不聽勸，實際上，他早就想收拾祁勝，好不容易找到了機會，自然不願意輕易放過。

可惜的是，這個時候沒有人給他講螳螂捕蟬的故事。

你抓住了別人的把柄，卻忘了別人也在抓你的把柄。

祁勝並不知道事情已經敗露，第二天又約了鄔臧來玩換妻。

兩對時尚新潮男女正玩得爽歪歪，就聽見門外一聲斷喝：「上。」隨後，大門被撞開，湧進來十多條大漢。

四個光屁股男女被當場捉拿，並有淫具若干被收繳。

所謂好事不出門，壞事傳千里。祁家發生的換妻門事件迅速傳遍了大街小巷，成為街談巷議的題材。

老百姓也就是過過口舌癮，意淫一把而已。可是，有人就看到了機會。

魏舒和智礫來找晉頃公了，首先彙報了最近祁家發生的事情，然後智礫說了：「主公，祁勝和鄔臧雖然有罪，可是兩人都是大夫，輪不到祁盈去抓啊？他這是把家法當國法，擅用私刑啊。」

晉頃公本來就稀里糊塗，聽智礫這麼一說，覺得也有道理。

「那，魏元帥，你看怎麼辦？」晉頃公問魏舒。

「先把祁盈抓起來再說。」魏舒來的意思，就是這個。

於是，祁盈被抓起來了。

到了這個時候，祁盈才想起司馬叔游的話來，晚了。

祁家亂成了一鍋粥。

怎麼辦？大傢伙在一起商量對策，什麼人都有。

一通商量，沒個結果。

「我聽說主人已經確定要被殺了，既然這樣，不如咱們先把這四個狗男女給殺了，也讓主人臨死前出一口氣。」一個門客建議。其實他是魏舒收買的臥底。

「好啊好啊。」大家叫好，一窩蜂拿了刀劍，然後一窩蜂去了監房，一頓砍瓜切菜，把那四個風流男女給剁成了肉醬。

「這幫腦殘。」臥底笑了。

儘管抓了祁盈，沒有人知道該怎麼處置他，畢竟罪名不是太名正言順，而且如果人家把人放了，也就沒理由再關著他。

可是就在這個時候，從祁家傳出消息，說是祁家把祁勝和鄔臧都給砍了。

「嘿嘿。」魏舒笑了，立即下令：「召開六卿緊急會議。」

由於韓起臥床不起，因此六卿只到了五卿，除了代理中軍元帥的魏舒之外，還有范鞅、趙簡子、智礫、中行寅。

看看大家到齊，魏舒先作了主題發言，把祁家最近發生的事情簡單了一遍。最後說：「根據舉報，祁家正準備造反。來人，帶證人。」

證人被帶了進來，一共三個，都是魏舒在祁家收買的臥底。

三個證人開始揭發祁盈的謀反計畫，其實大家都知道，這些都是編的，祁盈根本就不會造反。不過，大家都裝作很驚訝很相信的樣子，瓜分祁家的地盤是大家的共同願望。

「按照祁盈的罪行，應該滅門，大家是否同意？」魏舒又作了總結。

所有人都同意。

祁家完蛋了。

事情還沒有完，魏舒還有計劃。

「來人，再帶證人。」魏舒下令，還有什麼證人？

又進來三個人，趙簡子認識其中的一個，那是羊舌家的人。

「根據舉報，楊食我勾結祁盈，共同謀反。你們三個證人，給你們做污點證人的機會。」魏舒下令。

三個證人都是被魏舒收買的，一通瞎編亂造，把楊食我也牽連了進來。

　　「楊食我勾結祁盈造反，證據確鑿，各位有什麼看法？」魏舒問。他盯著趙簡子。

　　「這個，是不是要再調查一下？」趙簡子知道這是陷害，可是，現在是人家魏舒為老大，自己也不能太明顯為楊食我辯護。

　　「還用調查嗎？」魏舒大聲問。

　　「不用。」另外三個人齊聲回答。

　　趙簡子無語。

　　於是，另一項決議產生：羊舌家族與祁家同罪，滅門。

　　趙簡子敢怒不敢言，他知道自己保護不了羊舌家了。

　　五卿分別回家，準備甲兵，共同出兵。同時，派人通知韓家。消息到了韓起這裡，韓起乾瞪眼說不出話來，他已經快死了，現在只能死得更快。

　　趙簡子沒有辦法，他也只能出兵。回到家裡，趙簡子一眼看見楊食我的一個兒子正在自己家裡與兒子無恤聊天。

　　「小子，你過來。」趙簡子把楊食我的兒子叫了過來，楊食我的兒子不知道發生了什麼，小心翼翼走了過來。

　　「我跟你說完話，你就立即給我走，出西門一路向西，不要停，一直到秦國。聽見沒有？」趙簡子壓低了聲音說。

　　「元帥，為什麼？」

　　「不要再問，現在就走，到時候你就知道了，走吧。」趙簡子狠狠地在楊食我兒子的肩上拍了一把。

　　楊食我的兒子似乎已經明白了是怎麼回事，後退兩步，給趙簡子跪下，磕了一個頭，轉身走了。

　　五卿聯軍，滅了祁家和羊舌家。

　　祁家因為早就出事，已經有人預先逃走。而羊舌家完全沒有防

備，慘遭滅門。

楊食我的兒子從趙家出來，一路狂奔到了秦國，逃到了華山仙谷，後來定居華陰，以楊為姓。

這，就是楊家的開端。

陝西楊姓，史稱楊氏正宗。

中國第六大姓楊姓，竟然以這樣的方式開始。

從前的趙家和現在的楊家都被滅門，但是，二者的原因是完全不同的。

趙家被滅，完全是權力鬥爭，所謂因倡狂而滅亡。那是狼與狼的火拼，群狼咬死了獨狼。

楊家被滅，則是利益瓜分，所謂因擁有而滅亡。這是狼與羊的關係，群狼撕碎了綿羊。

就像擁有一個美女，很多男人都想殺死你。同樣，當你擁有一大片土地，很多比你權勢強大的人就都想消滅你。而你，低調也罷、隱忍也罷，都難逃厄運。

所以，美好的東西往往是災難的種子。

回想叔向，那是一個多麼睿智的人，可是，他不夠堅決。他知道自己的封邑將會給兒孫們帶來災難，可是，他沒有堅決地送出去，他還存有幾分僥倖。

所以，儘管叔向很淵博很聰明，他確實比不上士會，比不上孫叔敖，比不上子產，也比不上晏嬰。他費盡心思要保護自己的家族，可是，他僅僅死去七年，家族就被消滅了。

這個時候我們回想起叔向母親當初對楊食我的判斷：豺狼之聲，狼子野心，必然害慘羊舌家族。

其實，楊食我就算哭聲像鳳鳴，羊舌家族也難逃這樣的命運。他們唯一的機會就是放棄封邑，就像公象唯有放棄自己的象牙才能擺脫人類的黑手。

就算叔向的兒子不是楊食我，而是楊食他或者楊食你，也是同樣的下場。

說來說去，責任在叔向身上，他本可以避免楊家的悲慘命運的。

分贓

祁家楊家被滅，事件轟動全世界。

兩家的地盤暫時沒有瓜分，魏舒在等，等什麼？等韓起咽氣。因為只要韓起不咽氣，瓜分地盤最多的就必然是韓家。

韓起在一個月後咽氣了，臨死前的迴光返照他只嘟囔了一句：「叔向，我見了你該怎麼說啊？」

韓起死後，魏舒正式擔任中軍帥。這個時候，開始分肥肉了，魏舒可以名正言順地多拿多占了。

魏舒把祁家的地盤分為七個縣，羊舌家的地盤分為三個縣，一共是十個縣，不小的地盤，這也就難怪六卿們始終在尋找機會切掉這塊豬肉。

魏舒將十個縣這樣分配，司馬彌牟為鄔大夫，賈辛為祁大夫，司馬烏為平陵大夫，魏戊為梗陽大夫，智徐吾為塗水大夫，韓固為馬首大夫，孟丙為盂大夫，樂霄為銅鞮大夫，趙朝為平陽大夫，僚安為楊氏大夫。

切豬肉的基本原則是，魏、智、趙、韓四家各得一縣，中行和范家沒有，為什麼這樣？看看地圖就會發現，范家和中行家的地盤在東部，與這十個縣都不接壤。因此，只能是另外四家在緊挨自己的地盤拿到一個縣，至於范家和中行兩家，主要是拿到祁家和羊舌家的財產作為補償。

剩餘的六個縣的大夫，名義上都是選任賢能，其實都是魏舒的親信。

魏家原本地盤最小實力最差，經過這次分肥肉，一躍而成為僅次

於智家的大家族，這就難怪乎魏舒為什麼一定要置祁家和羊舌家於死地了。

其餘五家其實都有不滿，不過沒人願意出頭。

到這個時候，晉國基本上瓜分完畢。

晉國六卿，家家都是在擔任中軍帥期間拼命擴充實力。

正是：有權不用，過期作廢。

假公濟私占了大便宜，魏舒總覺得好像有點激起公憤的意思，還有點不太放心。於是，這一天把大夫成鱄給請來了，要向他討教一件事。

「老成啊，你說，我讓我弟弟魏戊擔任梗陽大夫，會不會有人說我假公濟私呢？」魏舒問，很真誠地。

「還用說，那就是假公濟私啊。」成鱄心裡這麼說，嘴上不能這麼說，他想了想，說了：「那怎麼會？魏戊當上梗陽大夫，那完全是他的能力擺在那兒啊。你說魏戊，那是謙虛謹慎，彬彬有禮，慷慨大方，無私奉獻。這麼說吧，給他一個縣都屈才了。」

「那，我這算是舉賢不避親？」魏舒笑了，他很受用。

「太舉賢不避親了，您想想，當初周武王奪得天下，兄弟就封了十五個，同族的封了四十個，這都是舉賢不避親啊。武王之所以封他們，不是因為他們是自己的親戚，那是因為他們確實有才能啊。《詩經》這樣寫道：『唯此文王，帝度其心。莫其德音，其德克明。克明克類，克長克君。王此大國，克順克比。比于文王，其德靡悔。既受帝祉，施于孫子。』元帥您哪，你的德行簡直比得上文王了。」成鱄一通馬屁拍了過來，早就想拍，今天終於給了機會，當然要盡情的拍。

「你說得太好了，你這麼說，我就放心了。那什麼，下次再有機會，也給你個縣大夫當當。」魏舒這個高興，順便也賣個人情出去。

成鱄興高采烈從元帥府出來，之後滿世界去說這次對話，說魏舒如何禮賢下士，怎樣謙恭禮讓，怎樣關注民意民生，怎樣廉潔自律等等。

賈辛被任命為祁地大夫，這裡是祁家當年的大本營，所以非常重要。在上任之前，賈辛來見魏舒。

「夥計，我給你講個故事。當年賈地的大夫賈大夫長得很醜，但是娶了個很漂亮的老婆，那就是一朵鮮花插在了牛糞上。結果呢，漂亮老婆很不滿，三年都不說話不笑一下，怎麼辦呢？賈大夫面臨了周幽王同樣的困境。後來，賈大夫想了個辦法，有一天，他帶著老婆去打獵，恰好一隻野雞飛過，賈大夫拉弓搭箭，只一箭，把野雞射了下來。再看老婆，笑了，而且說話了『老公，你射得好準啊』。賈大夫當時深有感慨地說：『看來才能不要收藏起來，要是我不能射的話，你可能永遠也不會說笑了。』所以，男人要能射，不射是不行的。你看你，其貌不揚，話也不多，要不是這次平定祁家和羊舌家叛亂有功，我真是不知道你的才能。我這次派你去祁，是個很大的挑戰啊，你要全力治理好，啊，隨時向我彙報。啊，最重要的，你始終記住是誰提拔了你，要忠於誰。」魏舒說了一大通，核心思想就是兩句：好好幹，無限忠於魏家。

賈辛當然明白，表達了忠心之後，去上任了。

其餘幾個縣的大夫在走之前也都接受魏舒的訓話，同樣也都表達了忠心。

對於魏舒的這番舉動，孔夫子孔老先生又看走了眼。在《左傳》裡有如下記載。

仲尼聞魏子之舉也，以為義，曰：「近不失親，遠不失舉，可謂義矣。」又聞其命賈辛也，以為忠：「《詩》曰：『永言配命，自求多福』，忠也。魏子之舉也義，其命也忠，其長有後於晉國乎！」

魏舒分明假公濟私，孔老夫子還以為他大公無私。

分贓不均引發的後果

魏舒的一系列做法引起其餘五卿的不滿，很快，其餘五卿就有了應對。

第二年，魏舒命令趙簡子和中行寅率領晉軍在原陸渾戎的地盤上修築大城，防備楚國。這兩位本來就對魏舒不滿，又被派了這麼個苦活，兩人罵罵咧咧就去了。

一邊築城，兩位就商量怎麼也讓魏舒難受難受，最後想出一個主意來。什麼主意？子產用過的辦法。

兩人就在當地收繳了四百八十斤鐵，打造了一個鼎，鼎上刻上了刑法，什麼刑法？當年士匄制定的刑法。

「他以為什麼都是他說了算，咱們弄個刑鼎，誰說了也別算，以後奶奶的依法辦事。」兩人製刑鼎就是這個目的，暗地裡還拉上了范鞅。

按理說，這兩個人不過是下軍的帥佐，哪裡有資格製刑鼎？可是他們就製了，而且運回去放在朝廷門口，就這麼執行了。

魏舒這次算是吃了蒼蠅，有口難言，因為這鼎實際上是趙、范、中行三家搞的，韓家和智家暗地裡也有溝通，如果自己反對，那就是一比五，事情鬧僵了，只能自己倒楣。

「奶奶的，我認栽，我認栽還不行嗎？」魏舒忍了這口氣，他現在更加清楚，什麼時候也不能孤立自己。

從子產到趙簡子，雖然都是鑄刑鼎，目的完全不一樣，自然，評價也就不一樣。子產鑄刑鼎是為了更好地管理國家，因此他是法家；趙簡子鑄刑鼎是權力鬥爭的結果，而且上面的刑法按孔子的說法就是「晉國之亂治也」，也就是說那個法太過時了。因此，趙簡子什麼也算不上。

但是不管怎麼說，趙簡子總算替大家出了一口氣。

轉眼又過三年，這一年，周敬王派人來晉國，兩個來使名叫富辛和石張。

「我們代表周王感謝元帥對於中央的無私支持，感謝晉國人民的無私奉獻。」兩位來使先把套話說完了，然後進入正題：「為了防備王子朝的反攻倒算，貴國在我們偉大首都派遣了志願軍，一轉眼五年過去了。誰沒有老婆孩子？誰沒有親戚老表？誰不想回家抱著老婆睡覺啊？

為了大家都能夠跟家人團聚，周王希望讓貴國士兵回國。可是王子朝還要防備，怎麼辦呢？周王希望貴國繼續發揚大局精神，能夠率領天下諸侯幫我們把首都修繕完好，那樣的話我們就不怕王子朝了。」

說了一通好聽的，實際上就一件事：請晉國幫我們修首都。

魏舒想了想，沒想明白。可是，范鞅早就想明白了，實際上親家劉文公早就悄悄地給他打好招呼了。

「元帥，這個建議好，想想看，幫他們把城修好，我們的士兵就不用住在那裡了，大家不是都要感激你？」范鞅贊成。

魏舒想想，覺得范鞅說得有道理。

「好，就這樣了，通知全世界諸侯都來幫忙，我擔任修城總指揮。」魏舒還從來沒有在全世界諸侯面前露過面，要借著這一次機會長長臉。

當年冬天，各國諸侯都派人跟著魏舒去修偉大首都了。儘管各國都已經不太尿晉國這一壺，可是為這點小事得罪晉國也不太合算。

各國出人出物都出了，可是抱怨聲罵聲就沒有斷過。魏舒親自指揮修城，結果滿耳朵都是各國人問候他娘的聲音。

到這個時候，魏舒才回過味來，這次又吃了范鞅這個王八蛋的蒼蠅。

魏舒很鬱悶，於是乾脆把修城的事情交給韓不信負責，自己率領著親信打獵去了。

俗話說：人要倒楣了，喝涼水都塞牙。心情不佳的魏舒竟然在打獵過程中突發心臟病而死，享年五十六歲。

魏舒鞠躬盡瘁了，范鞅接任中軍元帥。後來在魏舒下葬的時候，范鞅命令撤去魏舒的柏木外棺，因為魏舒是在執行公務過程中偷偷跑去打獵，不享受烈士以及因公死亡的待遇。

腐敗分子范鞅終於公正了一次，當然，實際上他是在挾私報復。

第二三六章
破解史前文明

偉大首都的城牆到期完工了，各國軍隊罵罵咧咧回了自己的國家。

魏舒的死大快人心，每個人都說他自作孽不得活。而最高興的有兩個，一個是范鞅，他現在是晉國的老大了；另一個是范鞅的親家劉文公，他認為從今以後自己的親家會更加幫忙。

可是，劉文公錯了，他忘了范家當年是怎樣老媽、舅舅和外公聯手害死自己兒子的。

魯定公四年（前 506 年），劉文公召集了諸侯大會，會上提出趁著楚國內亂，由晉國牽頭，諸侯聯軍討伐楚國。劉文公的真實意圖是，由聯軍幫助他捉拿在楚國境內的王子朝，永絕後患。

「親家，別忽悠我了，想讓我挨罵是嗎？」范鞅拒絕上當，散會之後笑嘻嘻地對劉文公說。

「親家，一家人不說兩家話，幫個忙，我們捉了王子朝就撤軍，怎麼樣？」劉文公露了底。

「嘿嘿，別說咱們只是親家，就算是我親爹給我挖坑讓我跳，我也不跳。」范鞅說完，拍拍屁股，走了。

劉文公很失望，也很惱火，沒想到親家這麼絕情。

「你外孫個奶奶的，你女兒生小孩沒屁眼。」劉文公對著范鞅的背影低聲罵道，沒注意到這實際上也是在罵自己。「不靠你們，老子自己也能幹。」

劉文公發了狠，裙帶靠不住，靠自己。

當年，吳國攻打楚國，一舉攻占了楚國首都郢都。劉文公知道，幹掉王子朝的絕佳機會到了。

老聃的發現

來看看王子朝的隊伍怎樣了。

樹倒猢猻散。

當初逃往楚國的時候，每個人都知道，這一去楚國，就再也沒有機會回來了。誰願意走呢？原本大家都是為了更大的利益跟著王子朝幹，可是如今不僅更大的利益沒有了，連原來那點利益也都沒有了。在楚國，大家都是難民，難民的日子那叫什麼日子？

這個時候，要想保住原來的利益就只有一個辦法了：賣主求榮。

召伯盈就有這樣的打算，所以在王子朝率領著眾人流亡楚國的時候，召伯盈躲了起來，等到大家都走了，他出來了。

召伯盈組織了城裡剩下的人們打掃街道、張燈結綵，準備迎接解放軍進城。

等到王室和晉國軍隊到來，召伯盈就率領著全城百姓大開城門，出城迎接。

「總算盼到你們了，你們可算來了，王子朝那個××的禍國殃民、無惡不作，害苦了百姓啊，你們真是大救星啊。」召伯盈現在成了起義軍首領了，熱烈地歡迎著解放軍進城。

單穆公看著召伯盈直想笑，心說這小子變得還真快，弄得好像是自己的臥底一樣。怎樣處置他？單穆公當然知道該怎樣做。

「老召，從今以後咱們捐棄前嫌，共同為王室的偉大復興而奮鬥吧。」單穆公緊握著召伯盈的手，激動地說。

單穆公明白，如果這個時候殺掉召伯盈，那就會讓整個京城的人人心惶惶。所以，留下召伯盈是必需的。

當天，單穆公、劉文公和召伯盈盟誓，進一步穩住召伯盈以及王子朝餘黨。

京城安定之後，周王回京。

召伯盈官復原職、保留封邑，同時單穆公下令，所以隨同王子朝流亡楚國的人，只要同王子朝劃清界限，回歸祖國，將既往不咎，保

留原有待遇。

召伯盈官復原職的消息傳到王子朝流亡隊伍之後，產生了極大的影響，本來就人心不穩，現在更是人心思歸。

第一個溜走的是尹氏固，當初看見召伯盈沒有來，心裡就有些打鼓。如今聽說回去之後能官復原職待遇不變，再看看王子朝的隊伍已經七零八落，東山再起希望渺茫，尹氏固就下定了溜回去的決心。

一個星光閃閃的夜晚，尹氏固悄悄地上路了。

回到雒邑，尹氏固主動自首，單穆公也沒有為難他，直接發還封邑，官復原職。

等到尹氏固回國並且官復原職的消息傳到王子朝流亡隊伍之後，就算是徹底炸了鍋。一開始還是夜裡開溜，後來乾脆白天大模大樣開拔了。

從流亡到楚國之後不到一個月，王子朝的手下就走得七七八八，剩下老婆孩子幾十個人，其餘的都跑了。

「咱們也跑回去嗎？」老聃的老婆問。

「你聽說過秋後算帳這回事嗎？」老聃反問。

老聃並沒有跑回雒邑，不過他也並沒有留在王子朝的身邊，他跑了，帶著老婆孩子跑到了苦縣。跟他同時跑的，還有尹喜。

歷朝的典籍太多，老聃沒有辦法帶走，因此僅僅帶走了那塊最後發現的金磚。

後來的事實證明了老聃的遠見，僅僅兩年之後，單穆公和劉文公見形勢已經穩定，於是開始秋後算帳，當初跟隨王子朝的家族全部受到清洗。

《左傳》：魯昭公二十九年，京師殺召伯盈、尹氏固及原伯魯之子。

老聃一家和尹喜一家來到苦縣，隱姓埋名，自耕自種。有人問起姓名，就說是周朝戰亂前來避難的難民。

「我姓李，叫李耳。」老聃為自己取了個化名，大致，取化名的祖

師爺就是老聃了。尹喜也取了個化名，名叫關尹。

定居下來之後，老聃開始潛心研究那塊金磚上的圖形和文字。

金磚上的圖形是一個圓中兩條魚首尾相連，在今天，就叫做太極圖，又叫陰陽魚。至於文字，老聃並不認識，只能潛心破解。

老聃這一潛心研究，一口氣就到了魯定公五年（前505年）。這一年是吳國大軍攻占楚國，楚國方城山以外成了一盤散沙。

劉文公派出了特別行動隊，實行了代號「暴風計畫」的刺殺行動。刺殺行動非常成功，王子朝在楚國被暗殺。由於楚國正處於滅亡狀態，因此無法對劉文公的暗殺行動採取任何回應。

後來，王子朝的後人以朝為姓，不過改寫為晁。

王子朝，晁姓得姓始祖。

王子朝的死訊很快傳到了老聃和尹喜這裡。

「看來，我要走了。」老聃說。他懷疑自己將是下一個被暗殺的物件。

「他們不知道我們在這裡，怕什麼？」尹喜說。

「不然，附近很多人已經懷疑我的身份了，似乎有人已經猜到了我是誰，我必須走，否則不僅是我，還要連累大家。」老聃下定了決心。

「那，去哪裡？我跟你走。」

「不，我一個人走，我去秦國。我走之後，大家就都安全了。」

「為什麼去秦國？為什麼不去齊國？或者魯國？」尹喜問。

「齊國魯國都是將要內亂的國家。當然，除此之外，我還有別的打算。」

「那，既然你要走，給我留下點什麼來吧，別讓你的學問失傳了。」尹喜提出要求。

「好吧，我答應你。」老聃答應了。

於是，老聃在隨後的幾天裡潛心著作，寫下了洋洋灑灑五千餘字。而這五千餘字分為道經和德經，合稱《道德經》。

《道德經》寫成之後，尹喜看了一遍，大吃一驚，因為其中太過玄

妙，有些地方完全不能理解。

「老兄，你這些文字包含了什麼？其中的玄妙從何而來？難道就是冥思苦想出來的？」尹喜大為困惑。

「關兄，實不相瞞，這裡的玄妙不是冥思苦想就能想出來的。之所以我能寫出來，是因為我這些年來潛心破解，最近豁然開朗，感覺已經破解了我那塊金磚上的大部分文字，這些文字高明玄妙，匪夷所思，其內容所言竟然是宇宙的生成和天地的玄妙，其中的道理我稱之為道。不過，到現在我還沒有全部明瞭。」老聃說道。原來一切玄妙來源於金磚。

「啊，那上面那幅圖是什麼意思？」

「不要小看了那幅圖，那幅圖我稱之為太極圖，包含了無窮的內容，包括宇宙天地人的生成運行。天下萬物生於有，有生於無。有物混成，先天地生。獨立而不改，周行而不殆，可以為天地母。吾不知其名，強字之曰道。道生一，一生二，二生三，三生萬物。萬物負陰而抱陽，沖氣以為和。」

「你大概解說一下。」

「天外有天，稱為宇宙。宇宙無邊無際，一開始空空如也，後來無中生有，分為陰陽兩個部分，這太極圖中兩條魚一陰一陽，大小相當，就是整個宇宙。宇宙不斷膨脹擴大，成混沌狀，之後天地生成。」

「你說太極圖包含萬物，還有什麼含義？」

「天有陰陽，人有陰陽，因此我想，地也有陰陽。我從文字中似乎看到，說是我們所處的地原本是個球形，你看著太極圖為圓形，不正好是地嗎？我們稱之為地球。太極圖中兩魚在遊，豈不是暗示地球在轉動？既然地球是圓的，那麼我一路向西或者一路向東，最後豈不是又回到這裡？向東是大海，無路可行。因此我想一路向西，或許就能從海上回到這裡。」

老聃說到這裡，尹喜已經瞠目結舌。

「那，那，那你說這些，與治國處世有什麼關係？」尹喜想了想問。

「哈哈，萬物原本相通。所謂人法地，地法天，天法道，道法自然。」

尹喜終究還是沒有聽得太明白，他只知道老聃留下的文字十分玄妙，今後必將流傳千古。

老聃走了，西出秦國。

有記載說老聃死于秦國，又有說老聃一路向西，到了印度。還有說老聃一路向西，不知所蹤。究竟是怎樣的結果，至今是個謎。

而那塊神秘的金磚，也隨著老聃而不知所蹤。

史前文明

關於金磚，未見於任何史冊，純屬推斷。

人的任何思想，必然都是有來源的。我們歷來研究《道德經》，都是只說《道德經》的內容，而不去探究老子的思想從何而來。

如果說老子關於治國的思想來源於對現實的思考和對前朝典籍的研究，那麼，他關於道、關於宇宙起源的思想來源於哪裡？世上沒有無源之水。

任何的思想，一定有它生成的基礎和環境，因此時至上個世紀，在人類社會科技高度發達，對宇宙探索不斷取得成就的前提下，才提出了宇宙生成的新理論。那麼，兩千五百多年前，老子是憑什麼提出同樣的理論的呢？那時候既沒有研究宇宙生成的必要，更沒有相應的知識，難道他的思想是憑空而來？

所以，必須找到一個至少最近乎合理的解釋。

從老子的職業入手，我們發現，他供職於國家圖書館，能夠研讀接觸前代的古籍。而搬家的過程很可能是他發現更早以前遺物的機會。

那麼更早以前是什麼年代呢？我們可以想像為史前時代，那個時候人類文明程度非常高，但是人類一朝毀滅，在毀滅之前特地留下了關於宇宙的描述，寄望於倖存的後代能夠看懂。

　　或者，我們認為我們的祖先就是人類毀滅的倖存者，他們為我們留下了一些我們難以理解的知識，譬如老子所說的宇宙起源，譬如脈絡、譬如八卦圖等等。

　　這樣的解釋也許聽上去荒唐，但是，在有更合理的解釋之前，我們認為這就是合理的解釋。

　　也許有一天人類因貪婪而毀滅的時候，我們就會想起老子所說的無欲無為了，那難道不是人類長期存在的必然條件嗎？或許，那就是我們曾經毀滅掉的祖先們在臨死前的感悟吧。

解讀《道德經》

　　要解說《道德經》，首先必須搞懂這一句話：人法地，地法天，天法道，道法自然。

　　我們來解釋什麼是人法地。

　　什麼是地？地就是土地河流山脈水草，人類生存於土地，要適應土地。因此，就有了所謂逐草而居或是逐水而居。居於什麼樣的土地條件，就要適應怎樣的地理條件，就要有相應的生活和生產手段，這就是所謂的因地制宜。

　　這就是人法地。

　　那麼，什麼是地法天？

　　天就是陽光雨露，雷電風暴，氣候條件，四季變化。人類居於土地之上，要適應土地的條件。但是，土地的收成受制于天氣，陽光如何、雨水如何等等。風調雨順就豐收，大雨乾旱冰凍颶風就受災，這就是天氣對於人類生存的影響。因為土地條件相對固定，選擇了土地之後，就要看天吃飯了。人們可以選擇土地，但是不能控制天氣。

　　這就是地法天。

　　什麼是天法道？

　　道就是天地運行的規律，而不是人生存的規律。

　　天地運行在於循環往復，自生自滅。無為無欲，最終天長地久。

這就是天法道。

什麼是道法自然？

自然就是宇宙中最根本的規律，道只是自然在天地之間的映射，大規律下的小規律而已。所以，道還必須要遵循宇宙的規律。宇宙的規律同樣循環往復，此外還有始有終又無始無終，無中生有，有然後無，還有很多人類無法理解的規律。

這就是道法自然。

實際上，以上的說法也可以說成是人法天地，天地法道，道法自然。

老子在講述了人法天地，天地法道，道法自然之後，整部《道德經》所提倡的實際上是人不要法天地，而去法道。看上去，這把人提升了一個或者兩個層次，是好事。可是，事情並不能這麼看。

如果人法道是正確的，那為什麼不乾脆人法自然呢？把人提升到道的水準不是更好？但是老子明白，人是不可能法自然的。自然太大，人類既不能瞭解自然也不能理解自然，根本沒有能力也沒有可能法自然。

天地是沒有欲望的，可是人是有欲望的，是趨利避害的。

看上去老子的思想把人的層次提高了一個檔次，但是，人和天地是不一樣的，人之所以為人，就是因為人是有欲望的，是趨利避害的。要求人像天地一樣無為無欲，本身就是不現實的。即便這樣可以「天長地久」，但是，這不是人類所追求的。

《道德經》的偉大在於講述了自然、道和天地，或者說講述了宇宙和地球。但是，恰恰在對於人的講述上是缺乏說服力的。所以，道家講了幾千年的無為而治，結果從來沒有人願意去嘗試，因為那不符合人性。

《說苑》裡有一個鄧析的故事，說是鄧析遊學到了衛國，看見五個衛國農民用瓦罐從井裡打水，然後用來澆灌韭菜地，一天下來只能澆一塊地。鄧析就教他們說做一個槓桿在井口，後重前輕，這樣取水就

輕鬆而高效多了，一天能夠澆灌上百塊地。

「不好，我們老師教導我們說：『機械有它的好處，必定也有它的壞處。』我們不是不會造機械，我們只是不願意製造而已。您請走吧，我們還是一心一意背水，不想改變。」讓鄧析沒想到的是，農夫們竟然拒絕了他的合理建議。

「為什麼呢？」鄧析一路上都在想這個問題，為什麼農夫們不肯改變呢？

一直到回到鄭國，鄧析還沒有想通，整天皺著眉頭冥思苦想。

「老師，您怎麼了？」學生們覺得很奇怪，從來沒見老師這麼痛苦過。

鄧析把農夫的故事告訴了大家。

「一定是他們冒犯了老師，我們去衛國打他們，給老師出氣。」學生們紛紛表示。

就在這個時候，鄧析眼前一亮，他突然想通了。

「算了，我想通了，他們就是傳說的聖人了，可以請他們出來治理國家的。」鄧析說。

鄧析為什麼這樣說？五個農民怎麼就成了聖人？學生們都很奇怪地看著他。

「想想看，按照現在的辦法，他們的時間安排得很充實，每天都有活幹，最終也能把該做的事情做完。可是，如果用了機械，他們早早把活幹完，剩下的時間幹什麼？人閒著就會產生欲望，產生欲望就會去想辦法獲得，於是就會坑蒙拐騙進行爭奪。如果他能夠克制住自己的欲望而安心地閒下來，他們就會習慣於閒暇，到了農忙的時候他們就會不適應，就會耽誤農時。所以，無論怎樣，改變都是沒有好處的。想想看，當初周朝建立的時候，土地的產出僅僅夠大家吃飽的，衣服僅僅夠大家穿的，人們早出晚歸也不過剛剛好把事情做完，那時候天下多麼太平。後來，人口多了，土地多了，產出多了，財富有多餘了，時間有閒暇了，可是爭奪就開始了，國家之間的戰爭不斷，內部的爭奪不斷，人們哪有一天安生日子過？」鄧析給大家分析。

鄧析的這個故事，就是在說清靜無為。

可是，鄧析所說的這五個聖人，我們都認為他們是傻子。事實上他們就是傻子，因為你們不用機械，別人會用，一旦大家都用了，你們遲早會被餓死的。

所以清靜無為聽起來不錯，但是違背了人性，根本無法實現。

從《道德經》的角度，鼓吹愚民就是必然的結果。如果大家都是傻瓜，就接近於天地萬物了，這個世界就是最清平的，人可以活很長而且沒有痛苦。但是，那是人類所要的生活嗎？

老子知道，人類的欲望最終將摧毀人類。只有道可以讓人類長存。但是，老子沒有明白的是，如果沒有欲望，就不會有人類產生。這就如同一輛汽車，開得越狂野越刺激，車報廢得就越早。老子的意思是，汽車放在車庫裡不用，就能長久地保持完好。可是，汽車不就是拿來用的嗎？如果不用，汽車的價值在哪裡？如果人類不追逐欲望和利益，人類存在的價值又在哪裡？

道，是天地運行的規律，是崇高的。但是，道並不適用於人。人不是天地，人是渺小的短暫的，就像火和電，來得快去得也快，追求的是瞬間的亮度而不是永恆的存在。

或者從另一個角度說，人的欲望是出於自然，與道處於相同的層次，只能法自然而不能法道。而自然規律是什麼，人並不知道，所以順其自然就是法自然了。

所以，以老子的道來說，用到單個的人身上往往是不現實的，而用到越大的單位，也就是越接近於天地運行規律的單位，也就越有道理。譬如，老子說「知足常足」，如果人人都是這樣，世界就不能發展，人類社會就是因為不知足才有了各種創造。但是，老子說「治大國如烹小鮮」，這一點卻很正確，譬如美國憲法幾百年來沒有變化。

換個角度說，老子的道理適用於宏觀，不適用於微觀。適用於整個社會整個國家乃至整個地球，但是不適用於社會中的個體。

《道德經》中有大量的名言警句，看似有理，實際上未必有理。譬

如知足常足、自勝者強、報怨以德、上善若水等等，其本源都是無為。

從中舉個例子，來看看知足常足，這句話現在轉換為成語「知足常樂」。眼下炒股成風，虧多賺少。很多人都說是因為太貪的緣故，如果知足常足，少賺點就出來，就不會被套或者虧錢。

說起來，似乎知足常足在這裡很有道理。可是，如果一個人真的知足常足，他根本就不會去炒股。知足常足，有時候等同於守株待兔了。

股市中，確實有高手急流勇退，不追高不逐暴利，有人說這就是知足常足。其實不然，這樣的高手通常都是股海中浸淫多年，有了許多經驗教訓，掌握了股市規律，掌握了股市的「道」，懂得何時退出才能實現效益最大化。這種人，怎麼是知足的人呢？他們這一次的退出，是為了下一次的進入。

世界上只有一種人可以知足，老人。

一個理論之所以高深，往往就因為這個理論怎麼也實現不了。

太上老君

道教是中國主要宗教之一，因以「道」為最高信仰，認為「道」是化生宇宙萬物的本原。東漢張道陵創立的「五斗米道」為道教的定型化之始。南北朝時宗教形式逐漸完備。奉老聃為教祖，尊稱「太上老君」。以《道德經》為主要經典。

不過，道教不等同於道學。

春秋時期的人物中，除了老子被尊為道教教祖之外，太子晉和師曠也都被奉為道教神靈。除了他們，還有兩個人。

當初周公的三兒子茅叔被封在茅（今山東濟寧金鄉與江蘇豐縣之間），就是茅姓的始祖之一。春秋末期，茅國被鄒國所滅。茅國君主並不傷心痛苦，而是興高采烈，大呼「脫煩也」，然後帶著家人進山學道去了。後來道成，騎龍升天，成為道教中最離奇的先祖之一，被道家典籍稱作「茅君」。

還有一位是萇弘，是周朝的大臣，劉文公的心腹謀士，能力很強。後來晉國內亂，范家和中行家被趕走，因為劉家和范家是世代姻親，趙簡子十分討厭劉家，遷怒於萇弘，威脅劉文公除掉萇弘。劉文公無奈，只得殺了萇弘。萇弘被殺的時候怨氣沖天，感動了上帝，血落在地上都化為碧玉，屍體也隨即不見，飛升為神仙。萇弘化碧，這是道教中的著名傳說之一。

第二三七章

說人壞話孔子挨罵

　　老子西行的消息很快傳到了魯國，有一個人對此大為感慨，認為老子這樣的人才得不到重用，最終只能流亡海外，實在是中國的一大損失。此人是誰？孔丘。

　　孔丘是誰？姓孔名丘字仲尼，魯國人，全世界最認真貫徹周禮的人，公開招收學生授課教授周禮。孔丘，也就是孔子。幾年前孔丘曾經去老聃那裡查閱周朝典籍，兩人有過一番交談，孔丘對老子的學識佩服得五體投地。《史記》記載，孔子對自己的弟子這樣描述老子：鳥，吾知其能飛；魚，吾知其能遊；獸，吾知其能走；走者可以為罔，遊者可以為綸，飛者可以為矰。至於龍，吾不能知，其乘風雲而上天，吾今日見老子，其猶龍乎？

　　這個時候，孔丘在魯國無人賞識，也混得很艱難。

　　「老師，老子都去西面了，您為什麼不出去走動走動？」學生子貢看見老師歎氣，提出了一個建議。

　　「好，明天去齊國看看。」孔丘回答，齊國一向對外國人才張開雙臂，孔丘想去看看那裡有沒有合適的位置。

不要隨便說人壞話

　　帶著幾個得力的弟子，孔丘北上齊國了。經過朋友的朋友的介紹，孔子師徒幾人就暫住在了高家。

　　托關係找門路，總算，孔丘得到了一個見齊景公的機會。

　　「孔丘先生，一般情況下，到我這裡來求職的，都要先見晏嬰先生，你為什麼不去見他，直接來見我呢？」齊景公問。通常，他都要讓晏嬰先把把關。

　　「不瞞主公說，晏嬰這人，曾經跟著三個國君混，跟每個國君都混

得很和諧。可見得此人有三顆心，這樣見人說人話，見鬼說鬼話的人，我不想見他。」孔丘回答，表現得很直爽很有性格。

「哦。」齊景公倒吃了一驚，不知道這人是缺心眼還是太實在。「那什麼，說說你的治國方略吧。」

「我的治國方針是：君君臣臣父父子子。國君要像國君，大臣要像大臣，老爹要像老爹，兒子要像兒子。每個人都擺正自己位置，都不做非分之想，國家自然就和諧了。」孔丘說道，這是他的政治理念，看齊景公在點頭，又說：「政在節財，國家要節儉一些。」

齊景公對孔丘的君君臣臣比較欣賞，如果能夠實現孔丘的這個想法，那麼田家就不會有非分之想，自覺自願當他們的臣子，自己豈不是就可以高枕無憂了？

孔丘進一步闡述了自己的思想，也就是儒家思想。齊景公聽得饒有興趣，非常高興。

「好，你先回去，我考慮考慮。」齊景公恭恭敬敬送走了孔丘，他覺得孔丘是個人才，應該留下來，不過，這事情要跟晏嬰商量。

孔丘也高高興興地回去，他感覺得出來齊景公對自己的欣賞。

「要發財了。」孔丘暗暗說。

第二天，晏嬰來見齊景公，齊景公就把自己和孔丘見面的事情說了一遍，還把孔丘說晏嬰的壞話也告訴了晏嬰。

「啊，他也這樣說我？」晏嬰有些惱火，孔丘這人他聽說過，據說人品不錯，可是沒想到竟然背後說自己壞話。

「怎麼，還有人這麼說過？」齊景公看出了晏嬰的不快，不過他很想知道還有誰這樣說晏嬰。

「對，就是梁丘據。」

「啊，老梁？你怎麼回答他的？」

「我說我能和三個國君都相處融洽，不是因為我有三個心，而是因為我只有一個心，那就是國家利益這顆心。有這一個心，別說跟三個國君，就算跟一百個國君也能和諧相處。如果有三個心，跟一個國君

也處不好。」

「你說得太好了。」齊景公說，原本他準備提一提重用孔丘的事情，可是看見晏嬰一臉的怒氣，決定還是等一等再說。

回到家裡，晏嬰越想越氣憤。梁丘據是個不學無術的傢伙，說那樣的話也就罷了。可是孔丘是個有學問的人，名聲也挺好，他如今這麼說，影響就太壞了。

「奶奶的，從魯國到齊國來，竟然說我的壞話，這不是吃飽了撐的嗎？」晏嬰實在氣不過，於是派人前往孔丘的住處，專門回答他這個問題。

晏嬰的家臣帶著晏嬰的回答就到了孔丘師徒的住所。

「孔丘先生在嗎？」晏嬰家臣敲著門問。

「在在。」孔丘的學生子路急忙開門。

「我是晏嬰先生派來的，找孔丘先生有話說。」

「啊，屋裡請，屋裡請。」子路急忙把晏嬰家臣讓了進去，裡面，孔丘正在研究周禮。聽說晏嬰派人來了，恭恭敬敬地問：「啊，晏嬰先生有什麼指教？」

「晏嬰先生讓我回答你的問題。我晏嬰家族世代效力于齊國國君，要不是行得正站得端，早就出局了。我聽說。喜歡一個人，就看他什麼都是優點；不喜歡一個人，就看他什麼都是缺點。所以，喜歡的就說他好話，不喜歡的就說他壞話。我是一顆紅心輔佐三個國君，所以都能融洽；若是三顆心跟著一個國君幹，那一定幹不好。如今孔丘先生以小人之心度君子之腹，根本不瞭解情況就在那裡說我的壞話。告訴你，身正不怕影子歪，腳正不怕鞋子小，不做虧心事，不怕鬼敲門。你孔丘這些年來窮困潦倒，四處碰壁，我說你什麼了嗎？你現在是打魚的笑話砍柴的，種地的指責打獵的，你不是吃飽了撐的嗎？從前我以為儒家挺值得尊重的，現在我蔑視你們。好了，話我轉達完了，再見。」晏嬰的家臣連珠炮一般痛斥了孔丘一頓，連屁股都沒有拍，轉身走了。

孔丘目瞪口呆，這一切太突然了。過了半晌，才回過味來。

「唉，我真傻，我怎麼在齊國議論晏嬰呢？我缺心眼啊。」孔丘自我批評，心裡埋怨齊景公出賣了自己。孔丘不知道，當國君的根本不懂得人情世故，想說什麼就說什麼，不會為別人考慮的。

「那，怎麼辦？」子路問。

「看見沒有，古人說過：言發於邇，不可止於遠也；行存於身，不可掩於眾也。一個人的言行，別人都看在眼裡。不該說的話，千萬不要亂說。我私下議論晏嬰，卻沒有說到點子上，我錯了。錯了，就要認錯，就要道歉。賜，你去一趟，道個歉。」孔丘派端木賜去給晏嬰登門道歉。端木賜就是子貢，在孔丘的弟子中最為能言善道。

子貢領了老師的指令，去道歉了。

這一邊，弟子們都有點沮喪，老師竟然被人罵了一頓還要給人道歉，大家都有點憤憤然。

「老師，晏嬰仗勢欺人，他難道就是聖人，就沒有過錯？」子路大聲說道。

「嘿嘿，好像也不是吧。齊靈公這人很邋遢，晏嬰就勸他整潔；齊莊公喜歡打仗，晏嬰就勸告他慎戰；齊景公很奢侈，晏嬰就處處簡樸。可以說，晏嬰確實很善於輔佐君主。可是，晏嬰對上面好，對下面可不怎麼樣，說起來，不過是個小人罷了。」孔丘說道，有些為自己圓場的意思。

孔丘的原話是：相三君而善不通下，晏子細人也。(《晏子春秋》)

子貢並沒有見到晏嬰，因為晏嬰根本不屑於見他。因此，子貢只是向晏嬰的家人轉達了孔丘的道歉。

原本以為風波已經過去，可是兩天之後，風波再起。正是，一波未平，一波又起。

晏嬰的家臣又來了。

不是已經道過歉了嗎？又來幹什麼？孔丘的弟子們都有些奇怪。

「孔丘先生，聽說你說晏嬰先生『相三君而善不通下，晏子細人

也』，晏嬰先生很生氣，又派我來見你，讓我回答你這個問題。晏嬰先生說了：我這種人，不能靠收學費養家糊口，為什麼呢？因為等待我提供祭品祭祀的同族人就有數百家，而等著我封邑的糧食養家糊口的士人也有數百家，我如果不能跟國君和諧，不當好我的官，怎樣做到這點？我跟你這個收學費的人相比，到底誰對下面的人好一些？」晏嬰的家臣說得毫不客氣，孔丘師徒一屋子尷尬。

這又是哪個多嘴的把孔丘的話給說出去了？

看來，缺心眼的不止孔丘，還有不知道哪個弟子。

「我錯了，我真的錯了，我錯了還不行嗎？我聽說啊，如果一個人比別人強，那就把別人當朋友；如果一個人不如別人，那就把別人當老師。現在我隨便議論晏嬰先生，晏嬰先生批評得對，確實批評得對，晏嬰先生就是我的老師啊。麻煩您替我向晏老師賠罪，我錯了。」孔子又認錯了。

知道自己錯了，就勇於認錯，這是孔子的優點。

晏嬰的家臣撇了撇嘴，走了。

恭恭敬敬送走了晏嬰的家臣，孔丘師徒回到了住處。

「老師，晏嬰也太盛氣凌人了。」有學生又在為老師打抱不平。

孔丘狠狠地瞪了他一眼，心說要不是上次你們替我不平，我怎麼會又犯一次錯誤呢？還讓我犯錯誤啊？

「胡說，救民之姓而不誇，行補三君而不有，晏子果君子也。人家晏嬰先生造福這麼多人，人家到處吹噓了嗎？人家彌補了三個國君的不足，人家居功自傲了嗎？沒有啊，晏嬰，那就是君子的典範啊，今後誰要再說他的壞話，我跟誰急。」孔子大聲說道，從此之後，做夢也不會再說晏嬰的壞話了。

過了一段時間，齊景公覺得事情差不多也算過去了，決定要諮詢晏嬰的意見，準備給孔子一塊封邑，就把他留下來當晏嬰的助手，共同管理齊國。

「不行，這人不能用。」晏嬰強烈反對。

「為什麼？」

「孔丘這個人非常自以為是，不能教導百姓；喜歡禮樂，卻不懂得治理國家；嘴上誇誇其談，行動力很差，幹不好自己的本職；提倡厚葬，提倡長年守孝，勞民傷財，重死人不顧活人；治理國家，手段才是最重要的，可是儒家那點精力都花在面子上了，穿衣戴帽講究得不得了，用他教育學生那套東西教育百姓，那怎麼行？周朝越來越衰弱，可是亂七八糟的禮節越來越多，音樂越來越多。如今孔丘的這一套就是這樣，講究繁文縟節，講究排場和歌舞，嘩眾取寵。看上去很博學，實際上都是些沒用的垃圾；看上去很努力，實際上根本沒有想到百姓的疾苦。看看他們那一夥人，他們的學說在魯國都沒人稀罕，他們掙的那點錢連自己都養不活，只知道搞些邪術來迷惑國君，用聲樂來愚弄人民。他們的學說不能來教導百姓，他們的治國理念狗屁不通。如果用他，齊國就要跟魯國一樣衰落了。」晏嬰說得很激動，把孔丘的學說貶得一無是處。

齊景公點點頭，晏嬰這麼一說，好像還真是這麼回事。

齊景公決定不用孔丘，可是，也不好意思明說。

此後，孔丘又托關係見過齊景公兩次，齊景公每次都很熱情，可是，絕口不提請孔丘留下來擔任個什麼職務，也絕口不提給他封邑的事情。同時，齊景公還注意到了，孔丘似乎只對禮樂感興趣，一旦談到國際形勢和國內鬥爭，他就沒有什麼辦法可想了。

時間不長，孔丘看出來齊景公的意思，也從側面瞭解到了晏嬰的態度。

「唉，走吧，回魯國吧。梁園雖好，不是久戀之地，走吧。」孔丘對齊國絕望了，帶著弟子們南下回國了。

儘管與晏嬰沒有見過面，孔丘對晏嬰始終心懷敬畏。

春秋寶劍

孔子走後不久，又有人來見齊景公，並向他獻上一把寶劍。寶劍看上去不錯，因此齊景公派人去請晏嬰來一同鑒賞。

「這把劍怎樣？」齊景公問晏嬰。

「是一把好劍。」晏嬰拿起寶劍，翻來覆去看了一遍說。

「算是天下名劍嗎？」

「這雖然是一把好劍，可是與天下名劍相比，就太小兒科了。」晏嬰答道。

「那什麼劍才是天下名劍？」

「主公聽說過巨闕和干將沒有？」

「沒有。」

「那我給你講講。」晏嬰清了清嗓子，開始講起春秋名劍來。

越國有一個鑄劍師名叫歐冶子，鑄劍技術天下第一。

楚靈王愛劍如命，於是派風鬍子到越國去找歐冶子，要定做三把寶劍，價格隨便開。

「好，我接單。」歐冶子接了這個外國大單，平時也就打打菜刀斧頭之類，白白浪費了技術。如今若是這三把劍鑄成，夠吃一輩子了。

收了定金，接了單之後，歐冶子開始準備鑄劍了。

要鑄好劍，除了工藝技術之外，還需要三個條件：鐵英、亮石和寒泉。所謂鐵英，就是上等的鐵礦石；所謂亮石，是用來磨劍的石頭，類似鑽石；所謂寒泉，就是冶煉用的好水。

有了資金，歐冶子底氣足了，於是帶著徒弟，滿世界尋找這三樣東西。

用了一年多的時間，歐冶子總算把這三樣東西找齊了。

這三樣東西，都出於龍泉（今浙江龍泉市）。歐冶子先在龍泉秦溪山的兩棵千年松樹下發現了七口古井，這七口古井排列成北斗七星的形狀，井水明淨如鏡，冷澈刺骨，是少見的上等寒泉。於是，歐冶子

師徒就在這七口井旁鑿池儲水，這就是劍池。

在龍泉境內的茨山，歐冶子發現了上等的鐵英，而在秦溪山附近，發現了一個亮石坑。

材料具備之後，歐冶子師徒修爐煉鐵，之後鑄劍。

整個冶鐵鑄劍過程用了一年，終於鑄出了三把寶劍。

第一把叫做「龍淵」，第二把叫「泰阿」，第三把叫「工布」。

三把寶劍劍型完美，熠熠生輝。最神奇的是，這些寶劍彎轉起來，圍在腰間，就像腰帶一般，鬆開之後，劍身立即彈開，筆挺筆直。如果這是銅劍，絕沒有這麼柔韌。

三把寶劍的劍鋒鋒利無比，軟硬通吃。向上空拋一方手帕，從寶劍鋒口徐徐落下，手帕就被切成兩半。斬銅剁鐵，就像削泥去土。

能夠製作成這樣的寶劍，需要極其先進的冶煉技術和鑄造技術。

三把寶劍造好，歐冶子獻給了楚靈王。拿到寶劍，楚靈王大喜過望，重重賞賜。

三把寶劍中，龍淵和泰阿更為著名。

龍淵劍又稱龍泉劍，唐代在歐冶子鑄劍所在地置縣，以劍名命名為龍淵縣，後來避唐高祖李淵的諱，改稱龍泉縣，而龍淵劍也就正式稱為龍泉劍。

泰阿又叫太阿，常用來總稱寶劍。

後來，太阿寶劍被秦始皇得到。李斯《諫逐客書》寫道：「今陛下致昆山之玉，有隨和三寶，垂明月之珠，服太阿之劍，乘纖離之馬，建翠鳳之旗，樹靈龜之鼓。」

再之後，到了晉朝，龍泉和太阿再次面世。《晉書·張華傳》記載：張華見鬥、牛二星之間有紫氣，後使人于豐城獄中掘地得二劍，一曰龍泉，一曰太阿。

如今，三把寶劍都已經失傳。

太阿倒持，這是一個成語，意思是授人以柄，把自己的命運交到了別人手中。

歐冶子為楚王造劍，很快越王允常就知道了。

「既然我們有這麼好的工匠，我自己為什麼不造幾把好劍呢？」越王允常這樣想，於是派人去找歐冶子，要他為自己造劍。

「大王說了，要五把寶劍，限期一年。」越王特使下了命令。

歐冶子有些不太高興，因為來人不僅態度惡劣，而且不給報酬。雖說現在錢有的是，為自己的國君作點貢獻也沒有什麼。可是，國君也不能因為別人愛國就欺壓別人啊。

歐冶子不想給越王鑄劍，問題是，如果不給越王鑄劍，就只能逃到楚國去，可是背井離鄉終究不是什麼好事，何況楚國也不是太安定。

「算了。」歐冶子最後還是決定給越王鑄劍，不過再花那麼大工夫鑄鐵劍就不會幹了，要鑄，只能鑄銅劍。

對於歐冶子來說，不幹就不幹，既然要幹，就一定要幹得最好，以免壞了自己的名聲。歐冶子在湛盧山（今福建松溪縣）建爐開工，再造寶劍。

一年時間，歐冶子鑄了五把寶劍，三長兩短，分別是湛盧、巨闕、勝邪、魚腸、純鈞。其中，湛盧劍最為精緻，被稱為中國第一名劍。

後來，越王允常把湛盧、巨闕和魚腸送給了吳王，之後落在公子光手中，魚腸劍用來刺殺吳王僚。

據傳，湛盧劍在唐時為薛仁貴獲得，宋代則到了岳飛手中。岳飛父子遇害後，湛盧劍不知下落。

四十多年前，越王勾踐劍出土。該劍出土時完好如新，鋒刃銳利，劍身滿布菱形花紋，用鳥篆刻鏤的銘文為「越王鳩淺自作」，用質子 X 射線螢光非真空技術分析得知，劍是用相當純粹的高錫青銅鑄成的，黑色花紋處含有錫、銅、鐵、鉛、硫等成分，鑄造工藝非常高超。

現今留世的吳王諸樊劍、吳王光劍、吳王夫差劍，鋒鍔犀利，裝飾精美，其劍身上的暗紋，至今仍是世界科技考古學者苦思冥想的難題。現在，先秦寶劍的防銹防腐蝕技術解密了，原來兵器的表面有一層十微米的鉻鹽氧化物。美國掌握這種技術已經是上世紀的五十年代。

與歐冶子同期，吳國還有兩位鑄劍高手，那是夫妻二人，男的叫干將，女的叫莫邪。有說法干將與歐冶子是同門師兄弟，也有說干將是歐冶子的徒弟。

　　干將和莫邪曾為吳王闔閭鑄劍，兩人同樣是四處尋找好的鐵礦石，「採五山之鐵精，六合之金英」，在熔鑄過程中，金鐵不能熔融在一起，莫邪將自己的頭髮和指甲削下來扔進爐中，於是「金鐵乃濡」。

　　這樣說來，這不僅是鐵劍，而且是合金劍。

　　最終，鑄成寶劍兩柄，就以兩人的名字命名，一把干將、一把莫邪。

　　兩把寶劍，干將和莫邪私藏了干將，只把莫邪獻給了吳王闔閭。

　　可惜的是，干將莫邪到後來只剩下傳說，沒有人知道它們的下落。

欲速則不達

　　轉眼到了齊景公四十八年，晏嬰七十八歲了，齊景公也已經年過六十。

　　感覺到自己的去日無多，晏嬰請求把自己的封邑全部上繳，齊景公一口拒絕，因為齊國沒有這樣的先例。

　　在這一點上，晏嬰和叔向是一樣的。

　　終於，吹燈拔蠟的時間到了。

　　晏嬰鞠躬盡瘁了。

　　晏嬰去世的當天，齊景公正在外地遊玩，驟然聽說晏嬰去世，哪裡還有心情遊玩？

　　「快，去晏嬰家。」齊景公下令。

　　馬車開始奔馳起來，可是齊景公還是嫌慢。

　　「你怎麼趕的車？怎麼這麼慢？」齊景公大聲呵斥御者。

　　「我，我已經是最快了。」御者小聲回答。

　　「快個屁，還不如我走得快。停車，我下去走。」齊景公急了，然

後不等車停穩，從車上跳了下來，一個趔趄險些摔倒，然後大步向前走去。

坐在車上嫌車慢，下車自己走路才發現車比自己走路快得多。

「停車停車，讓我上去。」齊景公沒走出幾步，趕緊又上了車。

沒走多遠，齊景公又嫌車慢，跳下了車。

就這樣一會上車一會下車，一共四次上下車，齊景公總算是急匆匆地趕到了晏嬰的家中。

晏嬰安詳地躺在床上，齊景公不顧一切撲了上去，伏屍大哭，不是假哭，是真哭。一邊哭，還一邊哀號：「夫子啊，你活著的時候整天監督我，糾正我的錯誤。如今你走了，我可怎麼辦啊？嗚嗚嗚嗚。」

齊景公哭得很傷心，他是真的明白晏嬰的價值，真的敬愛晏嬰。哭了一陣，齊景公突然跪下來，把自己的玉佩摘下來，放在了晏嬰的身上。

「主公，這不合乎禮啊。」一位叫弦章的大夫提醒齊景公，因為齊景公的玉佩只能陪葬國君。

「什麼禮不禮啊？夫子不在了，國家說不定都要滅亡了，還講什麼禮？」齊景公沒有理睬弦章，不僅把佩玉放在晏嬰身上，還把自己的帽子也摘了下來。

齊景公哭了很長時間，之後才戀戀不捨而去。用《晏子春秋》的話：哀盡而去。

《史記》中有「管晏列傳」，晏嬰和管仲放在一起，可以說「得其所矣」。當然，從能力和成就上來說，晏嬰比管仲有差距。

太史公稱讚晏嬰「進思盡忠，退思補過」，「餘雖為之執鞭，所忻慕焉」。以司馬遷這樣高傲的人，願意做晏嬰的馬仔，可見得對晏嬰的人品有多麼崇拜。

後世有《晏子春秋》記述晏子的言論事蹟，流傳至今，內容非常精彩。關於《晏子春秋》，作者歷來有爭議，比較公論的說法是戰國時期齊國稷下先生中的墨家人物所著，因為晏子的思想與墨家較為契合。

晏子是一位偉大的思想家、政治家和外交家，民本思想非常嚴重，因此不受歷代統治者的待見。

　　晏子的崇高人格令人景仰，即便是遭到他痛斥以及排斥的孔子也對他充滿敬意。《孔子家語・辯政篇》裡孔子說道：「夫子產于民為惠主，于學為博物，晏子于民為忠臣，于行為恭敬，故吾皆以兄事之。」孔子認為晏子愛民和恭敬，自己把他看成兄長。

第二三八章
神醫扁鵲

晏嬰去世，有人傷心有人高興。最高興的除了田家之外，就是晉國人了。

「嘿嘿，齊國這下更不行了。」晉國中軍元帥趙簡子高興地說，齊國實力衰退，有利於趙家向東部擴張。

可惜的是，沒高興幾天，趙簡子病了，而且病得不輕。不輕到什麼地步？連續五天不省人事，眼看就要追隨晏嬰而去了。

趙家上下慌作一團，不過董安於還沒有絕望。

俗話說：天無絕人之路。

就在這個時候，有人來報告，說是名醫扁鵲正在這裡行醫，不妨請來給趙簡子看病。

「快請。」董安於下令，趙簡子病重，趙家就是董安於主事了。扁鵲這人他也聽說過，有沒有傳說中那麼神不好說，但是事到如今，也只好死馬當做活馬醫了。

趙簡子見上帝

扁鵲很快請到了。

扁鵲來到，眾人將他請進了病房，來到病榻前。

「請大家回避。」扁鵲提出要求。

董安於揮揮手，大家都出去了，房裡只剩下董安於和扁鵲。

扁鵲在趙簡子身邊坐下，做個手勢示意董安於不要說話，董安於站在身後，靜靜地看。

扁鵲凝視著趙簡子的臉，看了一陣，臉上似乎有些疑慮。

之後，扁鵲掀開趙簡子的被子，將趙簡子的手輕輕拉出，放在自己的腿上。隨後，扁鵲用自己右手的食指、中指和無名指輕輕搭在趙

簡子的手腕上，然後側起腦袋，似乎在傾聽什麼。

過了一陣，扁鵲點點頭，鬆開了手，站起來，走了出去。

「先生，我想先問問，你把手搭在主公的手腕上做什麼？」董安於首先想把這件事情弄清楚，他覺得有些奇怪。

「切脈，這個位置有脈跳，通過切脈，就能夠察知病人的身體情況。」扁鵲說。原來是切脈。

《史記》：至今天下言脈者，由扁鵲也。什麼意思？以脈診病的祖師爺，就是扁鵲。

「那，切脈切出來什麼？」董安於急切地問。

「脈象一切正常，所以不用擔心，沒事，就當是深度睡眠，該醒的時候就會醒過來。」扁鵲說得輕鬆，拍了拍手，接著說：「當年秦穆公也曾經一口氣睡過七天，醒過來的時候對公孫枝和公子縶說：『我做了好長一個夢，夢到去了上帝那裡，上帝告訴我說晉國要大亂，然後要稱霸，最後會被瓜分。』後來的事情果然這樣。趙元帥這個狀況應該和秦穆公相同，最多再睡三天，醒過來一定會說他做了個大夢。」

董安於算是博學的人了，可是也沒有聽說過秦穆公這個故事，想想說：「先生，既然這麼說，我們也就放心了。不過，為防萬一，還是請先生多留幾日，等主公醒過來。」

董安於的意思，是擔心扁鵲是個騙子，自己治不了就說這些話來騙人，到最後耽誤了治療。

「好。」扁鵲欣然同意，這樣的病例難得一見，他也很願意看到趙簡子醒過來是什麼樣子。

轉眼，兩天半過去。

「哇。」趙簡子大叫一聲，睜開雙眼，一挺身坐了起來。

董安於、扁鵲等人正在外間閒談，聽到裡面趙簡子大叫，急忙跑了進去。

「主公，你醒了？你終於醒了。」董安於一時又是高興又是害怕，又想笑又想哭，眼淚含在眼眶中。

「安於，這是怎麼回事？」趙簡子見自己在床上，董安於又哭又笑的樣子，有些摸不著頭腦了。

「主公啊，你知道你睡了幾天嗎？七天半啊，把我們都給急死了，看見你醒過來，能不笑嗎？能不哭嗎？哈哈哈哈。」董安於大笑起來，淚水也被擠了出來。

「哈哈哈哈，原來這樣。不過我告訴你這七天我去哪裡了，我做了好長一個夢，夢到去了上帝那裡。」趙簡子儘管七天半沒吃沒喝，精神還不錯：「上帝很熱情地款待了我，還讓眾神陪我吃喝玩樂，聽天上的音樂，那叫一個動聽。上帝還帶我打獵，有一隻熊向我撲過來，被我一箭射死；又撲上來一頭羆，又被我一箭射死。上帝很高興，賞給我兩個盒飯。我看見兒子無恤在上帝的旁邊，上帝賞給我一頭洋犬，說是等無恤長大了給他。上帝還告訴我說，晉國就快完蛋了，只剩下五世國君了，我們嬴姓將要興起了。」

趙簡子一邊說，董安於就在一旁記著。

「哎，這位是誰？」說了半天，趙簡子才發現屋裡有個生人。

「啊，這位是神醫扁鵲，我們本來都要給主公安排後事了，多虧他來了，告訴我們說主公無礙，不過是做個長夢，真是神醫啊。」董安於急忙把扁鵲介紹給了趙簡子，把扁鵲的診斷詳細說了一遍。

趙簡子有些不敢相信，勉強說了感謝。

所以說，如果一個人連睡七天，他一定是去見上帝了。如果超過了九天，那就永遠留在上帝那裡了。

就在這個時候，家人端了飯菜上來，七天沒吃飯，知道趙簡子一定餓壞了。趙簡子確實餓了，看見香噴噴的飯菜，忍不住要吃。

「慢著，把這些飯菜撤下去。」扁鵲說話了，大家都有點吃驚，不知道他要說什麼。「趙元帥七天沒有飲食，胃腸都已經粘連在一起，驟然吃得太多，胃腸都會破裂。現在只宜少量喝稀粥，一日可以五六餐，每次不過一小碗。一直到有大便之後，才可以慢慢加量，要恢復正常飲食，必須三天之後。」

扁鵲一番話，眾人恍然大悟。

現在，趙簡子不能不對扁鵲刮目相看了。

「先生，你醫術如此高明，不如不走了，就留在晉國，我給你四萬畝地。」趙簡子要留下扁鵲，開價不低。

「哈哈，元帥，我要是愛財，也就不會出來行醫了，隨便留在哪裡都吃用不盡了，那也就不會認識元帥了。元帥的好意我領了，不過我還要遊走天下，為天下人治病。如果元帥需要，隨時派人找我就行了。」扁鵲推辭了，他並不喜歡留在某一個地方享受財主的生活，他喜歡到處走走，挑戰各種疑難病例。

說起來，扁鵲還是個驢友。

老中醫

扁鵲的真名並不是扁鵲，他原本姓秦，名越人，是齊國渤海（今河北任丘）的鄭國移民。扁鵲的身世看上去比較複雜，他祖上一定是秦國人，可能他母親是越國人，所以名叫越人。他的父親很顯然是鄭國人，他本人出生在鄭國，可是後來移民到了齊國。

所以，扁鵲身上集中了東西南北中的特徵。

年輕的時候，扁鵲從鄭國到齊國打工，結果就在渤海這裡一個客棧擔任領班。有一個住客名叫長桑君，扁鵲就覺得這個人不一般，因此對他特別關照。長桑君經常來住店，轉眼間過了十年，這一天長桑君約了扁鵲出來聊天。

「阿扁，我看你為人善良，又很聰明。我這裡呢，有祖傳醫學秘方，我已經老了，無兒無女，因此就準備傳給你，不要跟別人說啊。」長桑君果然是個有料的人，要把祖傳秘方傳給扁鵲。

「太好了，多謝多謝，我一定不跟別人說。」扁鵲喜出望外，當個醫生當然比給人打工好得多。

長桑君於是把自己的秘方取出來，都給了扁鵲，然後又教給他診脈的技術。等到扁鵲完全掌握了醫術，長桑君走了，後來不知所終。

從那之後，扁鵲遊走天下，診治病人。扁鵲的醫術不僅僅限於某

個方面，而是非常全面。到邯鄲，這裡女人地位比較高，扁鵲就重點看婦科；到雒邑，這裡老人受尊重，扁鵲就重點看五官，因為老人多半五官不靈；到秦國，秦國人看重小孩，扁鵲就重點看兒科。走到哪裡，隨當地的民俗轉換自己的醫療重點。

既然說到了扁鵲，順便說一說中國古代醫學。

中國醫學，從神農嘗百草開始。神農是中藥的始祖，而針灸由更早的伏羲發明。到扁鵲，又有了切脈。而中醫的真正成系統，要到漢朝《黃帝內經》和《傷寒雜病論》出現以後。

中醫理論主要有以下幾種。

陰陽說：《黃帝內經》說：「人生有形，不離陰陽。」以生理病理來看，正常的生理活動，全依靠人體內的「陽氣」和「陰精」保持協調的結果，如果陰陽失調，發生陰陽偏盛偏衰現象，就會生病。就診斷治療來說，正確的診斷，首先要分清陰陽。

五行學：五行學說應用于中醫，具有很重要的價值。這是生克變化規律，與人體的五臟、六腑等等廣泛聯繫起來，構成一個理論體系，指導著醫學與臨床實踐。如木克土，聯繫五臟，肝屬木，脾屬土，那麼肝就可以抑制脾，治脾往往肝脾共治，因而有「扶土抑木」的原則。

經絡：經絡是研究人體經絡系統的功能及其臟腑相互關係的理論。經是經絡系統的主幹，叫經脈，多循行於人體深部；絡是經脈的分支，像網路一樣連絡人的周身，循行於人體淺部。經脈的組成有：正經、奇經八脈以及絡脈、十二經別、十二筋經等。其中十二正經和奇經八脈是經絡的重要組成部分。

五臟六腑：是人體各內臟的總稱。心、肝、脾、肺、腎，叫五臟；小腸、膽、胃、大腸、膀胱、三焦，叫六腑。五臟六腑各司其職，對應不同的症狀。三焦不是一個獨立的臟器主體，而是按臟腑部位和功能分為三個部位：心、肺為上焦，脾、胃為中焦，肝、腎、大小腸、膀胱為下焦。

天人相應：人要保持健康不生疾病，就必須順應自然，適應四時氣候和晝夜規律，以保持人體內外協調。反之，就會生病。所以，中

醫治病，既掌握病情發生與發展，還注意自然環境的外界因素對病人的影響。

扁鵲之前，秦國有名醫醫和醫緩，如果加上扁鵲的秦國祖籍，基本上可以說，秦國在當時醫學界是領先的。

諱疾忌醫

扁鵲終於還是沒有留在晉國，而是來到了齊國。齊國國君齊桓侯聽說了扁鵲給趙簡子看病的事情，於是派人請扁鵲進朝做客，算是認識認識。

在人家國家，當然這個面子是要給的。所以，扁鵲進朝去見齊桓侯。

兩人落座，剛剛寒暄完，扁鵲突然臉色一變，說道：「您有小病在肌膚之間，如果不治，將會進入血脈。」

「哈哈哈哈，先生開玩笑，你看我，身體倍好，吃飯倍香，怎麼會有病？」齊桓侯笑了，身體好著呢，誰沒病找病啊？

兩人聊了一陣，扁鵲走了。

「醫生都這樣，為了掙錢，把沒病也說成有病。」齊桓侯對身邊的人說。

「就是就是，醫生就恨不得人人都生病。」身邊人附和道。

過了五天，扁鵲再去見齊桓侯。

「幾天不見，您的病已侵入血脈了，不治恐怕會深入體內了。」扁鵲一見面就對齊桓侯說。

「別扯了，我沒有病。」齊桓侯有點不高興了。

扁鵲有些尷尬，搭訕了幾句，走了。

又過了五天，扁鵲又去見齊桓侯。

「哎喲，不太好，您的病已在腸胃間，不治將更深侵入體內。」扁鵲的表情有點誇張。

齊桓侯沒搭理他，心說這還非要把我說出病來嗎？

熱臉貼上了冷屁股，扁鵲灰溜溜地走了。

又過了五天，扁鵲又去見齊桓侯。這一次，扁鵲看見齊桓侯之後臉色大變，一言不發，轉身就走。

齊桓侯原本就等著扁鵲說自己有病，然後痛罵他一頓，驅逐出境。可是這次人家扁鵲沒說話，你不說話，我還想聽了呢。於是，齊桓侯派人追上扁鵲，問他為什麼轉身就走。

「既然你來問，我就實話實說了罷。最早呢，疾病在皮肉之間，湯劑、藥熨的效力就能達到治病的目的；之後疾病在血脈中，靠針刺和砭石的效力就能達到治病的目的；再之後疾病在腸胃中，藥酒的效力就能達到治病的目的；而現在疾病進入骨髓，就是掌管生命的神也無可奈何，我因此不再要求為他治病。」扁鵲對來人說。

又過了五天後，齊桓侯的病症開始發作，於是派人召請扁鵲，可是扁鵲早已經逃離齊國。不久，齊桓侯就病死了。

這段故事最早見於《韓非子》，不過其中不是齊桓侯，而是蔡桓公，在《史記》中則為齊桓侯。其實，歷史上既沒有蔡桓公也沒有齊桓侯。所以，這段故事的真實性待考。

不過，這段故事貢獻了一個成語：諱疾忌醫。

起死回生

逃離了齊國，扁鵲決定去一趟秦國，一來回到祖先的國家看看，二來作些學術交流。

一路向東，就又來到了晉國，眼看到了虢地（今河南三門峽），離秦國已經不遠了。

虢地大夫姓韓，是韓家宗族。扁鵲知道趙韓兩家的關係非同一般，於是決定去虢地大夫府上拜會，順便在府上休息幾天。當時的晉國，各地大夫都稱為侯，因此虢地大夫也稱為虢侯，家中的嫡長子也叫太子。

來到虢侯家門口，就看見守門的人好像很不高興。

「拜託通報，就說趙元帥的朋友扁鵲先生拜訪。」扁鵲對守門人說。

「不好意思，主人不見客。」守門人冷冷地說。

「為什麼？」

「因為太子死了。」

「死了？怎麼死的？」出於醫生的本能，扁鵲脫口問道。

「我聽說是因為血氣運行沒有規律，陰陽交錯而不能疏泄，突然抽搐，口吐白沫，造成內臟受傷，昏倒而死。」看門人說。

「他什麼時候死的？」

「從雞鳴到現在，不到半天。」

「收殮了嗎？」

「還沒有。」看門人回答得不耐煩，心說這人大概是賣棺材的。

「請稟告虢君，我是扁鵲，曾經給趙元帥看病。聽說太子死了，我能使他復活。」

「吹罷？」看門人當然不相信，斜著眼睛看著扁鵲說：「我聽說上古的時候，有個叫俞跗的醫生，治病不用湯劑、藥酒，鑱針、砭石、導引、按摩、藥熨等辦法，一解開衣服診視就知道疾病的所在，順著五臟的腧穴，然後割開皮膚剖開肌肉，疏通經脈，結紮筋腱，按治腦髓，觸動膏肓，疏理橫膈膜，清洗腸胃，洗滌五臟，修煉精氣，改變神情氣色。先生的醫術能如此，那麼太子就能再生了；不能做到如此，卻想要使他再生，那就是忽悠老百姓了。」

「唉。」扁鵲朝天歎了一口氣，心說這哪裡是治病的，分明是殺豬的。「您說的那些治療方法，就像從竹管中看天，從縫隙中看花紋一樣。我用的治療方法，不一定要給病人切脈、察看臉色、聽聲音、觀察病人的體態神情，才能說出病因在什麼地方。知道疾病外在的表現就能推知內有的原因；知道疾病內在的原因就能推知外在的表現。人體內有病會從體表反映出來，據此就可診斷千里之外的病人，我決斷的方法很多，不能只停留在一個角度看問題。你如果認為我說的不真實可靠，你試著進去看看太子，應該會聽到他耳有鳴響、看到鼻翼翕動，順著兩腿摸到陰部，那裡應該還是溫熱的。」

「啊,是嗎?」看門人聽完扁鵲的話,目瞪口呆,當時不敢再說,急忙進去通報。

虢君聽守門人說完,急忙迎了出來,一來是扁鵲的大名早就聽說過,二來是扁鵲是趙簡子的座上客,三來,也就是最重要的一點,他看到了救活兒子的希望。

「扁鵲先生,久聞大名啊。先生能夠救活我的兒子,我們全家都對您感激不盡啊。」看見扁鵲,虢君就像看見了救星,說著說著,流下眼淚來了。

「不用急,您的兒子得的病,就是人們所說的『屍蹶』。那是因為陽氣陷入陰脈,脈氣纏繞衝動了胃,經脈受損傷脈絡被阻塞,分別下注入下焦、膀胱,因此陽脈下墜,陰氣上升,陰陽兩氣會聚,互相團塞,不能通暢。陰氣又逆而上行,陽氣只好向內運行,陽氣徒然在下在內鼓動卻不能上升,在上在外被阻絕不能被陰氣遣使,在上有隔絕了陽氣的脈絡,在下有破壞了陰氣的筋紐,這樣陰氣破壞、陽氣隔絕,使人的面色衰敗血脈混亂,所以人會身體安靜得像死去的樣子。太子實際沒有死。因為陽入襲陰而阻絕髒氣的能治癒,陰入襲陽而阻絕髒氣的必死。這些情況,都會在五臟厥逆時突然發作。精良的醫生能治癒這種病,拙劣的醫生會因困惑使病人危險。」扁鵲講了一通醫學理論,虢君不住地點頭,其實根本沒聽懂,心裡說「別說了,趕快下手吧」。

扁鵲進到虢太子的房間,虢太子躺在床上一動不動,扁鵲觀察了一陣,又切了脈,點點頭,確認了自己的診斷。

隨後,扁鵲叫他的學生子陽磨礪針石,在百會穴下針。

過了一會兒,虢太子睜開了眼睛,甦醒過來。

虢君在一旁看得目瞪口呆,驚喜交加。

之後,扁鵲又讓學生子豹準備能入體五分的藥熨,再加上八減方的藥劑混合煎煮,交替在兩脅下熨敷。

過了一陣,太子能夠坐起來了。

「不礙事了,再養一陣,不出一個月,將一切如常。」扁鵲說。

「撲通。」虢君跪在了地上,給扁鵲磕了三個頭,就差說「感謝你

祖宗八輩」了。

扁鵲就留在了虢地，進一步給虢太子調和陰陽，內外兼治。二十天過去，虢太子的身體就已經恢復得和從前一樣了。

從那之後，扁鵲的名聲更響亮了，到處都在傳說他能夠起死回生。

「我不是能使死人復活啊，這是他本來就沒有死啊，我能做的只是促使他恢復健康罷了。」扁鵲說，隨後總結說：「如果能預先知道沒有顯露的病症，及早診治，那麼疾病就能治好，性命就能保住。有六種患病的情形不能醫治：為人傲慢放縱不講道理，是一不治；輕視身體看重錢財，是二不治；衣著飲食不能調節適當，是三不治；陰陽錯亂，五臟功能不正常，是四不治；形體非常羸弱，不能服藥的，是五不治；迷信巫術不相信醫術的，是六不治。」

《史記》：故病有六不治：驕恣不論於理，一不治也；輕身重財，二不治也；衣食不能適，三不治也；陰陽並，藏氣不定，四不治也；形羸不能服藥，五不治也；信巫不信醫，六不治也。有此一者，則重難治也。

扁鵲死了

離開了虢地，扁鵲終於來到了秦國。

在秦國，扁鵲依然四處行醫，同時找秦國同行交流醫術。這個時候的秦國太醫名叫李醯，扁鵲登門拜訪。兩人進行了一番交流之後，李醯就知道自己肚子裡這點貨色跟扁鵲相比那是太小兒科了，心情非常不爽。

「那什麼，恰好我家主公最近這段時間身體有點不舒服，我還要準備湯藥，就不多陪了。」李醯的意思，就要請扁鵲走人了。

「什麼？我能不能去看看？」扁鵲沒有察覺到李醯的意思，反而對秦國國君的病產生了興趣，想去看看。

原本，扁鵲也就是想給秦國國君治病，也算是幫李醯一個忙，沒有別的意思。可是李醯這時候正妒火中燒，他所想的就是扁鵲想來搶

自己的飯碗了。

想當初扁鵲連趙簡子的封地都不要，又怎麼會來搶你這個太醫的職位呢？

「不必了，一點小病，不勞先生了，到我實在搞不定的時候，再去請先生吧。」李醯拒絕了，不過說話還算客氣。

扁鵲沒有堅持，告辭了出來。從那之後還在秦國行醫，再沒有去想秦國國君的病。

沒有多長時間，扁鵲在秦國名聲大噪，連秦國國君也聽說了。

到這個時候，李醯就更擔心自己的位置不保了。

怎麼辦？李醯想了三個辦法。

辦法一，利用自己的關係，誣告扁鵲非法經營，予以逮捕；辦法二，花銀子收買扁鵲，請他知趣地離開；辦法三，聘請黑社會殺手出馬，暗殺扁鵲。

李醯權衡了三個辦法，辦法一操作性強，但是扁鵲名聲太好，擔心引發秦國百姓的譴責，事情鬧大了反而不好；辦法二沒有把握，如果扁鵲不接受收買，自己反而更沒面子。想來想去，還就是辦法三一勞永逸。

幾天之後的一個晚上，扁鵲接到一個急診，說是小孩子突然暈厥，請先生救命。扁鵲立馬上路，結果中了詭計，在路上被李醯聘請的黑社會分子殺害。

就這樣，一代神醫扁鵲被人害死了。

據傳，虢太子聽說扁鵲被害，特地派人將扁鵲的頭顱從秦國找回，葬在今河北邢臺內丘的蓬山，並立廟祭祀。如今，這裡有扁鵲墓和扁鵲廟。也有說法是趙簡子派人安葬了扁鵲的頭顱。此外，在陝西、河南、山東、山西也都有扁鵲墓，莫辨真偽。

扁鵲是中醫學的開山鼻祖。世人敬他為神醫。扁鵲創造瞭望、聞、問、切的診斷方法，奠定了中醫臨床診斷和治療方法的基礎。扁鵲精於內、外、婦、兒、五官等科，應用砭刺、針灸、按摩、湯液、

熱熨等法治療疾病，被尊為醫祖。扁鵲是中國傳統醫學的鼻祖，中醫理論的奠基人。

據《漢書·藝文志》載，扁鵲有著作《內經》和《外經》，但均已失佚。

第二三九章
王良和伯樂

扁鵲被害，趙簡子十分悲憤。安葬了扁鵲的頭顱之後，趙簡子還有一件重要的事情要做，什麼事？率兵攻打中行寅和范吉射。

趙簡子統率下的晉國軍隊節節獲勝，將中行和范家包圍在朝歌。此後，鄭國軍隊護送糧草支援范家和中行家，於是，晉國軍隊與鄭國軍隊在戚地交鋒，晉國軍隊大獲全勝。（事見第五部第241頁）

戰鬥結束之後的慶功宴上，大家喝得高興，於是開始論功。

王良

「我今天被鄭國人打了一戰，滿口吐血，趴在弓箭袋上。可是就是這樣，我依然堅持擂鼓，怎麼樣，我的功勞最大吧？哈哈哈哈。」趙簡子很得意，他覺得自己的表現不錯。

大家都笑起來，大家知道，真正論功行賞的時候，趙簡子是絕對不會跟大家爭功的。

「元帥，要說功勞，當時您被擊中之後，我奮不顧身擊退鄭國人，在車右裡，我功勞最大。」蒯聵也喝得不少，也來邀功。蒯聵並不是晉國人，而是衛國的太子，因為被驅逐，投靠了趙簡子，這次戰鬥，他是趙簡子的車右。

沒有人跟蒯聵爭功，他救了主帥，當然功勞最大。

可是，這個時候有一個人大聲說話了。

「拜託就別吹了，衝鋒之前你嚇得掉下車的事情忘了？要不是我拉你上來，你都被後面的車給碾成肉醬了。」說話的是誰？趙簡子的御者王良。王良並沒有冤枉蒯聵，蒯聵確實被嚇得掉下了戰車，多虧王良急中生智，甩了一根帶子給蒯聵，把他拉上了車。

「那是那是，改天我單獨請你。」蒯聵急忙表示感謝，他不僅感謝

王良的救命之恩，還要感謝他激勵了自己，在自己被王良拉上車之後，王良曾經大罵他「你他娘的就像個娘們」，結果，蒯聵深受刺激，後面的戰鬥才勇猛無敵。

這下，大家的注意力都到了王良的身上。

該輪到王良得意了。

「各位，說到功勞，御者裡我是第一名。」王良拍著桌子說，他也喝得二五二五了。

「吹罷，哈哈哈哈。」大家起哄。

「吹？告訴你們，我的驂馬的肚帶早就要斷了，可是這種情況下我還能控制好我的馬，你們誰行？」王良說，掃視大家。驂馬的肚帶要是斷了，戰車失去平衡，一定會翻，所以，這個功勞還真是不小。

「口說無憑啊，拉出來看看啊。」大家又起哄，不是不服氣，而是想看看王良到底有多大能耐。

「看看就看看，來人，把我的車套上。」王良來了勁，一邊讓人去套車，一邊站起來，向大帳外走去。

趙簡子跟著眾人呼啦啦都出了大帳，他也想看看。

不一陣，有人套好了王良的戰車，駕了過來。

王良飛身上了車，站到了御者的位置，左手執韁，右手執鞭，對大家說：「看好了啊。」

說完，王良一鬆韁繩，鞭子揮了出去，喊一聲「駕」。

四匹戰馬同時啟動，奮蹄而出。這時候，就聽到「啪」的一聲，什麼聲音？驂馬的肚帶斷了。

王良拉住了韁繩，戰車戛然而止。

「哇噻。」驚歎聲，隨後是歡呼聲。

趙簡子又是驚喜，又是後怕。也就是王良了，要是別人為自己駕車，恐怕就死在鄭國人的手下了。

「王良，人才啊。」趙簡子慨歎。

王良，確實是個人才。

如果知道王良的另一個名字，就更知道他是個人才了。

王良即伯樂

王良，晉國大夫。

王良的父親是周王室的王子，王子朝事件之後，跟隨父親到晉國避難。因此，王良本是王孫。王良父親在晉國的封邑在郵，因此又以郵為姓。因為是王孫，王良又叫孫陽。因為封邑在郵，又有個名字叫郵無恤，在《國語》中，又叫郵無正。王良的字叫伯樂。

王良就是伯樂。

自古以來，伯樂是誰有兩種說法，一種說法是秦穆公時人，名叫孫陽；另一種說法就是王良。按照《國語》、《韓非子》的記載，伯樂就是王良，按照《列子》、《淮南子》的說法，伯樂則是秦穆公時期的孫陽。如何判斷呢？

從古人的判斷來說，多半認為伯樂就是王良。拋開古人的判斷，我們來進行分析。

古人的著作，特別是諸子百家的著作，重邏輯而輕考據，因此人名多有錯訛。相比較，《國語》和《韓非子》比《列子》、《淮南子》要準確得多。為什麼這樣說？《國語》被認為取材于晉國典籍，公認的嚴謹。而《韓非子》出於韓非之手，韓非是韓國公子，可以輕易看到韓國的典籍。由於晉國被瓜分之後，晉國典籍歸於韓國，因此韓非可以看到晉國典籍。也就是說，關於晉國的人物事件，韓非有第一手材料，具有權威性。

我們再從人名上進行簡單分析，由於文化的不同，各國的人名有顯著區別，伯樂這個名字是典型的晉國人名，而秦國人基本沒有類似的名字。

所以可以推斷，王良就是伯樂。

當然，還有一種可能，那就是有兩個伯樂，兩個伯樂都存在。但是，這種可能不大，不採用。

王良的駕車技術爐火純青，戰國時期的大量著作中，王良和造父往往並提，是駕車技術最高超的兩個人。《韓非子》裡就舉了個例子，

說是王良和造父的駕駛技術出類拔萃，但是如果讓他們兩人同駕一輛車，那肯定跑不快。

因為王良的駕車技術高超，後來將天上的星星命名為王良。《史記・天官書》寫道：漢中四星，曰天駟。旁一星曰王良。王良策馬，車騎滿野。

給領導當司機

跟隨父親從雒邑逃奔晉國的時候，王良的歲數還小，不過他已經明白了很多事情。長大之後，王良投奔了趙家，他看得出來趙簡子一定能夠成就大事。

那時候，王良的駕車技術就已經很高超了。

「你說你的駕車技術很好？」趙簡子喜歡人才，不過他不會輕易相信一個人的自吹自擂。

「是的。」王良說，他很自信，因為他很懂得馬性，知道怎樣駕馭他們。

「那好，我派個人跟你去打獵，考驗你的技術。」趙簡子給了王良一個機會。

趙簡子派了自己的寵臣嬖奚去面試王良，由王良駕車，嬖奚射箭，前去打獵。

整個一天下來，嬖奚連個野雞毛都沒射到。

「面試結果怎樣？」趙簡子問嬖奚。

「什麼駕車技術啊，簡直就是垃圾。」嬖奚很惱火，他的射術很高，辛苦一天沒有任何斬獲，也覺得很沒面子，對王良當然沒有一句好話。

「小騙子，哼。」趙簡子搖搖頭，覺得王良看上去就是個騙子。

過了兩天，王良一大早來打探面試結果。

「你還敢來？跑了一天一根雞毛都沒打回來，你還有臉來？」趙簡子有些惱火，要不是看王良長得挺帥，早就亂棍打出去了。

「元帥，再給次機會。這次如果還是空手而歸，那我就再也不來煩您了。」王良堅決請求。

趙簡子想了想，決定再給他一次機會。於是，嬖奚又上了王良的車，一臉的不願意。

早上出發，到了中午，王良駕著車回來了。再看嬖奚，滿臉笑容，看看車上，十多隻野雞野兔，收穫頗豐。

「這麼早回來了？怎麼樣啊？」趙簡子看見嬖奚，問他，估摸著又是一無所獲。

「哎，這小兔崽子技術真好，晉國真找不到第二個了。」嬖奚讚不絕口，把自己的戰利品也都拿了上來。

「噢，那以後他就做你的御者吧。」趙簡子將信將疑，索性把王良派給了嬖奚。

第二天，王良來見趙簡子，趙簡子告訴他被錄用了，今後做嬖奚的御者。

「不行不行，我不幹。」出乎趙簡子的意料，王良拒絕了。想想也是，給領導開車和給領導的跟班開車，那是絕對不一樣的。

「為什麼？」趙簡子有點不高興，心說給你個工作就不錯了，還挑肥揀瘦。

「元帥，你知道為什麼第一次一無所獲，第二次滿載而歸嗎？我告訴你。第一次，我按照規範來駕車，結果他什麼也射不到；第二次，我完全就著他來駕車，他就屢射屢中了。如果打起仗來我不按規矩駕車，整個隊伍就被衝亂了。所以，第一次一無所獲是他不懂規矩。《詩經》說得好啊：『不失其馳，舍矢如破。』按照規矩駕車，就能射中目標。嬖奚是個不懂規矩的小人，我怎麼能給他駕車呢？算了，我不幹行嗎？我到魏家和韓家去應聘算了。」王良說完，抬屁股就走人。

趙簡子一看，這小子歲數不大，車駕得好，還能運用《詩經》，還這麼有膽量，這是人才啊。既然是人才，不能留給別人啊。

「慢著，我上你的車，親自面試你。」趙簡子要看看王良的駕駛技

術到底有多高。

一圈下來，趙簡子就作出了決定：「小子，從今天開始，你就是我的御者了。」

王良駕車的技術令趙簡子感到驚詫，車速快而穩，而且馬跑得很輕鬆。趙簡子知道，自己碰上了一個天才。

「王良，我也想跟你學學駕駛技術，你看我行不？」趙簡子本身也會駕車，不過還想提高一下。

「好啊。」王良答應了。

從那之後，趙簡子拜王良為師，學習駕車。經過一段時間的學習，王良宣佈自己把所有的技術都教給了趙簡子，趙簡子可以畢業了。

「嘿嘿，咱們比賽一把怎麼樣？」趙簡子感覺自己已經學得不錯，能夠跟王良一較高低了。

於是，王良和趙簡子進行了中國歷史上一次著名的賽車。比賽的結果是王良輕鬆獲勝，一點不給趙簡子面子。

「小子，好啊，留了一手是不是？」趙簡子很生氣，有被忽悠的感覺。他不僅輸了比賽，還差點翻車。

「該教的我都教了，你之所以輸，那是你自己的比賽態度有問題。」王良一點也不害怕，反過來批評趙簡子。

「我比賽態度有什麼問題？」

「比賽中，我的注意力全都在馬的身上，根據路況和馬的情況來確定馬的速度和步法。所以，馬跑起來不累而且戰車很平穩。可是領導您呢，您的注意力不在您自己的馬身上，而在我的馬身上，領先的時候怕我追上，落後的時候想著超過我，那你的馬怎麼能跑好？你的戰車怎麼能平穩？」

趙簡子恍然大悟，服氣了。

「王良，你說得對啊，我不能光盯著中行家和范家，重要的是建好自己的基地啊。」趙簡子就是這樣一個人，能夠及時反省並且舉一反三。

恩怨分明

反思之後趙簡子決定經營晉陽作為自己的根據地，於是派董安于在晉陽築大城。（事見第五部第 232 頁）

事實證明趙簡子的反思是非常及時的，後來中行寅和范吉射兩家聯合攻打趙家，趙家就憑藉晉陽城死守。（事見第五部第 235 頁）

戰勝范家和中行家之後，趙簡子決定繼續經營晉陽。由於董安於已死，趙簡子派尹鐸前往晉陽，主持晉陽的工作。

「主公，去之前我要問問，主公是要把晉陽當做財源，還是當做根據地？」尹鐸臨行前問。

「根據地。」趙簡子說，他沒弄明白尹鐸為什麼要問這個問題。

「好，還有什麼吩咐？」

「晉陽城外的軍營堡壘都要拆掉，我看見那些東西就像看見了范吉射和中行寅，噁心死了。」趙簡子下令，那些堡壘是當年范家和中行家攻打趙家時修建的。

「好。」尹鐸應承了，然後走了。

很快，趙簡子就知道尹鐸臨走前問那個問題的原因了。

尹鐸到了晉陽，立即進行了減稅，還利於民，收買人心。

「哇，尹鐸真是個能人啊，做得好。」趙簡子非常高興，沒多久，他決定去一趟晉陽，當面表揚尹鐸。

趙簡子帶著一幫手下，興高采烈來到了晉陽。可是到了晉陽，還沒有進城，趙簡子的臉色突然變得很難看。

「尹鐸，你個陽奉陰違的東西，我非殺了你不可。來人，進城去殺了尹鐸，然後我再進去。」趙簡子竟然要殺尹鐸，大家一聽，都有些傻眼，不過仔細一看，都回過神來。

原來，晉陽城外，范家和中行家修建的軍營不僅沒有拆除，反而又進行了整修加固。

趙簡子的家臣們紛紛為尹鐸求情，可是，趙簡子就是不幹：「王八

蛋，這不是替中行家和范家向我示威嗎？」

別人勸不管用，王良說話了：「尹鐸說過，人要居安思危。如今尹鐸加固營壘，是為了防備萬一，到時候可以抵禦強敵，完全是為了主公您啊。這樣的人如果反而要被殺，誰還會跟隨你呢？」

趙簡子一聽，這話有道理。

「嗯，你說得對啊，差點殺了好人。」趙簡子的火氣消了，帶著人進了晉陽，不僅沒有殺尹鐸，還重重地獎賞了他。

尹鐸得了賞賜，之後才知道這都是王良幫自己說話的結果，他非常非常感動。為什麼非常非常感動？因為他跟王良一直有矛盾，兩人平時見面都不說話的。

於是，尹鐸帶著趙簡子的賞賜去找王良。

「老弟，多謝你的救命之恩啊，這些賞賜我不敢要，都給你啊，千萬別說不要。」尹鐸真的很感激。

「別，我幫你說話不是為了你，而是為了主公，咱們之間沒有什麼關係，我還是瞧不起你，你快走吧。」王良不要，並且拒絕和解。

王良，真是高風亮節啊。

說來奇怪，晉國遍地腐敗分子，可是王良這樣公私分明的人也很多。

伯樂相馬

王良的駕駛技術高超，人又很正直很有才幹。不過，自從韓愈寫了《馬說》之後，後世的人對他的瞭解就基本上局限在他相馬的本領上了。

王良駕駛技術高超，很大一個原因是他對馬的認識十分高深，什麼馬有多大能耐，怎樣使用最合適，他心裡清清楚楚。

由於相馬屬於一個技術工作，而王良在這個行當鶴立雞群，因此但凡說到相馬的時候，人們就不敢直呼其名，而用他的字來尊稱他。所以，說到相馬，王良就要改稱伯樂了。

伯樂相馬，歷來有些傳說。

有一次，伯樂駕車從邯鄲到晉陽，翻越太行山。上山的時候，恰好前面有一個商隊用馬車拉著貨，其中的一匹馬喘著粗氣，邁步艱難。

「主公，那是一匹千里馬。」伯樂指給趙簡子看。

「怎麼會，那麼瘦，而且氣喘吁吁，都快走不動了。」

「千里馬步伐有力，速度快，但是耐力不是它的長處。所以，千里馬在疆場馳騁，出類拔萃，但用來拉車，還不如駑馬。主公要是不信，咱們不妨換了他這匹馬，回去看看。」伯樂解釋，並且提出建議。

趙簡子同意了，他想看看伯樂的眼光到底怎樣。

伯樂停了車，來到那匹馬的身邊，輕輕地撫摸它的鬃毛，那匹馬突然像遇到了主人一樣精神大振，昂起頭來大聲嘶鳴。

現在，伯樂更加相信這就是一匹千里馬。趙簡子這邊有多餘的馬，伯樂就挑了一匹很健碩的馬與商人交換這匹千里馬。商人非常高興，以為自己無緣無故賺了一筆。不過，對於商人來說，這樣的交換確實是合算的。

到了晉陽，伯樂開始精心餵養這匹馬，一個月之後，當他套上這匹馬為趙簡子駕車的時候，趙簡子吃驚得合不攏嘴。

千里馬，啟動有力，速度快而且跑起來非常平穩。

「伯樂，牛。」趙簡子又服了。

從那之後，伯樂相馬的名聲傳遍了天下。

伯樂相馬的名聲之大，以至於戰國時代的名士們常常借用伯樂或者編造伯樂的故事來闡述自己的道理，這裡略說一二。

《戰國策》中，蘇秦的弟弟蘇代要請淳於髡（音昆，古時剃去男子的頭髮，為一種刑罰）把自己引薦給燕王，於是講了一個伯樂的故事。

一個人有一匹好馬要賣，可是在市場上站了三天，竟然無人問津。於是，這個人就來找伯樂。

「伯樂先生，幫個忙吧，我有一匹好馬在市場要賣，可是沒人識貨。您看您能不能明天去一趟，不用您說一句話，只要您圍著我的馬

轉三圈，走的時候再回頭看一眼，就行了。不白幫忙，我把明天上午賣別的馬的收入都給您。」賣馬的人說。

伯樂這時候已經退居二線了，整天沒事幹也閒著，這走走秀就能掙錢的事情，不幹白不幹，於是答應下來。

第二天上午，伯樂來到了馬市，立即引起轟動，誰不認識伯樂啊？

伯樂看見那個賣馬的人和他的好馬，那確實是一匹好馬。伯樂來到了馬的身邊，上上下下轉著圈看，整整轉了三圈，然後笑了笑，這笑一笑，算是送的。

之後，伯樂走開了，走不遠，再回頭來看那匹馬，又點了點頭，這點頭也是送的。

伯樂一走，那匹好馬立即就被人們圍上了。

「好馬，真是好馬啊。」大家不住口地誇獎，伯樂看好的馬，怎麼可能不是好馬？

賣馬人在一旁偷偷地笑，看來這個商業策劃是成功的。

「多少錢？我買了。」有人出價。

「我買。」有人競價。

賣馬人最後以原本心理價位十倍的價格賣掉了這匹馬。

現在的明星代言產品，祖師爺就是伯樂了。

在《韓非子》裡，韓非也講了伯樂的故事，其中一個是這樣的。

有兩個人來拜伯樂為師，都交了很多學費，而且都有熟人引薦。伯樂喜歡其中的一個，討厭另一個。

「你的天分高，教你相千里馬，怎樣？」伯樂問他討厭的人。

「好啊好啊，頂尖技術啊。」討厭的人很高興。

「你家境一般，學學怎樣相駑馬就行了。」伯樂對他喜歡的人說。什麼是駑馬？就是耐力好，但是速度不快的馬。

「那，好吧。」喜歡的人有點不願意，可是也只能這樣了。

學業完成之後，學相千里馬的人生意冷清。原因很簡單，千里馬

固然好，可是用途不大而且費用昂貴。就算偶爾有個把主顧，可是要找千里馬又談何容易？相反，學相駑馬的人生意紅火，做生意的人都來找他看馬。

所以，學些實實在在的本事比學那些看上去高深，實際上很少能用到的知識更實惠。

相傳，伯樂還有專業書籍留下來，主要是相馬和馬醫方面。傳說有《伯樂相馬經》、《伯樂針經》、《伯樂療馬經》、《療馬方》、《伯樂治馬雜病經》等傳世，不過如今都已經失傳。

按圖索驥，這個成語就是說有人拿著伯樂的《伯樂相馬經》去相馬，結果相出來的卻是劣馬。這個成語比喻死讀書本，不得其要。

第二四〇章

中國首富

　　齊景公五十八年（前490年），齊景公終於薨了。五十八年實在太長了，長到把太子都給熬死了。

　　公子荼被國家和高家立為新的國君，原來，在晏嬰的關照下，國高兩家都漸漸恢復了元氣，成了對抗田家的力量。

　　田乞和齊景公的另一個兒子公子陽生關係好，於是，田乞發動政變，驅逐了高家和國家，殺了公子荼，立公子陽生為國君，就是齊悼公。

　　後來，田乞去世，兒子田常繼承了田家。後來齊悼公被人暗殺，齊悼公的兒子公子壬為國君，就是齊簡公。又過了幾年，田常把齊簡公給殺了，立了齊簡公的弟弟公子驁為國君，就是齊平公。

田常的 MPO 之路

　　田常大權獨攬，呼風喚雨。但是，要想奪取齊國還沒有這麼簡單。田常暗中策劃，決定再採取兩項措施。

　　首先，田常來找齊平公，提出一個治國方略。

　　「主公，治理國家要恩威並施，這樣吧，有關賞賜的提拔的口頭表揚的追認烈士等等這些好事，主公您來做；懲罰犯罪處治違法的這類得罪人的事情，我來做。」田常提出一個建議，聽上去很動聽。

　　齊平公想了想，覺得這樣做對自己挺合適。於是，齊平公同意了。

　　其實，這是田常的一個詭計。

　　多年的經營，田家在齊國早已經是大得人心，但是田常知道，田家對齊國人是有恩無威，齊國人都說田家好，但是卻未必肯為田家賣命。要樹立威望，還要靠鐵腕，也就是要掌握生殺大權。

　　所以，看上去田常是替國君挨罵，實際上他是要樹立威嚴，讓齊

國人對田家不僅要感激，更要敬畏。

事情的進展正如田常所料，田家威信大增，而齊平公能夠進行的賞賜提拔非常有限，人們並沒有因此感激他，反而瞧不起他。

第一條計策空前成功。

有了人心就夠了嗎？人心只是外部的因素，什麼是內部的因素？人，自己人。

田家是外來戶，人丁一直不算太旺，而齊國公族人數眾多，要奪取齊國，田家的人口就顯得太單薄了。怎麼辦？

造人，緊急造人，造田家的人。

怎樣造人呢？多娶老婆是一種辦法。可是，靠田常一個人播種是遠遠不夠的。就像種地，地大了，可是種地的人太少，多餘的地也都荒廢了，糧食產量還是上不去。要增加產量怎麼辦？多找些人來種地。

田常想了一個令人瞠目結舌的辦法，借腹懷胎。

借腹懷胎是不夠的，還要借精下種。

僅僅借腹懷胎和借精下種也是不夠的，還要下好種，懷壯胎。

田常首先給自己娶了一百多個老婆，個個高大強壯。俗話說：娘矮矮一窩。所以，這首先保證了她們的孩子是高大強壯的。

那麼，怎樣保證她們的孩子既強壯又聰明呢？

田常家中有很多門客，這些人的智商都很高。田常也經常會請些名人前來做客，這些人自然也都是高智商的人。

人有了，下一步怎麼辦？直接讓他們配對？那顯然不行，那樣生出來的孩子都是別人的。

田常把門客的宿舍跟後宮修在一起，中間有小門從來不關，老婆們可以到門客這邊來請教學問，門客們也可以去老婆那邊縫衣納鞋，日夜不禁。

正是：妻妾如花叢，門客似蜜蜂；你得採花樂，我得你播種。

時間長了，就看見田常的老婆們一個個的肚子都鼓了起來，田常看得眉開眼笑，看來，造人計畫也成功了。

田常最終收穫了八十多個兒子，個個強壯聰明，再加上八十多個女兒，平均每個老婆給他生了一個半兒女。

這樣，田家迅速成為一個大家族，人口激增而且都是好品種。當然，田常不會把自己的位置傳給雜交後代們，他只會傳給自己的嫡子。

鴟夷子皮

一切都在按照預想進行，田常感到非常高興。不過，他總是在想，要是自己能夠再找到一個類似姜太公這樣的人才來輔佐，就更有把握了。

到齊平公十年（前471年）的時候，田常終於找到了這樣一個人。

說有一個越國人，不遠萬里漂洋過海，帶著妻兒老小來到了齊國。之後，這家人開荒種地，出海打魚，還兼做生意，結果不到兩年時間，就成了當地首富。沿海一帶的人都在談論這家人，說這家人怎樣怎樣勤勞聰明，善於經營。

「人才，絕對的人才。」田常知道之後，親自去拜訪這家人。

田常來到，越國人有些驚訝。

「請問先生貴姓？」田常很客氣。

「啊，我們越國人沒什麼文化，沒名沒姓的，就叫我鴟夷子皮吧。」越國人說，很鎮定，看上去像見過大世面的人。

「啊，子皮先生，失敬失敬。」田常隱隱然感到這個人不尋常，一定是個大號人才。「子皮先生，據說您經商種地打魚，幹什麼像什麼，真是了不起，我想請您出來擔任齊國的相國，幫助我治理齊國，怎樣？」

「不敢不敢，我一越國小蠻子，也沒什麼修養，不行不行。」鴟夷子皮一口回絕，這倒讓田常有些驚訝，誰會拒絕這樣的好事呢？

田常更加確定這個人不簡單，所以，一定要讓他出山。

「在這個國家，沒有什麼不行，我說你行，你就行，不行也行。」田常索性來硬的了，也不等鴟夷子皮表態，接著就問：「子皮先生，我

想問問你，做齊國的相國，你有什麼原則？」

鴟夷子皮一看，這相國不當還不行了，無奈地笑了笑。

「國君死，我不死；國君出亡，我不出亡。」鴟夷子皮想了想說。

田常一愣，這怎麼好像晏嬰在說話啊。

「嗯，那你說說怎樣才能做到這一點？」田常問。

「其實很簡單啊，在國君有死的危險之前把危險排除掉，在國君被迫出亡之前把威脅他的力量解決掉，國君就不用死也不用出亡了。」

「說得好啊，就是你了，明天就上班吧。」田常很高興，又下了命令。

「好吧。」鴟夷子皮苦笑一下，還是很不情願的樣子。

「子皮先生，當今天下，吳國被滅，楚國衰落，晉國內訌，大概除了越國，就數齊國強大了。嘿嘿，能當齊國的相國，難道不是一種榮幸？」田常說，然後走了。

看著田常的背影，鴟夷子皮歎了一口氣：「唉，越的相國我都不想當，你以為我稀罕你齊國的相國嗎？」

鴟夷子皮是誰？范蠡。

考驗

范蠡當初之所以離開越國，就是想遠離政治，安安穩穩過自己的小日子。而齊國是所有國家中最安定最自由也最富裕的國家，范蠡因此就來到了齊國。在齊國，范蠡親自開荒種地，又買了船出海打魚，還應用計然的經商法做些生意，結果做什麼都成功，兩年時間就發了大財。

原本以為就在這裡安度餘年，誰知道田常又找上門來。沒辦法，在人屋簷下，不得不低頭，范蠡只得當了齊國的相國，名義上跟田常平起平坐，實際上范蠡知道自己只能是田常的跟班。

對於范蠡來說，治理國家不是問題。但是，他瞭解齊國的現狀，田家如此強勢，他必須非常小心，既不要得罪田家，也沒有必要被認為是田家的死黨。

所以，范蠡少有作為，基本上就在混日子。

田常是相信自己的眼力的，范蠡的無所作為反而讓田常感覺此人深不可測。到後來田常反而有些擔心起來，擔心這個越國人會不會背著自己勾結齊國公族，合起夥來對付自己。

「不行，我要考驗他一下。」田常想了一個辦法，如果這個越國人忠於自己，還可以繼續用，否則，就滅了他。

這一天，范蠡退朝出來，剛出門，就被田常一把揪住衣服，不由分說，拉到了一個偏僻的小巷。

「這要幹什麼？殺人滅口？」范蠡暗想。他有些吃驚，不知道田常這是什麼意思。

田常一副很緊張的樣子，看看左右無人，這才說話。

「子皮先生，大事不妙了，國君已經下令要收拾我，我怎麼能對抗國君呢？所以我只好流亡到燕國去了，你跟我走嗎？」田常說，盯著范蠡的眼。

范蠡是什麼人？這點小把戲怎麼能蒙得了范蠡？

「當然跟你走，你才是我的主公啊。咱們趕緊走吧。」說著，范蠡就要走。

「那什麼，別急，要不要通知你的家屬？」

「什麼家屬，這個時候還管什麼家屬，主公您的安危最重要啊。」

兩人各演各的戲，都裝出一副很緊張的樣子來。

「那好吧，不過，估計現在路上都已經佈置好要抓我了，所以我們不能乘車，就步行吧。我這裡準備了兩套衣服，先換上，還有一個口袋，裡面有盤纏和通關文牒，你背著，就假扮成我的隨從。」田常都準備好了，旁邊就放著一個包裹。

兩人換好了衣服，田常在前面大搖大擺那麼走，范蠡背著個重重的包袱跟在後面。兩人出了城門，一路向北而去。路上，總有人用不懷好意的眼光看著他們。

走了一程，兩人坐下來歇歇。

「主公，有個蛇搬家的故事聽說過沒有？」范蠡喝了口水，問

田常。

「沒有，你說說。」

「有一個湖乾涸了，湖邊住的兩條蛇要搬家到另一個湖，路上就很危險。小蛇對大蛇說，如果咱們就這麼走，你走前面我跟著，那路人看見我們，一定會把我們打死的。可是如果咱們嘴接著嘴，你背著我這麼走，那人們就會以為我們是神靈。大蛇聽了小蛇的話，果然路上的人都說這是神蛇，沒人敢碰它們。如今呢，咱們倆步行逃命，路上常常有人窺視我們，似乎要對我們不利，怎麼辦？現在您英俊瀟灑有氣質，看上去就是個貴人，我一看上去就是個一般人。我給您拎包呢，大家就會認為我們是個富家人或者混得不錯的公族。但是呢，如果我當主人，您當拎包的，大家一看拎包的都這麼富貴，那主人的勢力豈不是深不可測，誰還敢惹我們？所以，我建議從現在開始，我走前面，您跟在後面背著包裹。」范蠡這一段故事講下來，目的就是想把自己的包袱卸下來。

「嗯，有道理。好像老鼠搬家也是這樣，排成隊形走沒人打它們，慌慌張張逃命反而人人喊打。」田常自己想想，好像真是這麼回事。

於是，包袱從范蠡的肩頭就轉移到了田常的肩膀上。這一路，累得田常哼哧哼哧。好不容易到了晚上，兩人住店，店老闆看見跟班的氣宇軒昂，主人深藏不露，知道這兩人不是國家重臣就是江洋大盜，惹不起，於是免費熱情招待。

「牛，越國人牛。」田常到這個時候更加佩服范蠡，不過自己累得半死，實在不想走了。

當晚，田常的人來接他，裝模作樣說是情報錯了，國君並沒有要對付田家的意思。

第二天，田常和范蠡坐著車回首都了。

考驗是通過了，可是田常更加擔心了。

田常認為，這世界上有兩種人不能用。第一種是一眼就能看透的，這種人沒有大腦，成事不足敗事有餘；第二種是看多少眼都看不透，深不可測，這種人你不知道他在想什麼，用起來很危險。而這個

越國人就是第二種人，自己看不透他，而他似乎對自己看得清清楚楚。

「怎麼辦？」田常有點苦惱，怎麼對付鴟夷子皮呢？是留還是用？

還好，范蠡沒有讓田常困惑太長時間。

「我要辭職，我能力不高，血壓高，膽固醇高；我大會不發言，小會不發言，前列腺發炎。這麼說吧，我不適合這個位置，這麼重要的位置應該給更有能力的人來坐。」范蠡主動提出辭職了，他知道這是一個好時機。

果然，田常很爽快地同意了，從此他不用再去費事揣摩這個越國人了。

陶朱公

范蠡走了，帶著全家。不過，沒有回到海邊，因為那裡的財產都已經分給了當地人。

范蠡帶著全家人一路向東，來到了齊國的陶（今山東定陶），再往北走，就是衛國，再往南走，就是魯國，再往東走，就是宋國。原來，這裡是齊魯衛宋四國交界的所在。

「就在這裡了。」范蠡決定。

按《史記》：朱公以為陶天下之中，諸侯四通，貨物所交易也。

這麼說吧，陶地就是當時世界的自由貿易區。

范蠡住了下來，當然是住在齊國境內，因為齊國有最好的政策。在這裡，范蠡又變了個名字，自稱姓朱，名叫朱公，人稱陶朱公。

憑藉范蠡的能力，運用計然的經商策略，再加上絕佳的地理條件，范蠡「逐什一之利」，薄利多銷，不求暴利，很快富甲一方，成為名聞天下的鉅賈大賈，人人盡知陶朱公。

到後世，陶朱公被尊為商人的祖師爺，同時也是財神中的一位。到現代，陶朱公又是官員下海經商的祖師爺。

陶朱公很快就發了財，但是他並不聚財，他不希望自己登上富豪

榜的前列，因為那很危險。十九年期間他三次把自己的財產分給親戚朋友和鄉親，然後重新開始。

所以說，當今世界的富豪們說起自己的慈善事業的時候，卻不知道他們的祖師爺就是陶朱公。

直到後來陶朱公老了，生意都交給了兒子們，兒子們再沒有把財產分出去，陶朱公最終還是成了富豪榜的第一位。

陶朱公在陶地娶了個小老婆，為他生了一個兒子，加上此前的兩個兒子，一共是三個兒子。西施大概是喪失了生育能力，沒有為范蠡留下種來，否則有這麼優秀的基因，也應該是個人才。

等到小兒子成人之後，家裡發生了一件事。

原來，二兒子去楚國做生意，與人爭執，結果一怒之下殺了人，被楚國政府給抓起來了。按著法律，將要處死。

「唉，殺人償命，理所應當。不過我聽說，千金之子，不死於市。咱們家有的是錢，應該能把兒子給救了。」陶朱公得到消息之後，急忙準備救人。

陶朱公準備了黃金千鎰（一鎰合二十兩），用牛車裝著，派小兒子去楚國。去楚國找誰？原來，楚國有一個莊生跟陶朱公有些交情，而莊生在楚王面前很受寵，陶朱公就準備讓兒子去找莊生，把這些金子給莊生，請他幫忙。

小兒子還沒出發，大兒子不幹了。

「爹，這麼大的事情，應該是大兒子去辦啊。如今小弟剛剛成人，你派他不派我，那肯定是認為我不成器啊。既然這樣，我活著還有什麼意思？我，我自殺算了。」大兒子的老娘是越國人，又是在越國出生長大，性格中有越國人的強勁和狠勁，說要自殺，那絕對不是開玩笑。

陶朱公一看，還真有點沒辦法。

「老頭子，你看大兒子這樣子，你要不讓他去，他真抹脖子了。別到時候老二還沒救回來。先把老大給送了，你就讓他去吧。」陶朱公的老婆來勸，心說你派乳臭未乾的老三去，本來就不對。

陶朱公雖然能力超群，但是很怕老婆。自古以來，英雄怕老婆就

是個規律。既然老婆開口了，沒辦法，陶朱公把任務改派了老大。

　　老大按著父親的指示，一路急行來到了楚國。要說到救老二，老大絕對比老三更急，因為他們是同母兄弟。為了救弟弟，老大又悄悄地從自己私房錢裡取了一些黃金，拿去做賄賂。

　　來到楚國，老大找到了莊生。原來，莊生並不富裕，因為他很清廉，現在還住在平民區。但是楚王很尊重他，經常請他過去聊天。

　　陶朱公大兒子把父親的信件給了莊生，然後又送上黃金。莊生原本不想收下，可是又怕不收下的話陶朱公的兒子不放心，因此勉強收下。等到陶朱公兒子離開，莊生吩咐自己的老婆把黃金都收到裡屋，用被子蓋起來。等到幫陶朱公的事情辦好了，再還給陶朱公的兒子。

　　陶朱公的兒子看見莊生家庭條件並不好，擔心他是個大忽悠，為了穩妥起見，悄悄地又托人把自己帶的私房錢去賄賂楚王的寵臣。

　　莊生決定幫助陶朱公，沒幾天之後恰好去見楚王。

　　「大王，我夜觀天象，發現歲星運行紊亂，將對楚國不利啊。」莊生故弄玄虛。通常，忽悠人都是這樣。

　　「啊，那怎麼辦？」楚王做夢也沒想到莊生在忽悠自己，急忙問。

　　「那就行善積德。」

　　「先生的意思是？大赦？好，大赦。」楚王很輕易地掉進了莊生的圈套，於是下令準備大赦。

　　楚王將要大赦的消息迅速傳遍了宮裡。楚王的寵臣派人悄悄去見陶朱公的大兒子，告訴他即將大赦的消息，讓他放心。

　　大兒子喜上眉梢，心裡高興。可是高興之後，又覺得有些鬱悶。

　　「楚王大赦，我弟弟就沒事了。莊生一點忙沒幫上，還白白得了那麼多金子，太無恥了。」陶朱公的大兒子怎麼也沒有想到楚王大赦實際上就是莊生在幫自己，他想到的只是那一車金子幾乎是自己家一半的財產了，來之不易啊，就這麼打了水漂，能不心疼嗎？

　　「不行，我要去要回來。」想來想去，徹夜難眠，陶朱公的大兒子

決定去把錢要回來。

第二天，陶朱公的大兒子就去找莊生了。

「莊先生，我聽說楚王要大赦了，我弟弟的事情就不麻煩先生了，嘿嘿。」陶朱公的大兒子說，言下之意，錢還給我吧。

「那好啊，錢都在裡屋床上呢，你自己點點，拿回去吧。」莊生當然明白陶朱公大兒子的意思，讓他把錢拿走。

陶朱公的大兒子拿走了錢，莊生有些鬱悶了。

本來，莊生也不想要陶家的錢，可是，自己送去和別人討回去是兩碼事，是完全不同的兩種感覺。明明是自己幫了他們的忙，現在看來，不僅對方認為自己沒有幫忙，還認為自己是個受賄的人。而且，陶朱公的大兒子這麼快得到消息，毫無疑問又去找了別人，這不是不信任我嗎？不信任我找我幹什麼？這不是耍我嗎？

莊生翻來覆去，也想了一個晚上，越想越窩火，越想越氣憤。清廉了一輩子，聰明了一輩子，這下被人壞了名聲，吃了人家的蒼蠅。

「是可忍孰不可忍？」到天亮的時候他終於作出了決定，他要讓陶朱公的大兒子付出代價。

洗了一把臉，草草吃了點東西，莊生去找楚王了。

「莊先生，今天來這麼早，一定有什麼事吧？」楚王問，他有些驚訝。

「是啊，我昨天回去才知道，原來陶朱公的兒子在楚國殺人被抓了，據說陶朱公也派了人來賄賂大王的左右。現在已經有不明真相的群眾在議論說大王是迫於陶朱公的壓力才大赦的，這不是因人廢法嗎？所以，我趕緊來向大王彙報。」莊生說，很焦慮的樣子。

「什麼？陶朱公的壓力？來人，先把陶朱公的兒子砍了，然後大赦。」楚王很憤怒，他要讓楚國人看看陶朱公厲害還是我楚王厲害。

陶朱公的二兒子就這樣死在了大赦前。

陶朱公的大兒子帶著弟弟的屍體和那一車黃金回到了家鄉，他覺得自己的運氣不好。

陶朱公的老婆以及二兒媳一家哭得死去活來,其他家人們也都跟著垂淚。

「唉,算了,一切都合情合理,也不必太悲傷了。」只有陶朱公沒有多少悲意,特地來勸老婆。

「什麼合情合理?難道兒子該死?你老糊塗了?」老婆有些不滿意了,對陶朱公吼起來。

「沒錯,自從你讓我派老大去,我就做好了老二死的心理準備。」

「為什麼?你這麼說,派老三去就行?」

「沒錯,如果派老三去,你二兒子就能活著回來。」

「啊呸。」老婆一口口水吐了過來,老二死了,現在老頭子又這麼貶低老大,這不是擺明瞭說自己不如他的小老婆嗎?「你小老婆什麼都好,生個兒子都比我的兒子能幹,你這個忘恩負義的東西,當年跟你吃糠咽菜的日子你都忘了?嗚嗚嗚嗚,你這個沒良心的。」

老婆哭了起來,一邊哭一邊罵。

陶朱公天不怕地不怕,就怕老婆哭鬧,急忙把老婆抱住。

「老婆,我不是那個意思,你聽我跟你解釋。」陶朱公說。

「好,你解釋,你要是解釋不通,我就去死,反正我也沒臉活了,嗚嗚嗚嗚……」老婆接著哭。

於是,陶朱公就在老婆的哭聲中開始解釋了。

「咱老大不是不愛他弟弟,更不是沒能力,這些年來家裡的生意不都靠他嗎?可是,他從小跟著咱們走南闖北,撿過垃圾討過米,下田種過地,出海打過魚,知道錢來得不容易,因此每花出去一分錢都很小心,沒必要的錢一分都不肯花,所以他才會去找莊生把錢要回來。可是小三不一樣,他一生下來就是富貴之家,根本不知道掙錢的艱辛,以為錢是從天上掉下來的,花錢如流水。如果他去,又怎麼可能去找莊生要錢呢?現在,你知道為什麼我當初派老三去不派老大去的原因了吧?」

等到陶朱公解釋完,哭聲沒有,鬧聲沒有了,只有老婆目瞪口呆地發呆。

「老頭子，早知道這樣，你當初怎麼不跟我說？」回過神來之後，老婆又責怪起陶朱公來。

「你的脾氣，我當時說了有用嗎？」陶朱公反駁。當然，當時他的確也有一點僥倖心理。

老婆無話可說了。

貨殖列傳

太史公對商業非常看重，《史記》專有「貨殖列傳」講商業以及著名商人，陶朱公名列第一，而計然也有介紹。

按《史記》，至晚在夏朝，中國就有商業，而商朝本身就是商人的朝代。到周朝，商業同樣受到重視，而最為重視商業的是衛國和齊國。衛國所在就是商朝原所在，有大量的商人後代，因此歷來有經商傳統；而齊國的商業受首任國君姜太公的鼓勵，因此也很發達。到了管仲和齊桓公時期，齊國的商業得到了飛躍式發展，因此齊國一直富甲天下。

儒家學說重農輕商，這也是魯國的傳統。不過，最為輕視商業的還不是儒家，而是道家，老子說過：「至治之極，鄰國相望，雞狗之聲相聞，民各甘其食，美其服，安其俗，樂其業，至老死不相往來。」老子的說法，就是世界上最好沒有商業，沒有商人。

太史公在「貨殖列傳」一開頭就引用了老子這段話，然後一通批判。最後太史公這樣反問老子：故物賤之征貴，貴之征賤，各勸其業，樂其事，若水之趨下，日夜無休時，不招而自來，不求而民出之，豈非道之所符，而自然之驗耶？

太史公對富人持讚賞態度，這樣寫道：淵深而魚生之，山深而獸往之，人富而仁義附焉。

不要以為拜金女是今天的產物，春秋戰國時代，就已經有了拜金女。《史記》中有兩段專門說到拜金女。第一段是「（中山國）女子則鼓鳴瑟，跕屣，游媚富貴，入後宮，遍諸侯」。第二段是「趙女鄭姬，設形容，鳴琴瑟，揄長袂，躡利屣，目挑心招，出不遠千里，不擇老

少者，奔富厚也」。

最終，太史公得到的結論是：天下熙熙，皆為利來；天下攘攘，皆為利往。富者，人之情性，所不學而俱欲者也。什麼意思？就是人們忙忙碌碌，都是為了發財。發財，是人天生的欲望，不用人教。

有了這樣的認識，太史公對於范蠡的崇敬就再自然不過了。所以太史公寫道：故范蠡三徙，成名於天下，非苟去而已，所止必成名。范蠡三遷皆有榮名，名垂後世。

說春秋之六：聖賢本色

作　　　者	賈志剛
發 行 人	林敬彬
主　　　編	楊安瑜
編　　　輯	王聖美
內 頁 編 排	于長煦
封 面 設 計	王雋夫
出　　　版	大旗出版　行政院新聞局北市業字第1688號
發　　　行	大都會文化事業有限公司
	11051台北市信義區基隆路一段432號4樓之9
	讀者服務專線：(02)27235216
	讀者服務傳真：(02)27235220
	電子郵件信箱：metro@ms21.hinet.net
	網　　　址：www.metrobook.com.tw
郵 政 劃 撥	14050529 大都會文化事業有限公司
出 版 日 期	2012年03月初版一刷
定　　　價	250元
I S B N	978-986-6234-37-8
書　　　號	History-29

Chinese (complex) copyright © 2011 by Banner Publishing, a division of
Metropolitan Culture Enterprise Co., Ltd.
4F-9, Double Hero Bldg., 432, Keelung Rd., Sec. 1,
Taipei 11051, Taiwan
Tel:+886-2-2723-5216　Fax:+886-2-2723-5220
Web-site: http://www.metrobook.com.tw
E-mail: metro@ms21.hinet.net

◎本書由廣西師範大學出版社授權繁體字版之出版發行。
◎本書如有缺頁、破損、裝訂錯誤，請寄回本公司更換。
【版權所有　翻印必究】
Printed in Taiwan. All rights reserved.

國家圖書館出版品預行編目資料

說春秋之六：聖賢本色／賈志剛著. -- 初版. --
臺北市：大旗出版：大都會文化，2012. 03
　　面；　公分. --（History；29）

ISBN 978-986-6234-37-8（平裝）

1. 春秋史

621.62　　　　　　　　　　　　　　101001167

大都會文化 讀者服務卡

書名:**說春秋之六:聖賢本色**

謝謝您選擇了這本書!期待您的支持與建議,讓我們能有更多聯繫與互動的機會。

A. 您在何時購得本書: _____年_____月_____日

B. 您在何處購得本書: _____書店,位於_____(市、縣)

C. 您從哪裡得知本書的消息:

　　1.□書店　2.□報章雜誌　3.□電台活動　4.□網路資訊

　　5.□書籤宣傳品等　6.□親友介紹　7.□書評　8.□其他

D. 您購買本書的動機:(可複選)

　　1.□對主題或內容感興趣　2.□工作需要　3.□生活需要

　　4.□自我進修　5.□內容為流行熱門話題　6.□其他

E. 您最喜歡本書的:(可複選)

　　1.□內容題材　2.□字體大小　3.□翻譯文筆　4.□封面　5.□編排方式　6.□其他

F. 您認為本書的封面:1.□非常出色　2.□普通　3.□毫不起眼　4.□其他

G. 您認為本書的編排:1.□非常出色　2.□普通　3.□毫不起眼　4.□其他

H. 您通常以哪些方式購書:(可複選)

　　1.□逛書店　2.□書展　3.□劃撥郵購　4.□團體訂購　5.□網路購書　6.□其他

I. 您希望我們出版哪類書籍:(可複選)

　　1.□旅遊　2.□流行文化　3.□生活休閒　4.□美容保養　5.□散文小品

　　6.□科學新知　7.□藝術音樂　8.□致富理財　9.□工商企管　10.□科幻推理

　　11.□史地類　12.□勵志傳記　13.□電影小說　14.□語言學習(____語)

　　15.□幽默諧趣　16.□其他

J. 您對本書(系)的建議:

_____

K. 您對本出版社的建議:

_____

讀者小檔案

姓名:_____　性別:□男 □女　生日:____年____月____日

年齡:□20歲以下 □21～30歲 □31～40歲 □41～50歲 □51歲以上

職業:1.□學生 2.□軍公教 3.□大眾傳播 4.□服務業 5.□金融業 6.□製造業

　　　7.□資訊業 8.□自由業 9.□家管 10.□退休 11.□其他

學歷:□國小或以下 □國中 □高中／高職 □大學／大專 □研究所以上

通訊地址:_____

電話:(H)_____　(O)_____　傳真:_____

行動電話:_____　E-Mail:_____

◎謝謝您購買本書,也歡迎您加入我們的會員,請上大都會文化網站 www.metrobook.com.tw
登錄您的資料。您將不定期收到最新圖書優惠資訊和電子報。

北 區 郵 政 管 理 局
登記證北台字第9125號
免 貼 郵 票

大都會文化事業有限公司

讀 者 服 務 部 收

11051台北市基隆路一段432號4樓之9

寄回這張服務卡〔免貼郵票〕
您可以：
◎不定期收到最新出版訊息
◎參加各項回饋優惠活動